W0027542

Unterwegs mit

Thomas Schröder

Jahrgang 1960, geboren in Nürnberg. Studierte Touristik in München und war schon seit frühester Jugend von Fernweh geplagt. Als ausgedehnte Interrailtouren und selbst eine halbjährige Weltreise keine dauerhafte Abhilfe schaffen konnten, entschloss er sich, die Passion zum Beruf zu machen. Sein erstes Buch (Sizilien) erschien 1991, und seitdem hat er kräftig nachgelegt. Wer ihn erreichen will, sollte es nicht an seinem Wohnort München versuchen, sondern in einer seiner bevorzugten Reiseregionen – zum Beispiel in Spanien.

Einen Barcelona-Reiseführer mit dem Fahrrad recherchieren? Vor ein paar Jahren wäre das noch ein ziemlich gewagtes Unterfangen gewesen, denn wer mag sich schon mit dem Drahtesel in hektischen, vierspurigen Verkehr stürzen? Mittlerweile jedoch durchzieht ein Netz von Radwegen einen guten Teil der Stadt und sorgt vor allem entlang der großen Verbindungsadern für flottes Vorankommen. Leider stehen die rot-weißen Bikes des städtischen Verleihsystems „Bicing" nur den Einwohnern zur Verfügung. Unsereins wendet sich hingegen an private Fahrradverleiher, die allerdings manchmal an den Rand ihrer Kapazitäten kommen, wenn zwischendurch noch eine 30-köpfige holländische Jugendgruppe mit Rädern versorgt werden muss ...

Entlang der Strände bis zum Fòrum 2004, durch Eixample und Gràcia und sogar hinauf zum Parc Güell war ich diesmal mit dem Bike unterwegs. In den engen Gassen der Altstadt, im Menschengetümmel der Rambles und auch auf den steilen Hängen des Montjuïc und des Tibidabo erwiesen sich die eigenen Füße freilich weiterhin als konkurrenzlos. Per pedes und per Bike zusammengenommen ergab sich bei der Recherche für diese Auflage schließlich eine GPS-gemessene Wegstrecke von weit mehr als hundert Kilometern – Barcelona ist eben keine Kleinstadt ...

Was haben Sie entdeckt?

Haben Sie *die* Bar mit wundervollen Tapas gefunden, *das* freundliche Hotel, eine günstige Pension? Und welcher Tipp war nicht mehr so toll?

Wenn Sie Ergänzungen, Verbesserungen oder neue Informationen zum Barcelonabuch haben, lassen Sie es mich bitte wissen!

Ich freue mich über jede Zuschrift!

Schreiben Sie an: Thomas Schröder, Stichwort „Barcelona" |
c/o Michael Müller Verlag GmbH | Gerberei 19, D – 91054 Erlangen |
thomas.schroeder@michael-mueller-verlag.de

Barcelona

Thomas Schröder

7. komplett überarbeitete und aktualisierte Auflage 2017

Inhalt

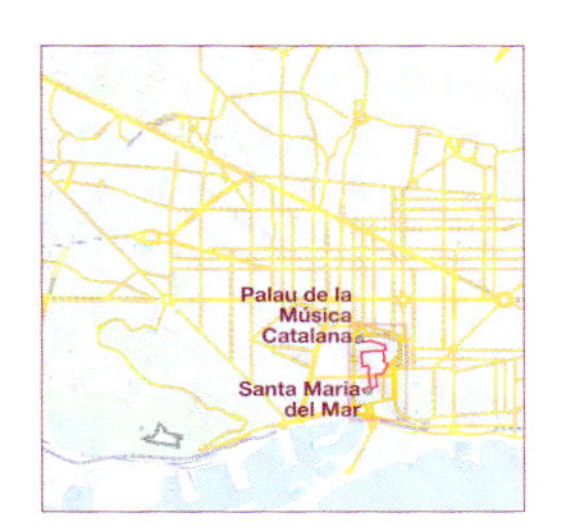

Jenseits der Via Laietana

Tour 5: Sant Pere und La Ribera/El Born

Ein Gebiet mit vielfältigen Attraktionen, darunter Spaniens größtes Picasso-Museum, der wunderbare Modernisme-Palast Palau de la Música Catalana und die schöne gotische „Kathedrale des Volkes" Santa Maria del Mar. La Ribera/El Born verlockt aber auch zum Stöbern in Boutiquen und zum Bummel durch die zahlreichen Tapa-Bars.

■ S. 60

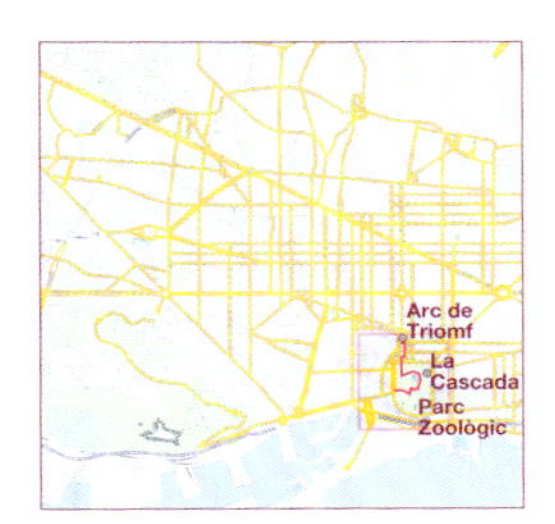

Barcelonas Stadtpark

Tour 6: Parc de la Ciutadella

Am Schauplatz der Weltausstellung von 1888 schlendert man durch Barcelonas ältesten Park, vorbei an frühen Modernisme-Bauten, einem bombastischen Brunnen und dem Zoo. Ein feiner Platz für ein Picknick im Grünen oder eine Bootstour auf dem kleinen See.

■ S. 74

Meerwärts der Rambles

Tour 7: Der alte Hafen Port Vell

Barcelona hat sich erst spät dem Meer geöffnet, dann aber konsequent. Quer durch den alten Hafen führt die Tour vom Schifffahrtsmuseum über die Kolumbussäule und das funkelnde Maremàgnum-Center zum großen Aquarium. Als Abschluss lohnt sich ein Besuch des unterhaltsam konzipierten Museums katalanischer Geschichte.

■ S. 80

Barcelona am Meer

Tour 8: Barceloneta und Port Olímpic

Vom Fischerviertel Barceloneta zum modernen Olympiahafen von 1992: Ein Bummel entlang der sonnigen Uferpromenade bildet ein echtes Kontrastprogramm zu den Straßen der Großstadt. Die feinsandigen Strände verführen zum Bad im (sauberen!) Meer oder zu einem Drink an einem der „Chiringuitos". Ausdauernde wandern weiter bis zum Fòrum 2004.

■ S. 88

Oberhalb der Altstadt

Tour 9 und 10: Eixample

Die Stadterweiterung Eixample entstand erst im 19. Jh. und ist bekannt für ihre eigenwillige Architektur. Tour 9 führt zu den reizvollsten Wohnhäusern des katalanischen Jugendstils Modernisme. Tour 10 verbindet Gaudís Meisterwerk Sagrada Família mit einem wenig bekannten Welterbe, dem Hospital de la Santa Creu i Sant Pau.

■ **S. 102 (Tour 9)** ■ **S. 111 (Tour 10)**

Ein Städtchen in der Stadt

Tour 11: Gràcia

Erst Ende des 19. Jh. endgültig an Barcelona angeschlossen, wirkt Gràcia immer noch wie eine eigenständige Siedlung, ist gleichzeitig eine Hochburg der Alternativkultur. Es macht Spaß, durch die engen Sträßchen zu schlendern, Touristen sieht man nur wenige. Etwas außerhalb erstreckt sich der märchenhafte Parc Güell, ein Werk Gaudís.

■ **S. 122**

Hoch über der Stadt

Tour 12: Tibidabo

Barcelonas Hausberg erhebt sich auf immerhin 512 Meter über dem Meeresspiegel und bietet eine fulminante Aussicht auf die Stadt und die Küste. Zu erreichen ist er mit einer Vielzahl von Verkehrsmitteln, die allerdings teilweise nicht ganz billig sind. Es geht aber auch ausgesprochen preisgünstig ...

■ **S. 130**

Durch Barcelonas „Oberstadt"

Tour 13: Pedralbes, Sarrià

Umgeben von vornehmen Villenvierteln liegt etwas versteckt das Kloster Monestir de Pedralbes, mit seinem wunderbaren Kreuzgang ein wahres Glanzstück der katalanischen Gotik. Ganz andere Passionen bewegen die vielen Besucher des Camp Nou, Stadion des FC Barcelona, dessen Museum jährlich über eine Million Fans anzieht.

■ **S. 138**

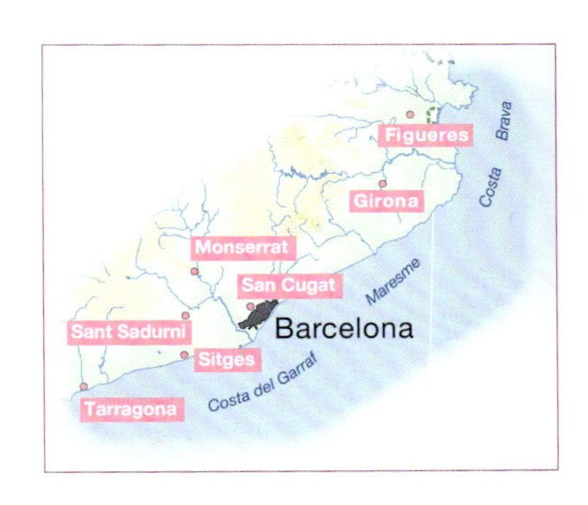

Nachlesen & Nachschlagen

Vielen Dank

Herzlichen Dank den vielen Leserinnen und Lesern, die mit Tipps und Beiträgen bei der Aktualisierung dieser Auflage geholfen haben:

Sabine & Claus Rosenbladt, Erwin Hafenrichter, Birgit Gedreit, Dominik Sommer, Tanja Eckert-Lindner, Hansjörg Weber, Friederike Witzorke, Hasso von Samson, Hans Jürgen Okorn, Ralf Strate, Yvonne Greiner, Herbert Bobermien, Detlef Witte, Uwe Bartmann, Maximilian Alexander Sommariva, Manfred Haack, Kirsten Diederichs & Richard Straetmanns, Ralf Bomhauer, Helmar Bieß, Georg Braun, Angelika & Dr. Otmar Philipp, Michaela Wachinger, Inge Sondermann, Heinz Hilscher.

Was haben Sie entdeckt?

Haben Sie ein besonderes Restaurant, ein neues Museum oder ein nettes Hotel entdeckt? Wenn Sie Ergänzungen, Verbesserungen oder Tipps zum Buch haben, lassen Sie es uns gerne wissen!

Schreiben Sie an: Thomas Schröder, Stichwort „Barcelona" |
c/o Michael Müller Verlag GmbH | Gerberei 19, D – 91054 Erlangen |
thomas.schroeder@michael-mueller-verlag.de

Mit dem grünen Blatt haben unsere Autoren Betriebe hervorgehoben, die sich bemühen, regionalen und nachhaltig erzeugten Produkten den Vorzug zu geben.

Orientiert in
Barcelona

Stadt und Stadtviertel ■

Sightseeing-Klassiker ■

Sightseeing-Alternativen ■

Essen gehen ■

Ausgehen ■

Shopping ■

Orientiert in Barcelona

Stadt und Stadtviertel

Barcelona zwängt sich in die Ebene zwischen dem Meer und dem Höhenzug der Serra de Collserola mit dem Berg Tibidabo. Umgeben ist es von einem Kranz eigenständiger Städte und neuer Trabantensiedlungen jenseits der Serra. Im Südwesten überragt mit dem Montjuïc ein weiterer Hügel die Stadt.

Hohe Siedlungsdichte

Gemessen an seiner Einwohnerschaft von immerhin rund 1,6 Millionen Menschen, erweist sich Barcelona mit einer Fläche von nur etwa 100 km² als äußerst kompakt. Mit Ausnahme von Paris ist keine Millionenstadt in der EU dichter besiedelt, die Einwohnerzahl pro Quadratkilometer liegt fast siebenmal höher als in Hamburg.

Die Altstadt – Ciutat Vella

Barcelonas Altstadt besteht aus mehreren Vierteln. Begrenzt wird sie durch den Hafen, den Stadtpark La Ciutadella im Nordosten und die verschiedenen Rondas, die dem Verlauf der ehemaligen Stadtmauern folgen. Quer durch die Ciutat Vella zieht sich der ewige Lebensnerv Barcelonas: die weltbekannten **Rambles**. Die knapp 1,2 Kilometer lange, platanenbestandene Flanierzone verbindet die zentrale Plaça Catalunya mit der Kolumbussäule am Hafen.

Südwestlich der Rambles in Richtung des Hügels Montjuïc liegt das Altstadtviertel **El Raval**, lange als Rotlichtdistrikt verrufen, seit Jahren jedoch im Aufwind und mittlerweile eines der Zentren des Nachtlebens. Ungefähr im geografischen Mittelpunkt der Altstadt erstreckt sich rund um die mächtige Kathedrale das **Barri Gòtic**, das perfekt erhaltene mittelalterliche Herz Barcelonas mit einem Gewirr aus engsten Gassen und Gässchen. Nordöstlich, durch die neuzeitliche Verkehrsader Via Laietana getrennt, schließt sich das hübsche und lebendige Altstadtviertel **La Ribera** an, von dem manchmal noch andere Gebiete wie El Born als eigene Viertel abgegrenzt werden.

Landeinwärts davon liegt **Sant Pere**, das auf den ersten Blick mancherorts noch etwas heruntergekommen wirkt, aber ebenfalls längst eine Spielwiese der Modernisierer geworden ist. Zumindest administrativ zur Ciutat Vella zählt schließlich das erst im 18. Jh. entstandene ehemalige Fischerviertel **Barceloneta** unmittelbar an der Küste.

Die Küstenlinie

Das lange vernachlässigte Gebiet um den alten Hafen, den **Port Vell**, hat die umfassendsten Veränderungen erfahren, ebenso die sich nördlich anschließenden Zonen bis weit über Barceloneta hinaus. Das Hafengebiet gewann durch einen Komplettumbau erheblich an Attraktivität, hinter Barceloneta entstand der moderne Olympiahafen **Port Olímpic**. Die fast fünf Kilometer langen Strände wurden von Müll und Abwassereinleitungen befreit. Und ganz im Norden der Küstenlinie entstand an der Stadtgrenze das völlig neue, hypermoderne Gebiet der **Diagonal Mar** und des **Fòrum 2004**.

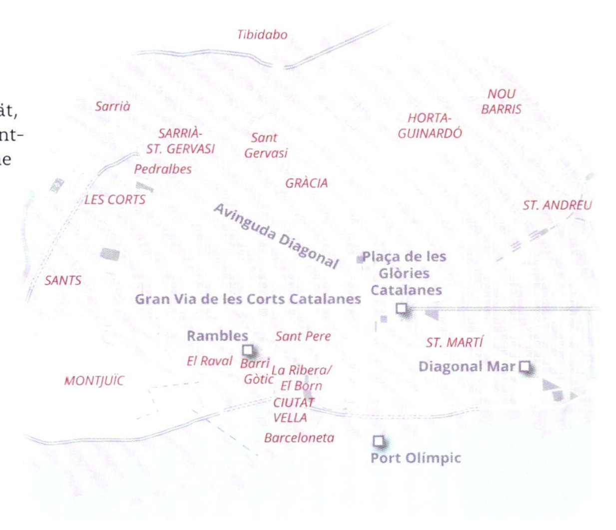

Eixample

Der Stadtteil mit dem programmatischen Namen (katal. *eixample* = Erweiterung) entstand ab 1859 kurz nach Abriss der Stadtmauern landeinwärts der Altstadt als moderne Planstadt. Mit seinem schachbrettartigen Aufbau aus großen, sich rechtwinklig kreuzenden Straßen ist er der komplette Gegenentwurf zum verwinkelten Gassengewirr der Ciutat Vella. Der Großteil von Barcelonas berühmten Jugendstilbauten des Modernisme ist hier zu finden, und auch die edelsten Geschäfte haben sich in Eixample angesiedelt.

Die beiden wichtigsten Verkehrsadern sind die **Gran Via de les Corts Catalanes** (kurz Gran Via genannt), die einen Block oberhalb der Plaça de Catalunya verläuft, und die **Avinguda Diagonal**, die ihren Namen dem ausnahmsweise schräg zum Schachbrettmuster angelegten Verlauf verdankt. Beide Straßen treffen sich an der **Plaça de les Glòries Catalanes**, derzeit ein großes Umbauprojekt der Stadt. Nördlich und östlich von Eixample erstrecken sich weitere, touristisch im Allgemeinen weniger interessante Distrikte wie Horta-Guinardó, Nou Barris, Sant Andreu und Sant Martí.

Gràcia und die Zona Alta

Gràcia, oberhalb der Diagonal gelegen und mit der Plaça de Catalunya durch den Passeig de Gràcia verbunden, gilt als traditionelle Arbeitergegend und ist eines jener Viertel, die ehemals selbstständige Dörfer waren. Weitere eingemeindete Gebiete sind Sants, Les Corts, Pedralbes, Sarrià und Sant Gervasi. Letztere drei liegen jenseits der westlichen Avinguda Diagonal und werden auch unter dem Begriff der „Oberstadt" zusammengefasst, der Zona Alta.

Hoch über Barcelona

Landeinwärts begrenzt der 512 Meter hohe **Tibidabo** das Stadtgebiet von Barcelona. Er ist der höchste Gipfel der Serra de Collserola und ein beliebtes Ausflugsziel, auch dank der fantastischen Aussicht. Niedriger ist die zweite Erhebung, der nahe dem Hafen ansteigende **Montjuïc**, der es zwar nur auf 173 Meter Höhe bringt, aber ebenfalls wunderbare Panoramen der Stadt bietet und zahlreiche Museen, Grünanlagen und Sportstätten beheimatet.

Orientiert in Barcelona

Sightseeing-Klassiker

Glaubt man der Statistik, ist die Sache klar: Mit mehr als drei Millionen Besuchern besetzt Gaudís Kirche Sagrada Família Jahr für Jahr unangefochten Platz eins auf der Rangliste. Auf Platz zwei liegt der hoch über dem Viertel Gràcia gelegene Parc Güell, der deutlich über zwei Millionen jährliche Besucher zählt.

UNESCO-Weltkulturerbe

Die größte Attraktion der Stadt ist ihre Architektur. In der UNESCO-Liste des Weltkulturerbes wird Barcelona gleich mit acht Bauten geführt: Weltrekord! Durchgehend handelt es sich um Werke des katalanischen Jugendstils „Modernisme", darunter allein sechs Arbeiten von Antoni Gaudí.

Schlendern und Schauen

- **Rambles:** Barcelonas weltberühmter Boulevard, eine Platanenallee voller Atmosphäre. Manchmal sieht man allerdings vor Menschen das Pflaster nicht mehr und weicht dann lieber auf die Gehsteige am Rand aus. Die Straßencafés sind teuer und meist nicht von bester Qualität. → Tour 1, S. 28

- **Barri Gòtic:** Das mittelalterliche Barcelona erstreckt sich rund um die gotische Kathedrale – ein lebendiges und bestens restauriertes Viertel mit prachtvollen Palästen, engsten Gassen, hübschen kleinen Plätzen und originellen alten Läden. → Touren 3 und 4, S. 45 und S. 51

Hören und Sehen

- **Palau de la Música Catalana:** Ein Musikpalast des Modernisme-Architekten Domènech i Montaner, erbaut von den besten Kunsthandwerkern Kataloniens. Zu besichtigen auf Führungen oder, schöner noch, während eines Konzerts. Weltkulturerbe. → Tour 5, S. 65

- **Museu Picasso:** Eines der Top-Museen der Stadt. Es präsentiert in mehreren mittelalterlichen Palästen Werke des genialen Künstlers, der zwar nicht in Barcelona geboren wurde, hier jedoch seine erste Ausstellung feierte. Oft starker Besucherandrang. → Tour 5, S. 66

Gaudí, Gaudí, Gaudí …

- **Palau Güell:** Der geniale Architekt Antoni Gaudí konzipierte das nur wenige Schritte abseits der Rambles gelegene Wohnhaus für seinen Freund und Förderer, den Industriellen Eusebi Güell. Die Fassade zeigt typisch gaudieske Schmiedearbeiten, durch die großen Tore konnten Kutschen und Pferde bis ins Gebäude gelangen. Besonders beeindruckend ist die bunte Dachlandschaft der Kamine. Weltkulturerbe. → Tour 2, S. 37

- **Casa Batlló und Casa Milà:** Zwei spektakuläre Modernisme-Häuser von Gaudí, nur wenige hundert Meter voneinander entfernt in Eixample gelegen. Beide sind Weltkulturerbe, die Casa Milà kann im Sommer auch nachts besucht werden – traumhaft. → Tour 9, S. 106 und 108

- **Sagrada Família:** Gaudís wich-tigstes Werk, das Wahrzeichen Barcelonas und der Besuchermagnet der Stadt. Die große Modernisme-Kirche ist bis heute unvollendet, lohnt einen Besuch aber auf jeden Fall. Teile des Gebäudes sind als Weltkulturerbe ausgewiesen. Kümmern Sie sich rechtzeitig um Eintrittskarten, der Andrang ist immens! → Tour 10, S. 112

- **Parc Güell:** Oberhalb des Viertels Gràcia verlegte der Meister sich auf die Gestaltung eines Parks, der deutlich seine Vorliebe für naturnahe Formen zeigt. Die „Zona Monumental", der von Gaudí geschaffene Kernbereich des Parks (Weltkulturerbe), ist nur mit Eintrittskarte zu besuchen und zugangsbeschränkt, oft lange Warteschlangen. → Tour 11, S. 126

Drei viel besuchte Museen

- **Museu FC Barcelona:** Das Museum im legendären Stadion Camp Nou ist (noch vor dem Picasso-Museum!) die meistbesuchte Ausstellung Barcelonas. → Tour 13, S. 144

- **Museu Nacional d'Art de Catalunya:** Das Museum auf dem Montjuïc ist die vielleicht bedeutendste Ausstellung Europas für romanische Kunst, besitzt aber auch sehr schöne Beispiele der Gotik und des Modernisme-Kunsthandwerks. → Tour 14, S. 152

- **Fundació Joan Miró:** Ebenfalls auf dem Montjuïc und architektonisch sehr reizvoll gestaltet vom katalanischen Architekten Josep Lluís Sert, einem Freund Mirós. Neben Werken Mirós sind auch Arbeiten von Tàpies, Moore und Matisse ausgestellt. → Tour 14, S. 155

Barcelona von oben

- **Tibidabo:** Barcelonas Hausberg zählt zu den beliebtesten Ausflugszielen auch der Einheimischen, die es insbesondere in den großen Vergnügungspark zieht. Mehrere originelle, aber teilweise nicht ganz billige Verkehrsmittel führen hinauf. Es gibt aber auch eine sehr preisgünstige Variante ... → Tour 12, S. 130

- **Montjuïc:** Der deutlich näher am Stadtzentrum gelegene Montjuïc mit seinen zahlreichen gepflegten Gärten und vielen Sehenswürdigkeiten ist die urbanere Version eines Hausbergs. Auch er lässt sich mit ganz unterschiedlichen Verkehrsmitteln erobern, am abenteuerlichsten mit der Schwebebahn Transbordador Aeri del Port ab Barceloneta. → Tour 14, S. 146

Orientiert in Barcelona

Sightseeing-Alternativen

Schwerer noch als bei den Klassikern (zu denen man sehr wohl auch noch manche der hier aufgeführten Sehenswürdigkeiten zählen könnte), fällt die Auswahl alternativer Glanzlichter. Die folgenden Vorschläge sind deshalb als stark subjektiv geprägt und grundsätzlich unvollständig zu betrachten.

El Born Centre de Cultura i Memòria

Eigentlich hatte aus dem ehemaligen Hauptmarkt ja eine Bibliothek werden sollen. Bei den Arbeiten wurden jedoch die Grundmauern jenes barocken Viertels freigelegt, das beim Bau der bourbonischen Zitadelle (Fremdherrschaft!) zerstört worden war. Heute bilden die Häuser, Kanäle und Straßen, überdacht von der imposanten Marktkonstruktion, ein faszinierendes Museum. → Tour 5. S. 68

Am Wasser

- **Museu Marítim:** Die Werften am unteren Ende der Rambles erinnern an die goldenen Zeiten Barcelonas als Stadt des Seehandels und sind ein bedeutendes Monument der Profanarchitektur des 16. und 17. Jh. Heute beherbergen sie ein exquisites Schifffahrtsmuseum. Quasi als Außenstelle des Museums wurde am Hafen der 1918 erbaute Frachtensegler Santa Eulàlia angedockt. → Tour 7, S. 82
- **Port Vell und L'Aquàrium:** Der umgestaltete Bereich des alten Hafens ist ein schönes Gebiet für ein Picknick in der Sonne, einen Bummel durch das **Shoppingcenter** Maremàgnum oder eine Hafenrundfahrt mit den „Golondrinas" (Schwalben) genannten Ausflugsbooten. Die Hauptattraktion freilich bildet das moderne Aquarium mit seinem 80 Meter langen Unterwassertunnel quer durch das Haifischbecken. → Tour 7, S. 80 und 85
- **Barcelonas Strände:** Über fast fünf Kilometer Länge erstrecken sich die Strände zwischen dem Viertel Barceloneta und dem Gelände des Fòrum 2004. Vielleicht das Beste daran ist die breite Promenade, die die Strände fast durchgehend begleitet und sich wunderbar für ausgedehnte Spaziergänge und kurze Fahrradtouren eignet, vorbei an Kunstwerken wie Rebecca Horns „Verletztem Stern" und dem Bronzedraht-Fisch von Frank Gehry. → Tour 8, S. 95

Heimliche Konkurrenten

- **La Ribera/El Born:** Fast ausnahmslos spülen die großen Kreuzfahrtschiffe im Hafen ihre Passagiere direkt auf die Rambles und dann ins benachbarte Barri Gòtic. El Born, streng genommen ein „Unterviertel" von La Ribera, bleibt bei den Gruppentouren meist außen vor. Dabei gibt es auch hier mittelalterliche Paläste und enge Bummelgassen, Designershops und fantastische Museen. Am Abend läuft der

betriebsame Born mit seinen zahllosen guten Bars und Restaurants dem Barri Gòtic ohnehin den Rang ab.
→ Tour 5, S. 65

■ **Hospital de la Santa Creu i de Sant Pau:** Nur etwa zehn Minuten Fußweg trennen die Sagrada Família von diesem herrlichen Jugendstilhospital. Doch während Gaudís Basilika von Besuchern geradezu überrannt wird, haben Modernisme-Liebhaber das auch als „Sant Pau Recinte Modernista" bekannte Ensemble fast noch für sich. Weltkulturerbe. → Tour 10, S. 114

■ **Santa María del Mar:** Barcelonas Kathedrale mag die größte gotische Kirche der Stadt sein und ein Prachtstück für sich. Von den Einheimischen geliebt wird jedoch Santa María del Mar im Viertel La Ribera/El Born. Gleichzeitig gilt die „Kathedrale des Volkes", wie sie auch genannt wird, dank ihrer perfekten Proportionen als das schönste Beispiel der katalanischen Gotik überhaupt. → Tour 5, S. 67

■ **Museu de Cultures del Mòn:** Sonntags ab 15 Uhr sowie an jedem ersten Sonntag im Monat ganztags ist das Picasso-Museum gratis zu besuchen – die ohnehin oft langen Warteschlangen erreichen dann verblüffende Dimensionen. Vergleichsweise ruhig bleibt es hingegen im nahen „Museum der Kulturen der Welt", das dann ebenfalls freien Eintritt bietet. Die exzellente Ausstellung, erst 2015 eröffnet, verteilt sich auf zwei Paläste und präsentiert wunderbar arrangierte Kunstwerke alter Kulturen aus Afrika, Asien, Amerika und Ozeanien. → Tour 5, S. 67

Uralt und brandneu

■ **Museu d'Història de la Ciutat:** Ein Museum für Stadtgeschichte, nun ja, da gibt es sicher Interessanteres ... Von wegen! Ein Besuch wird zu einer faszinierenden Reise durch die Jahrhunderte, geht es doch neun Meter unterhalb des heutigen Straßenniveaus auf gläsernen Stegen über die Reste des römischen und westgotischen Barcelona, vorbei an Werkstätten, Gassen, Wohnhäusern und frühchristlichen Kirchen. Erst im mittelalterlichen Palau Reial erblickt man wieder das Tageslicht. → Tour 4, S. 54

■ **Plaça de les Glòries Catalanes:** So neu gestaltet ist dieser riesige Platz, dass er zuletzt in Teilen noch eine Baustelle war. Mindestens drei Gründe sprechen dennoch für einen Besuch: der Blick auf das markante Hochhaus Torre Agbar, das neue Designmuseum Museu del Disseny und die hypermoderne Markthalle Nous Encants, die seit wenigen Jahren dem traditionsreichen Flohmarkt Els Encants eine neue Heimat bietet. Für Letztere muss man sich allerdings einen Montag, Mittwoch, Freitag oder Samstag aussuchen, sonst steht man vor verschlosser Tür. → Tour 10, S. 115

Orientiert in Barcelona

Essen gehen

Das gastronomische Angebot ist überwältigend. Die katalanische Metropole zählt über 20 Restaurants mit einem oder mehreren Michelinsternen, mehr als jede deutsche Stadt. Auch außerhalb der Gourmet-Tempel lässt sich kreative und saisonal inspirierte Küche finden – es muss ja nicht einer der Neppschuppen an den Rambles sein.

Ausführliche Restaurant-Beschreibungen finden Sie jeweils am Ende einer Stadttour

Alle Restaurants, geordnet nach Küchen, finden Sie ab S. 278

Informationen zur katalanischen Küche finden Sie auf den Seiten 214 bis 222

Katalanische Küche

Die traditionsreiche und vielfältige katalanische Küche profitiert von der Nähe zum Meer, doch hat auch die deftige Bergküche ihren festen Platz auf dem katalanischen Speisezettel. Mittlerweile ist eine ganze Generation junger Chefs angetreten, die überlieferten Rezepte modern und zeitgemäß leicht zu interpretieren. Einige sind Schüler des legendären Ferran Adrià, alle aber eint die Lust an kulinarischen Experimenten. Einer dieser Könner ist der michelinbesternte Chef Jordi Vilà vom **Alkimia**, das 2016 von seinem früheren Standort in Eixample ins Gebäude der Kultbrauerei Moritz umgezogen ist. Traditioneller speist man, ganz dem Namen gemäß, im **Freixa tradició**, das leider etwas abseits liegt. Aber auch mitten im zentralen Barri Gòtic finden sich Lokale mit klassisch-katalanischer Küche, darunter so altehrwürdige Adressen wie das **Pitarra** (eröffnet 1890) und, ein wenig mehr in Richtung katalanischer Hausmannskost, das sehr beliebte **Can Culleretes**, gegründet 1786 und damit das älteste Lokal der Stadt. Der regionalen Küche verschrieben hat sich auch **Senyor Parellada** im Born-Viertel, ein Lokal mit hübscher Innendekoration und prima Preis-Leistungs-Verhältnis.

Tapas

Barcelona hat die Tapas, die berühmten Appetithäppchen der spanischen Küche und eigentlich keine katalanische Spezialität, neu entdeckt. Das Fremdenverkehrsamt spricht in diesem Zusammenhang sogar von der „vielleicht einzigen Kulturrevolution, die die Stadt in den letzten hundert Jahren erlebt hat“. Dabei existieren manche Tapa-Klassiker schon viele Jahrzehnte, zum Beispiel ganz unten im Barri Gòtic die winzige Bar **La Plata**, die seit 1945 genau vier Tapa-Sorten serviert: Tomatensalat, Anchovis, Butifarra-Wurst und vor allem die frittierten Fischchen „Pescadito frito“. Jüngeren Datums sind

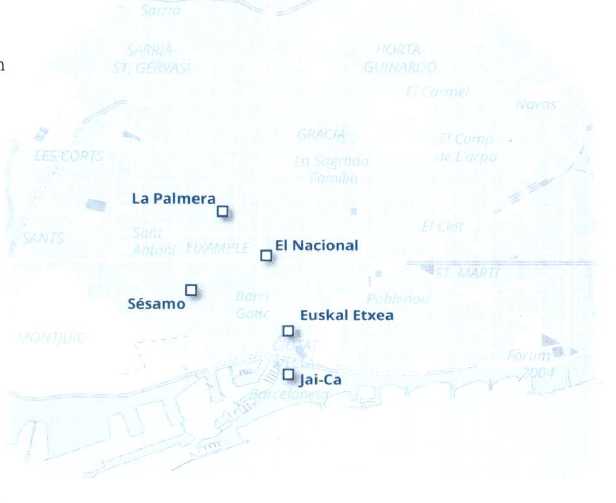

die avantgardistischen Tapa-Tempel wie das **Tapaç 24** des Starkochs Carles Abellán in Eixample, das asiatisch inspirierte **Dos Palillos** in El Raval und das berühmte **Tickets** von Albert Adrià. Doch nicht nur Designer-Tapas sind im Trend, auch die in den vielen baskischen Bars angebotenen „Pintxos" (Tapas auf Weißbrot) haben ihren Reiz, auszuprobieren beispielsweise im **Bilbao Berria** gleich bei der Kathedrale.

5 Tipps für 5 Abende

■ **„La Palmera" – Degustationsmenüs:** Das aus einem Delikatessengeschäft hervorgegangene Restaurant in Eixample bietet zeitgemäße Interpretationen der regionalen Küche. Ein Tipp sind insbesondere die Menüs aus sechs unterschiedlichen kleinen Gerichten. → Tour 9, S. 117

■ **„El Nacional" – Halle voller Lokale:** Nicht die Küchenkunst steht hier im Vordergrund, sondern das Ambiente. El Nacional, untergebracht in einem spektakulär dekorierten ehemaligen Theater- und Industriegebäude von 1889, birgt eine ganze Reihe von Bars und Restaurants, deren Spezialitäten von Tapas über Fleischgerichte bis zu Fisch und Meeresfrüchten reichen. „Multi-Espacio" nennt sich dieses Konzept in Barcelona. → Tour 9, S. 117

■ **„Sésamo" – vegetarisch:** Ein wenig anders (und ein wenig teurer) als der übliche Vegetarier um die Ecke ist dieses kleine Restaurant am Rand des Raval-Viertels. Sein Chef zaubert aus Bio-Produkten ungewöhnlich kreative Speisen, die auch Nicht-Vegetarier sehr positiv überraschen. Besonders empfehlenswert ist das siebengängige Menü. Auch vegane Optionen. → Tour 2, S. 38

■ **„Euskal Etxea" – baskische Pintxos:** Kein Lokal, in dem man den ganzen Abend verbringen würde, aber perfekt als Ausgangspunkt einer Bar-Hopping-Tour durch das Born-Viertel. Lassen Sie sich einen Teller geben und wählen Sie einige der appetitlichen Pintxos von der Theke. Dazu einen Sidra (Apfelwein), ein Glas frischen Txakolí-Wein oder ein kleines Bier, hier Zurito genannt. Abgerechnet wird nach Anzahl der Zahnstocher, die die Pintxos zusammenhalten. Und weiter geht's in die nächste Bar gleich um die Ecke, zum Beispiel ins Xampanyet. → Tour 5, S. 70

■ **„Jai-Ca" – Fisch-Tapas:** Barceloneta ist *die* Adresse für maritime Genüsse und das rustikale Jai-Ca eine der besten Tapa-Bars im Viertel. Ein wenig Durchsetzungsvermögen benötigt man unter den vielen Einheimischen schon, und man sollte früh da sein, um überhaupt einen Stehplatz zu bekommen. Der fantastische Fisch und die exquisiten Meeresfrüchte zu bezahlbaren Preisen belohnen jedoch jede Mühe. → Tour 8, S. 97

Ausgehen

Barcelonas berühmtes Nachtleben kommt spät in die Gänge – dann aber gewaltig. In den Clubs geht es oft erst um zwei Uhr morgens richtig los. Davor zieht man um die Häuser, trinkt ein Glas hier, eins dort: „Ir de copas" heißt das. Die Nightspots verteilen sich über fast das gesamte Stadtgebiet bis hin zum Montjuïc.

El Raval

Das einstige Schmuddelviertel, auch heute noch alles andere als stromlinienförmig, bedient Jazzliebhaber ebenso wie Fans moderner Technotempel und Freunde uralter Absinth-Kneipen. Ein Tipp für Cocktails ganz klassischer Natur ist das **Boadas** gleich neben den Rambles. Elektronische Tanzmusik neuester Generation läuft im **Moog** in einer Seitengasse der unteren Rambles und in der **Sala Apolo** an der Avinguda Paral.lel (und damit genau genommen ganz knapp außerhalb des Raval). Zeitreisen in die Vergangenheit ermöglichen die nostalgischen Bars des Viertels, von denen einige unter Denkmalschutz stehen, darunter die 1910 eröffnete **London Bar**.

Barri Gòtic

Im Vergleich zum Raval oder Born geht es im mittelalterlichen Herzen der Stadt nachts eher ruhig zu. Eine Ausnahme ist das Gebiet um die Plaza Reial. Ein Klassiker dort ist der **Jamboree Jazz & Dance Club**, etwas meerwärts empfängt der Club **La Macarena** die House- und Technoszene.

La Ribera/El Born

Ein sehr lebendiges Nachtviertel, in dem sich vieles auf der Straße oder beim Hopping von Bar zu Bar abspielt. Exquisite Drinks gibt es in der **Cocktail Bar Juanra Falces**, Alternativambiente im baumbestandenen Innenhof findet sich in der **Bar de l'Antic Teatre** im angrenzenden Viertel Sant Pere. Leider muss die Terrassenbar mit Kleinkunstbühne schon um 23 Uhr schließen.

Port Olímpic

Kurz vor dem eigentlichen Olympiahafen, direkt am Strand unterhalb des glänzenden Gehry-Fischs, erstreckt sich eine ganze Zeile voller schicker Lokale, die tagsüber als Restaurant und nachts als Club fungieren. Das Publikum ist edel gewandet, die Preise sind hoch. Eine der prominentesten (und teuersten) Adressen hier ist der Carpe Diem Lounge Club, kurz und knapp **CDLC.**

Eixample

Hier liegen die Bars und Clubs naturgemäß weiter verstreut als in der eng-verwinkelten Altstadt. Cocktails in klassischem Ambiente serviert **Dry Martini** hoch oben im linken Eixample. Eine deutlich jüngere Klientel bedient der nahe der Plaça Catalunya gelegene Club **Barcelona City Hall**.

Gràcia

Das alternativ angehauchte Viertel feiert gerne im Freien auf einem der zahlreichen kleinen Plätze wie der **Plaça del Sol**. Einen gewissen Kontrast bildet der bereits 1985 eröffnete Nobelclub **Otto Zutz**, mit entsprechendem Preisniveau ein Treffpunkt vor allem der Reichen und Schönen.

5 Tipps für 5 Abende

■ **„Marsella“**: Eine nostalgische Tränke im Raval, schon von Ernest Hemingway und Salvador Dalí besucht. Als das Gebäude 2013 verkauft und die Bar geschlossen werden sollte, erwarb die Stadt das Anwesen kurzerhand. Internationales Publikum, beliebtester Drink ist Absinth. → **Nachtleben, S. 229**

■ **‚Harlem Jazz Club“**: Der Klassiker im Barri Gòtic wurde bereits 1987 eröffnet. In dem schlicht gestylten Club finden praktisch täglich Konzerte statt, neben Jazz auch Blues, Son Cubano etc. Tickets und Getränke sind erfreulicherweise recht günstig. → **Nachtleben, S. 231**

■ **„Miramelindo“**: Die große, reizvoll im Kolonialstil eingerichtete Bar im Born-Viertel ist meistens sehr gut besucht und dementsprechend lebhaft und laut. Serviert werden vor allem Cocktails, insbesondere Mojitos und Caipirinhas. → **Nachtleben, S. 231**

■ **„Razzmatazz“**: Eine der bekanntesten Nachtadressen der Stadt, leider etwas abgelegen im Viertel Poblenou. Das riesige Fabrikgebäude mit Dachterrasse beherbergt insgesamt fünf Clubs mit ganz unterschiedlicher Musik, auf der Konzertbühne sind schon viele berühmte Bands aufgetreten. → **Nachtleben, S. 231**

■ **„La Terrrazza“**: Noch ein geradezu legendärer (wenn auch immer wieder von Schließung bedrohter) Bestandteil der Nachtszene Barcelonas. Der Open-Air-Club im Ibiza-Stil liegt auf dem Gelände des „Spanischen Dorfs“ Poble Espanyol auf dem Montjuïc. Musikalisch geht die Reise in Richtung House und Techno, befeuert von internationalen Top-DJs. Nur im Sommer geöffnet. → **Nachtleben, S. 233**

Orientiert in Barcelona

Shopping

Die Möglichkeiten zum Schaufensterbummel sind geradezu paradiesisch. Das Angebot ist überwältigend: Barcelona zählt rund 35.000 Geschäfte aller Couleur. Billig ist die Stadt freilich nicht, auch wenn sich, beispielsweise bei Schuhen und Kleidung, gelegentlich echte Schnäppchen machen lassen.

Groß in Mode

Auf der Suche nach den neuesten Modetrends? Barcelona ist eine der Fashion-Metropolen Europas. Katalanische und spanische Designer haben längst den internationalen Modemarkt erobert, Namen wie Custo, Adolfo Domínguez und Antonio Miró sind zum Begriff geworden. Dies gilt natürlich erst recht für die großen Ketten wie Zara, Mango oder die Schuhmarke Camper, die topaktuelle und gleichzeitig preiswerte Ware offerieren. Besonders hoch ist die Wahrscheinlichkeit auf einen günstigen Fang zur Zeit des **saisonalen Schlussverkaufs** vom 7. Januar bis Anfang März und im Juli/August: Achten Sie auf das Schild **„Rebaixes"** (span.: Rebajas), das herabgesetzte Preise signalisiert.

Souvenirs

Eine nette Erinnerung sind kulinarische Souvenirs. Wie wäre es mit ein paar Flaschen Cava, Wein oder Coñac? Alles ausgesprochen preiswert. Ebenfalls deutlich günstiger als bei uns sind kubanische Zigarren. Ein besonderes Einkaufsvergnügen ist auch ein Bummel durch eine der vielen **traditionellen Markthallen** Barcelonas, die es in praktisch jedem Viertel gibt.

Shoppen in der Altstadt

In der Altstadt finden sich noch teilweise uralte Läden, für die der Ausdruck Produktdiversifizierung nachgerade ein Schimpfwort darstellt. Sie suchen ein Fachgeschäft für getrockneten Kabeljau, für Textilien des 18. Jahrhunderts, für handgemachte Espadrilles oder für Köstlichkeiten aus Klöstern? Auf ins Barri Gòtic!

Barri Gòtic: Eine ganze Reihe traditioneller Läden liegt im Umfeld der Kathedrale und der Plaça del Pi, zum Beispiel das bereits 1760 gegründete Kerzengeschäft **Cereria Subirà**. Nette kleine Boutiquen gibt es im **Carrer d'Avinyó**, internationale Ketten und Schuhgeschäfte finden sich vor allem an der Fußgängerzone **Avinguda del Portal de l'Angel**, die von der Kathedrale zur Plaça de Catalunya führt. Ein gigantisches Sportgeschäft in ungewöhnlich zentraler Lage ist die Filiale der französischen Kette **Decathlon**. → Touren 3 und 4, S. 58/59

Ribera/El Born: Im Trendviertel El Born haben zahlreiche Designergeschäfte und Outlets eröffnet, vor allem südlich des Passeig del Born am **Carrer del Rec** und in seinen Seitengassen; ein besonders reizvoll gestalteter Laden ist **Loisada** am Carrer dels Flassaders. Daneben existieren jedoch weiterhin die nostalgischen Geschäfte von anno dazumal wie die fast schon museale Rösterei **Can Gispert** und die traditionsreiche Metzgerei **Botifarrería de Santa Maria**. → Tour 5, S. 73

El Raval: Sicher kein Shopping-Viertel par excellence. Secondhand-Fans finden jedoch in der „Vintage-Gasse" **Carrer Riera Baixa** ein paar spezialisierte Geschäfte, sei es für Mode oder für alte Vinyl-Schallplatten. → Tour 2, S. 39

In Eixample

Die Stadterweiterung ist das Gebiet der internationalen Ketten, großen Labels und Designerläden. Groß ist das Angebot vor allem am **Passeig de Gràcia** und der **Rambla de Catalunya** sowie in den oberen, nahe der Diagonal gelegenen Bereichen des Carrer Balmes und des Carrer Muntaner. Neben vielen Modegeschäften wie den Outlets der Marken **Mango** und **Desigual** finden sich auch spezialisierte Läden; sehr hübsch gestaltet ist der Dekoladen **Jaime Beriestain Concept Store**. Kulinarische Köstlichkeiten vielerlei Art gibt es im herrlich altmodischen „Colmado" **Queviures Murrià**, einem Modernisme-Delikatessengeschäft von 1898. Nach Trödel forschen kann man in der modernen Flohmarkthalle **Nous Encants**, die allerdings nur Mo/Mi/Fr/Sa öffnet. → Touren 9 und 10, S. 120/121

An der Avinguda Diagonal

An der großen, die Stadt schräg durchquerenden Hauptstraße stehen, insbesondere in den Außenbezirken, mehrere große Shoppingcenter, die zahlreiche Geschäfte unter einem Dach vereinen, beispielsweise das langgestreckte **L'Illa** oder das etwas kompaktere **Pedralbes Centre**. → Tour 13, 145

Außerhalb: La Roca Village

Das künstliche „Dorf" voller Outlets liegt nahe der Autobahn AP-7 Richtung Girona, Ausfahrt 12 Cardedeu. Viele bekannte Marken, täglich geöffnet. Es gibt auch einen sogenannten „Shopping Express", Hin- und Rückfahrt p. P. 20 €, Details und Buchung auf der Website („Getting here" klicken): www.larocavillage.com.

Wege durch Barcelona

Entlang der Rambles zum Meer

Tour 1

Es ist wohl nicht übertrieben, diesen prächtigen, baumbestandenen Boulevard als den berühmtesten Kilometer Spaniens (genauer gesagt sind es 1,2 km) zu bezeichnen, gleichermaßen heiß geliebt von Touristen wie von den Einwohnern selbst.

Mercat de la Boqueria, die berühmteste Markthalle Barcelonas, S. 28

Museu de l´Eròtica, das einzige seiner Art in Spanien, S. 29

Gran Teatre del Liceu, glanzvolles Opernhaus, auferstanden aus Ruinen, S. 29

Jamón Experience, alles über spanischen Schinken, S. 29

Museu de Cera, Prominenz in Wachs, S. 30

Die Flaniermeile der Stadt

Rambles

Rambla, abgeleitet vom arabischen Wort „ramla" (sandiger Boden), bedeutet im ganzen Land eigentlich ein im Sommer ausgetrocknetes Flussbett, das als Weg benutzt wird; und genau das waren die Rambles früher auch. Bis ins 18. Jh. lagen sie außerhalb der Stadtmauern. Mit deren Abriss entstanden am Rand der Rambles die ersten Adelspaläste, im 19. Jh. wurden schließlich die Platanen gepflanzt, die so viel zur heiteren Atmosphäre der Flaniermeile beitragen. Bleibt die selbst in Barcelona offene Frage, ob es auf Català nun die Rambles oder die Rambla heißen muss. Wir verwenden den Plural, da es sich um eine Folge mehrerer Abschnitte handelt: von der Plaça de Catalunya aus gesehen nacheinander die Rambla Canaletes, Rambla dels Estudis, Rambla Sant Josep, Rambla dels Caputxins und Rambla Santa Mònica.

Die Rambles sind Reich der Fußgänger; Autos müssen mit den schmalen Fahrstreifen links und rechts der platanenbestandenen Pflasterzone vorliebnehmen. Auf dieser geben eine ganze Reihe von Zeitschriftenkiosken und Blumenständen den Rahmen für ein Volkstheater besonderer Art, in dem die Zuschauer gleichzeitig auch Akteure sind. Man flaniert oder sitzt in einem der Cafés und lässt flanieren. Zu einem wahren Hexenkessel werden die Rambles, wenn der Fußballklub FC Barcelona ein wichtiges Spiel gewonnen hat, vorzugsweise gegen die Rivalen aus Madrid. Dann fließt der Cava in Strömen, kreist stundenlang ein ohrenbetäubend hupender Corso von Autos, aus deren Fenstern die blau-roten Fahnen des Vereins und die rot-gelben Kataloniens flattern.

In den ganz späten Stunden gehören die Rambles dann nicht nur in Hafennähe den Prostituierten und Transvestiten, den Pennern und Gestrandeten. Seit der Hafen an Attraktivität gewonnen hat, spazieren jedoch verstärkt auch auf den unteren Rambles Pärchen und Grüppchen von Flaneuren. Vielleicht noch ein letzter Kaffee im Pinotxo, dessen Tresen im Markt Boqueria ab sechs Uhr öffnet, dann ist die Nacht unwiderruflich vorbei ...

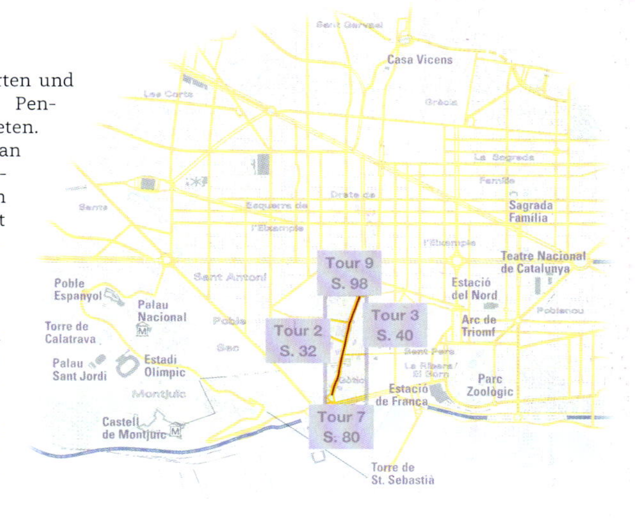

Spaziergang

Startplatz zu einem Rambles-Bummel ist die **Plaça de Catalunya** (Infostelle, Metrostation), ein wichtiger Verkehrsknotenpunkt und die Grenze zwischen Altstadt und der Stadterweiterung Eixample. Lange wird sich hier niemand aufhalten wollen: Zu hektisch wimmeln die Massen, zu ungemütlich wirkt der weite, erst 1927 fertiggestellte Platz, der fast dieselben Ausmaße besitzt wie der Petersplatz in Rom.

Der erste Abschnitt der Rambles, die **Rambla Canaletes**, verdankt ihren Namen der eisernen Wasserstelle Font de Canaletes aus dem 19. Jh., seit den Zwanzigerjahren des letzten Jahrhunderts traditionell mittäglicher Treffpunkt der diskutierfreudigen Rentner unter den Fans des FC Barcelona. Wer das Wasser des Brunnens trinkt, soll für immer in Barcelona bleiben, so die Legende. Die Stühle in diesem Bereich ermöglichen es auch Ärmeren, ohne Verzehrzwang dem quirligen Leben zuzusehen. Die sich an die Rambla Canaletes anschließende **Rambla dels Estudis** ist nach der früher hier ansässigen Universität benannt. Treffender

Barcelona im Kasten

Die Rambles und ihre Besucher

Laut einer Studie der Vereinigung „Freunde der Rambla" sollen jährlich mehr als 78 Millionen Personen den Boulevard bevölkern, was einem Schnitt von über 210.000 Besuchern pro Tag entspricht. Rund 58 Prozent der Flaneure stammen aus dem Ausland, 21 Prozent aus dem Rest Spaniens und immerhin wiederum 21 Prozent sind aus Barcelona selbst – womit die in der Stadt gängige Meinung widerlegt wäre, die Barcelonesen würden den Rummel der Rambles nach Möglichkeit meiden.

war lange der heute ebenfalls gebräuchliche Name Rambla dels Ocells, „Vogel-Rambla", verkauften hier doch zahlreiche Stände die gefiederten Sänger, außerdem auch Meerschweinchen, Fische, Schildkröten und junge Hunde; Tierfreunde werden sicher begrüßen, dass die Stadtverwaltung die Standbesitzer zu einer Änderung ihres Gewerbes gezwungen hat. Am Ende dieses Abschnitts steht rechts, an der Ecke zum Carrer Carme, die gotisch-barocke Jesuitenkirche **Església de Betlem**, nach einem Brand 1680 neu errichtet, und auf der anderen Seite der Rambla der restaurierte **Palau Moja**. Der Adelspalast des 18. Jh., benannt nach seiner Besitzerfamilie, dient gelegentlich als Ausstellungsort; der Eingang liegt um die Ecke.

Die folgende **Rambla Sant Josep** wird auch Rambla dels Flors genannt, nach den zahlreichen Blumenständen, die hier stehen; diese haben eine lange Tradition, gehen sie doch bis ins Jahr 1853 zurück. Gleich zu Beginn der Rambla liegt rechts, direkt gegenüber der Betlem-Kirche, der **Palau de la Virreina**. Dieser Palast wurde um 1775 für den Vizekönig von Peru erbaut, der allerdings vor der Fertigstellung starb; seine Witwe jedoch lebte später in dem Gebäude, das deshalb „Palast der Vizekönigin" heißt. Heute beherbergt es neben einem kulturellen Info-Zentrum wechselnde Ausstellungen und einen Ticketvorverkauf (z.B. Museu Picasso, Casa Lleó Morera). Ganz anderer Natur sind die „Sehenswürdigkeiten" im Markt **→ Mercat de la Boqueria** ein Stück weiter, etwas zurückversetzt von den Rambles. Ein Blick hinein auf das schier überreiche Angebot lohnt sich auch ohne Kaufabsicht, man sollte aber wegen der teilweise gewöhnungsbedürftigen Geruchskulisse besser nicht mit leerem Magen kommen. Etwa gegenüber dem Eingang zur Boqueria liegt auf Hausnummer 96 das kleine **→ Museu de l'Eròtica**, laut Eigenwerbung das einzige Erotikmuseum in Spanien. Meerwärts gleich nebenan

Modernisme an den Rambles: Casa Bruno Cuadros

steht der moderne Palau Nou de la Rambla, 1992 errichtet und so gestaltet, dass die Fassade einen Durchblick zur Kirche Santa María del Pi gewährt; er beherbergt unter anderem ein automatisiertes High-Tech-Parkhaus und das noch recht neue Schinken-„Museum" →**Jamón Experience**. Den Abschluss dieses Abschnitts der Rambles bildet die **Pla de la Boqueria**, ein kleiner, auch Pla de l'Os genannter Platz, dessen buntes Pflaster 1976 von Joan Miró entworfen wurde. In seinem Umfeld finden sich interessante Modernisme-Fassaden wie die **Casa Bruno Cuadros** (1885), dekoriert mit Regenschirmen und chinesischem Drachen, und gegenüber auf Nummer 83 die mit reichlich Buntglas geschmückte **Casa Figueres** (1902), Sitz der traditionsreichen Konditorei Escribà.

Die **Rambla dels Caputxins** (Rambla der Kapuzinermönche), auch Rambla del Centre genannt, erstreckt sich meerwärts der Pla de la Boqueria und war der erste Abschnitt der Rambles, der seinerzeit zu einer Promenade ausgebaut worden war. Sie ist vor allem die Rambla der Boulevard-Cafés, darunter auf Nr. 79 das berühmte **Café de l'Òpera**, bereits 1929 gegründet und eines der ältesten der Stadt. Auf der rechten Seite erhebt sich eines der schönsten Opernhäuser Spaniens, das →**Gran Teatre del Liceu**, erbaut 1847. Wenige Schritte weiter liegt das elegante Hotel Oriente aus dem Jahr 1882, vormals ein Kloster des 17. Jh. Meerwärts öffnet sich hinter einem leicht zu übersehenden Durchgang links der Rambles der wohl schönste Platz Barcelonas, die **Plaça Reial** (→ Barri Gòtic), die einen kleinen Abstecher allemal lohnt; von der Südecke des Platzes führt die pittoreske Passatge Bacardí zurück zu den Rambles. Ebenfalls den winzigen Umweg wert ist der von Gaudí gestaltete Palast **Palau Güell** (→ El Raval) im Carrer Nou de la Rambla 3, von der Passatge Bacardí aus etwas landeinwärts und jenseits der Rambles.

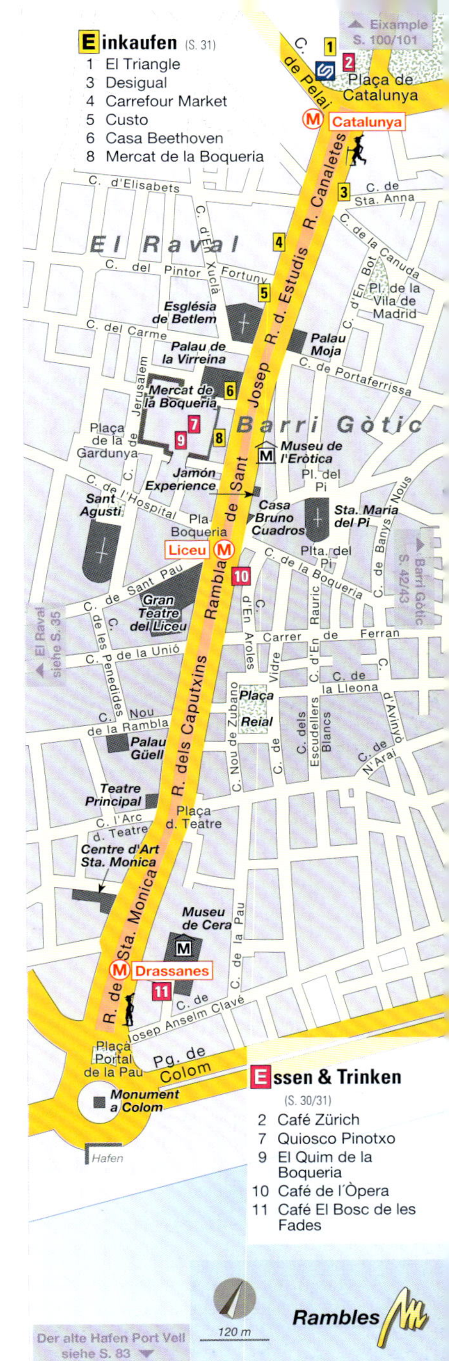

Die **Rambla de Santa Mònica**, der letzte Abschnitt des Boulevards und unmittelbar vor dem Hafen, beginnt an der Plaça del Teatre, benannt nach dem gegenüberliegenden **Teatre Principal**, einem der ältesten ganz Spaniens: Die erste Vorführung hier fand 1597 statt. Lange geschlossen, beherbergt das renovierte Prachtstück heute u.a. eine (teure) Showbühne nebst Club. Diese Rambla lässt, ebenso wie die hier abzweigende, schmale „Töpferstraße" Carrer dels Escudellers, immer noch ein wenig den früheren Rotlicht-Charakter erahnen; nicht nur abends lauern an den Seiten gelegentlich eindeutig gekleidete Damen, die nicht immer wirklich weiblichen Geschlechts sind. Auf der in Richtung Meer gesehen rechten Seite ist auf Hausnummer 7 in einem ehemaligen Konvent des 17. Jh. das Kunstzentrum **Centre d'Art Santa Mònica** untergebracht, in dem wechselnde Ausstellungen stattfinden. Schräg gegenüber liegt in einer winzigen Seitengasse das Wachsfiguren-Museum **→ Museu de Cera**. Auf diesem Abschnitt der Rambles treffen sich auch die Porträtmaler, ebenso die von Zuschauern umdrängten „lebenden Statuen", die ihre mehr oder weniger spektakulären Kostüme vorführen – und in ihrem Gefolge die Taschendiebe. Bis vor wenigen Jahren gab es noch viel mehr dieser Freiluftartisten, doch hat die Stadtverwaltung ihre Zahl und ihren Standort nun streng limitiert. Von hier ist man schnell bei der Kolumbussäule *Monument a Colom* (→ Port Vell) am Hafenbereich **Port Vell**.

Barcelona im Kasten

Barcelona und seine Markthallen

An die 40 Markthallen zählt Barcelona, jede das kulinarische Zentrum ihres Viertels und ein Hort der Tradition: Oft sind die Marktstände schon in der dritten oder vierten Generation im Besitz derselben Familie. Die große Zeit der Hallen begann etwa Mitte des 19. Jh.; vorher hatte der Handel vornehmlich auf Plätzen unter freiem Himmel stattgefunden. In den folgenden, durch Industrialisierung, Dynamik und Wachstum geprägten Jahrzehnten wurden die Markthallen zum Wahrzeichen des Fortschritts. Imposante, weitläufige Konstruktionen aus Stahl und Glas entstanden, überwölbt von mächtigen Kuppeln – Kathedralen der modernen Zeit. Zu den beeindruckendsten Beispielen dieser kraftvollen und doch lichten Architektur zählen neben der Boqueria auch der riesige Antic Mercat del Born (1876) im Viertel El Born und der Mercat de Sant Antoni (1882) jenseits von El Raval. Viele wurden in den letzten Jahren restauriert oder sind (wie der Mercat de Sant Antoni) gegenwärtig in Umbau. Andere finden einen völlig neuen Verwendungszweck, darunter der Antic Mercat del Born, der zu einem Kultur- und Geschichtszentrum umgewidmet wurde.

Sehenswertes

Der „Bauch Barcelonas"

Mercat de la Boqueria

Zwar hat sich die Bezeichnung Boqueria längst eingebürgert, doch eigentlich heißt Barcelonas größter und feinster Markt Mercat de Sant Josep. Der Name stammt von einem Kloster, in dessen Umgebung bereits seit dem Mittelalter ein Markt abgehalten wurde. 1835 wurde das Kloster abgerissen und wich zunächst einem offenen Marktplatz. Am Josefstag des Jahres 1840 wurde

Rambles → Karte S. 27

der Grundstein für die Halle gelegt; die heutige stählerne Dachkonstruktion entstand jedoch erst 1914. Das Angebot im Inneren ist überwältigend, immerhin beherbergt die Boqueria auf ihren 6000 Quadratmetern Fläche mehrere hundert Stände. Gleich am Eingang finden sich Auslagen mit frischen Fruchtsäften und Obstsalaten, das Zentrum besetzt der Fischmarkt Illa del Peix, außen herum gibt es Fleisch, Schinken, Wurst, allerlei Käse, kunstvoll zu Pyramiden aufgeschichtete Gemüse, getrocknete Pilze, Kräuter und liebevoll dekorierte Früchte in einer derartigen Fülle und Qualität, dass selbst verwöhnten Gourmets Augen und Nase übergehen. Nicht umsonst zählen viele renommierte Chefköche zu den Kunden der Boqueria. Gaumenkitzel versprechen auch die dicht umdrängten Bar-Stände der Boqueria, darunter der berühmte Quiosco Pinotxo, an deren Theken vielerlei marktfrische Köstlichkeiten angeboten werden.

Durchblick: Palau Nou de la Rambla

Erotik im Wandel der Zeit

Museu de l'Eròtica

Die kunterbunte Sammlung zeigt neben erotischer Kunst aus Asien, Afrika und Europa auch eher dubiose Exponate wie einen „Lust-Stuhl" oder die „Sadomasochistische Szenerie des 18. Jahrhunderts". Sehenswert ist auf jeden Fall die kleine Ausstellung zur goldenen Zeit des Barri Xinés in den 30er-Jahren.

Tägl. 10–24 Uhr; Eintrittsgebühr 9 €, www.erotica-museum.com.

Vom Schwein zum Schinken

Jamón Experience

Eine Seitengasse der Rambla Sant Josep bildet den Zugang zu diesem sehr modern gestalteten Schinken-„Museum", das sich aus einer Audiovisual-Tour, einem gut sortierten Schinkengeschäft und einem Restaurant zusammensetzt. Das etwa 25-minütige Audiovisual informiert (auch in deutscher Sprache) auf ebenso unterhaltsame wie lehrreiche Weise über die Besonderheiten des iberischen Schweins sowie die Herstellung und Klassifikation der verschiedenen Schinkenarten; im Anschluss erfolgt eine von einem Glas Wein, Cava oder Bier begleitete Verkostung von sechs verschiedenen Schinkenhäppchen.

Tägl. 11.30–20 Uhr; Eintrittsgebühr inklusive Degustation knapp 20 € (also nicht gerade günstig); auf Nachfrage konnte man für zuletzt 5 € auch nur das Audiovisual besuchen. www.jamonexperience.com. Hier auch eine Infostelle der Stadt.

Prachtvolles Opernhaus

Gran Teatre del Liceu

Eines der berühmtesten Opernhäuser des Landes, von außen unscheinbar, innen jedoch voll goldener und samtener Pracht. Am 31. Januar 1994 war das Liceu durch einen Großbrand zerstört worden; ein Vorhang hatte bei Schweißarbeiten Feuer gefangen. Es war nicht der erste Brand in der Geschichte des 1847 errichteten, 2292 Plätze bietenden Gebäudes, aber der bei weitem folgenreichste. Die finanziellen Mittel zur Wiederherstellung der von den Einwohnern heiß geliebten Oper waren mit Hilfe von Sammlungen und Benefizkonzerten schnell aufgetrieben; dennoch gelang es der Stadt nicht, die Restaurierungsarbeiten wie geplant zum 150-jährigen Jubiläum zu beenden. Im Herbst 1999 wurde das Liceu jedoch wieder eröffnet und im Untergeschoss etwas meerwärts des Haupteingangs bald auch der *Espai Liceu* eingerichtet, eine Einkaufszone für Musikprodukte und Kunstgewerbe samt beliebtem Café und Mediathek.

Führungen Anmeldung und Ticketkauf im Espai Liceu. Führungen Mo–Fr um 9.30 Uhr; Dauer eine Stunde, Eintrittsgebühr etwa 16 €. Sie beinhalten auch einen Besuch des „Cercle del Liceu", in dem u. a. Werke von Ramon Casas zu sehen sind.

Besichtigungen ohne Führung Täglich in halbstündigem Turnus, Dauer 25 Minuten (nicht umsonst werden sie „Visites exprés" genannt), Eintritt 6 €. Die genauen Zugangszeiten wechseln praktisch täglich und können einem Kalender auf der Website entnommen werden; zwischen etwa 11.30 und 15 Uhr hat man fast immer Glück. Aus technischen oder künstlerischen Gründen können Teile oder das gesamte Theater gelegentlich gesperrt sein. www.liceubarcelona.cat.

Wachsfiguren-Museum

Museu de Cera

Das 1973 gegründete Museum, untergebracht in einem eleganten Gebäude des 19. Jh. in einer winzigen Seitengasse der Rambla Santa Mònica, zeigt in sehr edlem Ambiente etwa 300 Wachsfiguren, die reale Personen, aber auch fiktive Gestalten etwa aus Literatur und Kino nachbilden. Zum Museum gehört auch das märchenhafte Café El Bosc de les Fades (→ „Essen & Trinken").

Von etwa Mitte Juli bis September täglich 10–22 Uhr, sonst Mo–Fr 10–13.30, 16–19.30 Uhr, Sa/So 11–14, 16.30–20.30 Uhr; Eintritt 15 €.

Praktische Infos

→ Karte S. 27

Essen & Trinken

In puncto empfehlenswerte Restaurants ist direkt an den Rambles selbst nicht gerade viel geboten. Die Freiluftcafés sind teuer und meist von mäßiger Qualität – wer hier ein Bier bestellt, erhält zu entsprechenden Preisen schon mal einen vollen Maßkrug. Die benachbarten Stadtviertel Raval und Barri Gòtic (→ jeweils dort) verfügen jedoch über eine breite Auswahl an Lokalen, manche nur ein, zwei Schritte von den Rambles entfernt.

Café de l'Òpera **10**, sehr traditionsreiches und bis spät in die Nacht geöffnetes Jugendstil-Café mit Tischen auch an den Rambles selbst, 2015 unter städtischen Denkmalschutz gestellt. Bunt gemischtes, interessantes Publikum vom ehemaligen Opernsänger über den Durchschnittstouristen bis zum Edel-Freak. Service und Preise fanden nicht den Beifall aller Leser. Rambles 74.

Café Zürich **2**, ebenfalls eine Institution. Das alte Gebäude wurde zwar in den späten Neunzigern abgerissen, im Neubau hat das „Zürich" jedoch seinen angestammten Platz wieder gefunden. Das Innere imitiert die ehemalige Einrichtung (die Toiletten des alten Zürich wird ohnehin niemand vermissen), die Tische im Freien sind wieder dicht belagert. Ein internationaler Treffpunkt – die Lage macht's wohl, nämlich direkt an der Plaça de Catalunya, Ecke Rambles.

Quiosco Pinotxo **7**, legendärer Imbiss im Markt Boqueria an den Rambles. Morgens ab 6 Uhr eine Mischung aus Marktleuten und letzten Nachtschwärmern beim Kaffee, mittags göttliche Tapas und Tagesgerichte. Stand 466, gleich hinter dem Eingang. Achtung, nicht billig!

El Quim de la Boqueria **9**, eine weitere berühmte Bar des Marktes, an der hervorragendes Essen serviert wird. Stand 606, vom Quiosco Pinotxo schräg nach links halten. Mo geschlossen.

Café El Bosc de les Fades **11**, an den unteren Rambles. Der Name bedeutet „Wald der Feen", und genauso märchenhaft sieht es im düsteren

Inneren auch wirklich aus – Liebhaber von Zwergen und Waldgeistern dürften begeistert sein. Geöffnet bis ein Uhr nachts. Passatge de la Banca, ganz in der Nähe des Wachsfigurenmuseums.

Einkaufen

Lebensmittel/Shoppingcenter **Mercat de la Boqueria 8**, Treffpunkt der Feinschmecker und Einkaufsquelle qualitätsbewusster Wirte ... Nicht billig, Vorsicht bei Ständen ohne Preisschilder. Rambles 85–89, geöffnet Mo–Sa 8–20.30 Uhr. www.boqueria.info.

Carrefour Market 4, ein großer Supermarkt mit breiter Auswahl direkt an den Rambles, geöffnet Mo–Sa 10–22 Uhr. Rambles 113.

El Triangle 1, direkt an der Plaça Catalunya. Neben dem großen Buch-, Musik- und Fotogeschäft FNAC gibt es hier auch Boutiquen, Parfüm-, Uhren- und Optikgeschäfte etc. sowie eine Filiale der Trendschuhmarke Camper. Plaça de Catalunya 4, www.eltriangle.es.

Mode **Desigual 3**, eines von vielen Geschäften dieser Marke, die in Barcelona ihren Hauptsitz hat. 1984 von einem Schweizer auf Ibiza gegründet, hat sich die Kette bunter, flippiger Mode für Frauen und Männer im letzten Jahrzehnt gewaltig ausgedehnt und es zu Filialen in ganz Europa gebracht. Rambles 136. Weitere Läden z. B. im Viertel La Ribera (→ dort), in den Einkaufszentren Maremàgnum und Diagonal Mar, im Gebäude des Hotels Catalonia Catedral im Barri Gòtic nahe der Kathedrale sowie im großen Konzerngebäude am Strand von Barceloneta, unweit vom W Hotel. Ein Outlet liegt in Eixample (→ dort).

Custo 5, weltberühmte Designer-Shirts in der typischen Handschrift und den kräftigen Farben der Brüder Custo und David Dalmau, die von Barcelona ausgehend eine ähnliche Erfolgsgeschichte hingelegt haben wie Desigual. Nicht billig, ein T-Shirt kann schon mal 90 € kosten. Mittlerweile wurde das Angebot um Kleider, Hosen, Mäntel, Accessoires etc. erweitert. Rambles 109, im Gebäude des Hotels 1898. Filialen z.B. im Barri Gòtic und in La Ribera (→ jeweils dort).

Musik **Casa Beethoven 6**, gegründet 1880. „Ein Notengeschäft, sehr altmodisch eingerichtet, aber funktionsfähig im Archivsystem. Umfassende Notensammlungen im Klassikbereich (bis zur Gegenwart) und im Pop" (Ralf Strate). Rambles 97, beim Palau de la Virreina.

Rambles → Karte S. 27

Gegründet 1929: Café de l´Òpera

Links der Rambles

Tour 2

Früher (und zum Teil auch heute noch) verrufenes Rotlichtviertel, jetzt Spielwiese der Stadtplaner, Sitz des Museums moderner Kunst und einer der Brennpunkte des Nachtlebens: Ein Streifzug durch El Raval macht deutlich, wie sich Barcelona immer wieder selbst erfindet.

Centro de Cultura Contemporània de Barcelona, urbaner Treffpunkt mit wechselnden Ausstellungen, S. 36

Museu d´Art Contemporani de Barcelona, Richard Meiers Glanzlicht im Viertel, S. 36

Antic Hospital de la Santa Creu, Gotik im Garten, S. 36

Sant Pau del Camp, reine Romanik mit Kreuzgang. S. 36

Palau Güell, 20 Dach-Kamine von Gaudí, S. 37

Durch ein Viertel im Umbruch

El Raval

El Raval erstreckt sich, von der Plaça Catalunya Richtung Hafen gesehen, im Gebiet rechts der Rambles. Sein hafennaher Bereich ist auch als Barri Xinés bekannt, als „Chinesisches Viertel". Chinesen wird man hier allerdings kaum finden – nach einer der vielen Deutungen soll der Name von Seeleuten stammen, die sich an ähnliche (und dann wirklich von Chinesen bewohnte) Viertel in Übersee erinnert fühlten. Eine andere sieht den katalanischen Journalisten Àngel Marsà als Urheber, der in den 20er-Jahren des letzten Jahrhunderts auf die drangvolle, eben „chinesische" Enge hinwies, in der die Menschen dieses damals vorwiegend industriell genutzten Gebiets lebten. Ihren Höhepunkt hatte die Industrialisierung des Raval im 19. Jh. erlebt, und da sich die Arbeiter damals möglichst nah bei den Fabriken niederließen, erreichte die Bevölkerungsdichte ungeahnte Ausmaße: El Raval bildete das am dichtesten besiedelte Stadtviertel Europas; zeitweise lebten hier mehr als 100.000 Einwohner pro Quadratkilometer.

Viele Jahrzehnte lang war das Chinesenviertel, das meerwärts des Carrer de Sant Pau beginnt, als Rotlicht-Distrikt verrufen, ein Attribut, das auch heute noch teilweise zutrifft. Dabei kannte man Raval, einst die außerhalb der Stadtmauern gelegene „Vorstadt" Barcelonas, im ausgehenden Mittelalter noch als „Viertel der Klöster", von denen es hier an die zwanzig gab.

Wie auch in den anderen Gebieten der Altstadt Ciutat Vella hat sich die Stadtverwaltung bemüht, mit einer Reihe von Maßnahmen das schlecht angesehene Gebiet aufzupolieren und es als Wohnviertel auch anderen, wohlhabenderen Bevölkerungsschichten schmackhaft zu machen. Im Norden des Viertels ist dies auch recht gut gelungen. Üble Spelunken und Absteigen wurden geschlossen, Gebäude renoviert, allzu heruntergekommene Blocks abgerissen und an ihrer Stelle neue Häuser, Schulen und Museen errichtet.

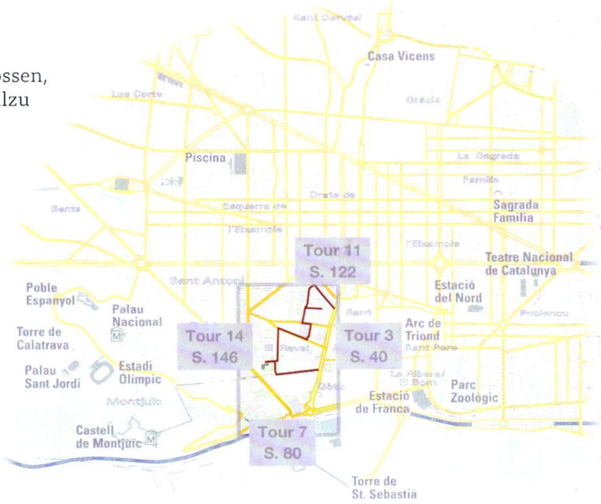

Ein gewisser Rest an Rotlichtcharakter ist El Raval besonders im südlichen Bereich des Viertels dennoch geblieben. Zwischen den Prostituierten, den Junkies und den Sex- und Spielclubs (die tagsüber alle nicht gar so auffällig in Erscheinung treten) hat sich aber auch ein kleinbürgerlicher Mikrokosmos erhalten, der auf gewisse Weise rührend wirkt: kleine Schänken, die Flaschenbier direkt auf die Straße verkaufen, urige Kneipen der derberen Sorte, alle Arten winziger Handwerksläden, außerdem zahlreiche Geschäfte und Metzgereien islamischer Einwanderer: El Raval besitzt einen selbst für Barcelona außergewöhnlich hohen Anteil an Immigranten insbesondere aus Nordafrika, aber auch aus Indien, Pakistan und anderen Teilen Asiens.

Spaziergang

Achtung – trotz aller Anstrengungen und obwohl El Raval mittlerweile auch als Szeneviertel eine gewisse Anziehungskraft ausübt, ist der Ruf der Region immer noch nicht der beste. Generell sind die südlichen Zonen des Gebiets deutlich unangenehmer als die weiter nördlich gelegenen, die schon seit jeher „bürgerlicher" waren und auch am meisten von der Modernisierung profitierten.

Mit etwas Aufmerksamkeit kann tagsüber eigentlich wenig passieren. Auch abends können Abenteuerlustige unter Berücksichtigung der üblichen Vorsichtsregeln durchaus einen Streifzug wagen; ratsam allerdings, dunkle Seitengassen zu meiden, den Touristen nicht schon per Kleidung oder Fotoapparat raushängen zu lassen und wenig Bares mitzunehmen. Wirklich gefährlich sind höchstens die späten Nacht- und frühen Morgenstunden.

Unser Spaziergang beginnt an der Rambla de Canaletes, Ecke Carrer dels Tallers. Hier geht es in den **Carrer dels Tallers**, benannt nach den Metzgern (kat. „taller" = schneiden), die im Mittelalter in diesem Gebiet arbeiteten. Heute erweist sich der Carrer dels Tallers als solide Einkaufsstraße mit einem breiten Angebot unterschiedlicher kleiner Läden. Über den Carrer Valldonzella und den Carrer Montalegre erreicht man das **→ Centre de Cultura Contemporània de Barcelona** (CCCB), eine gelungene Symbiose aus der 1802 errichteten Casa de la Caritat (früher ein Hospital) und einem 1994 fertiggestellten Neubau; besonders reizvoll präsentiert sich das Ensemble, wenn man es vom Innenhof Pati de les

Dones (Hof der Frauen) aus betrachtet. Wenige Schritte weiter liegt das → **Museu d'Art Contemporani de Barcelona** (MACBA), ebenfalls ein Neubau in beachtlicher Architektur. Die weite, sonnige Plaça dels Àngels vor dem Museum ist ein beliebter Treffpunkt der Skaterszene und war auch schon Schauplatz vieler diesbezüglicher Werbespots. Südlich des Platzes steht das 1566 errichtete ehemalige Kloster **Convent dels Àngels**, das heute temporäre Ausstellungen des MACBA beherbergt.

Von hier ließe sich über das Shoppinggässchen Carrer d'Elisabets ein Abstecher zur hübschen, schattigen **Plaça del Bonsuccés** machen, wie auch die benachbarte **Plaça de Vicenç Martorell** ein beliebter Treffpunkt mit netten Cafés und Bars.

Wieder zurück, führt der Carrer dels Àngels zum Carrer del Carme, einer der belebtesten Straßen im Raval. Hier links und sich gleich wieder rechts wendend, erreicht man durch einen Durchgang den Komplex des → **Antic Hospital de la Santa Creu**, heute Sitz verschiedener kultureller Institutionen, darunter auch die Biblioteca de Catalunya, deren schöner gotischer Lesesaal leider nicht besichtigt werden kann.

Im Garten des Antic Hospital

Trotz der noblen Umgebung trifft man im hübschen Garten (hier auch das reizvoll gelegene Café-Restaurant „El Jardí"), einer der wenigen Grünflächen in diesem Viertel, eventuell auch kleine Grüppchen an, die sich schon am frühen Vormittag an großen Weinflaschen laben – auch das ist eben El Raval ...

Über den Carrer de l'Hospital erreicht man die breite **Rambla del Raval**, deren Bau im Jahr 2000 gleich ganze Gassenzüge und mehrere Dutzend Gebäude weichen mussten. Auffälligstes Ensemble hier ist der „L'Illa de la Rambla del Raval" (oder auch „Illa del Robador") genannte Block, an dem der metallische Zylinder des Viersternhotels „Barceló Raval" in den Himmel ragt; der angrenzende Platz ist nach dem Kriminalschriftsteller und Gourmet Manuel Vázquez Montalbán benannt, der im nahen, seit einiger Zeit leider geschlossenen Restaurant Casa Leopoldo Stammgast war. Nicht weit entfernt eröffnete 2012 das neue Gebäude des anspruchsvollen Kinos der Regionalregierung, die *Filmoteca de Catalunya*, meist kurz „Filmo" genannt. Trotz der neuen Gebäude wirkt die Rambla nicht mehr ganz so steril wie kurz nach ihrer Entstehung, wurde auch von der nahen Einwohnerschaft als Flanierzone angenommen. Am unteren Ende der Rambla, noch hinter der Bronzeskulptur einer fetten Katze im typischen Stil des kolumbianischen Künstlers Fernando Botero, lohnt sich unbedingt ein Abstecher nach rechts über den Carrer de Sant Pau zur romanischen Kirche → **Sant Pau del Camp**, auch wenn er wegen der häufig wechselnden und generell recht schmal bemessenen Öffnungszeiten das Risiko beinhaltet, das schöne alte Kirchlein geschlossen vorzufinden.

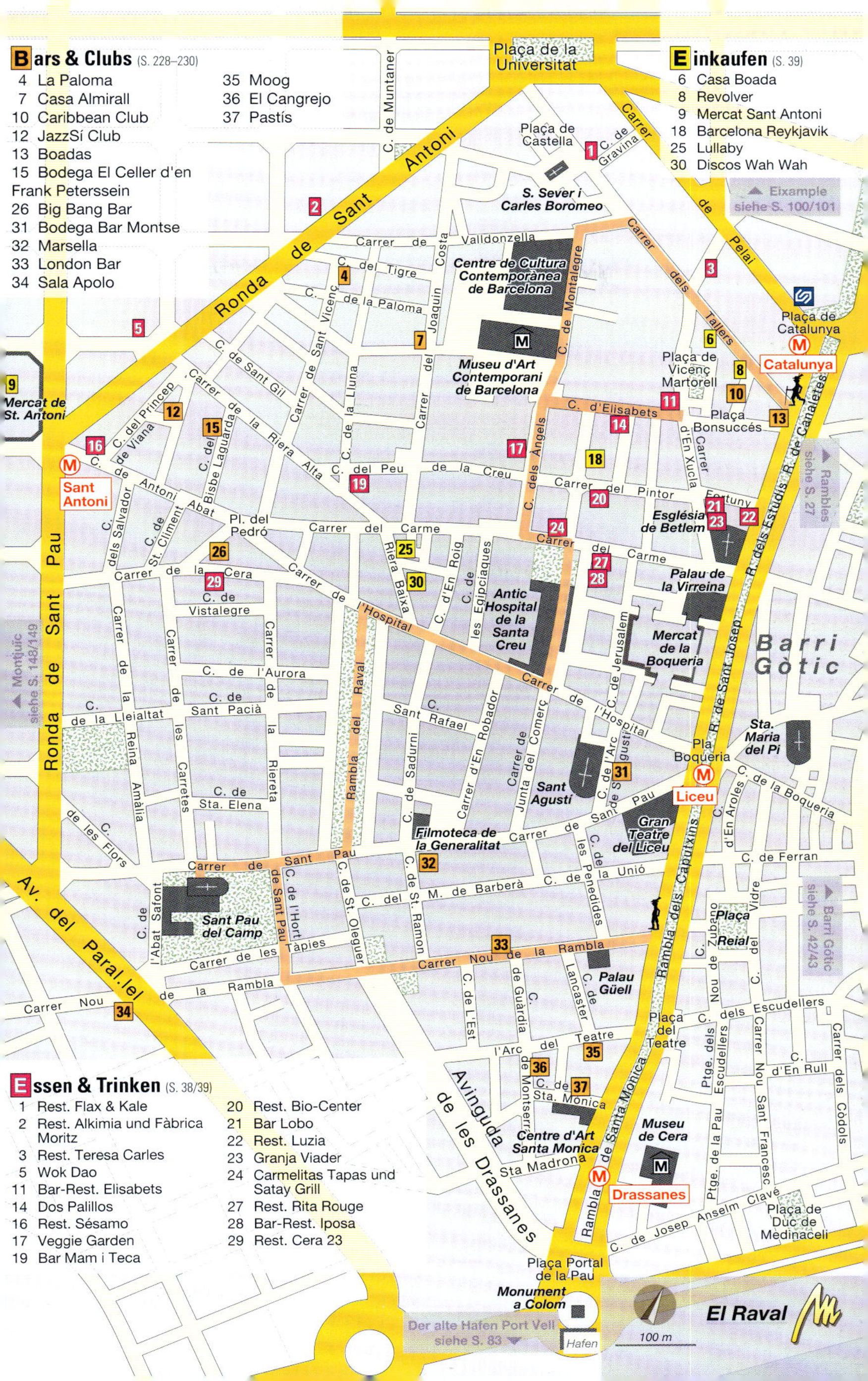

Bars & Clubs (S. 228–230)
4 La Paloma
7 Casa Almirall
10 Caribbean Club
12 JazzSí Club
13 Boadas
15 Bodega El Celler d'en Frank Peterssein
26 Big Bang Bar
31 Bodega Bar Montse
32 Marsella
33 London Bar
34 Sala Apolo
35 Moog
36 El Cangrejo
37 Pastís
Einkaufen (S. 39)
6 Casa Boada
8 Revolver
9 Mercat Sant Antoni
18 Barcelona Reykjavik
25 Lullaby
30 Discos Wah Wah
Essen & Trinken (S. 38/39)
1 Rest. Flax & Kale
2 Rest. Alkimia und Fàbrica Moritz
3 Rest. Teresa Carles
5 Wok Dao
11 Bar-Rest. Elisabets
14 Dos Palillos
16 Rest. Sésamo
17 Veggie Garden
19 Bar Mam i Teca
20 Rest. Bio-Center
21 Bar Lobo
22 Rest. Luzia
23 Granja Viader
24 Carmelitas Tapas und Satay Grill
27 Rest. Rita Rouge
28 Bar-Rest. Iposa
29 Rest. Cera 23
Plaça de la Universitat
Eixample siehe S. 100/101
Ramblas siehe S. 27
Barri Gòtic siehe S. 42/43
Montjuïc siehe S. 148/149
Der alte Hafen Port Vell siehe S. 83
Ronda de Sant Antoni
Ronda de Sant Pau
Av. del Paral.lel
Avinguda de les Drassanes
Centre de Cultura Contemporània de Barcelona
Museu d'Art Contemporani de Barcelona
S. Sever i Carles Boromeo
Antic Hospital de la Santa Creu
Mercat de la Boqueria
Palau de la Virreina
Esglésía de Betlem
Sta. Maria del Pi
Sant Agustí
Gran Teatre del Liceu
Filmoteca de la Generalitat
Sant Pau del Camp
Palau Güell
Centre d'Art Santa Monica
Museu de Cera
Monument a Colom
Mercat de St. Antoni
Plaça de Catalunya
Plaça Reial
Plaça del Teatre
Plaça de Duc de Medinaceli
Plaça Portal de la Pau
Plaça de Castella
Plaça de Vicenç Martorell
Plaça Bonsuccés
Pl. del Pedró
Rambla del Raval
Barri Gòtic
Catalunya
Sant Antoni
Liceu
Drassanes
Hafen
100 m
El Raval

Von der Kirche hält man sich wieder stadteinwärts über den Carrer de Sant Pau, biegt aber gleich hinter der Grünanlage (der einsame Schornstein hier erinnert noch an die industriellen Zeiten des Raval) rechts in den schmalen Carrer de l'Hort de Sant Pau ein – und überschreitet damit die unsichtbare Grenze zum Barri Xinés. Vorbei an der Polizeistation geht es links in den **Carrer Nou de la Rambla**, einen langen, erst im späten 18. Jh. durch das Häusermeer von Raval geschlagenen Straßenzug. Kurz vor seiner Kreuzung mit den Rambles wartet rechter Hand noch ein Glanzlicht des Viertels und wohl der Höhepunkt dieses Streifzugs, der → **Palau Güell** von Meister Gaudí.

Sehenswertes

Architektur und Kultur

Centre de Cultura Contemporània de Barcelona (CCCB)

Nicht nur architektonisch ein Genuss – auf einer Fläche von 4500 Quadratmetern finden wechselnde multimediale Ausstellungen, diverse kulturelle Aufführungen und internationale Festivals statt, die sich vornehmlich dem gegenseitigen Einfluss von Kunst und urbanem Leben widmen; daneben gibt es ein großes Auditorium, eine Buchhandlung und eine schöne Cafeteria.

Carrer Montalegre 5, Di–So 11–20 Uhr geöffnet, Eintrittsgebühr je nach Zahl der Ausstellungen 6–8 €, So ab 15 Uhr Eintritt frei. www.cccb.org.

Meier-Meisterwerk

Museu d'Art Contemporani de Barcelona (MACBA)

Die elegante, helle Architektur des Zentrums zeitgenössischer Kunst steht in deutlichem Gegensatz zur Umgebung – tatsächlich sollte der strahlend weiße, 1995 eröffnete Bau eine Art Vorreiterrolle bei der Modernisierung des Viertels spielen. Das vierstöckige Museum zeigt in wechselnden Ausstellungen Arbeiten vorwiegend aus der zweiten Hälfte des 20. Jh., Schwerpunkte liegen auf den 50er-Jahren, den frühen 60ern und den 80er-Jahren; die Künstler stammen aus Katalonien, Spanien und dem Ausland. Das MACBA ist aber auch als Gebäude selbst interessant – Ziel des renommierten Architekten Richard Meier war es, bei der Beleuchtung der Exponate weitgehend mit natürlichem Licht auszukommen, weshalb der Werkstoff Glas reichliche Verwendung fand. Ein Buchladen ist angeschlossen.

Plaça dels Àngels, geöffnet Mo/Mi/Do/Fr 11–19.30 Uhr, Sa 10–21 Uhr, So 10–15 Uhr. Di ist geschlossen. Eintrittsgebühr 10 €. www.macba.es.

Krankenhaus aus gotischer Zeit

Antic Hospital de la Santa Creu

Schon im 10. Jh. gab es hier ein Hospital, die Arbeiten an dem heute zu sehenden gotischen Bau begannen Anfang des 15. Jh. Immerhin bis 1930 diente das Anwesen als Krankenhaus; 1926 starb Antoni Gaudí hier, nachdem er von einer Straßenbahn überfahren worden war. Viele – wenn auch leider nicht alle – Teile des Komplexes sind frei zugänglich; sehenswert unter anderem ein gotischer Kreuzgang und schöne Kacheldekors in den Gängen. Das auffällige Marmorkreuz in den Gärten des Hospitals stammt von 1691.

Älteste Kirche der Stadt

Sant Pau del Camp

Barcelonas älteste Kirche, einer der wenigen verbliebenen romanischen Bauten der Stadt, steht kurz vor der Mündung des Carrer Sant Pau in die gleichnamige Ronda. Wie man durch den Fund des hier aufgestellten, aus dem Jahr 912 stammenden Grabsteins von Guifré II. weiß, muss an dieser Stelle bereits zu Anfang des 10. Jh. ein Kloster existiert haben, das wahr-

El Raval → Karte S. 35

An der Rambla del Raval: fette Katze (Gat) von Fernando Botero

scheinlich 985 durch den Maurenherrscher Almansor wieder zerstört wurde. Auch zur Zeit der Errichtung des heutigen Baus im frühen 12. Jh. lag der „Heilige Paulus des Feldes" noch ganz seinem Namen gemäß weit außerhalb der Stadtmauern. Seit 1879 ist das auf kreuzförmigem Grundriss erbaute Gotteshaus als Nationalmonument geschützt. Mehr als einen Blick wert ist neben dem Säulenportal besonders der kleine, aber mit fein gearbeiteten Kapitellen versehene Kreuzgang.

Carrer de Sant Pau 101. Die Öffnungszeiten ändern sich häufig, Mo–Sa 10–13.30, 16–19.30 Uhr (Sa bis 19 Uhr), Eintrittsgebühr 3 €.

Gaudí für Güell

Palau Güell

Nur noch einen Schritt vor den Rambles, im Carrer Nou de la Rambla 3, findet sich dieses von Antoni Gaudí gestaltete Palais, das von der UNESCO als erstes modernes Gebäude in die Liste des Weltkulturerbes aufgenommen wurde. Errichten ließ es 1886–88 Gaudís Förderer, der Industrielle Eusebi Güell. In einer Zeit, in der es die feine Gesellschaft Barcelonas in die neue Stadterweiterung Eixample zog, wollte Güell ein Zeichen setzen und die schon damals übel beleumundete Gegend (gleich nebenan lag ein bekanntes Bordell) um den Palast aufwerten, sparte deshalb nicht an den Baukosten – Gaudí war es nur recht, er soll allein 25 verschiedene Vorschläge für die Fassade entworfen haben. Mehrfach renoviert, kann der Bau auch von innen besichtigt werden. Am Eingang findet sich die für Gaudí typische Schmiedekunst. Beeindruckend sind besonders die unterirdischen, über eine schneckenförmige Rampe zu erreichenden Stallungen für Pferde und Kutschen (sie konnten durch die beiden großen Tore direkt ins Gebäude gelangen), der mehrstöckige zentrale Salon mit seiner Parabolkuppel und die fröhlich-bunte Dachlandschaft der insgesamt 20 Kamine, die mit Bruchsteinkeramik, Glas, verglastem Sandstein, Marmor und Fayence dekoriert oder aus massivem Backstein aufgebaut sind.

Geöffnet ist von April bis September Di–So 10–20 Uhr, sonst 10–17.30 Uhr; letzter Einlass jeweils eine Stunde vor Schließung. Eintrittsgebühr 12 €, am ersten So im Monat gratis (Ticketausgabe, solange Vorrat reicht, April–Okt. um 10 und 15 Uhr, sonst 10 und 13.30 Uhr). Es besteht Zugangsbeschränkung auf maximal 185 Personen zum selben Zeitpunkt. www.palauguell.cat.

Praktische Infos

→ Karte S. 35

Essen & Trinken

Dos Palillos 14, nahe dem Hotel Casa Camper (→ „Übernachten") und ebenfalls ein Ableger des ja eigentlich auf Schuhe spezialisierten Camper-Unternehmens. Die Leitung obliegt keinem Geringeren als Albert Raurich, dem ehemaligen Küchenchef des „El Bulli", und das Angebot umfasst, ganz dem Namen („Zwei Stäbchen") gemäß, moderne, asiatisch-mediterran inspirierte Tapas. Ein Michelinstern, gehobenes Preisniveau, festes Menü etwa 80 €, à la carte ab etwa 40–45 €. So/Mo sowie die letzten drei Wochen im August geschlossen, Di/Mi nur abends geöffnet. Carrer Elisabets 9, ✆ 933 040513.

meinTipp **Rest. Alkimia 2**, westlich knapp außerhalb des Viertels, auf der gegenüberliegenden Seite der Ronda de Sant Antoni. Kleines, puristisch eingerichtetes Lokal, früher in Eixample ansässig, seit 2016 im Komplex der Brauereigaststätte Fàbrica Moritz (siehe auch unten) untergebracht. Chef Jordi Vilà ist weithin bekannt für seine Experimentierfreude – der Name „Alchemie" ist also Programm. Moderne Variationen katalanisch-spanischer Küche, prima Weinauswahl. Vilà hatte bei seinem Umzug hierher einen Michelinstern im Gepäck, entsprechend gestaltet sich das Preisniveau. Ronda Sant Antoni 41, ✆ 932 076115; Sa/So geschlossen.

Rest. Cera 23 29, etwas versteckt in einer der weniger lauschigen Straßen des Raval. Umso überraschender der freundliche Empfang, die angenehme, quirlige Atmosphäre und die feine Fusion-Küche mit galicischen Akzenten. Kleine Karte, mittleres Preisniveau, Menü ab etwa 30 €. Auch gute Cocktails. Di/Mi nur abends geöffnet. Unbedingt reservieren. Carrer de la Cera 23, ✆ 934 420808.

meinTipp **Rest. Sésamo 16**, am westlichen Rand des Viertels, kurz vor den Rondas. Gemütliches vegetarisches Restaurant gehobener Klasse, mit ausgesprochen freundlichem Service und exzellenter, kreativer Küche. Neben Tapas und der normalen Karte gibt es hier ein hervorragendes Sieben-Gänge-Menü für zwei Personen zum Preis von 25 € pro Kopf. Nur abends geöffnet, Mo Ruhetag. Carrer de Sant Antoni Abad 52, ✆ 934 416411.

Rest. Luzia 22, im Gebäude des Hotel 1898, praktisch direkt an den Rambles. Ein hübsch gestaltetes und täglich geöffnetes Restaurant der Tragaluz-Gruppe, die für ordentliche Küche (hier: Pizza, Pasta, Tapas & Grill) bei vertretbarem Preisniveau steht. Auch Frühstück. Carrer Pintor Fortuny 1.

Bar Lobo 21, im selben Block. Ebenfalls ein Kind der Tragaluz-Gruppe, beliebte Sonnenterrasse. Im Angebot sind Tapas, leichte Gerichte und Raciones, vieles um die 10 €; ideal für einen schnellen Snack. Carrer d'En Xucla, an der Rückfront des Hotel 1898.

Rest. Teresa Carles 3, im oberen Raval. Ein vegetarisches Restaurant, benannt nach seiner Besitzerin, die bereits seit 1979 die gehobene vegetarische Küche pflegt und mittlerweile mehrere Lokale betreibt. Hübsches Ambiente in alten Mauern, gute Auswahl an Gerichten. Degustationsmenü etwa 30 €, Mittagsmenü knapp 15 €, Sparversionen auch darunter. Täglich und durchgehend geöffnet. Carrer Jovellanos 2, eine Seitenstraße des Carrer Tallers.

Rest. Flax & Kale 1, nicht weit entfernt, ein 2014 eröffnetes, recht großes Schwesterlokal, das sich nicht nur an Vegetarier, sondern auch an „Flexitarier" wendet. Der Großteil der Gerichte hier ist ebenfalls vegetarisch oder vegan, daneben wird jedoch auch Fisch mit einem hohen Anteil an Omega-3-Fettsäuren (Lachs, Thunfisch etc.) serviert. Interieur mit offener Küche im „Industrial-Design". Keine Mittagsmenüs, Menü à la carte ab etwa 25 €. Auch Frühstück, Sa/So Brunch, gute Säfte. Carrer Tallers 74 b.

Rest. Bio-Center 20, noch ein gemütliches und beliebtes vegetarisches Restaurant (Raval ist eine Hochburg der Vegetarier), gelegen in einer westlichen Seitenstraße der oberen Rambles. Das Mittagsmenü mit Salatbuffet kommt auf etwa 10,50 €, abends und am Wochenende liegen die Preise höher. So-Abend geschlossen. Carrer Pintor Fortuny 25.

Wok Dao 5, knapp westlich des Viertels, jenseits der Ronda de Sant Antoni. „Reichhaltige Auswahl an vielen unterschiedlichen asiatischen Speisen (alles Buffet) wie auch regionalen Angeboten. Ein klein bisschen Kantinenatmosphäre, den Spaß am All-you-can-eat und die gute Qualität fanden wir jedoch großartig. C. Villaroel 1" (Lesertipp Anne-Barbara Kindler).

meinTipp **Fàbrica Moritz 2**, nicht weit entfernt, die Braugaststätte des Barceloneser Kultbiers

Moritz. Das Brauereigebäude aus dem Jahre 1864 umfasst 5000 Quadratmeter auf drei Etagen und wurde unter Mitwirkung von Stararchitekt Jean Nouvel restauriert und neu gestaltet. Geöffnet täglich bis 3 Uhr morgens! Im Ausschank die direkt vor Ort in einer Mikrobrauerei produzierten, unpasteurisierten Biere „Moritz" und „Epidor" (Achtung: 7,2 %!), beide im angeschlossenen Shop auch in Literflaschen zu erwerben. Zwar kommt man in erster Linie wegen des Biers hierher, doch gibt es natürlich auch Essen – und das in mehreren ganz unterschiedlichen Lokalen, von der Bierstube bis zum sehr ambitionierten Restaurant „Louis 1856" (✆ 934 253770, Mo/Di geschlossen) im Keller, das ebenso wie das weiter oben beschriebene Gourmet-Restaurant Alkimia unter Leitung des Starkochs Jordi Vilà steht. Ronda Sant Antoni 41.

MeinTipp **Carmelitas Tapas** **24**, nach Besitzerwechsel wiedereröffnet und jetzt der expandierenden „Woki"-Gruppe zugehörig, die neben Restaurants auch Biomärkte betreibt. Das luftige, angenehm sparsam dekorierte Lokal ist in einem ehemaligen Kloster untergebracht. Kalte, warme und vegetarische Tapas, aber auch Hauptgerichte; Mittagsmenü etwa 14 €. Bioweine. Carrer del Doctor Dou 1, ✆ 934 615911. Im selben Gebäude und zugehörig, mit Schwerpunkt auf diversen asiatischen Spießchen vom Grill: **Satay Grill**.

Bar-Rest. Iposa **28**, ebenfalls in dieser Zone. Kleines, enges Restaurant mit lässiger, freundlicher Atmosphäre und jungem Publikum; ein paar Tische auch draußen vor der Tür. Die Gerichte kommen nicht in gigantischen Portionen auf den Tisch, sind aber raffiniert zubereitet; günstige Preise. Carrer Floristes de la Rambla 14. Direkt benachbart (Eingang auch am Carrer Carme 33), hübsch gestaltet und auch wegen des feinen Mittagsmenüs für etwa 10 € von mehreren Lesern empfohlen, liegt das **Rest. Rita Rouge** **27**.

Rest. Veggie Garden **17**, veganes Restaurant, das auf indisch-nepalesische Küche spezialisiert ist. Breite Auswahl an Säften, umfangreiches Mittagsmenü für etwa 9 €; auch sonst nicht teuer. Es gibt ein paar Tische neben der Straße, mehr Platz ist im zweigeschossigen Inneren. Carrer dels Àngels 3.

Bar-Rest. Elisabets **11**, bei der Plaça del Bon-succés. Gegründet 1962 und seitdem optisch wohl kaum verändert. Vor allem an Werktagen ausgesprochen gefragt – kein Wunder, denn das feste Mittagsmenü für etwa 11 € bietet prima Auswahl und ein exzellentes Preis-Leistungs-Verhältnis. Auch gute Tapas. So geschlossen. Carrer Elisabets 2.

Bar Mam i Teca **19**, eine kleine Tapa-Bar, in der exquisite (und deshalb nicht ganz billige) spanische Köstlichkeiten auf den Tisch kommen – zu loben vielleicht besonders die Botifarra-Würste, der Schinken sowie der luftgetrocknete Mojama-Thunfisch aus Andalusien. Sehr gute Auswahl an Weinen und Drinks; engagierte, vielsprachige Besitzer. Di sowie Sa-Mittag geschlossen. Carrer de la Lluna 4.

Granja Viader **23**, eine der traditionsreichsten Milchbars Barcelonas, die bis weit ins 19. Jahrhundert zurückgeht. Exzellent beispielsweise für einen „Suizo" (Trinkschokolade mit Sahne). Carrer Xuclà 4–6, eine Seitenstraße des Carrer Carme.

Einkaufen

Lebensmittel **Mercat Sant Antoni** **9**, Ronda de Sant Pau, Ecke Ronda de Sant Antoni, westlich knapp außerhalb von El Raval. Wie die Boqueria ein traditionsreicher Altstadtmarkt unter einer schönen Eisenkonstruktion. Zuletzt in Renovierung, ein provisorischer Ersatzmarkt wurde bei der Metro Sant Antoni eingerichtet, entlang der Ronda de Sant Antoni.

Barcelona Reykjavik **18**, Biobäckerei mit hohem Anspruch und ebensolchen Preisen. Die Qualität ist allerdings wirklich prima. Täglich geöffnet. Carrer Doctor Dou 12.

Second-Hand-Mode **Lullaby** **25**, einer von mehreren Vintage-Shops in dieser Gasse. Montags ist hier manches zu, und auch zu früh am Morgen sollte man besser nicht auf offene Türen hoffen. Riera Baixa 22.

Musik **Revolver** **8**, nur wenige Schritte von den oberen Rambles. Ein Musikgeschäft, das besonders auf Rock, Pop und Konzertkartenverkauf spezialisiert ist. Carrer Tallers 13. www.discos-revolver.com.

Discos Wah Wah **30**, Secondhandware von 60ies über Westcoast und Psychedelic bis Ska. In der „Vintage-Gasse" Riera Baixa 14.

Foto **Casa Boada** **6**, ein Fotogeschäft vom alten Schlag (gegründet in den Zwanzigern des letzten Jahrhunderts!), kenntnisreich und serviceorientiert. Carrer Tallers 17.

El Raval → Karte S. 35

Rechts der Rambles

Tour 3 und 4

Gar nicht museal – im mittelalterlichen Zentrum schlägt das Herz Barcelonas, mischen sich Tradition und Moderne: urige Milchbars neben schicken Boutiquen, verstaubte Handwerksläden neben Szenekneipen. Und im Kreuzgang der Kathedrale schnattern die Gänse ...

Plaça Reial, das „Wohnzimmer" der Stadt, S. 45

El Call, lange vergessenes Judenviertel, S. 46

Santa María del Pi, reizvolle Kirche an hübschem Platz, S. 48

Catedral de Santa Eulàlia, gotisches Gotteshaus mit Kreuzgang, S. 52

Museu Frederic Marès, bedeutende Skulpturensammlung, S. 53

Museu d´Història de la Ciudad, das römische Barcelona im Untergrund, S. 54

Das mittelalterliche Herz der Stadt

Barri Gòtic

Das Gotische Viertel bildet den Kern Barcelonas, entspricht in seiner Lage weitgehend den römischen Anfängen der Stadt und gehört natürlich zu den Highlights bei jeder Besichtigungstour Barcelonas. Attraktiv am Barri Gòtic (oder dem Barrio Gótico, wie es auf Kastilisch genannt wird) sind nicht nur die zahlreichen mittelalterlichen Monumente und die teilweise recht ungewöhnlichen Museen, sondern vor allem auch die Struktur des Viertels selbst mit seinen kleinen und großen Plätzen, dem Gewirr von engen Gässchen, die oft noch dem Verlauf römischer Straßenzüge folgen, und den vielen, teilweise etwas versteckten baulichen Details. Wer die Augen offen hält, wird hier Reste der Stadtmauer entdecken, dort eine Gasse voller in die Wand eingelassener origineller Keramiktafeln, dann wieder eine hebräische Inschrift oder einen Briefkasten im Stil des Modernisme.

Dabei ist das Barri Gòtic alles andere als eine museale Touristenattraktion, sondern quicklebendig. Zwischen den unglaublich vielen traditionellen Geschäften und alten Kneipen finden sich, besonders im Gebiet um den Carrer d'Avinyó, auch Szenebars und Boutiquen. Man verläuft sich ziemlich leicht im Barri Gòtic, was aber kein Schaden zu sein braucht.

Der Begriff „Gotisches Viertel" stammt aus den späten Zwanzigerjahren des letzten Jahrhunderts, als man allmählich den besonderen Wert dieses Gebiets erkannte: Nur wenige Städte besitzen ein derart gut erhaltenes, in sich geschlossenes Areal aus gotischer Zeit – Erbe jener glanzvollen Epoche, in der Kataloniens Macht sich über fast das gesamte westliche Mittelmeer erstreckte. Dennoch blieb viele Jahrzehnte lang die Neustadt Eixample der Inbegriff der erstrebenswerten Wohnlage, wurden weite Teile der Altstadt der Armut und dem Verfall überlassen. Erst in den Achtzigern setzte das Umdenken ein. Der Plan zur Reformierung der Altstadt Ciutat Vella erwies sich im Barri Gòtic als besonders erfolgreich. Bruchbuden wurden saniert oder abgerissen und durch neue Plätze ersetzt, Straßen ausgebessert, heruntergekommene Fassaden wieder hergestellt, neue öffentliche Einrichtungen installiert, Kirchen restauriert. Bei allen Neuerungen achtete man sorgfältig darauf, den Charakter des Viertels nicht zu beeinträchtigen. Das Ergebnis ist beeindruckend – die alten Mauern erstrahlen in neuem Glanz, die Wohnungen sind gefragt. Gleichzeitig hat das Barri Gòtic auch als Einkaufsgebiet und Ausgehzone deutlich an Attraktivität gewonnen.

Aufgrund der Fülle an Sehenswürdigkeiten, aber auch wegen des besonderen Charakters des altehrwürdigen Viertels sind dem Barri Gòtic gleich zwei Stadtspaziergänge gewidmet. Der erste erschließt insbesondere das unweit der Rambles gelegene Gebiet um die Plaça Reial und die Plaça del Pi, aber auch das alte Judenviertel El Call, der zweite führt durch das herrschaftliche Herz des Barri Gòtic um die Plaça Sant Jaume und die Kathedrale.

Tour 3: Plaça Reial, El Call und Pl. del Pi

Dieser Rundgang beginnt an der **Pla de la Boqueria** (Metro: Liceu) an den Rambles. Hier geht es zunächst in die geschäftige Einkaufsstraße Carrer de la Boqueria, dann die zweite Straße rechts in den engen Carrer d'En Quintana und über den Carrer Ferran hinweg in den Carrer del Vidre, die „Glasstraße", benannt nach einem Glasofen, den es vor Jahrhunderten einmal gab. Herrlich nostalgisch ist die Kräuterhandlung „Herboristeria del Rei" (So/Mo-Vormittag geschlossen), auch Schauplatz des Films „Das Parfüm", linker Hand kurz vor der Plaça Reial: Der „Königliche Kräuterladen" wurde 1823 gegründet und ist damit eines der ältesten Geschäfte der Stadt; die heutige Einrichtung stammt noch aus der Zeit um 1860, als Königin Isabella II. es in die Liste der Hoflieferanten aufnahm.

Jenseits der → **Plaça Reial**, des wohl schönsten Platzes in ganz Barcelona, führt der Carrer del Vidre in ein ehemaliges Rotlichtviertel, dessen ruppige Vergangenheit ihm manchmal noch anzumerken ist. An der „Töpferstraße" Carrer d'Escudellers hält man sich vor dem stadtbekannten, aber recht touristisch gewordenen Restaurant „Los Caracoles" mit seinem Freiluft-Hühnergrill links und weiter zur **Plaça George Orwell**, einem Treffpunkt der Subkultur. Seit 1996 ehrt Barcelona mit dem Namen des damals neu gestalteten Platzes

Eixample
Eixample
Eixample siehe S. 100/101
Ronda de Sant Pere
Plaça de Catalunya
Passeig de Gràcia
Carrer de Bergara
Carrer de Pelai
Catalunya
Urquinaona
Carrer Fontanella
Carrer dels Tallers
R. la de Canaletes
R. dels Estudis
R. de Sant Josep
Rambla dels Caputxins
R. de Sta. Monica
Sta. Anna
Pl. Ramon Amadeu
Carrer de Santa Anna
Pl. del Bonsuccés
Av. del Portal de l'Àngel
Carrer d'Estruc
C. de les Moles
Carrer de Comtal
Via Laietana
Palau de la Música Catalana
Carrer de Bertrellans
Carrer de Canuda
Pl. de la Vila de Madrid
C. d'l. Via sepulcral romana
C. de Montsió
C. N'Amargós
C. de les Magdalenes
C. de Duran i Bas
C. de l. Portet
St. Pe
Carrer d'En Xuclà
Fortuny
Església de Betlem
Carrer del Carme
C. de les Floristes de la Rambla
Jerusalem
Palau de la Virreina
Mercat de la Boqueria
Carrer d'En Roca
C. d'En Bot
Carrer de Portaferrissa
C. de Petritxol
Duc de la Victòria
C. de Cucurulla
Carrer dels Capellans
C. de Ripoll
C. dels Sagristans
C. del Dr. Joaquim Pou
Boters
Plaça Nova
Av. de la Catedral
Plaça Antoni Maura
Av. d
El Raval siehe S. 35
Carrer del Pi
St. Felip Neri
Casa de l'Ardiaca
Gaudí Exhibition Center
C. de Sta. Llúcia
Museu F. Marès
Pl. del Pi
Pl. de Sant J. Oriol
St. Sever
C. St. Sever
C. Comtes
Carrer dels Mercaders
Carrer de l'Hospital
Sant Agusti
Liceu
Sta. Maria del Pi
C. d'l. del Call
C. de Banys Nous
Artesania Catalunya
Sinagoga Major
Catedral
Pl. d. Rei
Museu d'Història de la Ciutat
Pl. Boqueria
Carrer de la Boqueria
Palau de la Generalitat
Call
Temple d'August
Carrer de Sant Pau
Gran Teatre del Liceu
Carrer d'En Arolas
C. d'En Quintana
Raurich
Plaça de Sant Jaume
C. de Jaume I
Pl. de l'Angel
Jaume I.
C. Vigatà
Carrer Ferran
Casa de la Ciutat
C. de la Unió
C. de les Penedides
C. d'En Zubano
Plaça Reial
C. dels Escudellers Blancs
C. de la Lleona
Baixada de St. Miquel
Pl. de Sant Miquel
C. d'Hèrcules
Sants Just i Pastor
C. Ciutat
Sots-tinent Navarro
La Ribera El Born
Museu d'Idees i Invents de Barcelona
C. Nou de la Rambla
Palau Güell
C. Nou de Zubano
Carrer del Vidre
C. de N'Ara
Cervantes
C. del Cometa
C. de Lledó
Teatre Principal
C. dels Escudellers
Plaça del Teatre
Comt. de Sobradiel
Carrer del Regomir
C. de la Nau
C. de l'Arc del Teatre
Carrer Nou Sant Francesco
C. d'En Rull
Carrer dels Còdols
C. d'En Serra
C. d'En Carabassa
Carrer d'Avinyó
d'Ataulf
C. del Correu Vell
C. de A.J. Baixeras
C. dels Agul
C. de Montserrat
C. de Sta. Monica
Centre d'Art Santa Monica
C. d'En Gignàs
Carrer Ample
C. de la Fusteria
La Llotja
Sta. Madrona
Drassanes
Ptge. de la Pau
Plaça de la Mercè
Carrer de la Mercè
Església de la Mercè
Plaça d'Antonio López
Rambles S. 27
C. de Josep Anselm Clavé
Plaça de Duc de Medinaceli
Passeig de Colom
Hafen
Der alte Hafen Port Vell siehe S. 83
Hafen

Essen & Trinken (S. 55–58)

3 Café Els Quatre Gats
5 Cala del Vermut
7 Rest. El Cercle
9 Granja La Pallaresa
14 Bar Bilbao Berria
15 Granja Dulcinea
17 Taverna Basca Irati
19 Rest. La Cassola
20 Bar La Vinateria del Call
22 Rest. Can Culleretes
27 Orio Euskal Taberna
29 Café-Rest. Bliss
31 Rest. Les Quinze Nits
33 Rest. MariscCo
34 Café de l'Acadèmia
37 Bar-Rest. Cervantes
40 Rest. Rasoterra
41 Bar Les Tapes
42 Café-Rest. Venus Delicatessen
44 Rest. Vegetalia
45 Rest. La Fonda
47 Rest. Agut
48 Rest. Pitarra
49 Tasca del Corral
50 Rest. La Dentellière
51 Bar La Plata
52 Bar-Pulperia Celta

Bars & Clubs (S. 230/231)

26 Schilling
32 Sidecar
36 Karma
38 Jamboree Jazz & Dance Club/Tarantos
39 Ocaña
43 Harlem
46 La Macarena

Einkaufen (S. 58/59)

1 La Casa del Bacalao
2 El Corte Inglés (Filiale)
4 Decathlon
6 El Mercadillo
8 Kokua
10 S´Avarca de Menorca
11 Fiambres La Pineda
12 Tabacs Catedral
13 Conesa
16 Caelum
18 L´Arca de l´Àvia
21 Cereria Subirà
23 Forn Artesa Sant Jordi
24 Jeanne Weis
25 Vaho
28 Custo
30 La Manual Alpargatera
35 Superservis

Sant Pere und La Ribera/El Born siehe S. 62/63

Barri Gòtic

100 m

den Autor von „1984" und der „Farm der Tiere", der im Spanischen Bürgerkrieg auf Seiten der marxistischen POUM gekämpft und seine Erlebnisse in „Hommage to Catalonia" (deutsch: „Mein Katalonien") verarbeitet hatte.

Von hier ist es nur ein Sprung zum **Carrer d'Avinyó**, der vor allem für seine Designershops bekannt ist. Mittlerweile sind manche dieser Läden zwar ins schickere Born-Viertel gewechselt, viele halten aber noch die Stellung. Tagsüber läuft es sich angenehm in dieser Straße, am Abend sollte man im unteren Bereich jedoch ein wenig auf seine Siebensachen aufpassen. Am hafenseitigen Ende des Carrer d'Avinyó lässt sich ein Abstecher nach rechts zur Kirche → **Església de la Mercè** einlegen. Nun geht es entlang des von aristokratischen Häusern gesäumten Carrer Ample (so „weit", dass hier einst Pferderennen stattfinden konnten) und links in den ansteigenden Carrer del Regomir, dessen Ladengeschäfte noch überwiegend die Nachbarschaft bedienen; hinter der Abzweigung des Carrer del Correu Vell sind rechter Hand Reste römischer Stadtmauern und Thermen zu sehen, die beim Bau eines Bürgerzentrums freigelegt wurden. Ein kleines Stück weiter führt ein kurzer Abstecher von der Route zum witzigen Erfindermuseum → **Museu de Idees i Invents de Barcelona (MIBA)**.Wieder zurück, erreicht man durch winklige Gassen die Plaça de Sant Just mit der gotischen **Església dels Sants Just i Pastor**, die im 14./15. Jh. über den Resten eines römischen Amphitheaters erbaut wurde; im Inneren lohnt links neben der Apsis ein Blick in die Kapelle des hl. Félix mit ihrem prächtigen Altarbild. Wer Lust auf einen kleinen Happen zwischendurch verspürt, findet im nahen Carrer de Dagueria, der ehemaligen „Straße der Messerschmiede", auf Nr. 16 das originelle, von einer Schottin geführte Käsegeschäft „Formatgeria La Seu" (So/Mo und im August geschlossen), das gegen einen Obolus kleine Kostproben anbietet.

Barri Gòtic → Karte S. 42/43

Jenseits des Carrer de Jaume I. hält man sich am **Carrer de la Llibreteria** links. In dieser „Straße der Buchhandlung" wurden bereits im frühen 16. Jh. Bücher verkauft, damals eine bestaunte Novität, und auch heute noch säumen viele interessante alte Geschäfte das schmale Einkaufssträßchen.

Geradeaus über die repräsentative **Plaça Sant Jaume** hinweg (→ Tour 4) geht es nun hinein in den Carrer del Call, eine von reizvollen Läden gesäumte Straße in Barcelonas einstigem Judenviertel **→ El Call**. Ein kleiner Umweg über den Carrer St. Domènec del Call – ein derart enges Gässchen, dass man mit ausgebreiteten Armen fast beide Seiten berühren kann – führt zur **→ Sinagoga Major**, möglicherweise die einzig verbliebene von insgesamt mindestens vier Synagogen des Call. Von hier könnte ein kleiner Abstecher zum Interpretationszentrum **Centre d'Interpretació del Call** (Mo/Mi/Fr 11–14 Uhr, Sa/So 11–19 Uhr; Sonderausstellungen ca. 2,50 €) an der Plaçeta Manuel Ribé führen; außer einigen Grundmauern und temporären Ausstellungen gibt es in diesem Ableger des Museums für Stadtgeschichte freilich nicht allzuviel zu sehen. Am Ende des Carrer de Marlet trifft man auf ein weiteres Relikt der jüdischen Vergangenheit des Bezirks, nämlich die Kopie einer mittelalterlichen Tafel in hebräischer Inschrift, die daran erinnert, dass hier einst ein Armenhospital stand und die leider immer wieder Objekt antisemitischer Schmierereien wird; die zugehörige Übersetzung soll übrigens ziemlich fehlerhaft sein. Wieder zurück am Carrer del Call, biegt man gleich rechts in den Carrer dels Banys Nous, die „Straße der neuen Bäder". Benannt ist sie nach den ehemals jüdischen Badeanlagen, die hier an der Ecke zum Carrer Boqueria vom 12. bis ins frühe 18. Jh. in Betrieb waren. Heute finden sich in dieser Straße neben Boutiquen auch Antiquitätengeschäfte, außerdem auf Hausnummer 11 die Räumlichkeiten der von der Regionalregierung eingerichteten **Artesania Catalunya** (Mo–Sa 10–20 Uhr, So 10–14 Uhr; gratis), die wechselnde und teilweise hochinteressante Ausstellungen zum katalanischen Kunsthandwerk

Kunstmarkt auf der Plaça Sant Josep Oriol

präsentiert. Ein kleines Stück weiter biegt man links in den engen Carrer de l'Ave Maria (er führte einst über einen Friedhof) und erreicht so ein entzückendes Ensemble dreier kleiner Plätze.

Die **Placeta del Pi**, **Plaça Sant Josep Oriol** und die **Plaça del Pi** gruppieren sich um die schöne gotische Kirche → **Santa Maria del Pi**.

Ihren Namen verdanken zwei der drei Plätze und auch das Gotteshaus den Pinien, die vor langer Zeit hier standen; ein Nachfolger der Bäume wurde vor Jahren gepflanzt. Die Gegend ist ein beliebter Treffpunkt und besonders am frühen Abend sehr lauschig. Am Wochenende, wenn unter den Platanen ein Kunstmarkt stattfindet, liegt gar ein „Hauch von Montmartre" in der Luft.

Den nächsten Abschnitt dieses Stadtrundgangs bildet der **Carrer Petritxol**, ein charmantes, von den Einwohnern heiß geliebtes Gässchen mit typischen Cafés, Kunstgalerien, edlen Geschäften und liebevoll gestalteten Kachelbildern an den Wänden. An seinem Ende geht es rechts in den Carrer Portaferrissa und dann gleich wieder links in den Carrer d'en Bot und zur Plaça de la Vila de Madrid. An diesem lange etwas vernachlässigten Platz wurden Reste eines Friedhofs aus der Römerzeit des 1.–3. Jh. n. Chr. entdeckt, der damals noch außerhalb der Stadt lag. Die Funde dokumentiert das **Centro de Interpretació de la Via sepulcral romana** (Di/Do 11–14 Uhr, Sa/So 11–19 Uhr; 2 €), u.a. mit einer Sammlung hier aufgestellter Sarkophage. Über den Carrer de Canuda, den Carrer de Bertellans und den Carrer de Santa Anna geht es durch ein Tor zur letzten Station des Stadtrundgangs, der Klosterkirche → **Santa Anna**.

Barri Gòtic → Karte S. 42/43

Sehenswertes

Fingerübungen des jungen Gaudí

Plaça Reial

Wie der Markt Boqueria an den Rambles, so wurde auch die Plaça Reial an der Stelle eines ehemaligen Klosters angelegt; Architekt des ab 1848 entstandenen Ensembles war der Stadtplaner Francesc Daniel Molina. Die beiden Laternen nahe dem zentralen „Brunnen der drei Grazien", zu erkennen am geflügelten Helm des Hermes (früher ein Symbol der Kaufleute dieser Gegend), stammen von keinem Geringeren als dem jungen *Antoni Gaudí*. Palmengeschmückt und von klassizistischen Hausfassaden umschlossen, besitzt die Plaça eine geradezu wohnliche Atmosphäre. Einst hatten sich vor allem düstere Existenzen des Platzes bemächtigt; der Aufenthalt in den Freiluftcafés war damals oft eher unangenehm. Auch heute noch sollte man hier auf seine Wertsachen gut aufpassen, auch wenn die permanente Präsenz der Polizei die Lage längst weitgehend entspannt hat.

Das gemischte Publikum auf der Plaça reicht tagsüber von fußballspielenden Kindern nebst stolzen Vätern bis zu den Punks, die sich mit ein paar Obdachlosen die Bänke und den Brunnen in der Mitte teilen. Abends und nachts brummt die Plaça geradezu vor Leben. Nur ihrem Namen „Königlicher Platz" macht sie streng genommen keine Ehre: Der rührt daher, dass Königin Isabella II. hier im 19. Jh. den Grundstein für ein Denkmal des „Katholischen Königs" Fernando II. legte, das jedoch nie gebaut wurde.

Basilika der Stadtheiligen

Església de la Mercè

Der Platz vor der Kirche ist einer der jüngsten Plätze der Altstadt, entstand in seiner heutigen Form erst 1983. Die spätbarocke Basilika selbst stammt aus der zweiten Hälfte des 18. Jh. und steht an derselben Stelle, an der schon im 13. Jh. ein Kloster errichtet worden war. Bereits dieses Kloster war der

Nützliches und Nutzloses: Museu d´Idees i Invents

„Barmherzigen Muttergottes" *Mare de Déu de la Mercè* gewidmet, die nach einer glücklich abgewendeten Heuschreckenplage im 17. Jh. zur Stadtheiligen Barcelonas ernannt wurde. Ihre Statue (wohl aus dem 13./14. Jh. stammend) im Inneren der Kirche wird hoch verehrt, und kaum eine Sportmannschaft – auch nicht der große FC Barcelona – verzichtet darauf, sich für eine gewonnene Meisterschaft mit einer Pilgertour hierher zu bedanken. In der Woche um den 24. September bildet die Kirche zudem das Epizentrum der großen Stadtfiesta „Festes de la Mercè".

Mi/Sa 10–13, 18–20 Uhr, sonst 10–20 Uhr.

Kurioses, Amüsantes und Nutzloses

Museu d´Idees i Invents de Barcelona (MIBA)

2011 eröffnete dieses originelle kleine Museum am Carrer Ciutat 7, mit dem sich Gründer Pep Torres, einer der bekanntesten Erfinder Spaniens, einen Traum erfüllte. Die Ausstellung, die ihre Besucher zu schöpferischem Denken und Unternehmergeist animieren will, strömt nur so über vor kuriosen Einfällen und spielerischen bis absurden Erfindungen, darunter die „nutzloseste Maschine der Welt". Und manchmal muss man sich als Erfinder auch ins Unbekannte stürzen... Einen Besuch wert sind auch die Toiletten. Ein Shop, in dem manche der Erfindungen erworben werden können, ist angeschlossen.

Di–Fr 10–14, 16–19 Uhr, Sa 10–20 Uhr, So 10–14 Uhr. Eintrittsgebühr 8 €.

Das ehemalige Judenviertel

El Call

Barcelonas einstiges, viele Jahre lang fast vergessenes Judenviertel erstreckt sich südwestlich des Palau de la Generalitat im Gebiet zwischen den Straßen Carrer del Call, Sant Sever, Carrer del Bisbe und Carrer de l'Arc de Sant Ramon. In diesem Labyrinth engster Gässchen gemahnte lange Zeit kaum noch etwas an die früher so bedeutende jüdische Gemeinde Barcelonas, die bei einem schrecklichen Pogrom im August 1391 aus der Stadt vertrieben worden war. Geradezu sensationell war deshalb die (mögliche) Wiederentdeckung der Hauptsynagoge des Viertels Mitte der 90er-Jahre. Ihre ehemalige Lage an der Kreuzung des Carrer Marlet mit dem Carrer Sant Domènec del Call scheint einwandfrei festzustehen, über die Bewertung der archäologischen Reste sind die Experten noch uneins. Auf jeden Fall weckte der Fund das Interesse am lange übersehenen historischen Erbe und gab den Anstoß zu einer Reihe von Plänen, mit denen die Judería längerfristig wiederbelebt werden soll, beispielsweise die wirtschaftliche Revitalisierung der Zone durch die Umwandlung alter Lager in Geschäfte und Restaurants.

Vielleicht die älteste Synagoge Spaniens

Sinagoga Major Shlomo ben Abraham ben Adret

Die mutmaßliche Hauptsynagoge, vermutlich zwischen 1140 und 1180 errichtet und damit möglicherweise die älteste ganz Spaniens, befindet sich in einem Wohnhaus am Carrer de Marlet 5 (Kreuzung mit dem Carrer Sant Domènec del Call) und wurde 2002 mit einer feierlichen Zeremonie wieder eröffnet. Ein Besuch in den im Kellergeschoss liegenden Räumlichkeiten ist eine Reise in die Zeit. Das Gebäude, früher wahrscheinlich frei stehend,

Barri Gòtic → Karte S. 42/43

Barcelona im Kasten

Die jüdische Gemeinde in Barcelona

Die ersten schriftlichen Dokumente, die die Existenz einer jüdischen Gemeinde in Barcelona belegen, stammen aus dem 8. Jh. Doch dürften bereits im römischen Barcelona Juden gelebt haben: Unter den Römern besaßen Juden den Status einer ethnischen, religiösen und kultischen Gemeinschaft und damit eine gewisse Autonomie. Im Mittelalter bildete die jüdische Gemeinde eine wichtige Säule der Wirtschaft, der Kultur, der Wissenschaften und des Finanzwesens der Stadt; Juden fungierten als Gelehrte, Ärzte, Verwalter, Kaufleute, Handwerker und Bankiers. Ab der zweiten Hälfte des 13. Jh. jedoch breitete sich, angefacht ebenso durch Neid wie durch religiösen Wahn, auch in Spanien der Antisemitismus aus. Vor allem der Klerus hetzte gegen die Juden. 1263 verordnete König Jaume I. einen religiösen Disput zwischen dem Dominikaner Pablo Christiani und dem aus Girona stammenden Wissenschaftler und Talmud-Gelehrten Rabbi Moshé ben Nahmán (Nachmanides), den der König mit einem zwiespältigen Lob für den Rabbiner beendete: „Nie habe ich jemanden gehört, der eine falsche Sache mit so ausgezeichneten Argumenten dargelegt hat". Juden wurden für die Pest verantwortlich gemacht, der Brunnenvergiftung, Hostienschändung und des Ritualmords an christlichen Knaben beschuldigt; man zwang sie, sich in eigenen Stadtvierteln (in Katalonien „Call" genannt) mehr oder minder zu isolieren. Im 14. Jh. eskalierte die Situation. Angestachelt von einem fanatischen Priester, kam es in Sevilla am 6. Juni 1391 zu einem furchtbaren Gemetzel, bei dem Tausende starben. Córdoba, Toledo, Valencia und die Balearen folgten. Barcelona erlebte sein Pogrom am 5. August 1391, die Angaben über die Zahl der Opfer schwanken zwischen zweihundert und tausend. Die Überlebenden verließen die Stadt oder ließen sich zwangstaufen, das Eigentum der Gemeinde fiel in die Hände der Krone. 1492 schließlich unterzeichneten die „Katholischen Könige" ein Verdikt, das allen Juden Spaniens die Taufe oder die Auswanderung auferlegte. Ab dem letzten Jahrhundert jedoch ließen sich wieder viele Juden im Land ihrer Vorväter nieder. Heute leben etwa vier- bis fünftausend Juden in Barcelona, das damit die größte jüdische Gemeinde Spaniens besitzt.

besteht aus zwei Räumen und fußt auf römischen Fundamenten, die an der Wand links des Eingangs und unter einer Glasplatte zu sehen sind; bei den runden Strukturen handelt es sich um die Reste steinerner Färbebottiche des 15. Jh. Neben dem Eingangsraum liegt die eigentliche Synagoge. Ihre Ausmaße sind mit zwölf Metern Länge und sechs Metern Breite erstaunlich gering, doch entsprechen sie dem Äußersten, was jüdischen Heiligtümern seinerzeit gestattet wurde. An der Wand links des heutigen Zugangs öffnen sich zwei Fenster, deren Lage auf die heilige Stadt Jerusalem ausgerichtet ist – für die Forscher ein wichtiges Indiz bei der Wiederentdeckung der Synagoge. Zwischen den Fenstern steht, vielleicht an derselben Stelle wie vor mehr als 600 Jahren, ein Schrein, in dem die Rollen der Thora aufbewahrt werden; etwa gegenüber lag der einstige, heute verschwundene Eingang des Gebäudes. Die Mauerreste am tiefsten Punkt des Raums stammen aus spätrömischer Zeit; ihre Ausrichtung auf Jerusalem könnte vermuten lassen, dass hier bereits unter den Römern eine Synagoge bestand.

Mo–Fr 10.30–18.30, So 10.30–15 Uhr, Sa bleibt evtl. geschlossen, sonst wie So; (freiwillige) Eintrittsgebühr 2,50 €. www.calldebarcelona.org.

Im Inneren der Sinagoga Major

Basilika mit Aussichtsturm

Santa Maria del Pi

Die einschiffige gotische Basilika wurde ab 1319 an einer Stelle errichtet, an der wahrscheinlich schon im 5. Jh. eine christliche Kirche bestand. Im spanischen Bürgerkrieg wurde der Bau bei einem Brandanschlag 1936 schwer in Mitleidenschaft gezogen, in den Sechzigerjahren jedoch restauriert. Das weitgehend schmucklose Innere beeindruckt durch das hohe Kreuzgewölbe und die schönen Glasfenster, insbesondere die große Rosette mit ihrem Durchmesser von zehn Metern; es handelt sich überwiegend um Reproduktionen, da die meisten Originale bei dem Brand zerstört wurden. Die Kirche beherbergt auch eine Schatzkammer mit wertvollen Gold- und Silberarbeiten sowie ein kleines Museum. Vom 54 Meter hohen Glockenturm bietet sich ein weiter Blick. Abends finden in dem Gotteshaus oft Gitarrenkonzerte statt, Informationen am Eingang.

Täglich 10–18 Uhr, Eintrittsgebühr 4 €; außerhalb dieser Zeiten ist der Eintritt zur Kirche (geöffnet 9.30–20.30 Uhr) frei. Besuche des Glockenturms Mo–Fr um 13 und 16 Uhr, 8 €. Führungen (mit Glockenturm) Sa/So um 12, 13.30, 17 Uhr, unterschiedliche Dauer, Preis 8–10 €.

Versteckte Klosterkirche

Santa Anna

Leicht zu übersehen ist diese Kirche eines ehemaligen Klosters, das 1141 von Mitgliedern des Ordens vom Heiligen Grab gegründet wurde; beendet war der Bau gegen 1300. In den ältesten Teilen der Kirche, dem Presbyterium, der Vierung und der Kuppel, sind noch romanische Anklänge erkennbar. Ganz überwiegend zeigt das Gotteshaus jedoch gotischen Stil, auch in den Kapellen, deren bedeutendste die Capella del Sant Sepulcre darstellt. Der kleine, aber reizvolle Kreuzgang stammt aus dem 15. Jh. und zeigt in manchen Details schon den Einfluss der Renaissance. In ihm finden abends oft Gitarrenkonzerte statt (Näheres an der Pforte), ein stimmungsvoller Rahmen.

Täglich 11–14, 16–19 Uhr, Eintritt 2 €.

Tour 4: Rund um die Kathedrale

Das Gebiet um die Kathedrale ist geradezu eine Essenz der Stadtgeschichte, von den römischen Anfängen bis weit ins Mittelalter. Der folgende Spaziergang mag auf der Karte kurz erscheinen, doch gibt es auf den wenigen Metern große Sehenswürdigkeiten und feine Details en masse zu bewundern.

Start ist die → **Plaça Sant Jaume** (Infostelle; Metro-Station Jaume I.), der zentrale Platz des Barri Gòtic und leicht zu erreichen, sowohl von den Rambles über den Carrer de Ferran als auch von der Via Laietana über den Carrer Jaume I. Zwei repräsentative Gebäude dominieren die Plaça, das Rathaus → **Casa de la Ciutat** im Südosten und der im Nordwesten gegenüber liegende Regierungspalast → **Palau de la Generalitat**. Neben dem Palau de la Generalitat führt der Carrer del Bisbe direkt zur Kathedrale; die viel fotografierte Brücke zwischen den Häusern in dieser Gasse stammt übrigens erst aus dem Jahr 1928 und ist ein Werk des Modernisten Joan Rubió i Bellver.

Auf einem winzigen Umweg in die kleine Gasse Carrer del Paradís kann man stattdessen etwas römisches Barcelona mitnehmen: Auf Nr. 10 sind im Innenhof des „Katalanischen Ausflugszentrums" Centre Excursionista de Catalunya die drei letzten erhalten gebliebenen Säulen des römischen **Temple d'August** (Augustustempel) zu sehen. Vor dem Gebäude markiert ein Mühlrad den mit 16,9 Metern Meereshöhe höchsten Punkt des Hügels Mons Taber, Kern der römischen Stadt. Folgt man der „Paradiesstraße" weiter und hält sich dann links, gelangt man zum Carrer de la Pietat, einem eindrucksvollen gotischen Winkel zwischen der Rückseite der Kathedrale und der Casa dels Canonges aus dem 14. Jahrhundert. Am verlockenden Seitenportal des Kreuzgangs vorbei geht es nun bis ans Ende des Gässchens und rechts über den Carrer del Bispe zur Plaça Garriga i Bachs. Hier erinnern Kachelbilder und das Denkmal **Monument als màrtirs de 1809** an jene Bürger Barcelonas, die sich gegen die napoleonische Besetzung auflehnten und deswegen exekutiert wurden. Vor dem Besuch des Kreuzgangs und der Kathedrale lohnt sich ein kleiner Abstecher zur → **Plaça Sant Felip Neri**.

Zurück an der Plaça Garriga i Bachs, geht es durch die Porta de Santa Eulàlia nun endlich in den wunderschönen → **Kreuzgang** der Kathedrale, einen Ort der Ruhe und Entspannung, falls er nicht gerade von mehreren Reisegruppen überschwemmt wird. Von hier gelangt man direkt ins Innere der → **Catedral de Santa Eulàlia** selbst. Ein Schild mahnt „Sonntags bitte kein Tourismus" und erinnert so daran, dass Kirchen keine

Der hl. Eulàlia geweiht: Barcelonas Kathedrale

Barcelona im Kasten

Ein legendärer Briefkasten

Die Herkunft des schönen Briefkastens an der Casa de L'Ardiaca ist unstrittig: Gestaltet wurde er 1902 vom bekannten Modernisme-Baumeister Domenèch i Montaner. Über die Bedeutung der Schwalben und der Schildkröte jedoch kursieren unterschiedliche Versionen. Eine Legende erzählt, dass sich der Architekt mit seiner Arbeit einen kleinen Seitenhieb gegen die spanische Post erlaubt habe: die Schwalben als Symbol dafür, wie schnell die Post arbeiten sollte – und die Schildkröte als Zeichen für die tatsächliche Geschwindigkeit ... Eine ebenfalls nicht unwahrscheinliche Variante freilich sieht die Schildkröte als Allegorie für die Langsamkeit der spanischen Justiz, beherbergte das Gebäude doch seinerzeit (wie die Waage der Gerechtigkeit auf dem Briefkasten bereits andeutet) die Anwaltskammer.

Museen sind. Nach der Besichtigung verlässt man das Gotteshaus durch den Haupteingang und hält sich sofort links in den schmalen Carrer Santa Llucia, in dem sich ein kleines, oft übersehenes Schmuckstück des Modernisme befindet: ein steinerner **Briefkasten**, über dessen Motiv es unterschiedliche Interpretationen gibt.

Angebracht ist der Briefkasten an der hübschen **Casa de L'Ardiaca** aus dem 15./16. Jh., heute Sitz des Archivs für Stadtgeschichte. Wie auch im Kreuzgang, lässt man auf dem dann blumengeschmückten Renaissance-Brunnen im Innenhof an Fronleichnam ein Ei tanzen. Am Ende des Carrer Santa Llucia erhebt sich am Carrer del Bispe der Bischofspalast **Palau Episcopal** aus dem 12./13. Jh., der trotz zahlreicher Umbauten sein ehrwürdiges Aussehen bewahrt hat. Rechter Hand trifft man auf das **Portal de Bispe**, einen der wenigen Reste der römischen Stadtmauern.

Über die → **Plaça Nova** erreicht man die **Plaça de la Seu**, den Vorplatz der Kathedrale; ganz nach alter Tradition werden hier jeden Sonntag von 12–14 Uhr Sardanas getanzt. An ihrer Nordostseite steht das gotische, im 15. Jh. errichtete Armenhaus **Pia Almoina**, zu dem auch ein römischer Turm des 4. Jh. gehört. Heute ist es Sitz des Museu Diocesà mit dem → **Gaudí Exhibition Center**.

Im Carrer dels Comtes an der Nordostseite der Kathedrale öffnet sich der Eingang zum beeindruckenden Skulpturenmuseum → **Museu Frederic Marès**, untergebracht in einem Seitenflügel des Königspalasts der Plaça del Rei, der im 16. Jh. auch Sitz der Inquisition war. Das Museum kann mit einer wirklich überbordenden Menge mittelalterlicher Kunstwerke, im „Museu Sentimental" aber auch mit zahlreichen Kuriositäten aufwarten. Hinter dem gotischen „Leutnantspalast" Palau del Lloctinent geht es dann links hinab zum wohl nobelsten Platz der Stadt, der kleinen → **Plaça del Rei**, umgeben von einem harmonischen Ensemble mittelalterlicher Bauten. Hier wandelt man wirklich auf den Spuren der Geschichte – und gewissermaßen auch über ihr: Direkt unterhalb des Pflasters liegen die ausgedehnten Reste der Römerstadt, für Besucher spektakulär erschlossen durch das nahe → **Museu d'Història de la Ciutat**. Von hier geht es zurück zur Plaça Sant Jaume I.

Barri Gòtic → Karte S. 42/43

Sehenswertes

Hauptplatz schon zur Römerzeit

Plaça Sant Jaume

Schon zu römischen Zeiten lag hier mit dem Forum der Mittelpunkt der damaligen Siedlung, an dem sich die beiden Hauptstraßen Cardo (die Nordsüdachse, heute die Straßen Bisbe und Ciutat) und Decumanus (die Ostwestachse, heute die Straßen Llibreteria und Call) kreuzten. In seiner heutigen Form entstand der Platz 1823. Häufig ist er Schauplatz politischer Zeremonien, festlicher Ereignisse und lautstarker Demonstrationen.

Barcelonas Rathaus

Casa de la Ciutat (Ajuntament)

Das Rathaus erhebt sich an der Südostseite des Platzes. An den gotischen Ursprung des 14. Jh. erinnern noch die Seitenfassaden, die Front zum Platz hin wurde im 19. Jh. im Renaissance-Stil neu gestaltet. Im Inneren, das nur an Sonntagen von 10–13.30 Uhr oder nach vorheriger Absprache zugänglich ist, liegen zwei gotische Innenhöfe sowie der 1928 von Josep María Sert gestaltete Saló de les Cròniques und der noch aus dem 14. Jh. stammende Saló de Cent („Saal der Hundert"), bereits im Mittelalter Sitz einer Räteversammlung, bei der auch das Handwerk mitstimmen durfte.

Kataloniens Regierungssitz

Palau de la Generalitat

Der Sitz der seit 1977 wieder amtierenden katalanischen Regierung stammt aus dem 15. Jh und liegt dem Rathaus gegenüber an der Nordwestseite der Plaça Sant Jaume. Über dem Eingang der Drachentöter Sant Jordi (hl. Georg), der Schutzpatron Kataloniens; im Inneren ein gotischer Kreuzgang, die Kapelle Sant Jordi, der „Orangenhof" Pati dels Darongers und der „goldene" Sitzungssaal Saló Daurat, der Großteil davon leider normalerweise unzugänglich. Die Ausnahmen von der Regel bilden der jeweils zweite und vierte Sonntag im Monat (Gratisführungen 10.30–13 Uhr) sowie das Fest Sant Jordi (23. April), wenn der gesamte Palast für die Allgemeinheit geöffnet wird.

Abseits des Trubels

Plaça Sant Felip Neri

Die romantische Plaça, zu erreichen über den Carrer Montjuïc del Bisbe, gehört zu den versteckten Fleckchen des Viertels. Die Einschusslöcher in der

Fassade der Barockkirche Sant Felip Neri stammen aus der Zeit des Bürgerkriegs und wurden wohl als Mahnung dort belassen.

Lange Bauzeit, prächtiges Ergebnis

Catedral de Santa Eulàlia

Die wunderbare gotische Kathedrale ist der ehemaligen, im 17. Jh. durch La Mercè ersetzten Stadtpatronin Santa Eulàlia geweiht. Sie erhebt sich über den Resten einer romanischen Vorgängerin, die wiederum an der Stelle einer im 6. Jh. errichteten und 985 von den Mauren Almansors zerstörten Basilika stand. Der Bau der heutigen, dreischiffigen Kirche benötigte seine Zeit: 1298 begannen die Arbeiten, erst 1448 wurden sie beendet. Die neogotische Fassade musste bis zum Ende des 19. Jh. auf ihre Fertigstellung warten, der mittlere Turm bis 1913.

Botanische Pracht: Kreuzgang der Kathedrale

Kreuzgang: Der Kreuzgang (Claustro) der Kathedrale wurde im 14. und 15. Jh. errichtet. Im Inneren empfängt den Besucher ein herrlich üppiger Garten mit Palmen und einem plätschernden Brunnen, der Kataloniens Nationalheiligen Sant Jordi gewidmet ist, sowie – mit einer Tradition, die über fünf Jahrhunderte zurückreicht – einer Gruppe weißer Gänse, die gegen Mittag gefüttert wird, aber auch gern bei Besuchern um Leckereien bettelt. Seit dem 17. Jh. lässt man an Corpus Cristi (Fronleichnam) auf dem Wasserstrahl des Brunnens ein ausgeblasenes Ei tanzen: „l'ou com balla"; ein Brauch, der sich von hier aus über ganz Katalonien verbreitet hat. Neben verschiedenen Kapellen birgt der Claustro den Zugang zur Sala Capitular mit dem kleinen *Museu de la Catedral* sowie einen Zugang ins Innere der Kathedrale selbst.

Innenraum der Kathedrale: Nach Art der katalanischen Gotik sind die beiden Seitenschiffe sehr hoch gebaut, was zusammen mit den weit auseinander liegenden Pfeilern für ein Gefühl der Großzügigkeit sorgt. Dezent beleuchtet, ist die einstige Düsternis des Raumes heute nur mehr zu erahnen. Umso besser zu erkennen ist der weitgehende Verzicht auf dekorative Elemente. Herausgestellt ist eher die elegante Konstruktion in ihrer Gesamtheit, was einen – sicher gewünschten – Effekt der Strenge hervorruft. Anders, nämlich durchaus aufwändig geschmückt, zeigt sich der prächtige *Chor* (Eintritt 3 €), der nach spanischer Manier inmitten der Kathedrale steht und mit schönen Holzschnitzereien an Kanzel und Gestühl bestickt; ebenso reich verziert sind auch die insgesamt 28 Seitenkapellen. In der hohen *Capilla del Santísimo* rechts des Haupteingangs ist der „Christus von Lepanto" zu sehen. Wie es heißt, war er die Galionsfigur der Galería Reial, des Flaggschiffs in der Seeschlacht gegen die Türken, dessen Nachbau im Museu Marítimo ausgestellt ist. Der Legende zufolge hängt die Figur so verdreht am Kreuz, weil sie einer türkischen Kugel ausgewichen sein soll. Die romanische *Krypta* der Kathedrale liegt unterhalb des Hauptaltars und enthält einen prächtig gearbeiteten Alabastersarg des 14. Jh. Hier sollen die Gebeine der hl. Eulàlia ruhen, der die Römer im Jahr 304 ihre Hinwendung zum Christentum mit dem Märtyrertod vergolten. Links des Hauptaltars befindet sich ein Aufzug zu den Terrassen(Eintritt 3 €) der Kathedrale, von denen sich eine schöne Aussicht bietet.

Zugang nur in angemessener Kleidung. Öffnungszeiten (häufig wechselnd) Kreuzgang Mo–Sa 8.30–12.30, 17.45–19 Uhr, So 8.30–13, 17.15–19 Uhr; gratis. Kathedrale Mo–Sa 8–12.45, 17.45–19.30 Uhr (Sa bis 20 Uhr), So 8–13.45, 17.15–20 Uhr; gratis. Rein touristische „Visitas turísticas" mit Zugang zu allen Kirchenteilen inkl. Museum, Chor und Terrassen Mo–Fr 13–17 Uhr, Sa 13–17.30 Uhr, So 14–17 Uhr; 7 €. www.catedralbcn.org.

Picasso wollte hier nicht sein

Plaça Nova

Der „Neue Platz" stammt in seiner heutigen Form tatsächlich erst aus dem Jahr 1991 und besticht nicht gerade durch Eleganz, präsentiert sich dank der meist zahlreich vertretenen Straßenkünstler und Musikanten jedoch durchaus farbenprächtig. Er markiert eine Art Grenze des engeren gotischen Viertels, denn oberhalb von ihm bestimmen vorwiegend Einkaufszonen die Szenerie. Die großen Buchstaben, die hier aufgestellt wurden, stehen für den alten Stadtnamen „Barcino", ein Werk von Joan Brossa aus dem Jahr 1994. Das moderne Gebäude *Col.legi d'Arquitectes* jenseits der Plaça ist Sitz einer Architektenvereinigung und entstand Anfang der 60er. Obwohl man über den architektonischen Wert geteilter Meinung sein kann, lohnt sich ein Blick auf die Fassade des unteren Bereichs. Die umlaufenden, fröhlichen Friese tragen eine bekannte Handschrift: Ihr Design stammt von *Pablo Picasso*. Ausführen musste die Arbeiten freilich ein anderer (der Norweger Carl Nesjar), da sich Picasso bis zu seinem Tod 1973 standhaft weigerte, das Spanien der Franco-Diktatur zu besuchen.

Lehrreiches zu Gaudí

Gaudí Exhibition Center

Seit einem Umbau 2015 beherbergt das Diözesanmuseum Museu Diocesà eine vom „Gaudí Research Institute" unterstützte und mit viel moderner Technik konzipierte Ausstellung, die sich unter dem vielleicht etwas verwirrenden Titel „Walking with Gaudí" mit Leben und Arbeit des genialen Architekten befasst. Auf insgesamt drei Stockwerken sind zahlreiche Multimedia-Vorführungen untergebracht, daneben auch maßstabsgetreue Modelle seiner Bauten und Konstruktionen, Dokumente und vieles mehr. Unter Berufung auf Gaudís tiefe Religiosität wird auch der Bezug zur mittelalterlichen Kunst hergestellt, was dem Diözesanmuseum die Gelegenheit gibt, die schönsten Stücke aus seinem hochklassigen Fundus zu präsentieren.

Täglich 10–20 Uhr, Nov. bis Feb. nur bis 18 Uhr. Eintrittsgebühr (vielleicht etwas hoch angesetzte) 15 €, Audioguide gratis, dreiminütige Virtual-Reality-Show zur vollen Stunde 2 €.

Skulpturen und Nostalgie

Museu Frederic Marès/ „Museu Sentimental"

Das 1946 von Bildhauer Frederic Marès (1893–1991) gegründete Museum birgt in einer ganzen Reihe von Sälen eine Skulpturensammlung, die zu den wichtigsten Spaniens zählt. Chronologisch geordnet, reicht die Ausstellung von der iberischen Periode über die Römerzeit, Romanik, Gotik und Barock bis ins 20. Jahrhundert. Das Schwergewicht liegt eindeutig auf religiöser Kunst, darunter Reliefs, ganze Altäre und Kruzifixe verschiedener Perioden, die gut die stilistische Entwicklung im Laufe der Zeiten erkennen lassen, in ihrer Fülle aber schon fast erschlagend wirken können. Abwechslung bietet das „Museu Sentimental", auch „Gabinete Coleccionista" genannt, ein sympathisches Sammelsurium von Alltagsgegenständen des 15. bis 20. Jh., das von

Barri Gòtic → Karte S. 42/43

Uhren über Zigarettenpapier bis hin zu altehrwürdigen Fotoapparaten reicht. Zum Museum gehört ein angenehmes Freiluft-Café, das jedoch nur von etwa April bis September in Betrieb ist.

Di–Sa 10–19 Uhr; So 11–20 Uhr; Eintritt etwa 4,50 €, am ersten So im Monat und jeden So ab 15 Uhr gratis. www.museumares.bcn.es.

Gotik pur

Plaça del Rei

Der elegante kleine Platz, nahezu völlig abgeschlossen durch ein Ensemble gotischer Bauten, war einst der Innenhof eines Königspalastes. Angelehnt an die römische Stadtmauer entstand hier ab dem 12. Jh. der *Palau Reial Major*, die Residenz der Könige von Katalonien, die vom Museu d'Història de la Ciutat aus zugänglich ist. Weitere Gebäude an der Plaça del Rei sind der *Palau del Lloctinent*, ab dem 16. Jh. Residenz der Vizekönige von Katalonien und später Sitz des Archivs der Krone von Aragón, und die *Casa Padellàs*, entstanden im 15./16. Jh. und Stück für Stück von ihrem ehemaligen Standort im Carrer Mercaders hertransportiert und neu aufgebaut. Heute beherbergt sie das Museum für Stadtgeschichte.

Glanzvolle Gotik: Palau Reial

Tief unten in der Stadtgeschichte

Museu d'Història de la Ciutat

Der Eingang zum Museum für Stadtgeschichte liegt nahe der Plaça del Rei im Carrer del Veguer. Bei der Verlegung der Casa Padellàs stieß man auf zahlreiche römische und westgotische Relikte, die sich auf einer Fläche von rund 4000 Quadratmetern unter der Plaça del Rei und sogar bis unter die Kathedrale erstrecken, zwischen 1930 und 1960 ausgegraben wurden und heute die Hauptattraktionen des Museums darstellen. Nach einer halbstündigen Audiovisual-Show („Una Història Virtual") nämlich geht es neun Meter tief hinab in die Anfänge Barcelonas, mitten hinein in die Ruinen der *Colonia Iulia Augusta Faventia Barcino*, wie die um die Jahre 15–10 v. Chr. gegründete Römersiedlung in gebotener Kürze benannt worden war. Gläserne Stege führen über beleuchtete Grundmauern, Gassen, Werkstätten und die ersten Zeugen der Christianisierung hinweg, begleitet von guten Erläuterungen auch in englischer Sprache. Man trifft auf Thermen, Wohnhäuser, eine Wäscherei samt Färbebottichen, erfährt von einer Weinkellerei, in der man dem Wein zur Geschmacksverbesserung Honig und Salz beimischte, und auch von einer Fischfabrik, in der die berühmt-berüchtigte Fischsauce Garum hergestellt wurde, die wochenlang „reifen" musste – ungewöhnlich, dass diese Fabrik in der Siedlung überhaupt geduldet wurde, entwickelte sich bei der Herstellung von Garum doch ein so pestilenzartiger Gestank, dass die Produktion meist an abseits gelegene Strände verlegt wurde. Weiter geht es zu den Resten eines Baptisteriums des 4. Jh., eines Bischofspalasts des 6. Jh. und einer uralten Kirche auf kreuzförmigem Grundriss nebst Friedhof. Dann führt der Rundgang wieder aufwärts, hinein in den Palau Reial und damit ins mächtige und glanzvolle Katalonien des Mittelalters. Herzstück des Palastes ist der beeindruckende Saló del Tinell von 1359, eine über 35 Meter lange, 18 Meter breite und von sechs weiten Bögen getragene Halle. Dieser Saal war es, in dem das Königspaar Isabella und Ferdinand am 16. Februar 1493 den aus Amerika heimgekehrten Kolumbus huldvoll und mit angesichts seines Standes ungewöhnlichen Ehren („Die Königin erlaubte es, dass ich ihre Hand küsste") empfing. Von ihrem Thron am Kopfende der Halle bestaunten die Katholischen Könige die von Kolumbus mitgebrachten Schätze, die unbekannten Pflanzen und Tiere, vor allem aber die ebenfalls nach Spanien gebrachten unglücklichen Vertreter der Ureinwohner der Neuen Welt. Zum Palast gehört auch die elegante Capella de Santa Agata von 1302, mit einem schönen Altaraufsatz des 15. Jh. von Jaume Huguet, und der sogenannte „Mirador del Rei Martí", ein im 16. Jh. errichteter Wachturm. Über die monumentale Freitreppe des Palasts geht es zurück zur Plaça del Rei und ins quirlige Barcelona unserer Tage.

Di–Sa 10–19 Uhr, So 10–20 Uhr. Eintritt 7 €, am ersten So im Monat und jeden So ab 15 Uhr gratis. Mit der Eintrittskarte des Parc Güell gibt es Rabatt (und umgekehrt). Ein Audioguide, auch in deutscher Sprache, ist im Preis inbegriffen und lohnt sich. www.museuhistoria.bcn.cat.

Barri Gòtic → Karte S. 42/43

Praktische Infos

→ Karte S. 42/43

Essen & Trinken

meinTipp **Rest. Can Culleretes 22**, 1786 gegründetes Traditionslokal, das älteste Restaurant Barcelonas und das zweitälteste ganz Spaniens. Gleichermaßen beliebt bei Einheimischen wie Touristen – wenn abends um 21 Uhr geöffnet wird, steht meist schon eine Warteschlange davor. Mehrere stilvolle Räumlichkeiten, Deckenbalken, Kacheldekoration und Wandfriese. Menü à la carte ab etwa 25 €, Tagesmenü rund 14 €. So-Abend/Mo geschlossen. Carrer Quintana 3, von den Rambles über den Carrer Ferràn zu erreichen. Reservierung ist nützlich: ✆ 933 176485.

Rest. Agut 47, ein weiterer Klassiker, der seit 1924 traditionelle katalanische Küche serviert. Gemütliche Atmosphäre, stets gut besucht. Menü à la carte ab etwa 30–35 € aufwärts, meist ist auch ein günstiges Mittagsmenü im Angebot. So-Abend, Mo sowie im August geschlossen. Carrer Gignàs 16, nah beim Hafen, ✆ 933 151709.

Rest. Pitarra 48, in der Nähe. Traditionsreiches Lokal, gleichzeitig ein „Museum" über Frederic Soler, genannt „Pitarra", der als Vater des katalanischen Theaters gilt, eigentlich aber Uhrmacher war. Sehr gute katalanische Küche (zur Saison auch Wildspezialitäten), freundlicher Service, von Lesern gelobt. Um die 30 € aufwärts sind zu rechnen, das Mittagsmenü kostet etwa 14 €. So und an drei Wochen im August geschlossen. Carrer d'Avinyó 56, ✆ 933 011647.

meinTipp **Rest. La Dentellière 50**, ebenfalls in diesem Gebiet, noch ein paar Schritte hafenwärts. Von außen unscheinbar und tagsüber kaum als Restaurant zu erkennen; innen klein, aber fein, von Franzosen geführt. Angenehmes Ambiente, katalanische und mediterrane Küche, gute Weinauswahl. Sehr freundlicher Service. Komplettes Menü ab etwa 25–30 €, auch recht günstige Festmenüs. Carrer Ample 26, Nähe Post. Nur abends geöffnet. ✆ 933 196821.

Rest. El Cercle 7, nur einen Katzensprung vom Kathedralenplatz entfernt. 2014 eröffnetes Lokal im Gebäude des Reial Cercle Artístic, ein Ableger des Restaurants L´Oliana (→ Gràcia). Schönes Ambiente in mehreren Räumen, moderne katalanische (und japanische) Küche unter Leitung des Chefs Albert Ventura. Gehobenes Preisniveau, Menü à la carte etwa 40–45 €. Auf der großen Terrasse kann man es außerhalb der spanischen Essenszeiten auch bei Kaffee & Kuchen, Snacks etc. belassen. Carrer dels Arcs 5, ✆ 936 244810.

Café de l'Acadèmia **34**, nicht weit von der Plaça Sant Jaume, eine prima Adresse mit katalanischer und spanischer Küche (teilweise auch halbe Portionen), guter Weinauswahl und freundlichem Service. Wegen all dieser Vorzüge sehr beliebt – früh kommen oder reservieren. Mittagsmenü 16 € (am Tresen günstiger), à la carte ab etwa 30–35 €. Carrer Lledó 1, an der Plaça Sant Just; einige Tische auch im Freien. Sa/So geschlossen. ✆ 933 150026.

Café-Rest. Bliss **29**, ganz in der Nähe des Café de l'Acadèmia. Jugendliches Speisecafé mit gemütlichem Nebenraum; auch Tische auf der Plaça Sant Just. Gutes Preis-Leistungs-Verhältnis; für etwa 11 € kann man sich hier ein zweigängiges Mittagsmenü (nach der Menükarte fragen!) zusammenstellen; daneben gibt es auch Nudeln etc. Täglich geöffnet. Plaça Sant Just 4, Eingang im Carrer de Dagueria.

Rest. La Cassola **19**, gemütliches katalanisches Restaurant im ehemaligen Judenviertel El Call, seit vielen Jahren in Familienbesitz. „Das Mittagsmenü (Anmerkung: etwa 11,50 €) war ausgezeichnet. Wir meinen, diese Adresse ist es wert, in den Reiseführer aufgenommen zu werden" (Lesertipp Gottfried Ströter). Auch von anderen Lesern gelobt, zu Recht. Carrer de Sant Sever 3, beim Hotel Neri.

Der Preis ist heiß: Les Quinze Nits

Rest. MariscCo **33**, an der Plaça Reial. Das ehemalige Restaurant Taxidermista, ein Lokal mit kurioser Vergangenheit: Über Jahrzehnte hinweg und bis in die Neunzigerjahre hinein war hier der Laden eines Tierpräparators (Taxidermista) untergebracht. Zu dessen Stammgästen zählte auch Salvador Dalí, der gleich bei seinem ersten Besuch 200.000 Ameisen bestellte und später einen Löwen, einen Tiger und sogar ein Nashorn hier ausstopfen ließ. Ausgestopft wird heute hier nichts mehr, stattdessen ist man auf die Zubereitung von Fisch und Meeresfrüchten (auch als Tapas) spezialisiert – angesichts der Lage gar nicht mal teuer und auch qualitativ in der Regel überzeugend. Bleibt abzuwarten, ob sich das Restaurant nicht doch irgendwann (wie leider viele andere Lokale an der Plaça Reial) in Richtung „Touristenfalle" entwickelt. Plaça Reial 8.

Rest. Les Quinze Nits **31**, gleich nebenan. Seit vielen Jahren sehr erfolgreich – zu Recht, denn gute Qualität, große Portionen und günstige Preise ergeben eine verführerische Kombination. Trotz des flotten (wenn auch nicht immer freundlichen) Service und der beachtlichen Größe des Lokals deshalb oft lange Warteschlangen; besser, etwas vor den üblichen Essenszeiten zu kommen. Mittagsmenü 11 €, à la carte ab etwa 18–20 € aufwärts. Täglich geöffnet. Auf Wunsch auch englische Speisekarte. Plaça Reial 6.

Rest. La Fonda **45**, ein Stück hafenwärts. Selbe Besitzer wie „Les Quinze Nits", selbes Erfolgsrezept: flinke Kellner, prima Küche, nettes Ambiente, identische Preise. Kein Wunder, dass sich auch hier fast jeden Abend lange Schlangen bilden – Vierergruppen sind dann gegenüber Pärchen oft im Vorteil. Carrer Escudellers 10, eine Seitenstraße der unteren Rambles.

Café-Rest. Venus Delicatessen **42**, kleines, originelles Lokal mit häufig wechselnder Innendekoration und buntem Publikum. Mediterran-internationale Gerichte, Hauptspeisen kosten um die 9–12 €, es gibt auch Frühstück. Carrer d'Avinyó, Nr. 25.

Bar-Rest. Cervantes **37**, hübsches und freundlich-flink geführtes Restaurant mit familiärem Ambiente. Deckenventilatoren, Marmortische; man verspricht „Bona cuina", gute Küche, und hält es auch. Mittagsmenü etwa 12 €, Hauptgerichte sind auch nicht teuer. Nur tagsüber geöffnet, Sa/So geschlossen. Carrer Cervantes 7, eine Seitenstraße des Carrer d'Avinyó.

Rest. Rasoterra **40**, praktisch um die Ecke. Modern eingerichtetes vegetarisches Restau-

Feurig: „Chorizo al Diablo“ in der Tasca El Coral

Barri Gòtic → Karte S. 42/43

rant mit feiner Küche; viele Zutaten hier stammen aus dem eigenen Garten oder zumindest aus lokaler Produktion. Mittagsmenü etwa 12 € (Getränke extra), daneben gibt es u.a. auch feine Tapas. Carrer del Palau 5, Mo und Di-Mittag geschlossen.

Taverna Basca Irati **17**, eine baskische Bar nahe den Rambles, meist gesteckt voll. Das Baskenland ist berühmt für seine dort „Pintxos“ genannten Tapas-Spießchen auf Weißbrot. Die gibt es hier recht preiswert; als Getränk empfiehlt sich statt Bier vielleicht der nordspanische Apfelwein „Sidra“ – der Kellner schenkt ein. Das zugehörige Restaurant ist nicht ganz billig. Carrer Cardenal Casañas 15, zwischen Rambles und Plaça del Pi.

meinTipp **Bar Bilbao Berria** **14**, noch ein Baske, diesmal in Toplage direkt am Kathedralenplatz, dabei jedoch keineswegs auf den schnellen Euro aus. Helles, modernes Interieur, sehr gute Pintxos und erfreulich günstige Preise. Das (nicht ganz so günstige) Restaurant im Untergeschoss wurde von Lesern gelobt. Plaça Nova 3.

Orio Euskal Taberna **27**, ein weiterer Baske. „Tolle Atmosphäre, super Essen, sehr aufmerksamer Service. Für den Abend ist Reservierung ratsam: ✆ 933 179407“ (Lesertipp Sylvia Lukassen und Rolf Kiesendahl). Carrer Ferran 38.

Rest. Vegetalia **44**, im unteren Bereich des Viertels, direkt an der Plaça George Orwell. Vegetarisches Restaurant mit ordentlicher Küche und Tischen auch am Platz (wie üblich 10 % Preisaufschlag). Mittagsmenü rund 11 €, auch viele vegane Optionen. Filialen liegen im Raval (Plaça Emili Vendrell, unten am Carrer Joaquin Costa) und in La Ribera/El Born (Plaça Fossar de les Morreres, bei der Kirche Santa Maria del Mar). Carrer Escudellers 54.

Bar La Vinateria del Call **20**, urige kleine Bodega im ehemaligen Judenviertel El Call. Tapas, empfehlenswertes Pa amb Tomàquet (Brot mit Tomate u. Olivenöl), umfangreiche Auswahl spanischer Weine. Sant Domènec del Call 9, eine Seitenstraße des Call, nahe Plaça de Sant Jaume. Nur abends geöffnet, So Ruhetag.

Bar Les Tapes **41**, ein dunkler, enger Raum, über der Theke Korblampen und Flaschenbatterien. Gemütliche Atmosphäre, gute Tapas zu vernünftigen Preisen. Plaça del Regomir, von der Plaça de Sant Jaume über den Carrer Ciutat zu erreichen. Nur abends geöffnet, So zu.

Café Els Quatre Gats **3**, mehr als ein Café: Bar, Restaurant, Bierstube, Treffpunkt ... Die berühmten „Vier Katzen", von der Stadt unter Denkmalschutz gestellt (den es seit 2015 auch für erhaltenswerte Lokale und Geschäfte gibt) sahen schon Picassos allererste Ausstellung, die nämlich genau hier stattfand. Bemerkenswert ist auch das Gebäude selbst: Die Casa Martí zählt zu den frühen Bauten des Modernisme-Architekten Puig i Cadafalch. Zur Kundschaft zählen viele Touristen, aber auch Einheimische. Carrer Montsió 3, eine Seitenstraße des Portal de l'Àngel.

Bar La Plata 51, ganz unten im Barri. Winziges und traditionsreiches, 1945 eröffnetes Lokal, 2015 von der Zeitung „ABC" auf Platz eins der berühmtesten Tapas-Bars der Stadt gewählt. Es gibt nur wenige, aber qualitativ hochwertige Tapas wie Anchovis oder nach andalusischer Art frittierte Fischchen (pescadito frito). Preisgünstig. So geschlossen. Carrer de la Mercè 28. Weitere originelle Bars im Umfeld sind die gegenüberliegende, kantabrisch geprägte **Tasca del Corral 49** (Käse und Wurstwaren, Spezialität die flambierte Wurst „Chorizo al Diablo") und auf Nr. 16 in derselben Straße, ebenfalls gut und mit Schwerpunkt auf Krake (pulpo) die galicische **Bar-Pulperia Celta 52**.

Ballerinas im Überfluss: Kokua

Cala del Vermut 5, winzige Bar im oberen Barri Gòtic, innen mit alten Fotos der Costa Brava dekoriert. Hausspezialität ist ein roter, süßer Wermut, den man hier auch flaschenweise erstehen kann; es gibt auch Tapas. Schließt bereits um 20 Uhr, So nur über Mittag geöffnet. Carrer Magdalenes 6.

Granja Dulcinea 15, in einer schönen Gasse bei der Plaça del Pi. Das 1941 eröffnete „Dulcinea" ist Café und Granja (Milchbar) in einem, zu suchen im Carrer Petritxol 2. Nur ein paar Schritte weiter in der gleichen Gasse liegt auf Nummer 11 die fast ebenso alte (gegründet 1947), für ihre Churros und heiße Schokolade („Suizo") berühmte **Granja La Pallaresa 9**.

Einkaufen

Kulinarisches/Supermarkt **Fiambres La Pineda 11**, berühmtes, jahrzehntealtes Schinken- und Wurstgeschäft, in dem auch schon mal Ferran Adrià einkauft, Gründer des legendären Costa-Brava-Restaurants „El Bulli". Auch Degustation vor Ort. Carrer del Pi 16.

La Casa del Bacalao 1, das Haus des Klippfischs. Wer Bacalao kennt und liebt, findet hier eine breite Auswahl der (rein optisch zugegebenermaßen wenig attraktiven) Delikatesse. Carrer Comtal 8, eine Seitenstraße der Av. del Portal de l'Àngel unweit der Pl. Catalunya.

Caelum 16, Köstlichkeiten aus Klöstern gibt es hier im „Himmel" – Honig, Konfitüren, Liköre, Naschwaren etc., alles in bester Qualität in spanischen Klöstern hergestellt. Ein kleines Café ist angeschlossen. Carrer de la Palla 8, zwischen Pl. Nova und Pl. del Pi.

Forn Artesa Sant Jordi 23, traditionsreiche Bäckerei in einem der hübschesten Gässchen des Gòtic. Carrer Llibreteria 8.

Superservis 35, recht großer Supermarkt, eine Seltenheit im Gotischen Viertel. Carrer d'Avinyò 11.

Mode Reiches Angebot besonders an der breiten Fußgängerzone Avinguda del Portal de l'Àngel, die von der Plaça de Catalunya südwärts führt. Hier sind fast alle bekannten spanischen Modeketten (Mango etc.) vertreten.

El Mercadillo 6, ein kleines Mode-Kaufhaus unabhängiger Trendshops für (sehr) jugendliche

Kleidung und Schuhe. Untergebracht in einem alten Stadtpalais, im ersten Stock nach hinten eine hübsche Bar mit Freiterrasse. Carrer Portaferrissa 17, das große Plastik-Dromedar am Eingang ist nicht zu übersehen.

Custo **28**, eine Filiale der berühmten, aber nicht gerade billigen Designerkette aus Barcelona. Carrer de Ferrán 36.

Jeanne Weis **24**, „jedes Stück ein Unikat. Verarbeitet werden afrikanische Stoffe in den unterschiedlichsten Farben und Mustern. Es gibt eine fertige Kollektion, man kann sich aber auch Teile aus dem Stoff seiner Wahl anfertigen lassen" (Lesertipp Sabine Gruber). Carrer Rauric 8, eine Seitenstraße des Carrer de Ferrán.

Vaho **25**, „Trashion Baggage", witzige PVC-Designertaschen aus Secondhand-Material, hergestellt beispielweise aus Werbeplanen für Parteien oder Konzerte. Carrer Ferran 43; weitere Filialen unter www.vaho.ws.

Kokua **8**, „ein Laden, der nur Ballerinas verkauft (und ein paar Taschen). Meine Frau war hellauf begeistert, ebenso andere Frauen, die dort vorbeikamen. ‚Handmade in Barcelona', wenn man der Information im Laden glauben darf" (Uwe Bartmann). Carrer Petritxol 18, Filialen beispielsweise im Carrer de la Boqueria 30–34 oder der Baixada de la Llibreteria 34.

Kunsthandwerk Besonders auf diesem Gebiet sind die traditionsreichen alten Geschäfte des Barri Gòtic ein Fest fürs Auge.

La Manual Alpargatera **30**, ein Traditionsunternehmen, das seit 1940 die beliebten Leinenschuhe mit Hanfsohle herstellt. Carrer d'Avinyó 7, nahe Carrer Ferrán.

S'Avarca de Menorca **10**, die schlicht-bequemen Menorca-Schuhe zum Hineinschlüpfen. Capellans 2, eine nordöstliche Seitenstraße der Plaça Nova.

Cereria Subirà **21**, berühmtes Kerzengeschäft, 1760 gegründet! Auch das Interieur ist sehenswert. Baixada de la Llibreteria 7, eine enge Altstadtgasse nahe der Plaça de l'Àngel, in der sich noch weitere interessante alte Läden finden.

L'Arca de l´Àvia **18**, textile Antiquitäten, eine Fundgrube für Kostümausstatter: herrliche alte Stoffe, kunsthandwerkliches Textildesign und Accessoires vom 18. bis ins 20. Jahrhundert. Banys Nous 20, zwischen Plaça del Pi und Kathedrale.

1930 gegründet: Fiambres La Pineda

Kaufhäuser **El Corte Inglés** **2**, in der Einkaufszone, ein Ableger des nahen Großkaufhauses an der Plaça de Catalunya. In dieser Filiale gibt es u. a. Bücher, Fotozubehör, CDs und Sportartikel. Av. del Portal de l'Àngel 19–21.

Decathlon **4**, ein ganzes Kaufhaus nur für Sport- und Outdoorartikel. Wer Wander- oder Turnschuhe, Segelbekleidung, Schnorchelequipment, einen Rucksack oder ein Zelt braucht, ist hier richtig; ebenso, wer bei einem unvermuteten Schlechtwettereinbruch einen günstigen Fleecepulli oder eine Regenjacke sucht. Prima Auswahl, gute Preise. Carrer Canuda 20.

Diverses **Conesa** **13**, ein alteingesessenes Papiergeschäft, das sehr hübsch gemachte Notizbücher, Schreibhefte, Briefbögen etc. offeriert. Carrer Petritxol 10.

Zigarren **Tabacs Catedral** **12**, in günstiger Lage fast direkt gegenüber dem Haupteingang der Kathedrale. Sorgfältige Lagerung, breite Auswahl. Avinguda Catedral 1.

Jenseits der Via Laietana

Tour 5

Eine Fülle innovativer Bars und Restaurants, zahlreiche Designerläden und ein reges Nachtleben locken besonders am Wochenende Heerscharen junger Besucher an das ehemalige „Ufer" Barcelonas. Auch an Sehenswürdigkeiten herrscht kein Mangel.

- **Palau de la Música Catalana**, Modernisme in Hochform, S. 65
- **Museu Europeo d´Art Modern**, moderne Kunst in alten Mauern, S. 66
- **Museu Picasso**, Spaniens größte Picasso-Ausstellung, S. 66
- **Museu de Cultures del Món**, historische Kunstwerke (fast) aller Kontinente, S. 67
- **Santa María del Mar**, die „Kathedrale des Volkes", S. 67
- **Museu de la Xocolata**, ein Museum für Süßmäuler, S. 69

Alte Viertel, frischer Wind

Sant Pere und La Ribera/El Born

Die breite Via Laietana, Anfang des 20. Jh. wie eine Schneise durch die enge Altstadt geschlagen, trennt das Barri Gòtic von anderen mittelalterlichen Vierteln, die bis zur Erweiterung der Stadtmauern im 13. Jh. alle noch vor den Toren der Stadt lagen. Es handelt sich um eine ganze Gruppe von teilweise schwer voneinander abzugrenzenden alten Vierteln, darunter Sant Pere, Santa Caterina und Sant Agustí im Norden des Carrer de la Princesa sowie La Ribera/El Born im Süden dieser Straße. Von der Stadtverwaltung wird das gesamte Gebiet übrigens offiziell als „Casc Antic" (alter Stadtkern) geführt, was natürlich zu Verwechslungen vor allem mit dem Barri Gòtic führen muss, weshalb wir auf diesen Ausdruck lieber verzichten wollen.

Sant Pere, unterhalb der gleichnamigen Ronda gelegen, und seine Nachbarn Santa Caterina und Sant Agustí zeigen sich auf den ersten Blick als eher unscheinbare Viertel, die früher (viele alte Straßennamen zeigen es) von Handwerkern bewohnt waren und in denen heute viele Einwanderer leben. Doch auch hier und in der näheren Umgebung sind die Stadtplaner zugange und öffnen, beispielsweise an der Avinguda Francesc Cambó, ganze Straßenzüge; nicht immer mit der nötigen Sensibilität, wie mancher meint. Wie bei allen Arbeiten im alten Stadtkern treten dabei immer mal wieder längst vergessene Relikte zutage. So stieß man beim Umbau des traditionsreichen Marktes Mercat de Santa Caterina auf Reste eines alten Klosters, die hinter Glas in die Gesamtkonzeption einbezogen wurden. Generell sind, mit Ausnahme des grandiosen Modernisme-Palasts Palau de la Música Catalana, hochrangige Sehenswürdigkeiten aber rar in diesem Gebiet.

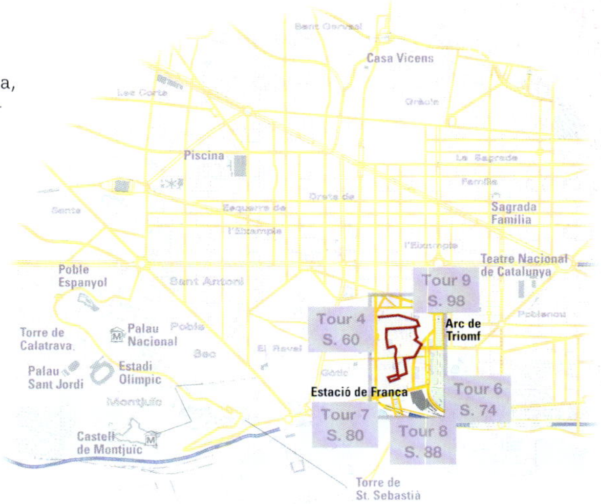

Ganz anders südlich des Carrer de la Princesa, im Viertel La Ribera/El Born. Der Name von La Ribera verweist darauf, dass hier einst das „Ufer" von Barcelona lag, reichte im Mittelalter die Küstenlinie doch ein gutes Stück weiter landeinwärts als heute. Damals war das Viertel ein Gebiet der Seefahrer und der wohlhabenden Kaufleute, an deren Reichtum noch die große gotische Kirche Santa Maria del Mar sowie eine ganze Reihe prächtiger Paläste erinnern. Einige der schönsten stehen entlang des Carrer Montcada und bilden den stimmungsvollen Rahmen für mehrere Museen, darunter das berühmte Museu Picasso. Zudem hat sich das Viertel besonders im Gebiet um den Passeig del Born – Insider nennen die gesamte Zone ohnehin nur „Born" – mit edlen Designerläden, Galerien und zahlreichen Bars und Restaurants zum angesagten Szenetreff gemausert; dies natürlich nicht immer zur Freude der geplagten Anrainer, die schon mal mit Spruchbändern und Plakaten („volem dormir": wir wollen schlafen) ihrem Ärger Luft machen. Insbesondere an Wochenendnächten herrscht hier oft ein unglaublicher Betrieb. Kein anderes Altstadtviertel entwickelt seit Jahren eine solche Dynamik wie der Born, in dessen engen Gassen ständig neue Restaurants und Geschäfte eröffnen und manchmal auch schon nach wenigen Monaten wieder schließen. Noch hat aber auch manch traditioneller Handwerksbetrieb überlebt, ist nicht jede Wohnung luxussaniert worden – eine Mischung als alt und neu, die ihren besonderen Charme besitzt.

Spaziergang

Diese Tour beginnt an der Via Laietana, Ecke Carrer Sant Pere més Alt, Metro: Urquinaona. Schon nach wenigen Metern trifft man auf die reich gegliederte, farbenprächtige Fassade des → **Palau de la Música Catalana**, einem echten Glanzstück des Modernisme, das 2008 sein hundertjähriges Jubiläum feierte. Entlang dem Carrer Sant Pere mès Alt, der „höchsten" (mès alt) der drei parallel verlaufenden Sant-Pere-Straßen, finden sich mehrere Textilgroßhändler, letzte Zeugen einer langen Tradition: Schon im Mittelalter bildete das Viertel Sant Pere das Zentrum der Textilmanufaktur Barcelonas. An ihrem Ende öffnet sich die Straße zur hübschen Plaça de Sant Pere mit der ehemaligen Klosterkirche → **Sant Pere de les Puelles**.

Plaça Catalunya
Plaça d'Urquinaona
Carrer de Casp
C. Fontanella
Urquinaona
Carrer del Bruc
Ronda de Sant Pere
C. d'Ali Bei
Carrer de Trafalgar
Sant Pere
C. de les Jonqueres
C. de les Moles
Carrer d'Ortigosa
Arc de Triomf
C. de Comtal
Laietana
Via Laietana
Palau de la Música Catalana
Pl. de Lluís Millet
Carrer de Sant Pere mes Alt
Sant Pere de les Puelles
Ptge. de St. Benet
C. de Méndez Núnez
Ptge. de Sert
C. de les Magdalenes
C. de Verdaguer i Callís
C. de Mare de Déu del Pilar
C. de l'Argenter
C. d'En Mònec
Carrer de Sant Pere Mitja
Pl. de Sant Pere
C. del Rec Comtal
C. del Dr. Joaquim Pou
Carrer de Sant Pere mes Baix
C. d'En Cortines
Placeta del Comerç
C. Sequia
Gal. Alvarez de Castro
C. del Portal Nou
Barri Gòtic siehe S. 42/43
Plaça Antoni Maura
Av. de Cambó
Pl. de Marquilles
C. de Gombau
C. del Fonollar
C. de Jaume Giralt
C. dels Metges
C. del Pou de la Figuera
Pl. de St. Agustí Vell
Barri Gòtic
Mercat de Sta. Caterina
Carrer de les Freixures
Carrer dels Mercaders
C. d'En Giralt el Pellisser
C. d'En Tarròs
Pl. de St. Cugat
Pl. de Acadèmia
C.C. Convent Sant Agustí
P. de Picasso
Museu de la Xocolata
Carrer del Comerç
C. dels Carders
Carrer d'Allada Vermell
C. d'En Tantarantana
C. de la Blanqueria
C. de Colomines
P. de Pujades
Pl. de Berenguer Gran
C. dels Corders
C. d'En Boquer
C. dels Assaonadors
C. de la Bòria
Pl. de la Llana
Jaume I
Plaça de l'Angel
Carrer de la Princesa
MEAM
C. de la Princesa
Museu de Zoologia
C. de Barra de Ferro
C. de Cremat Gran
Carrer de Montcada
C. del Vigatans
Museu de Cultures del Món
Museu Picasso
La Ribera / El Born
C. del Rec
Carrer dels Flassaders
C. de Grunyí
C. de la Fusina
Museu de Geologia
C. de Manresa
C. de Banys Vells
C. dels Miralles
Carrer de l'Argenteria
C. de les Mosques
Plaça de Comercial
El Born Centre de Cultura i Memòria
Ptge. de Mercantil
C. de Comercial
Parc de la Ciutadella
C. de Sots-tinent Navarro
Carrer del Sots-tinent
C. de la Nau
Pl. de Sta. Maria
C. d. Sombrerers
Pg. del Born
C. Antic de St Joan
Passeig de Picasso
C. de Sta. Maria
C. de la Vidrieria
C. de l'Espaseria
C. de la Ribera
Sta. Maria del Mar
C. del Rec
C. de A.J. Baixeras
C. dels Agullers
C. de Pescateria
C. de la Fusteria
C. del Consolat de Mar
La Llotja
Pl. del Palau
Avinguda Marquès de l'Argentera
Estació de França
C. d'Ocata
Circumval.lació
Passeig
Passeig d'Isabell II
Hafen, Barceloneta
Der alte Hafen Port Vell siehe S. 83
Barceloneta
Barceloneta und Port Olímpic siehe S. 90/91
M
1
2
3
4
5
6
7
8
9
10
11
12
13
14
15
16
17
18
19
20
21
22
23
24
25
26
27
28
29
30
31
32
33
34
35
36
37
38
39
40
41
42

Der **Carrer Sant Pere mès baix** stellt die eigentliche, belebte Hauptstraße des bodenständigen Viertels dar, gesäumt von zahlreichen, oft noch herrlich nostalgischen Geschäften und einigen großbürgerlichen Wohnhäusern, an denen der Zahn der Zeit schon heftig genagt hat. Kurz hinter einem Parkhaus, das rücksichtslos zwischen die alte Bausubstanz geklatscht wurde, geht es links in den Carrer de les Freixures und über die neue Avinguda de Francesc Cambó hinweg. Linker Hand liegt die schöne Markthalle **Mercat Santa Caterina**, bereits 1847 gegründet und damals der erste überdachte Markt der Stadt. 2005 wurde die Halle nach einem Komplettumbau wieder eröffnet; der Entwurf mit dem bunten, wellenförmigen Dach stammt von dem verstorbenen Architekten Enric Miralles. Weil bei den Arbeiten die Reste eines dabei entdeckten Klosters gerettet werden sollten (sie sind heute in einer Ecke hinter Glas zu sehen), hatte sich die Fertigstellung lange verzögert: das endgültige Aus für Dutzende kleiner Betriebe in der Nachbarschaft, die am und vom Markt lebten.

Meerwärts des Marktes trifft man am Carrer Corders, der Straße der Seilmacher, auf den hübschen kleinen „Wollplatz“ Plaça de la Llana, auf dem im Mittelalter ein Wollmarkt abgehalten wurde. Wenige Meter weiter hält man sich rechts zur winzigen **Placeta d'en Marcús** mit ihrer gleichnamigen Kapelle.

Nun geht es über den Carrer de la Princesa hinweg. Der **Carrer Montcada** verdankt seinen Namen dem Adeligen Montcada, der im 12. Jh. das Privileg der Bauerlaubnis für dieses Gebiet erhielt. In den folgenden Jahrhunderten entstand eine Reihe überwiegend gotischer Paläste für Adel und Handelsherren, versehen mit allen Zutaten des damaligen Baustils wie weiten Portalen, Türmchen, Innenhöfen und Treppenaufgängen zum Wohnbereich. In einigen dieser Palais sind heute Museen untergebracht, darunter das → **Museu Europeu d´Art Modern** in der Seitengasse

Sant Pere und La Ribera/El Born → Karte S. 62/63

Carrer Barra de Ferro und das wunderschöne → **Museu Picasso**, das sich gleich über mehrere Paläste erstreckt. Gegenüber liegt das neue Völkerkundemuseum → **Museu de Cultures del Món**.

Kurz vor dem Ende des Carrer Montcada geht es rechts in die „Hutmacherstraße" Carrer Sombrerers, vorbei an der uralten Rösterei Casa Gispert und weiter zur **Plaça Santa Maria**, dem reizvollsten Platz des Born. Von den Straßencafés lassen sich in aller Ruhe die eleganten Linien der Kirche → **Santa Maria del Mar** bewundern, der vollkommensten gotischen Kirche Barcelonas. Wer hier den Stadtplan studiert, könnte versucht sein, jetzt einen Abstecher zur **Llotja** am meerseitigen Rand des Viertels einzulegen, doch lohnt sich der Weg eigentlich kaum, da die 1380 errichtete Börse im 18. Jh. eine wenig beeindruckende klassizistische Fassade erhielt. Der gotische Kern ist für Normalsterbliche in aller Regel off limits.

Der **Fossar de les Morreres** (Friedhof der Maulbeerbäume) genannte Platz an der Meerseite der Kirche Santa Maria del Mar war einst die Begräbnisstätte der 1714 im Kampf gegen die Bourbonen (→ Parc de la Ciutadella) gefallenen Verteidiger der Stadt, an die eine ewige Flamme erinnert; zum katalanischen Nationalfeiertag La Diada am 11. September finden hier Aufmärsche statt.

Der **Passeig del Born**, die von hohen Bäumen gesäumte Hauptflanierzone des Viertels, war vom 13. bis ins 17. Jh. Schauplatz farbenprächtiger Festlichkeiten wie Turniere, Umzüge und Prozessionen, aber auch für die schauerlichen öffentlichen Verbrennungen so genannter „Ketzer" durch die Inquisition. Heute, mit dem Passeig als Epizentrum des boomenden Born, geht es in den zahlreichen angrenzenden Cafés und Bars zum Glück friedlicher zu. Jenseits des Passeig erkennt man die imposante Stahlkonstruktion des **Antic Mercat del Born**, mittlerweile Sitz des → **El Born Centre de Cultura i Memòria (CCM)**. Meerwärts jenseits der breiten Avinguda Marqués de L'Argentera steht die ebenso ehrwürdige → **Estació de França**, für Eisenbahnfans sicher einen Umweg wert.

Prachtstück von Domènech i Montaner: Palau de la Música Catalana

Vom Antic Mercat del Born geht es ein kurzes Stück zurück und dann rechts in den schmalen **Carrer dels Flassaders**, im Mittelalter Sitz der Gilde der Handtuchmacher. Er hat sich innerhalb weniger Jahre in eine Straße der Boutiquen verwandelt, die viele alte Geschäfte verdrängten. Über den Carrer Princesa erreicht man den Carrer del Comerç, an dem sich mit dem → **Museu de la Xocolata** gleich ein ganzes Museum süßer Ware widmet. Ein kleines Stück weiter lohnt sich links ein Blick ins **Centre Cívic Convent de Sant Agustí** (So und im August geschlossen), das Reste des gotischen Kreuzgangs eines alten Klosters inkorporiert und eine hübsch gelegene Bar besitzt. Dann führt der Carrer Tiradors nach links zur **Plaça Sant Agustí Vell**, einem reizenden kleinen Platz mit dem Flair vergangener Zeiten. Eine der hier mündenden Straßen trägt den kuriosen Namen Carrer Tantarantana: Eine lautmalerische Umschreibung der Trompetentöne des „Stadtausrufers", der im 18. Jh. hier lebte und seine Neuigkeiten mit einem kräftigen Trompetenstoß anzukündigen pflegte. Von hier aus kann man zum Ausgangspunkt zurückkehren, den Spaziergang am Arc de Triomf (→ Tour 6, auch Metro-Station) fortsetzen oder sich den zahlreichen Bars und Restaurants des Born widmen.

Sehenswertes

Eine Symphonie aus Stein

Palau de la Música Catalana

Der prachtvolle Modernisme-Bau im Carrer de Sant Pere mès Alt, errichtet für den katalanischen Gesangs- und Musikverein Orfeó Català, ist wortwörtlich ein „Palast der Musik", ein Traum in Marmor, farbigen Fliesen und Glas. Wohl das schönste Werk von Domènech i Montaner, wurde das komplett renovierte Gebäude nicht umsonst von der UNESCO in die berühmte Liste des Weltkulturerbes aufgenommen. Die Arbeiten, bei denen der Architekt von den angesehensten Kunsthandwerkern Kataloniens unterstützt wurde, begannen 1905 und waren 1908 beendet. Im selben Jahr noch erhielt der Palast den Preis für das schönste neue Gebäude Barcelonas. Aus heutiger Sicht mag der Palast, wie auch manch anderes Gebäude des Modernisme, überladen erscheinen, doch besitzt diese Opulenz auch ihren Reiz.

Die ziegelrote Fassade zieren vielfarbige Säulen und die von Eusebi Arnau gefertigten Büsten der Komponisten Palestrina, Bach, Beethoven und Wagner; die überbordende Skulptur „La Cançó" an der Hausecke stammt von Miquel Blay und symbolisiert das katalanische Volkslied. Im Inneren steigert sich die fantastische Dekoration noch, insbesondere im harmonischen Konzertsaal, der Platz für 2000 Personen bietet und ungewöhnlicherweise im Obergeschoss untergebracht ist. Eine Fülle an Licht flutet durch seine eleganten Fenster und das große, in einer einwärts gerichteten Kuppel kulminierende Oberlicht aus Buntglas. Den Schmuck der halbkreisförmigen Bühne unter der mächtigen Orgel bilden ein Mosaik mit dem Wappen Kataloniens von Lluís Bru sowie beiderseits davon 18 Musen mit Musikinstrumenten, erneut Arbeiten von Eusebi Arnau. Besichtigt werden kann der Palast auf Führungen oder natürlich zu einem der hier stattfindenden Konzerte.

Führungen täglich 10–15.30 Uhr, während der Karwoche und im Juli bis 18 Uhr, August 9–18 Uhr; Führungen in Englisch zu jeder vollen Stunde. Dauer knapp 60 min., Preis 18 €. Maximal 55 Personen pro Führung. Achtung, die Führungen sind immer sehr schnell ausgebucht, Tickets können jedoch im Voraus erworben werden, auch auf der Homepage. Auch Eintrittskarten für die Konzerte gibt es wahlweise vor Ort oder im Netz. Schöne Cafeteria (Eingang an der Seite), die schon einen ersten Eindruck von der Pracht im Inneren des Palasts vermittelt. www.palaumusica.org.

Sant Pere und La Ribera/El Born → Karte S. 62/63

Ehemaliges Nonnenkloster

Sant Pere de les Puelles

Von dem bereits 945 vor allem für Damen gehobener Stände gegründeten Nonnenkloster blieb nach vielen Zerstörungen leider kaum etwas erhalten, doch sind Teile des Kreuzgangs im Museu Nacional d'Art de Catalunya auf dem Montjuïc zu sehen. Auch die Kirche selbst beeindruckt nach einer groben Restaurierung zu Anfang des 20. Jh. nur noch mit ihrem schönen gotischen Portal. Interessanter ist da schon der Modernisme-Brunnen auf dem Platz.

Avantgardistisches Privatmuseum

Museu Europeo d´Art Modern (MEAM)

Am Carrer Barro de Ferro 5, nur wenige Meter vom Carrer Montcada entfernt, eröffnete 2011 dieses private, von der Stiftung Fundació de les Arts i els Artistes betriebene Museum, das sich der europäischen Kunst des 20. und 21. Jh. widmet. Untergebracht ist es im großzügigen und schön renovierten Palau Gomis, der Ende des 18. Jh. errichtet wurde und damit jünger ist als die meisten Paläste der Umgebung. Auf drei Stockwerken sind mehr als 200 Skulpturen und Gemälde zeitgenössischer figurativer Kunst zu sehen, viele von faszinierendem (Hyper-)Realismus. An manchen Abenden finden im Museum auch Musikveranstaltungen statt, die in diesem Palast natürlich einen wunderbaren Rahmen finden; Infos an der Kasse.

Geöffnet Di–So 10–20 Uhr; Eintrittsgebühr 9 €.

Paläste für den Meister

Museu Picasso

Gleich über mehrere mittelalterliche Paläste erstreckt sich dieses wohl berühmteste Museum Barcelonas, das durch seine Räumlichkeiten fast ebenso besticht wie durch die Exponate selbst und über die Jahrzehnte hinweg immer wieder erweitert wurde. Bei seiner Eröffnung 1963 belegte das Museum nur einen Palast, heute sind es

Barcelona im Kasten

Pablo Ruíz Picasso

Pablo Ruíz Picasso, 1881 in Málaga als Sohn des Malers und Zeichenlehrers Don José Ruíz Blasco und seiner Frau Doña Maria Picasso y Lopez geboren, war wohl der berühmteste Künstler des 20. Jahrhunderts. Sein überragendes Talent zeigte sich schon in sehr früher Jugend. Nach dem Umzug der Familie ins galicische A Coruña 1891 besuchte Picasso bereits im Alter von zehn Jahren eine Kunstschule. 1895 wurde er an der Kunstakademie von Barcelona aufgenommen und durfte gleich die ersten Klassen überspringen. Ein Jahr später erhielt er als 15-Jähriger sein erstes eigenes Atelier. 1901 begann die düstere „Blaue Periode", 1905 (nachdem Picasso sich nach mehreren Reisen dorthin dauerhaft in Paris niedergelassen hatte) die fröhlichere „Rosa Periode". 1907 markierte das Bild „Demoiselles d'Avignon" die revolutionäre Wende zum Kubismus. Im Spanischen Bürgerkrieg ergriff Picasso die Partei der Republikaner, 1937 entstand das weltberühmte Monumentalbild „Guernica". Nach dem Aufstieg Francos schwor Picasso, das Land zu dessen Lebzeiten nicht mehr zu betreten – ein Schwur, an den er sich bis zu seinem Tod hielt, auch wenn spanische Motive wie der Stierkampf oder auch Velázquez' Hofdamen viele seiner Werke prägen. Picasso, zeitlebens ein Liebhaber nicht nur der Kunst, sondern auch der Frauenwelt, starb am 8. April 1973.

deren fünf mit einer Nutzfläche von 11.500 Quadratmetern.

Insgesamt verfügt das Museum über weit mehr als dreitausend Gemälde, Skizzen, Zeichnungen, Keramiken, Radierungen und Lithographien des Meisters; zeitlich geordnet von den reich vertretenen Anfängen als Kind und Jugendlicher bis zu den Spätwerken, darunter auch eine kleine Keramiksammlung. Die ganz großen Arbeiten allerdings sind ebensowenig vertreten wie Werke seiner kubistischen Periode, Ausnahme: „Der Kopf" von 1917. Dennoch bietet das Museum die bei weitem größte Picasso-Ausstellung ganz Spaniens und einen guten Überblick über die vielen Sprünge im Werk des experimentierfreudigen Genies. Besonders zu nennen sind die Ergebnisse der melancholischen „Blauen" wie der optimistischeren „Rosa Periode", weiterhin der „Harlekin" (1917) und die Drucke der „Tauromaquía" (1935). Herausragend auch die 44 Variationen der „Las Meniñas" („Die Hofdamen", 1957), eine umfangreiche Studie des Vorbilds von Velázquez. Gestiftet hatte Picasso die Arbeiten zur Erinnerung an seinen verstorbenen Freund und langjährigen Privatsekretär Jaume Sabartés, der die treibende Kraft bei der Gründung des Museums gewesen war.

Carrer Montcada 15–23, geöffnet Di–So 9–19 Uhr, Do bis 21.30 Uhr; Eintritt 11 €, inkl. Wechselausstellungen 14 €. Häufig lange Warteschlangen, Vorab-Ticketkauf auf der Homepage oder im Palau de la Virreina, Rambles 99. Gratis am ersten Sonntag im Monat sowie an jedem Sonntag ab 15 Uhr, dann noch stärkerer Andrang. Cafeteria angeschlossen. www.museupicasso.bcn.cat.

Alles außer Europa

Museu de Cultures del Món

Die Häuserzeile gegenüber dem Picasso-Museum, bestehend aus den beiden gotischen Palästen Palau Marqués de Llío und Palau Nadal, beherbergte lange das Designzentrum Disseny Hub Barcelona (DHUB) und das präkolumbianische Museu Barbier-Mueller; ersteres ist an die Plaça de les Glòries Catalanes (→ Eixample) umgezogen, letzteres wurde komplett geschlossen. Nach einem Umbau eröffnete 2015 in beiden Palästen das „Museum der Kulturen der Welt". Es ist ein Prachtstück geworden. Ein Großteil der sehr reizvoll angelegten Ausstellung stammt aus der privaten Col.lecció Folch, mit rund 2400 Stücken (von denen nur etwa ein Viertel gezeigt werden kann) eine der bedeutendsten Sammlungen Spaniens; weitere Exponate stammen aus dem ehemaligen Fundus des Ethnologischen Museums auf dem Montjuïc. Mustergültig präsentiert, verteilen sich die historischen Kunstwerke aus Afrika, Ozeanien, Asien und Amerika auf drei Stockwerke und insgesamt 31 Säle, eine Fülle, für deren Entdeckung man Zeit und Aufmerksamkeit benötigt – ratsam vielleicht, den Besuch nicht direkt an den des Picasso-Museums anzuschließen, sondern einen Extra-Termin dafür zu reservieren.

Carrer Montcada 12, geöffnet Di–Sa 10–19 Uhr, So 10–20 Uhr. Eintrittsgebühr 5 €, das Ticket gilt auch für das Ethnologische Museum auf dem Montjuïc. Kombiticket mit dem Ägyptischen Museum in Eixample 12 €. Gratis ist der Besuch am ersten Sonntag im Monat sowie an jedem Sonntag ab 15 Uhr. www.museuculturesmon.bcn.cat.

Die wohl schönste Kirche der Stadt

Santa Maria del Mar

Mit ihren typischen horizontalen Linien, den schmucklosen Oberflächen, weitmöglichst auseinanderstehenden Säulen, hohen Seitenschiffen und den beiden achteckigen, oben abgeflachten Glockentürmen gilt die Kirche des Born als das reizvollste und reinste Beispiel katalanischer Gotik. Bei den Einheimischen genießt Santa Maria del Mar als „Kathedrale des Volkes" eine höhere Verehrung als die Kathedrale selbst. Die Kirche entstand in der ungewöhnlich kurzen Zeit zwischen 1329 und 1383 unter tatkräftiger und (wie es heißt) selbstloser Mithilfe der Bevölkerung und ist der Schutzheiligen der

Seeleute gewidmet. Von außen beeindruckt Santa Maria durch ihr schönes Portal mit großer Rosette zwischen den beiden Türmen. Nur wenig Dekoration stört im Inneren das Erlebnis des weiten Raums und der blanken Architektur, ein letztlich positives Resultat früherer Zerstörungen. Die besondere Harmonie rührt von den Proportionen der Seitenschiffe, die genau halb so breit sind wie das Mittelschiff und so hoch, wie die gesamte Kirche breit ist. Wunderbar sind auch die Glasfenster. Vor allem Fr/Sa finden in der Kirche häufig Hochzeiten statt, gelegentlich auch Konzerte, die dank der außergewöhnlichen Akustik ein besonderes Ereignis sind.

Täglich 9–13, 17–20 Uhr; gratis. Von 13–17 Uhr ist für sog. „Visitas turísticas" ebenfalls geöffnet, Eintrittsgebühr dann 5 €. Führungen zum Besuch der Dachterrassen („Terrasses") im Sommer 11–19 Uhr, sonst 12–18 Uhr, Preis je nach Dauer 8–10 €.

Santa Maria del Mar

Katalanische Ikone

El Born Centre de Cultura i Memòria (CCM)

Der Antic Mercat del Born, der ehemalige Hauptmarkt Barcelonas, wurde ab 1873 von Josep Fontserè errichtet und erhebt sich am Ende des Passeig del Born. Eine imposante Konstruktion aus Gusseisen überdacht mit einer prachtvollen Kuppel zwei große und vier kleinere Schiffe. Anfang der Siebzigerjahre des letzten Jahrhunderts wurde der Markt aufgegeben, diente dann zeitweise als Ausstellungsgelände und sollte schließlich zu einer Provinzbibliothek ausgebaut werden. Wie so oft bei Arbeiten in Barcelona, wurden jedoch auch hier archäologische Überreste entdeckt. Diesmal handelte es sich um die Ruinen von Häusern, die nach der bourbonischen Eroberung von 1714 im Zuge des Baus der nahen Zitadelle zerstört worden waren, mithin um einen Fund von hoher symbolischer Bedeutung, den man im nationalbewussten Katalonien nicht einfach wieder zuschütten konnte. Nach einem aufwändigen Umbau wurde das Gebäude zum Katalanischen Nationalfeiertag am 11. September 2013 wiedereröffnet – das Ergebnis ist absolut beeindruckend. Mehrere Meter unter dem heutigen Niveau und von den umlaufenden Gängen bestens zu erkennen, erstrecken sich auf einer Fläche von 8000 Quadratmetern die Grundmauern der mehr als fünfzig Häuser, die Straßen, Zisternen und Kanäle des barocken Viertels. Die bedeutenden archäologischen Funde der Ausgrabungen („xicres" genannte Schokoladetassen und anderes Geschirr, Schmuck, Tabakpfeifen, Waffen etc.) sind in der „Sala Villaroel" dokumentiert, die „Sala Casanova" beherbergt wechselnde Ausstellungen.

Lauschiges Plätzchen im Born: Plaça Santa Maria del Mar

Eine Buchhandlung und ein Bar-Restaurant der Brauerei Moritz sind angeschlossen.

Di–So 10–20 Uhr, gratis; Zugang zu den Ausstellungen 6 €.

Prachtvoller Bahnhof

Estació de França

In seiner Art ebenfalls eine Sehenswürdigkeit ist dieser herrlich nostalgische Bahnhof jenseits der Avinguda Marqués de L'Argentera. Seinen Namen „Frankreich-Bahnhof" erhielt er mit dem Zusammenschluss der beiden Eisenbahngesellschaften nach Granollers und Mataró, die 1878 fusionierten, um eine Bahnlinie bis Frankreich aufzubauen. Das Gebäude selbst wurde zur Weltausstellung 1929 errichtet und zu den Olympischen Spielen 1992 aufwändig renoviert. Die weite Konstruktion besteht aus zwei mächtigen, bogenförmigen Hallen von über 30 Metern Höhe, für die mehr als 2500 Tonnen Eisen verbaut wurden. Heute spielt der Bahnhof im Zugverkehr nur noch eine geringe Rolle.

Eine sehr süße Sache

Museu de la Xocolata

Ein ehemaliges Augustinerkloster am Carrer Comerç 36 (Ecke Plaça Pons i Clerch) beherbergt dieses kleine Museum, das von der Konditorenvereinigung gegründet wurde. Hier dreht sich alles um die Schokolade, ihre Ursprünge in der Neuen Welt, die Verarbeitung zu den verschiedensten Leckereien etc., den größten Teil des Museums nimmt jedoch eine Reihe aus Schokolade hergestellter Figuren und Modelle ein. Angeschlossen ist eine Verkaufsausstellung sowie eine Cafeteria. Bleibt anzumerken, dass nicht alle Leser die Eintrittsgebühr wirklich als adäquat zum Gebotenen empfanden.

Mo–Sa 10–19 Uhr (Mitte Juni bis Mitte Sept. bis 20 Uhr), So 10–15 Uhr. Eintrittsgebühr 6 €. www.museudelaxocolata.cat.

Praktische Infos

→ Karte S. 62/63

Essen & Trinken

MeinTipp **Rest. Montiel 11**, kleines, aber exzellentes Lokal im Gassengewirr des Born. Sehr freundlicher und aufmerksamer Service, herausragende Küche aus besten Produkten, prima Nachspeisen. Es gibt nur zwei Degustationsmenüs à etwa 55 und 70 € mit mehreren Vorspeisen, zwei Hauptspeisen und Desserts, natürlich jeweils in kleinen Portionen. Nur abends geöffnet, Sa/So auch mittags. Carrer Flassaders 19, ✆ 932 683729.

Bar-Rest. Cal Pep 38, eine Institution im Born. Prima Meeresküche, vom Besitzer (Pep eben) gleich hinter der Bar zubereitet und direkt am stets knackvollen Tresen zu verzehren. Früh da sein, es ist immer schwierig, hier einen Platz zu bekommen; die wenigen Tische sind noch begehrter. Mittleres Preisniveau. Plaça de les Olles 8, So und Mo-Mittag geschlossen. ✆ 933 107961.

Bar-Rest. Cuines de Santa Caterina 3, direkt im Gebäude des Mercat de Santa Caterina, ein Lokal der Tragaluz-Gruppe. Ein Tipp für vegetarische, mediterrane und asiatische Küche, ebenso für Tapas. Nicht direkt billig, aber mit prima Preis-Leistungs-Verhältnis, deshalb bei den Einheimischen sehr beliebt und oft voll besetzt. Keine Reservierungen möglich.

Rest. Pork, boig per tu 42, nichts für Vegetarier, denn der Name ist Programm: „Schwein, ich bin verrückt nach dir". Hübsch gestaltetes Lokal der Sagardi-Gruppe, in dem (außer katalanischen Beilagen und gutem Brot) ausschließlich Schweinernes auf den Teller kommt: als Aufschnitt, Grillwurst, Riesenkotelett... Bezahlt wird nach Gewicht. Carrer Consulat del Mar 15.

Restaurant Senyor Parellada 15, im Gebäude des Hotels Banys Orientals, mittlerweile schon einer der Klassiker des Viertels. Nettes Ambiente, solider Service, kreative katalanische Küche und die für das Gebotene recht niedrigen Preise (Menü ab etwa 25 € aufwärts) sorgen für stets volle Tische – reservieren! Carrer Argenteria 37, ✆ 933 105094.

MeinTipp **Bar-Rest. Euskal Etxea 22**, nicht weit vom Picasso-Museum, eines der vielen baskischen Lokale des Viertels. Dieses hier ist hervorgegangen aus einem baskischen Kulturzentrum, bürgt so für Authentizität und lockt mit sehr verführerischen Tapas an der Theke. Das angeschlossene Restaurant ist ebenfalls gut, aber nicht ganz billig. Placeta Montcada 1–3.

Bar-Rest. La Llavor dels Orígens 30, ein kleines, oft voll belegtes Lokal, das sich ganz der authentischen katalanischen Küche verschrieben hat – täglich werden Spezialitäten aus einer anderen Region angeboten. Menü à la carte schon ab etwa 18–20 € (die Portionen sind freilich nicht gigantisch), feste Menüs, auch vegetarisch, etwa im selben Preisrahmen. Im Carrer Vidrieria 4, die ehemalige „Glasmacher-Straße"; Relikte finden sich im Lokal reichlich.

Rest. Pirineu en Boca 30, um die Ecke direkt am Passeig und von denselben Besitzern geführt; ein weiteres Restaurant dieser Art liegt in Eixample (→ dort). Die „Pyrenäen im Mund",

vorwiegend gegrilltes Fleisch von frei lebenden Tieren aus den Pyrenäen, aber auch Käse, Wurstwaren, Salate etc. Nicht teuer. Leider etwas eng bestuhlt. Passeig del Born 4.

Bar Golfo de Bizkaia 36, ebenfalls nahe Llavor dels Orígens. An Wochenenden oft gestopft volles baskisches Lokal mit guter Auswahl an Tapas (hier Pintxos genannt). Carrer Vidrieria 12. Im Umfeld noch weitere beliebte Bars.

Bar-Rest. Nou Celler 9, unweit des Picasso-Museums, Eingang auch am Carrer Princesa. Gemütliches, auf drei Etagen verteiltes Restaurant mit guter und preisgünstiger katalanischer Küche. Netter Service, Mittagsmenü 12 €, à la carte ab etwa 20 €; gute Cavas. Carrer Princesa 16 bzw. Carrer Barra de Ferro 3.

Can Cisa/Bar Brutal 8, ganz in der Nähe. eine Mischung aus Weinhandlung für Bio-Weine und stets knackvoller Bar, in der eben diese Weine serviert werden. Feine Tapas gibt es auch. Das Preisniveau allerdings ist durchaus gehoben. Buntes Publikum. Geöffnet Mo–Sa abends, Fr/Sa auch mittags. Carrer Princesa 14 bzw. Carrer Barra de Ferro 1.

Bar-Rest. Txirimiri 6, schräg gegenüber. Bereits 1998 eröffnete dieses rustikale Lokal, in dem bei Fußballspielen stets der Fernseher läuft. Bodenständige baskisch-navarresische Küche, umfangreiche Auswahl an Pintxos wie auch Hauptgerichten (auch Gemüse); üppige Tortillas. Günstige Preise. Auch Frühstück. Mo geschlossen. C. Princesa 11.

MeinTipp **Marisquería La Paradeta 19**, für mutige Liebhaber von Fisch und Meeresfrüchten. Schlichtes, lautes Lokal im Self-Service-Verfahren, versteckt hinter dem Mercat del Born und sehr beliebt bei den Einheimischen. Man sucht sich die Köstlichkeiten nach Gewicht

Nachbarschafts-Treff: Bar im Centre Civic Convent de Sant Agustí (→ S. 65)

Sant Pere und La Ribera/El Born → Karte S. 62/63

an der Theke aus und marschiert weiter zum Bartresen, wo man Getränke, Salat und Brot ordert und alles bezahlt; sobald das Essen fertig ist, wird von der Ausgabe die Bestellnummer ausgerufen. Ohne gewisse Grundkenntnisse in Spanisch wird all das vermutlich schwierig. Exzellentes Preis-Leistungs-Verhältnis, früh kommen (abends vor 20.30 Uhr, geöffnet wird um 20 Uhr), sonst meist lange Warteschlangen. Mo geschlossen. Carrer Comercial 7. Weitere Filialen im Stadtgebiet unter www.laparadeta.com.

Pizzeria-Rest. Al Passatore 41, eine kleine Kette, die ihre Beliebtheit vor allem den üppig dimensionierten Pizzas verdankt. Gutes Preis-Leistungs-Verhältnis, Personal etwas offensichtlich auf schnellen Umschlag gedrillt. Plaça del Palau 8 und 11.

Pizzeria-Rest. Murivecchi 5, etwas abseits fast am Ende des Carrer de la Princesa. Gute Küche, umfangreiche Salate und prima Carpaccio-Varianten. Das Mittagsmenü in den „Alten Mauern" kommt auf 14 €, abends legt man à la carte natürlich etwas mehr an. Carrer de la Princesa 59.

Rest. Petra 28, an der Nordseite der Kirche Santa María. Schmales, originell eingerichtetes Lokal mit raffinierter Küche. Sehr günstige Preise: Vorspeisen, Salate etc. kosten alle um die 6 €, Carpaccios und Hauptgerichte um die 9 € – kein Wunder, dass das Lokal oft voll besetzt ist. So geschlossen. Carrer Sombrerers 13, Eingang um die Ecke im Carrer Banys Vells.

Bar La Vinya del Senyor 32, eine von mehreren Bars an diesem hübschen kleinen Platz vor der eindrucksvollen Fassade der Kirche Santa Maria del Mar. Die Tapas hier (z. B. die Hartwurst Secallonas) sind klein, aber gut, bestechend jedoch vor allem die Auswahl an Weinen – die höchst umfangreiche Weinkarte wird alle zwei Wochen erneuert. Plaça Santa Maria 5. Nicht weit entfernt direkt an der Plaça Fossar de les Morreres, mit ebenfalls guter Weinauswahl und feinen, auch von Lesern gelobten Tapas: **Bar Bastaix 35**.

Einer von vielen Tapas-Ständen im Mercat de la Princesa

Mercat de la Princesa 12, gleich meerwärts des Restaurants Montiel. Ein großer „Tapas-Markt" mit mehr als einem Dutzend Ständen (Schinken und Käse, Fleisch, Fisch, asiatisch, italienisch, auf Eiergerichte spezialisiert, Desserts etc.), an denen man sich im Self-Service-Verfahren das Gewünschte besorgt und es dann in aller Ruhe am Tresen oder am Tisch verzehrt – keine große Küche, aber leger, vergnüglich und nicht teuer. Täglich bis 24 Uhr geöffnet, Fr/Sa bis 0.30 Uhr, So bis 23 Uhr. Carrer Flassaders 21.

Bar-Rest. Sagardi 23, an einem kleinen Platz neben dem Carrer Argenteria, Tische auch im Freien. Baskische Bar mit bodenständiger Atmosphäre, oft gesteckt voll. Im angeschlossenen Grill-Restaurant gibt man natürlich mehr aus. C. Argenteria 62.

Bar-Rest. Bilbao Berria 16, etwas weiter oben an dieser Straße. Eine weitere baskische Bar mit sehr leckeren, variantenreichen Pintxo-Spießchen, dabei preislich sogar etwas günstiger als das Sagardi. Carrer Argenteria 6.

Bar Xampanyet 21, in der „Kunstgasse" Carrer Montcada. Uralte Bar in blau-weißem Kacheldekor, die exzellente Tapas (berühmt: die Anchovis) serviert und feinen Cava sowie den nordspanischen Apfelwein Sidra ausschenkt. So-Abend und Mo geschlossen. Carrer Montcada 22, nahe Picasso-Museum. Gegenüber, im modernen Charakter ganz gegensätzlich und von Lesern empfohlen: **Bar Tapeo 18**.

Bormuth 14, 2013 eröffnete Bar, die neben feinen Tapas in breiter Auswahl ganz ihrem Namen gemäß auch Wermut (vom Fass) serviert. Mehrere Etagen, eng und oft gesteckt voll, junges Publikum, lebhafte Atmosphäre. Die Preise sind auch in Ordnung. Carrer Rec 31.

mein Tipp **Bar-Pastisseria Bubó 31**, gleich bei der Kirche Santa María. Eine Café-Konditorei, die süße Kunstwerke der besonderen Art zaubert. Die Törtchen und Schokoladen sind nicht billig, aber ihr Geld allemal wert. In der gleichnamigen, benachbarten Bar gibt es Tapas. Carrer Caputxes 10.

Einkaufen

Mode/Schuhe Diverse Designershops südlich des Passeig del Born am Carrer del Rec und seinen Seitenstraßen, ebenso am Carrer dels Flassaders.

Custo 37, das allererste Ladengeschäft der Brüder Custo und David Dalmau. Auch hier gibt es natürlich Oberbekleidung im typischen farbenprächtigen Custo-Stil. Plaça de les Olles 7.

Vialis 34, ebenfalls hier im Born gegründet, eine originelle, hochwertige Designer-Schuhmarke für Frauen. Vidrieria 15, gleich gegenüber von Custo.

Loisaida 20, ein großer, reizvoll dekorierter Laden im Vintage-Look und mit ebensolcher Hintergrundmusik. Mode und Accessoires für Frauen und Männer. Carrer dels Flassaders 42.

Desigual 27, eines der ältesten Geschäfte dieser Kette, die im Stadtgebiet im letzten Jahrzehnt stark expandiert hat. Junge Trendmode für beide Geschlechter. Carrer Argenteria 65.

Kulinarisches **Casa Gispert 25**, uralte Rösterei, gegründet 1851 und fast schon eher ein Museum als ein Laden. Noch heute beheizen die Inhaber ihren Ofen mit Holz, um Obst zu dörren und Mandeln zu rösten. Carrer Sombrerers 23, landeinwärts von Santa Maria del Mar.

La Botifarrería de Santa Maria 33, bei der gleichnamigen Kirche. Berühmte Metzgerei, seit langer Zeit in Besitz einer Familie aus der Pyrenäenregion Pallars und bekannt für ihre selbst produzierten Würste und Patés; auch Käse, Konserven etc. Carrer de Santa Maria 4.

Vila Viniteca 39, eröffnet 1932 und mit einer Auswahl von über 3000 Weinen, Likören, Cavas etc. der vielleicht bestbestückte Weinladen Barcelonas, was man ihm von außen freilich nicht ansieht. Lieferant vieler Nobelrestaurants; auch Weinseminare. Nahebei ein angeschlossener Feinkostladen. Carrer dels Agullers 7, www.vilaviniteca.es.

Veritas 4, an der breiten Via Laietana. Eine Art Supermarkt mit vielerlei Bio-Produkten: Lebensmittel aller Art, Wein, Kosmetik, Reinigungsmittel etc. Via Laietana 28, weitere Filialen im Stadtgebiet und außerhalb unter www.veritas.es.

De tot al Born 24, Supermarkt mit freundlichen Öffnungszeiten: Täglich bis 23 Uhr. Hier auch Flaschenabfüllung von (preisgünstigem) Fasswein. Passeig del Born 17.

Früher ein Markt: El Born CCM

Olimar 1, weit oben im Viertel Sant Pere, nicht weit vom Palau de la Música. Ausgewählte Produkte katalanischer Provenienz wie Olivenöl, Honig, Wein, Schokolade etc. Carrer de Sant Pere mes Alt 24.

Cafés El Magnífico 23, bereits 1919 gegründeter Kaffeeladen mit eigener Rösterei, der hervorragende Kaffees (auch Bio-Bohnen) aus aller Welt verkauft. Auch Stehausschank. Carrer Argenteria 64, gleich neben dem Bar-Rest. Sagardi.

Pim Pam Plats 13, netter Laden für Selbstversorger: fertig zubereitete Gerichte guter Qualität zum Mitnehmen oder zum Verzehr vor Ort. Carrer Rec 18.

Barcelona Reykjavik 7, Öko-Bäckerei mit wirklich guter, aber nicht ganz billiger Ware (Brot, Gebäck etc.). Geöffnet täglich 10.30–21 Uhr. Carrer Princesa 16.

Zigarren **Estanc Laietana 40**, 1927 gegründetes Zigarrengeschäft mit breiter, hochwertiger Auswahl. Via Laietana 4, am Rand des Viertels.

Barcelonas Stadtpark

Tour 6

Der Stadtpark, eine große grüne Oase in der hektischen City, entstand im 18. Jh. an der Stelle einer ehemaligen Festung und war Schauplatz der ersten Weltausstellung von Barcelona. Heute beherbergt er unter anderem das Parlament von Katalonien und den Zoo.

La Cascada, ein Springbrunnen der monumentalen Art, entstanden unter Beteiligung des jungen Gaudí, S. 78

Zoo, Tiere aus aller Welt und die „Frau mit dem Regenschirm", S. 78

Die grüne Lunge der Stadt

Parc de la Ciutadella

Im Jahr 1714, der gerade beendete Spanische Erbfolgekrieg hatte Barcelona auf der unterlegenen Habsburger Seite gesehen, ließ der bourbonische Eroberer Philip V. auf dem Gebiet des heutigen Parks eine Zitadelle errichten. Teile des Ribera-Viertels mussten dem riesigen Komplex weichen, der nicht etwa zur Verteidigung Barcelonas, sondern zur Kontrolle der Stadt gedacht war und auch als Gefängnis diente. Mit dem Abriss der Stadtmauern kam anderthalb Jahrhunderte später auch das Ende der Zitadelle – General Joan Prim (später dafür mit einem Denkmal geehrt) ließ sie unter freudiger Beteiligung der Bevölkerung schleifen. Die Zitadelle wich einem Park, dessen Name noch heute an das einst verhasste Symbol der bourbonischen Fremdherrschaft erinnert.

Gestaltet wurde der Park ab 1871 von Josep Fontserè. Lange Zeit war er der einzige Park innerhalb Barcelonas, von der gesamten Bevölkerung deswegen schlicht „El Parc" genannt; heute zählt die Stadtverwaltung weit über 60 Grünanlagen.

1888 fand auf dem Gebiet des Parks die für Barcelona so wichtige Weltausstellung statt, die der Stadt einen wahren Modernisierungsschub gab. Mehrere Bauten der damaligen Zeit sind noch erhalten, darunter einige frühe Stilübungen der Modernisten. Der Park enthält weiterhin das Parlamentsgebäude der katalanischen Regionalregierung, zahlreiche Denkmäler und den Zoo. Eines Tages könnte hier auch wieder das Portal de Sant Daniel zu sehen sein, ein altes Stadttor des 12.–14. Jh., das 2006 bei Arbeiten unweit der Hauptachse des Parks entdeckt und zur besseren Konservierung später wieder zugeschüttet wurde.

In der Hauptsache jedoch ist der Ciutadella-Park eben das, was ein Park zu sein hat: ein Ruhepol mit alten Bäumen, verschlungenen Wegen, Rastplätzen und einem See, an dem man sich auch Ruderboote mieten kann – Labsal an heißen Sommertagen und Fluchtpunkt aus den Schluchten der Stadt. An schönen Tagen herrscht hier oft reichlich Betrieb, dann tummeln sich Musikanten, Gaukler, Trommler, aber auch ganz normale Familien, Touristen und Freundesgruppen in der Anlage.

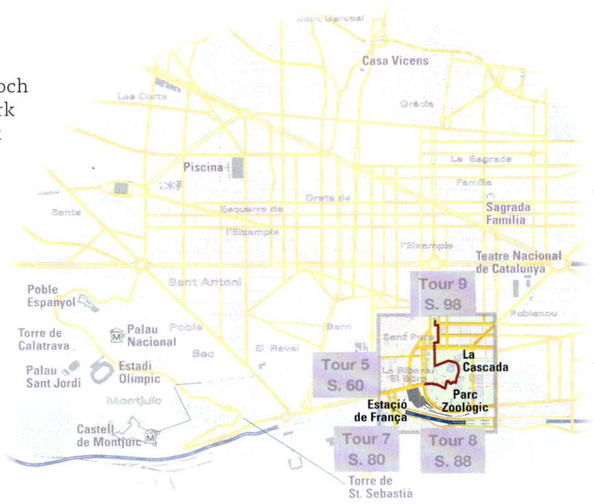

Spaziergang

Diese kurze Tour folgt dem ehemaligen Hauptzugang zum Weltausstellungsgelände von 1888. Der Weg beginnt am → **Arc de Triomf** (Metro: Arc de Triomf), dem „Triumphbogen", der das monumentale Eingangstor des Bezirks darstellte. Er erhebt sich am Beginn der kurzen, aber breiten Promenade **Passeig de Lluís Companys**. Früher als Saló de Sant Joan bekannt und 1883 konzipiert, war der Boulevard im Lauf der Jahrzehnte stark verändert worden, erhielt aber bei einer Umgestaltung 1989 sein früheres Aussehen inklusive der Modernisme-Straßenlaternen von Pere Falqués zurück. Linker Hand auf Nummer 14 steht der ehemalige Justizpalast → **Palau de la Justícia**. Der Passeig endet gegenüber dem Ciutadella-Park mit einem **Denkmal für Francesc de Paula Rius i Taulet** (1833–1889), den großen Bürgermeister Barcelonas, Entwickler der Gran Via und Organisator der Weltausstellung.

Im Park fällt gleich rechter Hand ein imposanter Ziegelbau auf, das → **Castell dels Tres Dragons**, während der Weltausstellung ein Café-Restaurant. Dahinter steht das ehemalige Gewächshaus **Hivernacle**, ein luftiger, architektonisch sehr reizvoller Pavillon aus Stahl und Glas, ebenfalls zur Weltausstellung errichtet. Das früher hier untergebrachte Café ist leider geschlossen, wie sich überhaupt die gesamte Konstruktion in bedauernswert schlechtem Zustand befindet. Nächstes Gebäude in der Reihe ist das → **Edifici Martorell** von Antoni Rovira de Trias, gefolgt vom so genannten „Schattenhaus" **Umbracle**, einem ungewöhnlichen, von Josep Fontserè selbst gestalteten Bau, der leider nicht immer zugänglich ist.

Hält man sich etwa auf Höhe des Edifici Martorell links, gelangt man zu einem der Schaustücke des Parks, der opulent dekorierten → **Cascada**. Gleich südlich liegt ein romantischer kleiner Teich mit Ruderbootverleih (30 Minuten für zwei Personen 6 €). Nordöstlich des Gewässers trifft man auf ein steinernes Mammut, das Anfang des 20. Jh.

hier aufgestellt wurde, weiter meerwärts auf einen der wenigen verbliebenen Bauten der alten Zitadelle: Im ehemaligen, mehrfach umgebauten Arsenal residiert heute das **Parlament de Catalunya**. Das Museu d'Art Modern, das hier früher ebenfalls untergebracht war, ist vor einer Reihe von Jahren als Bestandteil des MNAC auf den Montjuïc gezogen. Südlich des ehemaligen „Waffenplatzes" Plaza de Armas, heute eine Brunnenanlage mit der Statue „El Desconsol" (Der Kummer) von Josep Llimona als Mittelpunkt, erreicht man schließlich den → **Zoo** von Barcelona, 1894 gegründet.

Sehenswertes

Das Tor zur Weltausstellung

Arc de Triomf

Den Triumphbogen am Beginn des Passeig Lluis Companys errichtete 1888 Josep Vilaseca, ein Mitarbeiter von Domènech i Montaner. Das Backsteinbauwerk mit seinen klassischen Formen und dem reichen Keramikschmuck trägt einerseits Züge des von der maurischen Architektur inspirierten Neomudéjar-Stils und steht anderseits schon im Zeichen eines frühen Modernisme.

Streng, aber gerecht

Palau de la Justícia

Obwohl der ehemalige Justizpalast zwischen 1887 und 1908 unter Mitwirkung des Modernisme-Architekten Domènech i Montaner erstellt wurde, erscheint das Gebäude relativ streng; wahrscheinlich war die abschreckende Wirkung beabsichtigt. Für die Innenausmalung des Saals Passos Perduts zeichnete Josep María Sert verantwortlich. Seinen eigentlichen Zweck erfüllt der Bau freilich nicht mehr, da er –

Eingangstor zur Weltausstellung 1888: Arc de Triomf

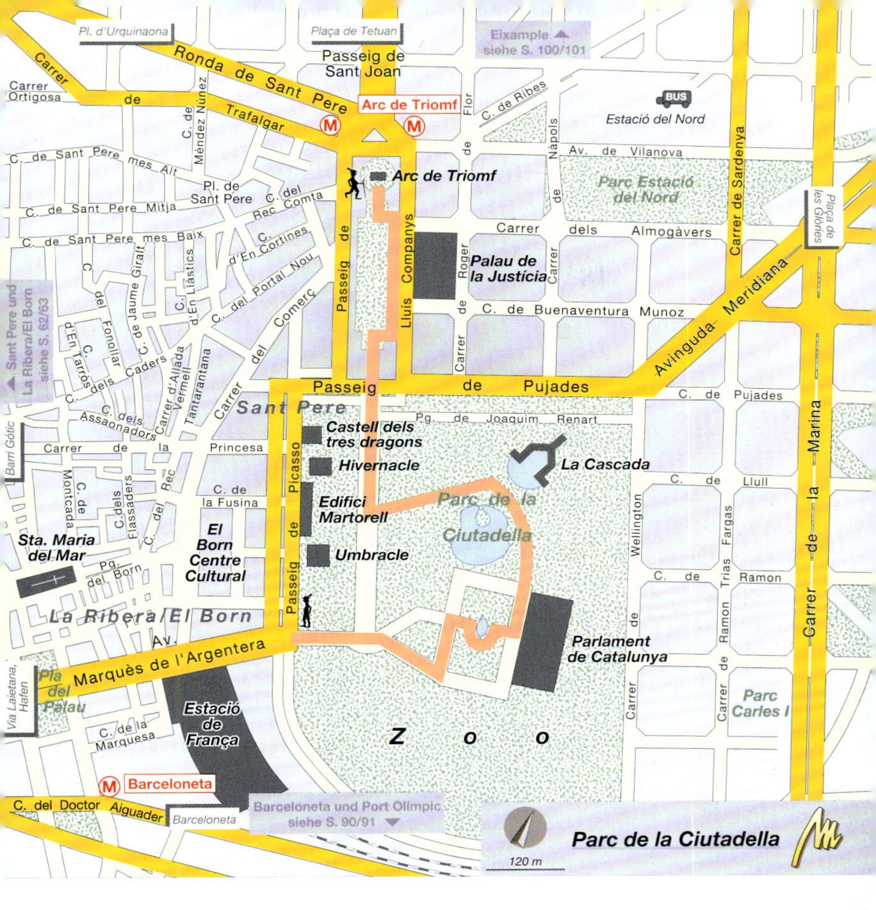

trotz seiner Größe – den im letzten Jahrhundert immens angewachsenen Justizapparat Barcelonas längst nicht mehr fassen kann.

Museum im Wartestand, die Erste

Castell dels tres dragons

Gleich rechter Hand des Haupteingangs zum Ciutadella-Park steht dieses Ziegelgebäude, das unter dem Namen „Kastell der drei Drachen" bekannt ist und zur Weltausstellung als Café-Restaurant von Domènech i Montaner errichtet wurde. Eines (wohl noch fernen) Tages, so die vagen Pläne, soll das ehemalige Zoologische Museum eventuell wieder als Ausstellungsgebäude dienen.

Museum im Wartestand, die Zweite

Edifici Martorell

Errichtet wurde der neoklassische Bau von Antoni Rovira i Trias; benannt ist er jedoch nach dem Bauherren Francesc Martorell i Peña, der das Gebäude 1878 als Museum errichten ließ – der älteste Museumsbau Barcelonas. Auch dieses Gebäude könnte irgendwann wieder eine permanente Ausstellung beherbergen, die sich dann eventuell der Geschichte der Naturwissenschaften widmen wird.

Gekrönt von der Quadriga:
La Cascada

Überbordendes Brunnen-Ensemble

La Cascada

Der monumentale Springbrunnen, etwa in der Nordecke des Parks zu suchen, wurde ab 1875 von Josep Fontserè gestaltet, dem Architekten des Ciutadella-Parks und Baumeister des Antic Mercat del Born. Er hatte einen begabten Assistenten – kein anderer als der junge Student Antoni Gaudí stand ihm bei Entwurf und Ausführung zur Seite. Betraut gewesen sein soll er unter anderem mit der Anordnung der Felsen, also noch keiner allzu anspruchsvollen Aufgabe. Das eklektizistische Gebilde, umgeben von üppiger Vegetation, quillt schier über vor Dekoration: im Vordergrund wasserspeiende Drachen, im Zentrum eine „Geburt der Venus" und hoch über allem thronend eine „Quadriga der Aurora".

Barcelonas Tierpark

Zoo

Der Zoo ist auf der relativ geringen Fläche von 14 Hektar untergebracht, was etwa einem Drittel des Ciutadella-Parks entspricht. Zu seinem Bestand zählen Tiere aus aller Welt, darunter eine kleine Abteilung, die der iberischen Fauna gewidmet ist; es gibt auch ein Delphinarium, das trotz des Widerstands von Tierschützern künftig noch ausgebaut werden soll, sowie ein großes Gorilla-Museum. Der jahrzehntelang unbestrittene Star des Zoos freilich, der auf vielen Postkarten verewigte Copito de Nieve („Schneeflöckchen", katalanisch: Floquet de Neu), einziger weißer Gorilla der Welt, musste 2003 im Alter von 40 Jahren eingeschläfert werden – er litt an Hautkrebs. Keiner seiner 22 Nachkommen wurde ein Albino. Bei einem Rundgang durch den Zoo trifft man auch auf eine von den Barcelonesen viel geliebte Skulptur, die *Dama del Paraigua*. Die „Frau mit dem Regenschirm" (aus dem, sofern in Betrieb, Wasser tröpfelt) wurde 1885 von Joan Roig i Solé geschaffen und gilt als eines der Wahrzeichen der Stadt. Gegenwärtig ist der Zoo in Umgestaltung; bei den Arbeiten am Savannengehege wurden dabei auch Teile der alten Zitadelle freigelegt.

November bis Mitte März 10–17 Uhr, Mitte-März bis Mitte Mai und von Mitte September bis Ende Oktober 10–18 Uhr, Mitte Mai bis Mitte September 10–19 Uhr. Eintritt etwa 20 €, Kinder 3–12 J. 12 €, Senioren ca. 10 €. www.zoobarcelona.com.

Parc de la Ciutadella → Karte S. 77

Samstagnachmittag im Ciutadella-Park

Meerwärts der Rambles

Tour 7

Dank der radikalen Umbaumaßnahmen der 1990er-Jahre wendet sich Barcelona wieder dem Meer zu. Das alte Hafengebiet Port Vell hat sich seitdem zu einer der großen Attraktionen der Stadt entwickelt, ideal für einen entspannten Spaziergang abseits vom Autoverkehr.

Drassanes/Museu Marítim, alles rund um die Schifffahrt, S. 82

Monument a Colom, Ausblick von der Kolumbussäule, S. 83

Golondrinas, Barcelona vom Schiff aus genießen, S. 84

L´Aquàrium, eins der größten Aquarien Europas, S. 85

Palau de Mar/Museu d'Història de Catalunya, katalanische Geschichte zum Anfassen, S. 86

Von den Drassanes zum Palau de Mar

Der alte Hafen Port Vell

Barcelonas Hafen ist der drittgrößte des Mittelmeers und zählt neben den Atlantikhäfen von Gijón und Bilbao zu den bedeutendsten Spaniens. Auf den ersten Blick scheint dies kaum glaubhaft, was vor allem daran liegt, dass sich die ausgedehnten Hafenanlagen, Lagerhäuser und Kais unterhalb des Montjuïc weit nach Südwesten hinziehen, also in eine kaum besuchte Gegend hinein. In der Gegenrichtung, im Gebiet zwischen Kolumbussäule und Barceloneta, zeigt sich der älteste Hafenbereich Port Vell („Alter Hafen") von der attraktiven Seite und lädt zu einem schönen Bummel entlang der Wasserfront ein. Das eigentliche Prunkstück hier ist der Kai Moll d'Espanya mitten im Hafenbecken, dessen Ausbau 1995 fertiggestellt wurde. Der als Fußgängerzone konzipierte Kai lockt mit einer ganzen Reihe von Anziehungspunkten, darunter das Einkaufszentrum Maremàgnum mit zahlreichen Bars und Restaurants und vor allem das große Aquarium. Weiter an der Küste geht es nordöstlich zum Viertel Barceloneta und zur Vila Olímpica sowie zu den angrenzenden Arealen der Diagonal-Mar und des Fòrum 2004, siehe hierzu das folgende Kapitel.

Spaziergang

Ausgangspunkt des Hafenspaziergangs ist das →**Museu Marítim** unweit der unteren Rambles (Metro: Drassanes), ein schön konzipiertes Schifffahrtsmuseum, das in ehemaligen Werften untergebracht ist. Ganz in der Nähe verlockt die Kolumbussäule →**Monument a Colom** an der Plaça Portal de la Pau zu einem weiten Blick über Barcelona;

aber Achtung: Wer an Klaustrophobie leidet, sollte sich die Auffahrt lieber sparen.

Im Hafenbereich direkt vor der Kolumbussäule starten die → **Golondrinas** und andere Schiffe zu ihren Rundfahrten, und hier ist auch der 1918 erbaute Segler **Santa Eulàlia** angedockt, einst Transportschiff für Fahrten bis nach Kuba und heute eine schwimmende Außenstelle des Museu Marítim; der Zugang mit dessen Eintrittskarte ist gratis. Der hölzerne Fußgängersteg **Rambla de Mar** hinüber zum Kai Moll d'Espanya ist hochklappbar, um Segelschiffen die Zufahrt zu ihren Liegeplätzen zu ermöglichen.

Das glitzernde Center **Maremàgnum**, 1995 eröffnet, war in den ersten Jahren ein Renner, dann aber zumindest bei den Einheimischen nicht mehr so erfolgreich. Seit einem Umbau im Inneren und dem Einzug von Marken wie Desigual und Mango locken die Boutiquen und Restaurants des verspiegelten Gebäudes jedoch wieder mehr Gäste an. Seit jeher gut besucht ist das nahe, spektakuläre → **L'Aquàrium**.

Wieder zurück auf dem „Festland", fällt schon von weitem die bunte, 20 Meter hohe Statue **Barcelona Head** (Cabeza de Barcelona) ins Auge, für die Olympischen Spiele 1992 von Pop-Art-Künstler Roy Lichtenstein geschaffen; auch wenn der Verkehr das nicht leicht macht, lohnt es sich, das Werk aus verschiedenen Perspektiven zu betrachten, denn es sieht von jeder Seite unterschiedlich aus. Nach links erstrecken sich der → **Moll de la Fusta** und der parallel verlaufende, verkehrsreiche Passeig de Colom, wir halten uns jedoch rechts und erreichen, immer am Wasser entlang, ein weiteres Glanzlicht des alten Hafens, den restaurierten → **Palau de Mar**, in dem neben zahlreichen Restaurants auch das sehens- und erlebenswerte Geschichtsmuseum Kataloniens untergebracht ist. Wer noch Zeit und Lust hat, kann von hier gleich den nächsten Spaziergang durch Barceloneta und zum Olympiahafen anschließen.

Mariscal-Garnele am Moll de la Fusta

Sehenswertes

Prächtige Schiffe in alten Werften

Drassanes/Museu Marítim

Die Reials Drassanes, die „Königlichen Docks", liegen schräg gegenüber der Kolumbussäule. Seit 2012 weiß man anhand von Ausgrabungen anlässlich der Komplettrestaurierung des Museums, dass die parallel ausgerichteten, teilweise mehr als hundert Meter langen Hallen in ihrer heutigen Form nicht aus der Zeit der Gotik stammen (wie bis dahin angenommen), sondern aus dem 16. und 17. Jh. Die Anfänge der mittelalterlichen Werftanlage gehen allerdings tatsächlich noch bis auf das 13. Jh. zurück. Katalonien, vereinigt mit Aragón, war zur großen Seemacht aufgestiegen und benötigte für seine Kriegs- und Handelsfahrten ständig neue Schiffe. Zunächst nicht viel mehr als eine weite, durch Mauern und Türme gesicherte Fläche, wurden die Drassanes ab dem 14. Jh. erheblich erweitert. Bald konnten hier bis zu 30 Galeeren gleichzeitig gebaut und repariert werden.

Heute ist in der Werft das hervorragende Schifffahrtsmuseum *Museu Marítim* untergebracht, das an die goldenen Zeiten Barcelonas als Stadt des Seehandels erinnert. Die 1941 gegründete, im Lauf der Zeit vielfach erweiterte und zuletzt in einem erneuten, sehr aufwendigen Modernisierungsprozess begriffene Ausstellung präsentiert vielfältige Exponate rund um die Seefahrt. Ihr Prunkstück aber ist ein im Maßstab 1:1 ausgeführter Nachbau der mehr als 60 Meter langen Galeria Reial, jener königlichen Galeere, die 1571 in der Seeschlacht bei Lepanto unter dem Oberbefehl von Don Juan d'Austria die vereinigten Flotten Spaniens und Venedigs zum Sieg über die Türken angeführt hatte; es war eine der letzten Seeschlachten, die noch mit Ruderschiffen ausgetragen wurden. Das Schiff besitzt an jeder Seite 30 Ruder, jeweils mehr als elf Meter lang, und konnte 700 Mann tragen. Zum Fundus des Museums zählt auch der 1918 gebaute und vom Museum restaurierte dreimastige Holzsegler *Santa Eulàlia*, der unweit der Rambla de Mar angedockt wurde und mit der Eintrittskarte des Museums besichtigt werden kann.

Täglich 10–20 Uhr, Eintrittsgebühr 7 €; So ab 15 Uhr gratis. Temporäre Ausstellungen gehen extra. Die seit Jahren andauernden Umbau- und Erweiterungsarbeiten am Museum waren bei der letzten Recherche noch nicht völlig abgeschlossen; künftig wird das Ausstellungsangebot noch erweitert sein, der Eintrittspreis

Herausgeputzt: der alte Hafen Port Vell

deshalb möglicherweise höher. Angeschlossen eine hübsche, ruhige Cafeteria im Hof, die auch ohne Museumsbesuch zugänglich ist; Eingang an der Avinguda de les Drassanes.

Entdecker mit Aussicht

Monument a Colom (Kolumbussäule)

Das 1886 für die folgende Weltausstellung errichtete Wahrzeichen des Hafens erhebt sich verkehrsumtost am Ende der Rambles. Die bronzene Kolumbusstatue auf einer 50 Meter hohen Eisensäule erinnert an die Audienz, die das Königspaar Isabella I. und Ferdinand II. dem Entdecker nach seiner Heimkehr in Barcelona gewährte. Per Aufzug im Inneren fährt man in den kleinen Raum zu Füßen der Statue hoch und kann die Aussicht auf den Hafen und die Stadt genießen – wenn man sie genießen kann: Sowohl im Aufzug als auch oben geht es ausgesprochen beengt zu, die Säule hat nämlich nur einen Durchmesser von 2,25 Metern.

Täglich 8.30–20.30 Uhr; Auffahrt 6 €.

Große Schiffe gucken

Abstecher zum Moll de Barcelona

Der Kai südlich der Kolumbussäule ist Abfahrtsstation der Fähren zu den Balearen und auch Anlegestelle eines Teils der Kreuzfahrtschiffe, die einen besonders boomenden Sektor des Fremdenverkehrs von Barcelona ausmachen: Europaweit liegt die Stadt noch

Barcelona im Kasten

Pioniere der Unterwasserwelt

Im Hof des Museu Marítim steht die **Ictíneo I** („Fischboot I"), ein Nachbau des von *Narcis Monturiol i Estarriol* konstruierten U-Boots, das 1859 seinen ersten Tauchgang im Hafenbecken unternahm. Das rein mit Muskelkraft bewegte Tauchboot zeigte sich jedoch der Strömung nicht gewachsen, weshalb Monturiol 1862 die Ictíneo II schuf, das erste mit Dampfantrieb versehene U-Boot der Welt. Zu seiner Konstruktion angeregt worden war der in Figueres geborene Monturiol durch den Tod eines Korallentauchers, den er bei Cadaqués miterleben musste. Die Ictíneo II sollte deshalb (wie auch ihr Vorgänger Ictíneo I) eigentlich zur Korallenernte genutzt werden, hatte jedoch keinen wirtschaftlichen Erfolg und wurde 1868 verschrottet; Monturiol wandte sich der Politik zu. Nicht besser erging es seinem Landsmann *Isaac Peral*, 1888 Konstrukteur des ersten elektrischen U-Boots (ausgestellt im südspanischen Cartagena), dessen Erfindung von der Marine zwar getestet, aber abgelehnt wurde. Dennoch kennt jedes spanische Schulkind beide Pioniere, wurden sie doch in vielen Straßennamen verewigt.

vor Venedig und Genua auf dem ersten Platz. Ende der Neunziger wurde das Gebiet komplett umgebaut und beherbergt seitdem, neben der modernisierten Fährstation Estació Marítim, den „World Trade Center" genannten Gebäudekomplex samt Fünfsterne-Hotel. Auf der Mole steht auch der 107 Meter hohe Eisenturm *Torre de Jaume I.*, die ehemalige Zwischenstation der Schwebebahn *Transbordador Aeri del Port*, die von Barceloneta (Näheres s. dort) zum Montjuïc führt.

Hafenrundfahrt mit den „Schwalben"

Golondrinas

Schon seit 1888 starten die „Schwalben" (katalanisch: Guixetes) genannten Barkassen von ihrem Liegeplatz in der Nähe der Kolumbussäule zu verschiedenen Hafenrundfahrten. Die gemütlichen, traditionellen Schiffchen bestehen aus Holz und sind knapp zwanzig Meter lang; auf ihren beiden Stockwerken bieten sie rund 170 Personen Platz. Neben den Golondrinas sind auch moderne Katamarane der gleichen Gesellschaft im Einsatz, außerdem ein großer Segel-Katamaran sowie ein Speedboot.

Golondrinas: Betrieb von Februar bis November, Abfahrten von Juli bis Sept. etwa 11–20 Uhr, sonst etwa 12–16/17 Uhr. Zwei Routen: die Hafentour („Barcelona Port“, mit den klassischen Golondrinas, 40 min., ca. 7,50 €) und die fünf Kilometer lange Route zum Fòrum 2004 und zurück („Port & Litoral“, meist mit den Katamaranen, 90 min., 15 €). www.lasgolondrinas.com. Im Umfeld weitere, erheblich weniger traditionsreiche Anbieter.

Catamaran Orsom/Barcelona Speed Boat: Nahe dem Liegeplatz der Golondrinas findet sich die Abfahrtsstelle dieses großen Segel-Katamarans, der von etwa Mai bis September einmal täglich die Fahrt zum Olympiahafen unternimmt. Dauer rund 1 Std. 20 min.; die Gesellschaft veranstaltet auch „Jazz-Kreuzfahrten“ (tagsüber sowie zum Sonnenuntergang). Fahrpreis etwa 17–20 €. www.barcelona-orsom.com. Unter gleicher Leitung steht das „Barcelona Speed Boat“, Tour von 50 min. etwa 13 €.

Unter Haien

L’Aquàrium

In Barcelona macht man keine halben Sachen – wenn man ein Aquarium baut, dann kann sich das auch sehen lassen. Den früher gern genutzten Superlativ „größtes Aquarium Europas“ mussten die Betreiber allerdings an València abtreten. Dennoch bleibt das Aquarium von Barcelona beeindruckend genug. Rund 300 maritime Spezies sind hier zu sehen, insgesamt über 8000 Exemplare. Neben mediterranen und exotischen Fischen in 20 Bassins besitzt die großzügig konzipierte Anlage einen ganz besonderen Clou, wie er lange nur in den riesigen Aquarien in Nordamerika und Australien zu finden war: ein unterseeisches Großbecken von 4,5 Millionen Litern, durch das die Besucher in einem 80 Meter langen Glastunnel auf einem Laufband gefahren werden. Durch das Spezialglas lassen sich Muränen, Haie und Rochen quasi von unten und aus allernächster Nähe betrachten, ein wirklich beeindruckendes Erlebnis. Dem eigentlichen Aquarium angeschlossen sind die interaktive, vor allem für Kinder konzipierte Ausstellung „Explora!“, weiterhin die Abteilung „Planeta Aqua“ mit Pinguinen, einem Rochenbecken und einem künstlichen Pottwal, den man von innen erforschen kann, sowie natürlich auch eine Cafeteria und ein gut bestücktes Souvenirgeschäft.

Saisonal gestaffelt täglich ab 10 Uhr bis mindestens 19.30 Uhr (Juli/August z.B. bis 21.30 Uhr), Kassenschluss eine Stunde vorher; Eintritt rund

Ein Zwerg im Vergleich zur Baleària-Fähre: „Golondrinas“-Katamaran

Der alte Hafen Port Vell → Karte S. 83

20 €, Kinder von drei bis vier Jahren 7 €, von fünf bis zehn Jahren 15 €. www.aquariumbcn.com.

Die Garnele auf der Mole

Moll de la Fusta

Im Zug der olympischen Umbauarbeiten verwandelte sich die Hafenstraße Passeig de Colom in einen Teil der neuen Schnellverbindung vom Montjuïc über Barceloneta zum Olympischen Dorf. Meerwärts wurde die Wasserfront Moll de la Fusta („Holzmole", auch Moll Bosch i Alsina genannt) schon vor Olympia zu einem breiten Boulevard mit mehreren parallel laufenden Palmenreihen umgebaut. Die Bars und Restaurants, die hier einst eröffnet hatten, darunter das berühmte „Gambrinus" mit der Riesengarnele von Mariscal als Wahrzeichen, wurden zwischenzeitlich wieder geschlossen; einzig die Garnele selbst ist noch verblieben.

Unterhaltsame Geschichtsstunde

Palau de Mar/Museu d'Història de Catalunya

Ein aufwändig renoviertes früheres Lagerhaus beherbergt seit 1996 das Museum der Geschichte Kataloniens. Das sehr reizvoll gestaltete, interaktive und alles andere als trockene Museum erstreckt sich über mehrere Etagen und vermittelt die Vergangenheit auf sehr amüsante Weise. So kann der Besucher selbst Korn mahlen, den Ruf eines Muezzins erklingen lassen oder sich eigenhändig vom erheblichen Gewicht eines mittelalterlichen Kettenhemds und einer Ritterrüstung überzeugen.

Leider sind die meisten Erläuterungen im Museum nur in Català gehalten. Es empfiehlt sich deshalb, an der Kasse nach dem Begleitheft zu fragen, das in spanischer, französischer und englischer Sprache erhältlich ist. Ein Besuch im angeschlossenen Restaurant „1881" im vierten Stock lohnt sich schon wegen der schönen Aussicht auf den Hafen. Dem Bau selbst ist eine Reihe von Terassenrestaurants vorgelagert, die an warmen Sommerabenden sehr beliebt, aber alles andere als billig sind.

Di–Sa 10–19 Uhr (Mi bis 20 Uhr), So 10–14.30 Uhr; Eintrittsgebühr 4,50 €, Sonderausstellungen extra; von Oktober bis Juni am letzten Di im Monat gratis.

Praktische Infos

→ Karte S. 83

Essen & Trinken

Rest. Set Portes 1, ein paar Schritte vom Meer entfernt. Es lohnt sich: Die „Sieben Türen", eines der ältesten Restaurants der Stadt und eines der angenehmsten dazu, sorgen seit 1836 für die hungrigen Mägen Barcelonas, und das vorzugsweise mit nicht zu knapp bemessenen Reis- und Fischgerichten. Sehr gute Escalivada. Ein köstliches und mehr als sättigendes Menü kostet ab etwa 35 €. Täglich geöffnet. Passeig d'Isabel II. 14, ✆ 933 193046.

Rest. Emperador 3, eines von mehreren Restaurants im Palau de Mar, der auch das Museu d'Història beherbergt. Sehr reizvolles Ambiente am Hafen, Spezialität Fischgerichte, trotz der hohen Preise meist gut besucht. Menü à la carte ab etwa 30–35 € aufwärts. Plaça Pau Vila s/n, ✆ 932 210220. Gleich nebenan und von Lesern empfohlen: **Rest. La Gavina 5**.

Black Lab Brewhouse & Kitchen 4, an der Rückseite des Museu d'História. Für Bierliebhaber interessant wegen der direkt vor Ort gebrauten Craft-Biere in amerikanischem Stil, die in saisonal wechselnder Auswahl angeboten werden. Essen (Burger, Pommes & Co.) gibt es auch. Geöffnet bis 1.30 Uhr, Fr/Sa bis 2.30 Uhr. Plaça de Pau Vila 1–5.

Xampanyeria Can Paixano 2, Nähe Restaurant Set Portes. Muss man gesehen haben – volkstümlicher Treff und Sektbar, laut, eng, stickig und immer gestopft voll. Gute Bocadillos und Raciones (die Würste z. B. sind köstlich), in puncto Sekt unschlagbar: Cava glasweise zu extrem günstigen Preisen, allerdings muss man zu jeder Copa auch etwas zu essen bestellen. Ganze Flaschen werden nur bis 17 Uhr serviert. Carrer Reina Cristina 7, eine Parallelstraße zum Passeig d'Isabel II. Sonntags geschlossen.

Richtungsweisender Entdecker:
Christoph Kolumbus

Barcelona am Meer

Tour 8

Jogger, Skater, Radfahrer und Spaziergänger beleben die breite Promenade am Meer, das Strandgetümmel immer im Blick. Gute Fischrestaurants, urige Bars und die Strandkneipen „Chiringuitos" locken zur Pause. Hier macht Barcelona Ferien von der Stadt.

Transbordador Aeri del Port, die luftige Verbindung zum Montjuïc, S. 92

Port Olímpic & Villa Olímpica, Erbe der Spiele von 1992, S. 92

Museu Blau, Naturwissenschaft im Designerkleid, S. 94

Promenaden, Yachten, Strände

Barceloneta und Port Olímpic

Auch das küstennahe Gebiet nordöstlich des Port Vell profitierte von der Stadt-Modernisierung. Barceloneta, das ehemalige Viertel der „kleinen Leute", hat sich nicht allzusehr verändert, das Strandgebiet und die sich anschließende Zone bis über den Olympiahafen hinaus umso mehr.

Der Bau der Zitadelle unter Philip V. und der damit verbundene Abriss eines ganzen Wohnviertels hatten ab 1715 Tausende von Menschen wohnungslos gemacht. Für sie errichtete man auf einer Halbinsel, die bei Hafenarbeiten entstanden war, ein neues, abgeschlossenes Viertel: Barceloneta. Der planmäßige, von den federführenden Militärs so vorgegebene Grundriss mit den länglichen Häuserzeilen, den quadratischen kleinen Plätzen und schnurgeraden Straßen ist Barceloneta bis heute anzusehen. Anfangs durften die Häuser sogar die Höhe von zwei Stockwerken nicht überschreiten: Die Armee in der Zitadelle wünschte freies Schussfeld. Erst Anfang des 19. Jh. stockte man auf.

Trotz der in letzter Zeit deutlich gestiegenen Mieten und des im Hochsommer herrschenden Rummels ist Barceloneta immer noch, zumindest teilweise, ein Arbeiter- und Fischerviertel geblieben. Große Sehenswürdigkeiten sind hier kaum zu bewundern, anziehend sind eher die gelassene, fast vorstädtische Atmosphäre, die so nah dem hektischen Zentrum der Millionenstadt eine echte Abwechslung darstellt, und die schöne Uferpromenade. Zudem finden sich in Barceloneta viele gute Lokale. Einen Abstecher wert ist Barceloneta auch, um hier die Gondelbahn Transbordador Aeri del Port hinauf zum Montjuïc zu besteigen.

Die Küste jenseits der Häuser von Barceloneta wurde für Olympia völlig umgekrempelt. Auf dem Passeig Marítim flaniert es sich aufs Feinste, und der Olympiahafen Port Olímpic wirkt zwar auch mehr als zwei Jahrzehnte nach den Spielen immer noch ein wenig steril; er erfreut jedoch im Sommer und auch an sonnigen Winterwochenenden mit einer ausgelassenen, fröhlichen Ferienatmosphäre. Hinter dem Hafen hat die Stadt eine ganze Kette von Stränden wiederbelebt. Gab es hier früher nicht viel mehr als Abfallhalden, dreckigen Sand und Meerwasser, das von den Einleitungen der nahen Industriegebiete völlig verseucht war, so laden die Platjas heute wieder zu ausgedehnten Sonnenbädern und einem genüsslichen Sprung in die Fluten ein.

Spaziergang

Diese Tour startet an der Metro-Station Barceloneta und eignet sich mit Verlängerung bis zum Fòrum 2004 auch als kleiner Fahrradausflug. Jenseits der breiten Verkehrsadern beginnt der **Passeig Joan de Borbó**, Barcelonetas dem Meer zugewandte und von einer Promenade begleitete Visitenkarte. Benannt ist der frühere Passeig Nacional seit 1993 nach Joan de Borbó, der neben anderen Titeln auch den eines Grafen von Barcelona trug und Vater des früheren spanischen Königs Juan Carlos war. Zahlreiche Restaurants säumen den Boulevard. Am Carrer de la Maquinista geht es links, am Carrer del Baluard wieder rechts. Linker Hand steht der Markt **Mercat de la Barceloneta**, 1884 gegründet und 2007 nach einem Totalumbau wieder eröffnet; das Ergebnis ist vielleicht etwas nüchtern geraten. Meerwärts schließt sich eine kleine, ebenfalls ein wenig sterile „Rambla" an. Zurück am Passeig de Borbó, fallen spätestens jetzt die vielen Fischrestaurants hier ins Auge. Im Idealfall bekommen sie ihr „Rohmaterial" gleich frisch vom Kutter, denn ganz in der Nähe gibt es tatsächlich noch einen der Fischerei gewidmeten Hafenabschnitt. Der Fischerkai **Moll dels Pescadors** ist für nicht autorisierte Besucher noch gesperrt – künftig jedoch, so die Pläne, soll das Areal um den markanten, 1772 ursprünglich als Leuchtturm erbauten Uhrturm zum Anziehungspunkt für Einheimische wie Touristen werden. Vorgesehen sind nicht nur modernere Docks für eine Flotte aus dann deutlich größeren Schiffen (nötig deshalb, weil die Fischer aufgrund der rückläufigen Fangmengen immer weiter aufs Meer hinausfahren müssen), sondern auch ein Fischmarkt, Restaurants und Bars.

Ein Stück weiter erkennt man den Turm Torre de Sant Sebastià, die „Talstation" der Seilbahn → Transbordador Aeri del Port (auch: Teleférico del Puerto) hinüber zum Montjuïc. Ein Lift führt gegen Gebühr hinauf zur Aussichtsplattform, die eine weite Sicht über die Stadt bietet.

Doch mehr lockt wohl das Meer. An der Plaça del Mar geht es deshalb auf den **Passeig Marítim de la Barceloneta**, die Strandpromenade in Richtung Olympiahafen (wer mag, kann auch noch parallel zum Strand einen Abstecher in die Gegenrichtung machen und dort das spektakuläre W Hotel und die Konzernzentrale von Desigual samt Shop bewundern). In diesem Bereich ist der Passeig noch relativ jung, doch besaß Barceloneta schon Ende der Fünfziger eine Promenade am Meer – ein früher und seinerzeit wenig beachteter Versuch, die Stadt zur See zu öffnen. Die breite, palmengesäumte und auch gern von Skatern und Radlern frequentierte Promenade führt vorbei an der einem rostigen Leuchtturm ähnelnden Strandskulptur „**L'estel ferit**" (Der ver-

letzte Stern, 1992) der deutschen Installations-Künstlerin Rebecca Horn. Ein Stück weiter erstreckt sich linker Hand der Parc de la Barceloneta; das ungewöhnliche Gebäude dort ist ein Wasserturm im Modernisme-Stil des Jahres 1905. Nun ist es nicht mehr weit zum Olympiahafen → **Port Olímpic**, an dem unser Spaziergang endet. Zurück geht es am besten auf demselben Weg.

Abstecher Richtung Fòrum 2004: Hinter dem Olympiahafen kann man noch kilometerweit der Küstenlinie folgen. Die gut ausgebaute Promenade führt vorbei an den Stränden Platja Nova Icàrica, Platja del Bogatell, Platja de la Mar Bella und Platja de la Nova Mar Bella. Im Hinterland der beiden ersten Strände finden sich an der Promenade auch einige Bar-Restaurants, an den Stränden selbst werden zur Saison Strandbars („Chiringuitos“ aufgebaut. Etwa dreieinhalb Kilometer hinter dem Port Olímpic erreicht man das Gebiet der → **Diagonal Mar** und etwas weiter schließlich das Gelände des → **Fòrum 2004** mit dem Naturwissenschaftsmuseum → **Museu Blau**.

Zwei Brüder: der Uhrturm im Fischerhafen und die Zwischenstation des Transbordador

Sehenswertes

Hoch über dem Hafen zum Montjuïc

Transbordador Aeri del Port

Eigentlich keine Sehenswürdigkeit im engeren Sinn, sondern ein Verkehrsmittel für spektakuläres Sightseeing. Am Kai Moll Nou, noch hinter dem Ende des Passeig de Joan Borbó, steht mit der rund 80 Meter hohen *Torre de Sant Sebastià* die „Talstation" der spektakulären Schwebebahn, die über die Torre de Jaume I. am Moll de Barcelona hinauf zum Montjuïc führt und mutige Fahrgäste mit einem atemberaubenden Blick über die Stadt belohnt. Eigentlich hätte der Transbordador, der eine Wegstrecke von 1292 Metern überbrückt, bereits zur Weltausstellung 1929 fertiggestellt sein sollen, doch war es wegen Finanzierungsschwierigkeiten erst 1931 wirklich soweit. – Noch weiter südlich entstand erst vor wenigen Jahren ein neuer Blickfang für Barcelona: der segelförmige Hotel-Wolkenkratzer des W Hotels, konzipiert vom viel beschäftigten Architekten Ricardo Bofill.

März bis Mai sowie September/Oktober täglich 11–19 Uhr, Juni bis August täglich 11–20 Uhr, sonst täglich 10–17.30 Uhr. Bei starkem Wind kein Betrieb. Viertelstündliche Abfahrten, zum Montjuïc einfach 11 €, retour 17 €. Die reine Auffahrt per Lift kostet 5,50 €. www.telefericodebarcelona.com.

Speisen und Feiern am Olympiahafen

Port Olímpic & Vila Olímpica

Für Olympia 1992 entstand diese umgerechnet mehr als 800 Millionen Euro teure und fast 75 Hektar große Siedlung, deren Wahrzeichen die beiden je 136 Meter hohen Wolkenkratzer bilden – in dem einen ist das Fünfsterne-Hotel

„Arts" untergebracht, der andere beherbergt Büros. An warmen Sommerabenden zieht das Hafengebiet mit seinen vielen Bars, Restaurants und Discos zahlreiche Besucher an; die Fluktuation unter den Lokalen ist freilich immens. Einen besonderen Blickfang bildet die weithin sichtbare, 54 Meter lange und 35 Meter hohe Fisch-Skulptur *Peix* von Stararchitekt Frank Gehry. Im Volksmund auch „La Dorada" genannt, besteht sie in Wahrheit nicht aus Gold, sondern aus Bronzedraht, der ihre Farbe je nach Lichteinfall stark wechseln lässt. Etwas schräg nach Norden versetzt, liegt im Hinterland des Hafens das eigentliche Olympische Dorf Vila Olímpica, das nach den Spielen zu einer der begehrtesten Wohngegenden der Stadt werden sollte. Anfangs war die Nachfrage nach den teuren Apartments allerdings nicht ganz so rege wie erhofft – kein Wunder, ist die Siedlung selbst, obwohl unter Beteiligung vieler renommierter Architekten entstanden, doch wahrlich keine Schönheit. Heute ist der Großteil jedoch verkauft oder vermietet.

Stadterweiterung am Meer

Abstecher zur Diagonal Mar & zum Fòrum 2004

Mit dem Gebiet der Diagonal Mar hat sich Barcelona einmal mehr ein ganz neues Viertel erschlossen und die Silhouette der Stadt einschneidend verändert. In dem ehemaligen Industrieareal, am meerseitigen Ende der Diagonal und unweit der Mündung des Flüsschens Besòs gelegen, sind unter anderem zahlreiche Büro- und Apartmenthochhäuser, mehrere Hotels sowie öffentliche Parks entstanden. Hier wurde auch Spaniens größtes Einkaufszentrum eröffnet, das *Centre Comercial Diagonal Mar*, das mit rund 240 Geschäften einen riesigen Block einnimmt, jedoch eher wenig nachgefragt wird.

Das Gelände des Fòrum 2004 (oder *Parc del Fòrum*, wie es nach dem Willen der Stadt heißen soll) schließt sich direkt an die Diagonal Mar an. Der Ausbau des Gebiets für das fünfmonatige Welt-Kultur-Forum der UNESCO im Jahr

Sonnenplatz: Chiringuito (Strandbar) am Passeig Marítim

2004 war für die Planer eine weitere besondere Herausforderung – immerhin handelte es sich um das größte Stadterneuerungsprogramm Europas. Als wichtigste Anlaufstellen entstanden das Internationale Kongresszentrum *Centre de Convencions CCIB*, mit einer Kapazität von 21.000 Personen das größte seiner Art in Südeuropa, sowie, durch einen unterirdischen Gang verbunden, das dreieckige, kobaltblaue *Edifici Fòrum* (heute Sitz des Museu Blau, s.u.) der Schweizer Architekten Herzog & de Meuron. Im Umfeld liegen verschiedene Auditorien, eine große Solaranlage, künstliche Riffs, ein Sporthafen und eine Badezone. Und damit das Badevergnügen nicht durch die nahe Kläranlage getrübt wird, wurde diese modernisiert und überbaut. Sogar einen Straßenbahnzubringer (TramBesòs) hat das neue Gelände erhalten. Doch trotz aller Investitionen: Wenn es nicht von genügend Menschen belebt wird, wirkt das rund 25 Hektar ausgedehnte Gelände einfach allzu groß und eher trist. Das hat auch die Stadtverwaltung erkannt und verlegt deshalb, insbesondere im Sommer, Konzerte, städtische Festivitäten etc. in den Forumspark.

Naturwissenschaft, spektakulär verpackt

Museu Blau

Das „Blaue Museum", 2011 im Edifici Fòrum eröffnet, widmet sich den Naturwissenschaften. Einer der „Stars" ist das im Eingangsbereich hängende, 20 Meter lange Skelett eines Wals, der im Sommer 1862 bei Llancá an die Küste gespült worden war. Das Herz des Museums bildet die Ausstellung „Planeta Vida", eine Reise durch die Geschichte der Erde und des Lebens, die auch die Sammlungen der früher im Ciutadella-Park ansässigen Museen für Zoologie und Geologie enthält; allerdings fällt das Museu Blau, dessen Innenräume (wie ja auch das Gebäude selbst) von Herzog & de Meuron gestaltet wurden, erheblich moderner und dank der zahlreichen Installationen auch unterhaltsamer aus als diese.

Di–Sa 10–19 Uhr (Okt.–Feb. nur bis 18 Uhr), So 10–20 Uhr; Eintrittsgebühr zum Hauptbereich „Planeta Vida" 6 €, Wechselausstellungen gehen extra. Am ersten So im Monat und jeden So ab 15 Uhr zum gesamten Museum gratis. Kombiticket mit dem Jardí Botànic auf dem Montjuïc 7 €.

Weitläufiges Areal: Der Forumspark mit dem Museu Blau

Wahrzeichen des Olympiahafens: Der „Fisch" von Frank Gehry

Praktische Infos

→ Karte S. 90/91

Strände

Die Ausstattung aller Strände ist gut und behindertengerecht, das Wasser in der Regel ruhig. Die früher miserable Wasserqualität hat sich durch verschiedene Maßnahmen so deutlich verbessert, dass bei der letzten Recherche alle Strände mit der „Blauen Flagge" ausgezeichnet waren. Vorsicht, Diebstähle sind sehr häufig – ratsam deshalb, generell auf seine Wertsachen gut aufzupassen und keinesfalls am Strand zu schlafen! Achten Sie auf die Warnflaggen, die zur Badesaison Gefahren durch hohen Seegang etc. signalisieren: Grün – alles okay, Gelb – Vorsicht, Rot – Badeverbot, Lebensgefahr!

Platja de Sant Sebastià: Der südlichste Strand Barcelonas grenzt an den Hafen und ist gut einen Kilometer lang. Er ist einer der beliebtesten Strände und (so will es die Stadtverwaltung wissen) wird zu fast 70% von Einheimischen genutzt.

Platja de Sant Miquel: Ein kleinerer, rund 400 Meter langer und ebenfalls sehr belebter Strand, der der Plaça del Mar direkt vorgelagert ist.

Platja de la Barceloneta Auch der heute etwa 400 Meter lange Hausstrand von Barceloneta ist im Sommer gut gefüllt. Er ist im Schnitt fast 40 Meter breit und gilt als besonders beliebt bei Touristen wie auch bei Jugendgruppen. Gutes Serviceangebot, Fahrradverleih, Volleyball etc.

Platja de Somorrostro: Ein „neuer" Strand, zu dessen Gunsten die Platja de la Barceloneta (deren Charakteristika er weitgehend teilt) offiziell um mehr als 500 Meter gekürzt wurde. Erinnern will die Stadtverwaltung mit dieser Maßnahme an ein von Gitanos bewohntes Barackenlager, das sich bis Mitte des 20. Jh. im hiesigen Hinterland erstreckte.

Platja de la Nova Icària: Die Strände hinter dem Olympiahafen sind vielleicht noch schöner als die davor. Dieser erste Strand hier wird von seinen folgenden Nachbarn nur durch eine Mole getrennt. Er ist rund 400 Meter lang und mit 40 Metern sehr breit.

Platja del Bogatell: Die Verlängerung der Platja de la Nova Icària, etwas schmaler als diese, aber rund 700 Meter lang, ebenfalls ein schöner Strand. Folgt man kurz vor dem Strandende links den modernen Flutlichtmasten durch den Park, gelangt man zur Rambla des Viertels Poblenou, an der sich viele Restaurants finden.

Platja de la Mar Bella: Der nordöstliche Nachbar der Platja del Bogatell ist rund einen halben Kilometer lang und 40 Meter breit. Er gilt als beliebtester Treffpunkt der Windsurfer innerhalb der Stadt. Bei einigen Dünen, die den Strand vom Passeig trennen, ist FKK üblich, mit Spannern aber zu rechnen.

Platja de la Nova Mar Bella: Der vorletzte Strand der Reihe, etwa im Format seines Nachbarn, insgesamt aber wegen des bislang etwas öden Hinterlands weniger attraktiv.

Platja de Llevant: Barcelonas jüngster Strand, erst 2006 im Zusammenhang mit Arbeiten an der Plattform des damals geplanten Zoo Marino entstanden, erstreckt sich über rund 380 Meter Länge und ist im Schnitt fast 60 Meter breit. Auch hier zeigt sich das Hinterland (zumindest noch momentan) von einer wenig attraktiven Seite.

Essen & Trinken

Barceloneta

Am Passeig Joan de Borbó viele Restaurants mit Terrassen, die im Sommer entsprechend gefragt sind. Die Spitze bildet mit entsprechenden Preisen natürlich Carles Abelláns Tapas-Küche im „Bravo 24" im W Hotel (→ Übernachten) ganz am Ende des Passeig.

Rest. Torre d'Alta Mar **21**, „hohe Küche" im wahren Sinne des Wortes: Das Restaurant ist ganz oben im Turm Torre de Sant Sebastià untergebracht, die Aussicht über die Stadt wirklich berückend. Internationale Küche mit Schwerpunkt auf Fischgerichten. Auch die Preise sind der Lage entsprechend hoch: Menü à la carte ab etwa 70 € aufwärts. So und Mo-Mittag geschlossen. Reservierung ratsam, ✆ 932 210007.

Rest. Can Solé **15**, traditionsreiches Lokal in Barceloneta, bekannt besonders für Fisch-, aber auch für Reisspezialitäten, alles frisch vom Markt. Hier soll die Zarzuela erfunden worden sein. Besser, abends hierher zu kommen, mittags ist fast zu viel los. Menü ab etwa 50 € weit aufwärts, So-Abend, Mo und an zwei Wochen im August geschlossen. Carrer Sant Carles 4, ✆ 932 215012.

Rest. Can Ramonet **6**, ein weiterer Fixpunkt der gastronomischen Landkarte von Barceloneta. Auch hier stehen Reis- und Fischgerichte im Vordergrund, auch die Tapas sind hervorragend. Hübsches Interieur, kleine Terrasse. Etwas günstiger als Can Solé. Carrer de la Maquinista 17, ✆ 933 193064. So Ruhetag.

Rest. Cal Pinxo Platja **20**, traditionsreiches gehobenes Restaurant in Strandnähe. „Hebt sich deutlich von den benachbarten lärmenden Touristen-Verpflegungsstationen ab. Wir haben selten derart perfekt zubereitete Fischgerichte gegessen" (Manfred Haack). Nicht billig. Auch gute Reisgerichte. Carrer de Baluart 128, ✆ 932 215028.

Chiringuito Pez Vela **22**, am äußersten Ende der Platja de Sant Sebastià, zu Füßen des W Hotels und mit feiner Aussicht auf die städtische Küstenlinie. „Chiringuito" erscheint als ein etwas bescheidener Ausdruck für das reizvoll gelegene Terrassenlokal (eines von mehreren in dieser Zeile), das zur Tragaluz-Gruppe edler, aber nicht überteuerter Restaurants gehört. Zu den Spezialitäten zählen Paellas und Salate, ab etwa 30 € pro Person sind zu rechnen. So-Abend geschlossen. Passeig Mare Nostrum 19–21, ✆ 932 216317.

Rest. Kaiku **19**, in sehr schöner Lage nahe am Strand. „Am Wochenende voll besetzt mit Einheimischen; typische, einfache, aber superleckere Seafoodküche. Auch Tische draußen auf dem Platz. Unbedingt reservieren" (Lesertipp Angelika Roth). Menü à la carte ab etwa 30 € aufwärts, an Werktagen meist auch ein recht günstiges Mittagsmenü. Plaça del Mar 1, ✆ 932 219082.

Taverna L'Òstia **8**, am kleinen Hauptplatz von Barceloneta, einen Block hinter dem Passeig de Joan de Borbó. Im Angebot vorwiegend (sehr gute) kalte und warme Tapas zu etwas gehobenen, aber akzeptablen Preisen. Prima Weinauswahl. Plaça Barceloneta 1–3, ✆ 932 214758.

Rest. Sal Café **17**, modern gestyltes Lokal direkt am Strand von Barceloneta, unterhalb des Passeig Marítim, eines von mehreren ähnlichen Lokalen hier. Ein schön gelegener Platz für ein Essen mit Meerblick, mediterran-internationale Küche, mittlere Preise. Der Service ist leider nicht immer top. Im Winter nur mittags geöffnet (Ausnahmen: Fr/Sa), Mo ist dann geschlossen.

Woki Playa & Rest. Barraca **18**, etwas zurückversetzt vom Strand. Zwei Lokale der „Woki"-Gruppe, die noch andere Restaurants und mehrere Öko-Märkte betreibt. Das informelle „Woki Playa" im Erdgeschoss offeriert zu recht günstigen Preisen Wok-Gerichte, Burger und Co., im „Barraca" im Obergeschoss werden bei etwas gehobenerem Preisniveau Reis- und Fischspeisen serviert. Passeig Marítim de la Barceloneta 1.

Bar-Rest. La Bombeta **5**, schlicht, aber schon ein Klassiker in Barceloneta. Hausspezialität ist die „Bomba", ein frittierter Klops aus Kartoffelpüree mit je nach Wunsch verschieden scharfer Sauce. Auch das preisgünstige Mittagsmenü kann sich schmecken lassen. Carrer de la Maquinista, Ecke Carrer del Mar.

Mediterran inspiriert: die Restaurant-Terrasse des Bestial

mein Tipp **Bar Jai-Ca** **4**, eine traditionsreiche (gegründet 1955) und immer proppevolle Eckbar. Wer einen Platz an den wenigen Tischen im Freien will, braucht viel Glück – verständlich, denn nicht nur die Fischtapas hier sind prima und alles andere als zu teuer. Carrer Ginebra 13, seit 2013 gibt es auch eine „Filiale" gleich daneben auf Hausnummer 9.

Cerveseria El Vaso de Oro **3**, eine kleine, mehrere Jahrzehnte alte und stets gut besuchte Bierstube am Rand von Barceloneta. Rustikale, lebhafte Atmosphäre, Bier vom Fass, gute Tapas. Von Lesern sehr gelobt. Carrer Balboa 2, täglich geöffnet.

Port Olímpic

Rest. Enoteca **7**, eins von mehreren Lokalen im Hotel Arts. Zweifach michelbesterntes Luxusrestaurant, das die klassische mediterrane Küche modern interpretiert. Sehr umfangreiche Weinauswahl aus über 500 Sorten. Freundliches, helles Interieur, gehobene Preise: Menü à la carte ab etwa 100 € weit aufwärts. Mo/Di mittags und abends, Mi–Sa nur abends geöffnet, So geschlossen. Carrer Marina 19–21, ✆ 932 211000.

Rest. Agua **13**, kurz vor dem Olympiahafen selbst. Mitglied der Tragaluz-Kette; schöne Terrasse unterhalb des Passeig Marítim mit Direktzugang von dort. Täglich geöffnet. Leichte Küche; Menü à la carte ab etwa 30 €. Passeig Marítim de la Barceloneta 30, ✆ 932 251272. Ein Stück weiter, ganz am Ende dieser von einer Mischung aus Restaurants und Clubs geprägten Strandzeile, trifft man auf das mediterran inspirierte, ebenfalls zur Tragaluz-Kette zählende, sehr hübsch gelegene und in Sommernächten als Beach-Club fungierende **Rest. Bestial** **14**.

mein Tipp **Rest. La Fonda del Port Olímpic** **16**, eines der zahlreichen Restaurants am Moll de Gregal im Olympiahafen. Sehr ausgedehntes Lokal, zum umfangreichen Mittagsmenü à 10 € an Werktagen dennoch oft voll besetzt; kein Wunder, denn das Preis-Leistungs-Verhältnis ist hervorragend. Besser deshalb, schon vor 14 Uhr zu kommen. Auch sonst nicht teuer. Ähnlich ist das zugehörige „La Barca del Salamanca" einige Schritte weiter.

Außerhalb

Rest. Els Pescadors **2**, im Viertel Poblenou, gut einen Kilometer östlich der Vila Olímpica, etwa auf halbem Weg zur Neubauzone Diagonal Mar. Gelegen an einem kleinen Platz in Poblenou, ist das Lokal in einen traditionellen und einen moderneren Teil getrennt. Wie schon der Name „Die Fischer" vermuten lässt, sind Fischgerichte nach Tagesfang die Spezialität des Hauses. Hervorragende Küche, nicht billig. Täglich geöffnet. Plaça Prim 1, ✆ 932 252018.

Oberhalb der Altstadt

Tour 9 und 10

Die edelsten Boutiquen und feinsten Geschäftsadressen der Stadt. Vor allem aber: Modernisme über Modernisme. Der schachbrettartige, im 19. Jahrhundert planmäßig angelegte Stadtteil Eixample steht für das elegante Barcelona der eigenwilligen Architektur.

Manzana de la Discordia, drei Modernisme-Stars in einem Block, S. 106

Fundació Antoni Tàpies, abstrakte Kunst im Ziegelbau, S. 107

Casa Milà, der spektakuläre „Steinhaufen" von Gaudí, S. 108

La Sagrada Família, Meisterwerk im Werden, S. 112

Hospital de la Santa Creu i Sant Pau, Modernisme-Krankenhaus und Welterbe, S. 114

Disseny Hub Barcelona, Designzentrum in futuristischem Umfeld, S. 116

Im Zeichen des Modernisme

Eixample

Rückblende: Wir sind in der Mitte des 19. Jahrhunderts. Die Industrialisierung nimmt ihren Lauf, die Bevölkerungszahl steigt schnell an. Doch es fehlt an Raum. In Barcelonas heutiger Altstadt, eingepfercht zwischen längst zu eng gewordene Stadtmauern, drängen sich die Menschen, hausen zu Dutzenden auf einem Stockwerk. Die sanitären Verhältnisse sind katastrophal, Seuchen allgegenwärtig. Änderung tut dringend not. 1854 endlich gibt die Zentralregierung in Madrid die lange verwehrte Erlaubnis zum Abriss der Stadtmauern. Eigenhändig reißen die Einwohner die verhassten Wälle nieder, eine Arbeit, die zwei Jahre in Anspruch nimmt. 1858 schließlich gestattet Madrid auch die Bebauung des Gebiets außerhalb der ehemaligen Mauern.

1859 schreibt die Stadt einen Wettbewerb zur „Erweiterung" (Eixample, gesprochen „Eschampla") Barcelonas aus. Es gewinnt der Plan von Antoni Rovira i Trias, der eine von der Altstadt ausgehende strahlenförmige Bebauung vorsieht. Madrid jedoch entscheidet anders und zugunsten der Variante des Ingenieurs Ildefons Cerdà. Dessen Plan, obwohl anfangs von Teilen der Bevölkerung abgelehnt, wird auch in die Tat umgesetzt: ein schlichtes Rechteckraster, geformt aus auf das Meer zuführenden Straßen und aus solchen, die parallel zum Ufer verlaufen. Durchbrochen wird dieses Schachbrett nur von zwei diagonalen Hauptverkehrsadern, der Avinguda Diagonal und der Avinguda Meridiana, die sich zusammen mit der überbreiten Gran Via an der Plaça de les Glòries schneiden.

Die aus dem Raster resultierenden Hausblöcke (Manzanas) haben eine genau festgelegte Seitenlänge von 133,33 Metern und sind an den Ecken abgeschrägt, besitzen also bei genauem Hinsehen eine oktogonale statt einer quadratischen Form. Diese abgeschnittenen Ecken („Xamfràns" genannt) erweitern die Straßenkreuzungen zu kleinen Plätzen, die die Avingudas lichter und luftiger erscheinen, aber auch den abbiegenden Verkehr leichter fließen lassen sollten. Dem Fußgänger sind sie heute eher ein Hindernis, da er am Ende jedes Blocks bis zur Ampel immer einen Umweg schräg zur Laufrichtung machen muss, will er sich nicht in der Direttissima (und damit meist zwischen parkenden Autos hindurch und quer durch den Verkehr) seinen Weg bahnen.

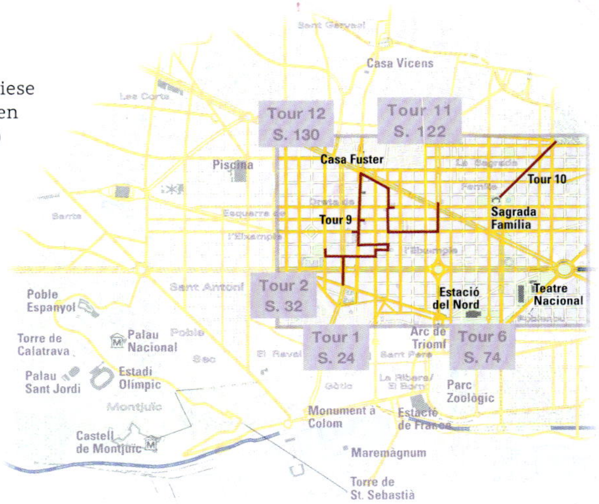

Und auch mit der Uniformität der Wohnblocks war es nicht lange her, was freilich auch seine guten Seiten hatte. Eixample, ganz besonders das „Quadrat d'Or", das „Goldene Quadrat" zwischen den Rondas und der Avinguda Diagonal sowie zwischen Carrer Aribau und Passeig de Sant Joan, war vom aufstrebenden Bürgertum begeistert in Beschlag genommen worden. Geld war dank des wirtschaftlichen Aufschwungs reichlich vorhanden, offensichtlich auch eine gewisse Experimentierfreude, und so baute um die Wende des 19. zum 20. Jh. mancher in einem gerade in Mode kommenden, phantasievollen Stil: Eixample wurde zum Stadtteil des Modernisme. Die Werke des katalanischen Jugendstils sind denn auch die Highlights in Eixample, daneben vielleicht noch die Häufung edler Geschäfte. Stimmung im Sinn von Atmosphäre haben die breiten und schnurgeraden Straßen weniger zu bieten – Eixample ist heute in erster Linie Einkaufs- und Büroviertel, das kommerzielle und finanzielle Zentrum Barcelonas. Ausnahmen machen nur der elegante Passeig de Gràcia und die baumbestandene Rambla de Catalunya (nicht zu verwechseln mit den Rambles), deren Straßencáfes an warmen Sommerabenden durchaus gut besetzt sind.

Die Einwohner Barcelonas unterscheiden übrigens zwischen gleich mehreren Eixamples, darunter das beim Blick auf den Stadtplan „linke" Esquerra de l'Eixample und das „rechte" Dreta de l'Eixample. Ersteres ist das bodenständigere, letzteres das noblere und touristisch interessantere Viertel der Modernisme-Bauten. Die Grenze zwischen beiden wird vom Carrer Balmes gebildet – eine historische Trennung, verlief hier doch einst eine Bahnlinie, die das weniger beliebte vom begehrteren Wohngebiet abschottete.

Aufgrund der räumlichen Ausdehnung des Gebiets, und weil wegen der zahlreichen Sehenswürdigkeiten eine Besichtigung an einem einzigen Tag auch kaum machbar wäre, widmen wir Eixample zwei verschiedene Stadtspaziergänge: Der erste führt zu den Glanzlichtern des „Goldenen Quadrats" und zu weiteren Modernismebauten, und auch der zweite befasst sich mit dem Modernisme, nämlich mit der Kirche Sagrada Família und dem Jugendstil-Krankenhaus Hospital de la Santa Creu i Sant Pau.

Essen & Trinken (S. 117–120)

4 Bar Mut
7 Rest. Tragaluz
8 La Bodegueta Provença
11 Bar-Rest. Aitor
12 Marisquería La Paradeta
13 Bar La Bodegueta
14 Rest. La Polpa
16 Rest. Cabanela
17 Rest. La Palmera
18 Rest. El Mercader de l'Eixample
19 Muscleria La Muscle
20 Cerveseria Catalana
27 Bar-Rest. Madrid-Barcelona
28 Rest. L´Olivé
31 Rest. Volta al Món
32 Rest. El Nou de Granados
34 Tapaç 24
36 Rest. Au Port de la Lune
37 El Nacional
39 Cervecería Ciudad Condal
43 Laie Llibreria Café
48 Woki Organic Market
49 Rest. Casa Calvet
51 Rest. Pirineu en Boca
52 Rest. Corte Inglés

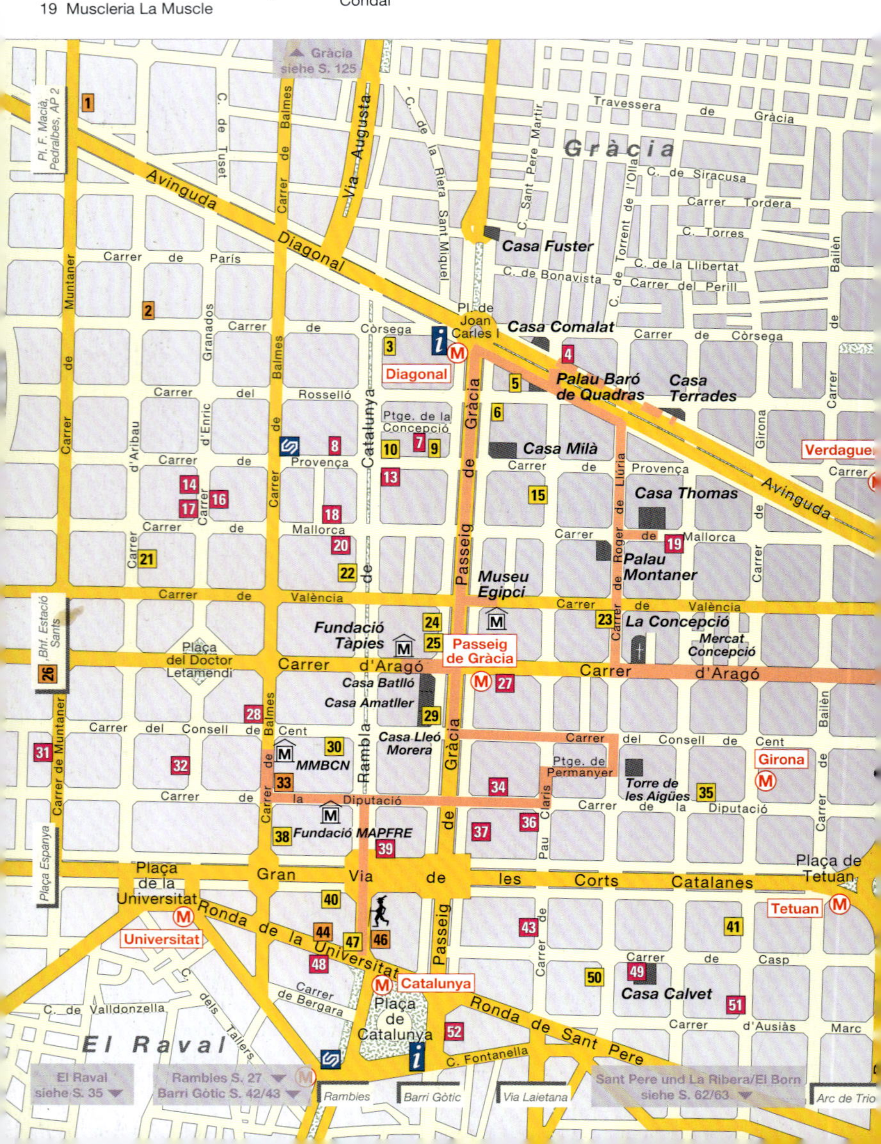

Einkaufen (S. 120/121)

3 Camper
5 Dos i Una
6 Camper
9 Purificación Garcia
10 Pastelleria Mauri
15 Jaime Beriestain Concept Store
16 Antonio Miró
21 Librería Alemana Fabre
22 Muji
23 Queviures Murrià
24 Bulevard dels Antiquaris
25 Bulevard Rosa
29 Loewe
30 Cacao Sampaka
35 Desigual Outlet
38 Alibri
40 Altaïr
41 Mango Outlet
42 Flohmarkt Nous Encants
45 Les Glòries
47 FCBotiga
50 Ribes & Casals
52 El Corte Inglés

Bars & Clubs (S. 232)

1 Luz de Gas
2 Bar Dry Martini
26 Antilla BCN Latin Club
33 Arena Madre
44 Bar Milano
46 Barcelona City Hall

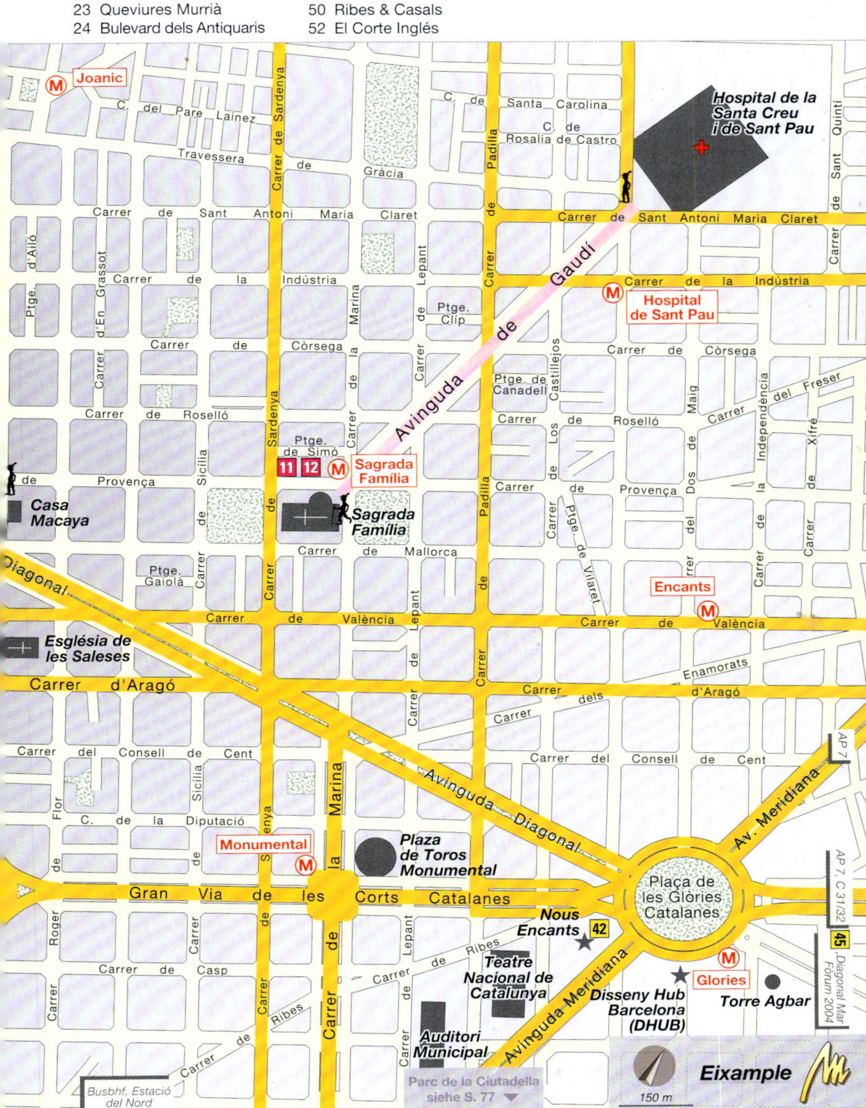

Barcelona im Kasten

Eixample und der Pla Cerdà – gut gemeint ...

Cerdà wollte eine moderne, dabei jedoch gleichzeitig menschenfreundliche und soziale Stadt schaffen. Die mindestens 20 Meter breiten Straßen waren weitsichtig für den Verkehr der Zukunft ausgelegt (der Ingenieur Cerdà setzte seinerzeit auf die Dampfmaschine als Antrieb), sollten in ihrer Ausrichtung aufs Meer und die Serra hin aber auch im wahren Sinne des Wortes für „frischen Wind" sorgen. Die Höhe der Häuser war auf maximal vier Stockwerke begrenzt, die Bebauung jedes Blocks sollte nur an zwei Seiten erfolgen und jeweils nicht tiefer als maximal zwanzig Meter reichen. Der verbleibende Rest, volle zwei Drittel jedes Blocks, war für Grünflächen und Stätten nachbarschaftlicher Begegnung vorgesehen – Eixample wäre zu einer Art Gartenstadt geworden. Geplant waren auch, jeweils in einem festen Verhältnis zur Anzahl der Blocks, großzügige Parks, Märkte und Bürgerzentren mit Kindergarten, Schule und Kirche. Durch ihre einförmigen Maße sollten die Häuserblocks zudem egalisierend wirken, die Entstehung ärmerer und reicherer Wohngegenden so vermieden werden. Allein, Cerdà hatte seine Rechnung einerseits ohne die Bevölkerungsentwicklung, andererseits ohne die Grundstücksbesitzer und Bauspekulanten gemacht. Letzteren erschien die lockere Bebauung nicht profitabel genug, und so wurden die geplanten großen Innenhöfe der Blocks wie auch die Parks rücksichtslos zugepflastert. Der explosionsartige Bevölkerungszuwachs Barcelonas wiederum (innerhalb von fünf Jahrzehnten auf mehr als das Dreifache) führte zu einem derart immensen Anstieg der Immobilienpreise, dass Eixample für die ärmeren Bevölkerungsschichten schlicht unbezahlbar war – ihnen blieb nur die heruntergekommene Altstadt, der zu entfliehen ihnen Cerdà eigentlich hatte helfen wollen.

Tour 9: Durch das Goldene Quadrat

Dieser Streifzug beginnt an der Plaça de Catalunya (Infostelle). Die **Rambla de Catalunya** führt stracks nach Nordwesten. Durch den breiten, im Sommer angenehm schattigen Fußgängerbereich in ihrer Mitte bleibt an den Rändern nur mehr wenig Platz für Autoverkehr, der sich denn auch (ganz untypisch für Eixample) in recht engen Grenzen hält. Bald schon bietet sich ein erster Abstecher an: Linker Hand im Carrer Diputació 250 hat die **→ Fundació MAPFRE** (Wechselausstellungen) ihren Sitz. Gleich um die Ecke liegt das sehr interessante **→ Museu del Modernisme Barcelona (MMBCN)**. Nun könnte man über den Carrer del Consell de Cent zum „Manzana de la Discordia" abkürzen, würde dabei jedoch zwei zwar weniger bekannte, aber dennoch charakteristische Winkel des Viertels auslassen. Deshalb geht es nun zurück, vorbei an der Fundació Mapfre und über den Passeig de Gràcia, dann links in den Carrer Pau Claris. Nun hält man sich rechts in den **Passatge Permanyer**, ein schmales Privatsträßchen mit Vorgärten und niedrigen Häusern im englischen Stil. Die hübsche Anlage wurde schon 1864 konzipiert und gibt, auch wenn die Bebauung selbst nicht Cerdàs Ideen entspricht, eine Vorstellung davon, wie luftig und licht einst die gesamte Stadterweiterung hatte werden sollen. Am Ende des Sträßchens bietet sich auf der anderen Seite des Carrer Roger de Llúria (zum Überqueren besser die Ampel an der nächsten Ecke nutzen) die Möglichkeit, auf Hausnummer 56 einen der Häuserblöcke von Eixample quasi von innen zu betrachten: Durch einen Gang kommt man zu einem großen, mit Bäumen bestandenen Hof, in dem sich aus einem auch schon mal als „Schwimmbad" genutzten Becken der 1867 errichtete Wasserturm **Torre de les Aigües** erhebt.

Nun trifft man auf den (vorher ja bereits einmal überquerten) **Passeig de Gràcia**, die elegante, breite Hauptachse von Eixample. Sie verbindet die Plaça de Catalunya mit dem einstigen Dorf und heutigen Stadtteil Gràcia. Gelegentlich schon mal als „Champs Elysées von Barcelona" gerühmt, zählt der Passeig zu den besten Adressen der Stadt und besitzt in seinem nächsten Umkreis auch die üppigste Konzentration von Modernisme-Bauten. Tatsächlich ballen sich die Sehenswürdigkeiten nun geradezu. Dennoch sollte man mit dem Blick nicht nur an den Fassaden kleben bleiben, sondern auch den kleinen, oft von Pere Falqués gestalteten Modernisme-Details wie Straßenlaternen, Bänken oder dem Pflaster Aufmerksamkeit schenken. Gleich links erstreckt sich der „Streitapfel" **→ Manzana de la Discordia**, Werk der drei berühmtesten Architekten des Modernisme. In der nächsten Querstraße, dem Carrer d'Aragó, beherbergt die **→ Fundació Antoni Tàpies** zahlreiche Werke eines der bekanntesten Vertreter der spanischen Nachkriegsavantgarde.

Wer sich eher für ägyptische Kunst interessiert, kann eine Querstraße höher, diesmal linker Hand des Passeig de Gràcia, das **→ Museu Egipci de Barcelona** besuchen.

Wieder am Passeig de Gràcia, zieht die **→ Casa Milà** schon von weitem die Blicke auf sich. Das letzte von Gaudí gebaute Wohnhaus nimmt innerhalb der zahlreichen Modernisme-Schönheiten des Eixample eine herausragende Stellung ein, ist es doch einer der acht Bauten in Barcelona, die von der UNESCO in die Liste des Weltkulturerbes aufgenommen wurden. Mit einem Dokumentationszentrum und der berühmten Dachlandschaft der Kamine zieht die Casa Milà jährlich fast eine Million Besucher an.

Eixample → Karte S. 100/101

Sonniges Wohnsträßchen: Passatge Permanyer

Auf dem Weiterweg geht es an der Plaça de Joan Carles (Infostelle im Palau Robert am Passeig de Gràcia 107), der Kreuzung des Passeig mit der Avinguda Diagonal, nach rechts. Schräg links gegenüber auf der anderen Seite der großen Verkehrsader erhebt sich die **Casa Comalat**, 1911 von Salvador Valeri geschaffen. Allerdings präsentiert sich die der Diagonal zugewandte Seite weit weniger reizvoll als die Fassade am Carrer de Còrsega, die im Spaziergang durch → Gràcia näher betrachtet wird. Ein kleines Stück weiter, diesmal wieder an der Meerseite der Diagonal, steht der recht kleine → **Palau Baró de Quadras**. Am Ende des nächsten Blocks hält man sich rechts in den Carrer Roger de Llúria, nicht jedoch, ohne vorher der schräg links jenseits der Diagonal liegenden → **Casa Terrades** einen Besuch abzustatten, die ihrem Beinamen „Casa de les Punxes" (Haus der Nadeln) alle Ehre macht.

Schon um die übernächste Kreuzung am C. Roger de Llúria liegen weitere interessante Modernismebauten: schräg rechts der **Palau Montaner** (1885–1896), begonnen von Domènech i Estapà und beendet vom jungen Domènech i Montaner, und links im C. Mallorca die → **Casa Thomas**.

Nach zwei weiteren Blocks entlang dem Carrer Roger de Llúria geht es links in den Carrer d'Aragó, mit dem Barcelona seinen mittelalterlichen Verbündeten Aragón ehrt. Die gotische Kirche **La Concepció** mag in einem Stadtviertel des 19. und frühen 20. Jh. seltsam anmuten, und tatsächlich wurde sie ab 1871 Stein für Stein von ihrem früheren Standort nahe der Plaça Urquinaona hierher transportiert und wieder aufgebaut. Dabei ließ der Bauherr Jeroni Granell seiner Fantasie recht freien Lauf (der Glockenturm stammt gar von einer anderen Kirche), weshalb das Ergebnis keinen historischen Wert besitzt; mit etwas Glück kann man jedoch einen Blick in den romantischen Kreuzgang werfen.

Dem Carrer Aragó folgend und vorbei am Markt **Mercat Concepció**, einer typischen Konstruktion aus Metall und Glas, trifft man auf den Passeig de Sant Joan. Auf der gegenüberliegenden Straßenseite, nahe der Kreuzung mit dem

Modernisme in Eixample: Casa Amatller, Casa Batlló (Rückseite) ...

Carrer de València, steht eine weitere ungewöhnliche Kirche, die → **Església de les Saleses**. Nun kommt allmählich das Ende dieser Tour in Sicht: Letzte Station ist die → **Casa Macaya** am Passeig de Sant Joan 108, bereits jenseits der Avinguda Diagonal. In der Nähe liegt die Metro-Station Verdaguer, doch wer jetzt immer noch genug Energie haben sollte, kann den nächsten Spaziergang gleich anschließen: Die Sagrada Família steht nur noch ein paar Blocks entfernt.

Sehenswertes

Ein Konzern pflegt die Kunst

Fundació MAPFRE

In der Casa Garriga Nogués, 1902–1904 von Enric Sagnier für den Bankier Ruperto Garriga-Nogués erbaut, war lange die Fundació Enciclopèdia Catalana untergebracht, später die Privatstiftung des Formel-1-Piloten und Kunstsammlers Francisco „Paco" Godia (1921–1990). Mittlerweile residiert in dem Modernisme-Bau am Carrer de Diputació 250 die Stiftung des in Spanien omnipräsenten Finanz- und Versicherungskonzerns MAPFRE. Gezeigt werden wechselnde Ausstellungen hoher Güte, das Programm findet sich auf der Website.

Mo 10–14 Uhr, Di–Sa 10–20 Uhr, So 11–19 Uhr; Eintrittsgebühr 3 €. www.fundacionmapfre.org.

Modernisme im Detail

Museu del Modernisme Barcelona (MMBCN)

2010 eröffnete dieses exquisite Modernisme-Museum, das aus der in rund vier Jahrzehnten zusammengetragenen Privatsammlung der Antiquitätenhändler Fernando Pinós und María Guirao hervorging. Untergebracht ist es in einem sehr reizvollen Modernisme-Gebäude, das (wie auch die Casa Garriga Nogués, s.o.) 1902–1904 von Enric Sagnier konzipiert wurde, lange Zeit als Textillager diente und später Sitz der „Gothsland" genannten Galerie der beiden Antiquitätenhändler war. Auf einer Fläche von rund tausend Quadratmetern umfasst die Ausstellung zahlreiche

Eixample → Karte S. 100/101

... und beide zusammen

Skulpturen, Gemälde, Möbelstücke und dekorative Gebrauchsgegenstände herausragender Künstler des katalanischen Modernisme, darunter auch Arbeiten von Antoni Gaudí und Puig i Cadafalch; sozusagen die Ikone des Museums ist ein großes Marmorgefäß von Eusebi Arnau.

Di–Sa 10.30–19 Uhr, So 10.30–14 Uhr; Eintrittsgebühr 10 €. www.mmbcn.cat.

Drei Architekten, drei Meisterwerke

Manzana de la Discordia

Der „Streitapfel" steht am Passeig de Gràcia 35–43, oberhalb des Carrer de Consell de Cent. Seinen Namen verdankt er einem Wortspiel mit „Manzana", das sowohl „Apfel" als auch „Häuserblock" (Manzana de Casas) bedeuten kann. Streitapfel deshalb, weil in dem Block die drei berühmtesten Modernisme-Architekten ihre Visitenkarte hinterlassen haben.

Casa Lleó Morera (1905), auf Nr. 35 und das erste Haus der Reihe, stammt von Domènech i Montaner und gilt als eines seiner schönsten Werke. Der detailreichen Fassade haben Umbauten ein wenig von ihrem früheren Glanz genommen, doch gibt es noch Interessantes genug zu entdecken. Heute ist das Haus unter anderem Sitz einer Filiale der Nobelkette Loewe. Das traumhafte Innere, überreich an Mosaiken, Schnitzereien, Buntglas, Statuen und Einlegearbeiten, ist erst seit 2014 zu besichtigen. Geschaffen wurde es von einer ganzen Kohorte namhafter Künstler, darunter der Bildhauer Eusebi Arnau, der auch am Hospital de la Santa Creu i Sant Pau und am Palau de la Música Catalana beteiligt war; sein Skulpturenschmuck an der Fassade wurde leider 1943 bei den Umbauarbeiten zerstört.

Führungen Di–So 10–18.30 Uhr, auf Englisch 11 Uhr, daneben je einmal täglich auch Führungen in spanischer und katalanischer Sprache; p.P. 15 €, Dauer rund eine Stunde. Häufiger (11-mal täglich) sind die sog. „Express"-Führungen, mehrsprachig, Dauer etwa 30 min., p.P. 12 €. Im Haus selbst kein Ticketverkauf! Vorab-Tickets über den Kartenverkauf im Palau de la Virreina, Rambles 99, oder via Internet unter www.casalleomorera.com. Wer direkt vor Ort per Smartphone und Kreditkarte sein Glück versuchen möchte, findet eine extra dafür eingerichtete WiFi- bzw. WLAN-Zone beim Eingang, Infos beim Pförtner. ✆ 936 762733.

Casa Amatller (1898), Nr. 41: Sie wurde konzipiert von Puig i Cadafalch, der hier einmal mehr seiner Vorliebe für Zitate der gotischen Architektur frönte. Auftraggeber war der Schokoladenfabrikant, Reisende und Hobbyfotograf Antoni Amatller, dessen Familie damals schon rund ein Jahrhundert lang im Süßwarengeschäft tätig war. Das Haus besitzt eine stufenartig ansteigende und mit bunter Keramik geschmückte Front nebst überhängender Galerie. Reizvoll zeigt sich auch die Vorhalle mit ihren Buntglastüren und dem schönen Glasdach. Nach einer umfangreichen, rund fünf Jahre währenden und ebensoviele Millionen teuren Renovierung des Gebäudes ist seit 2015 erstmals das herrschaftliche Obergeschoss Planta Noble mit seinem Originalmobiliar für Besucher zugänglich – nicht nur ein architektonisches Erlebnis, sondern auch ein wunderbarer Einblick in die Lebenswelt vermögender Schichten des frühen 20. Jahrhunderts.

Führungen Täglich 11–18 Uhr, auf Englisch 11 Uhr, je einmal täglich auch Führungen auf Spanisch und Katalanisch; p.P. 15 €, Dauer knapp eine Stunde. Daneben werden auch hier mehrsprachige „Express"-Führungen angeboten, 6-mal täglich, Dauer etwa 30 min., p.P. 12 €. Ticketverkauf über die Website oder vor Ort im Erdgeschoss, in dem es auch ein Verkaufsgeschäft sowie ein Café („Faborit", Spezialität natürlich heiße Schokolade, nette Innenterrasse) der Schokoladenfabrik Amatller gibt. ✆ 932 160175, www.amatller.org.

Casa Batlló (1905–07), auf Nr. 43: das mit Abstand beeindruckendste Haus der Reihe, 2005 in die Liste des Weltkulturerbes aufgenommen. Es stammt von Gaudí, wenn auch als Umbau eines bereits vorhandenen Gebäudes, an das freilich praktisch nichts mehr erinnert.

Verdrahtet: Dach der Fundació Tàpies

Eixample → Karte S. 100/101

Gaudís Veränderungen waren so radikal und so ungewöhnlich, dass die städtischen Behörden anfangs unsicher waren, ob sie den Bauplan genehmigen sollten. Besonders in den unteren Partien ist die sanfte Handschrift des Meisters überdeutlich, die weich geschwungene Fassade mit bunten Mosaiken geschmückt, der Erker mit knochenförmigen Säulen; die Balkone erinnern an menschliche Schädel. Organisch auch das Dach, dessen Ziegel wie die Schuppenhaut einer Echse oder eines Drachens geformt sind. Das Innere, bis in Einzelheiten der Ausstattung und der Möbel von Gaudí selbst entworfen, entstand in Zusammenarbeit mit den besten Kunsthandwerkern und steckt voller überraschender Details aus Schmiedeeisen, Keramik, Holz und Buntglas. Den Lichthof verkleidete Gaudí, der immer genau auf Helligkeit und Lichtverteilung achtete, mit blauen Kacheln, die vom oberen Stockwerk nach unten zu heller werden und so auf allen Etagen gleiche Lichtverhältnisse garantieren. Besucht werden können nicht nur die Innenräume, sondern auch das Dach mit der typischen Gaudí-Kaminlandschaft – ein Vergnügen, das freilich seinen (jährlich steigenden) Preis hat.

Tgl. 9–21 Uhr, Eintritt etwa 23 €; oft Warteschlangen. Tickets vor Ort oder über die Website. ✆ 932 160306, www.casabatllo.es.

Ein großer katalanischer Künstler des 20. Jh.

Fundació Antoni Tàpies

Im Carrer Aragó 255, um die Ecke vom Passeig de Gràcia, steht das erste bedeutende Bauwerk von Domènech i Montaner. Der vom maurischen Mudéjar-Stil beeinflusste, „Editorial Montaner i Simon" genannte Ziegelsteinbau entstand 1880 bis 1885 und gilt, zusammen mit Gaudís Casa Vicens, als eines der beiden Gebäude, die den Anstoß zur Verbreitung des Modernisme gaben. Lange Zeit Sitz eines Verlagshauses, beherbergt der Bau heute eine Ausstellung des 1923 in Barcelona geborenen und am 6. Februar 2012 verstorbenen Künstlers Antoni Tàpies, von dem auch die auffällige,

„Núvol i Cadira" (Wolke und Stuhl) genannte Skulptur aus Aluminiumdraht auf dem Dach stammt. Tàpies war Maler, Bildhauer und Grafiker und auch politisch im Kampf gegen die Franco-Diktatur aktiv; 2010 wurde er in den Adelsstand erhoben. Die oft düsteren, aus Erde, Holz, Stroh, Leim und Marmorstaub gefertigten Collagen, die Skulpturen, surrealistischen und abstrakten Gemälde des Autodidakten Tàpies sind – wie auch die große Bibliothek – unbedingt sehenswert. Zusätzlich finden wechselnde Ausstellungen statt.

Di–So 10–19 Uhr; Eintrittsgebühr 7 €. www.fundaciotapies.org.

Ägypten in Barcelona

Museu Egipci de Barcelona – Fundació Arqueològica Clos

Ebenfalls unweit des Passeig de Gràcia liegt am Carrer València 284 das Ägyptische Museum Barcelonas, eines der bedeutendsten Privatmuseen seiner Art in Europa. Es zeigt rund 600 thematisch geordnete Exponate; Schwerpunkte sind die Pharaonen, das Privat- und Alltagsleben der alten Ägypter, ihr Glauben und ihre Begräbnisriten. Ein englischsprachiges Handbuch (das natürlich zurückgegeben werden muss) ist an der Kasse erhältlich.

Mo–Fr 10–14, 16–20 Uhr (im Sommer durchgehend), Sa 10–20 Uhr, So 10–14 Uhr; Eintrittsgebühr 11 €, ein Kombiticket mit dem Museu de Cultures del Món im Born-Viertel kostet 12 €. www.museuegipci.com.

Gaudí-Architektur in Vollendung

Casa Milà (La Pedrera)

Wieder am Passeig de Gràcia, auf Nummer 92. Eines der spektakulärsten Häuser des Modernisme, erbaut 1905–1910 von Antoni Gaudí, von der UNESCO seit 1984 als Weltkulturerbe ausgewiesen. Es war das letzte Wohngebäude, das der Meister errichtete (seine späteren Jahre widmete er ausschließlich der Sagrada Família) und spiegelt die Summe seiner Erfahrungen als Architekt. Der Volksmund nennt das Eckhaus „La Pedrera" (Steinbruch, Steinhaufen), angesichts der an Felsformationen erinnernden Kalksteinfassade nicht unpassend, doch war die Grundidee eher die einer versteinerten Welle. Auffällig auch hier Gaudís Vorliebe für Eisen, die sich in den senkrecht eingelassenen Trägern und den skurril geformten Balkonbrüstungen äußert. Sie wurden von Josep M. Jujol gefertigt, einem engen Mitarbeiter von Gaudí, der auch an der Casa Batlló und am Parc Güell beteiligt war. Der Bau selbst stützt sich auf ein System aus Säulen und eisernen Balken. Er kommt dadurch im Inneren völlig ohne tragende Wände aus, weshalb Gaudí den einzelnen Wohnungen unterschiedliche Grundrisse geben, auf Ecken verzichten und viele Zimmer asymmetrisch anlegen konnte. Die Auftraggeber sollen mit dem Ergebnis übrigens nicht unbedingt glücklich gewesen sein, wie das Gebäude seinerzeit überhaupt sehr umstritten war. Überliefert ist beispielsweise der Kommentar des Schriftstellers und Malers Santiago Rusiñol, der meinte, die Bewohner von La Pedrera dürften sich keine Katzen oder Hunde halten, die einzig angemessenen Haustiere hier wären Schlangen ... Heute ist das Haus im Besitz der Stiftung Caixa de Catalunya, die auch wechselnde (und in der Regel kostenlose) Ausstellungen abhält.

Pis de la Pedrera: Diese riesige Wohnung im vierten Stock ließ La Caixa 1999 als Beispiel der Wohnverhältnisse einer Familie des gehobenen Bürgertums in den ersten Jahrzehnten des 20. Jh. rekonstruieren. Die verschiedenen Räume (Eingangshalle, Wohnzimmer, Ess-, Kinder- und das schön gestaltete Schlafzimmer, aber auch Küche und Bäder etc.) wurden entsprechend ihrem ursprünglichen Verwendungszweck mit Mobiliar und Gegenständen jener Zeit ausgestattet und ermöglichen deshalb einen guten Einblick in das damalige Alltagsleben.

Weltkulturerbe seit 1984: Casa Milà

Espai Gaudí: Das Dachgeschoss der Casa Milà beherbergt ein hochinteressantes Museum, das anhand von Plänen, Fotos, Filmen und Modellen Leben, Werk und Arbeitsweise Gaudís dokumentiert. Fantastisch ist jedoch auch die skelettartige Struktur des 800 Quadratmetern großen, von 270 Ziegelsteinbögen getragenen Raums an sich. Von hier hat man Zugang zur originellen, wellenförmig geschwungenen Dachterrasse, die eine ganze Armee von Schornsteinen und Entlüftungskaminen ziert. Typisch Gaudí – kein Schlot gleicht dem anderen. Von etwa Mitte Juni bis Mitte September öffnet die Dachterrasse auch an Sommerabenden („Nits d´Estiu", jeweils Fr/Sa) als Jazzbühne und Music-Bar: traumhaft.

Täglich 9–20.30 Uhr, von November bis Februar nur bis 18.30 Uhr. Geschlossen am 25./26 Dezember, 1. Januar und etwa in der zweiten Januarwoche. Eintrittsgebühr ca. 21 € (Audioguide inklusive); Premiumticket ohne Warteschlange 27 €. Es gibt auch Nachtbesuche mit einer spektakulären audiovisuellen Show, genannt „Gaudís Pedrera: The Origins", p.P. ca. 35 €, sowie Kombitickets Tag/Nacht oder mit einem Abendessen im zugehörigen „Café de la Pedrera". Generell oft sehr starker Andrang, Buchung über die Website empfohlen: www.lapedrera.com. ✆ 902 202138.

Ein Palast für den Gelehrten

Palau Baró de Quadras

Das Gebäude an der Avinguda Diagonal, Ecke Carrer Pau Claris, wurd e1904–1906 von Puig i Cadafalch für den Baron von Quadras erbaut. Es zwängt sich zwischen zwei Straßen und besitzt, ganz ähnlich der gegenüber liegenden Casa Comalat, zwei verschiedene Fassaden, wobei die neogotische und auch vom Platereskstil inspirierte Fassade an der Diagonal die ungewöhnlichere ist. Heute ist das Gebäude Sitz des Institus Ramon Llull, das nach dem großen mallorquinischen Gelehrten (ca. 1235–1316) benannt ist und sich der Förderung des Katalanischen widmet – Ramón Llull gilt als

Wegbereiter der katalanischen Literatur. Seit 2016 ist das Haus (wenn auch leider nur selten) wieder für Besucher geöffnet.

Führungen Nur Mi 11–13 Uhr, um 11 und 13 Uhr mehrsprachig, 12 Uhr nur auf Katalanisch. Dauer etwa 45 min., Eintritt 12 €, Tickets vor Ort oder über die Website. www.palaubaroquadras.llull.cat.

„Haus der Nadeln": Casa Terrades

Nadelspitzer Modernisme

Casa Terrades (Casa de les Punxes)

In den Jahren 1903–05 errichtete Puig i Cadafalch dieses spektakuläre Anwesen an der Avinguda Diagonal 416–420, dessen mittelalterliche Zitate dem Gebäude eine schlossartige Anmutung geben. Die Auftraggeber waren die drei Schwestern Terrades, und eigentlich handelt es sich auch um drei Häuser, die auf ungleichmäßigem Grundriss miteinander verbunden sind. Ihre spitzen Türme verschafften der Casa Terrades den Zweitnamen Casa de les Punxes, „Haus der Nadeln". Die Fassade besteht aus Ziegelstein, die Dekoration um Türen und Fenster aus Stein. Die Keramiktafeln am Dach zeigen verschiedene Nationalsymbole Kataloniens, darunter an der zum Carrer Rosselló weisenden Seite den Schutzheiligen Sant Jordi, auf dessen Tafel ein Spruchband die „Rückgabe von Kataloniens Freiheit" fordert. Nach einer umfangreichen Renovierung wurde das Gebäude mit seinen vielen reizvollen Details 2016 erstmals für Besucher geöffnet. Der erste Stock ist der Legende des hl. Georg (Sant Jordi) gewidmet, die Dachterrasse bietet weite Ausblicke, und in den Türmen gibt es eine Ausstellung über den Baumeister und sein Werk.

Täglich 9–20 Uhr, Eintrittsgebühr 12,50 €. Es gibt auch Führungen, auf Englisch um 9, 12, 15 und 18 Uhr, p.P. 20 €. Tickets auch über die Website www.casadelespunxes.com.

Aufgestockt

Casa Thomas

Das Gebäude am Carrer de Mallorca 291 verdankt seinen Namen einem gewissen Josep Thomas, der im Erdgeschoss eine Druckerei besaß. Für den 1895–98 erfolgten Bau zeichnete Domènech i Montaner verantwortlich. Er war es auch, der zusammen mit seinem Schwiegersohn Francesc Guàrdia i Vidal die Casa Thomas 1912 zum Wohnhaus umgestaltete, indem er auf die beiden bereits existierenden drei zusätzliche Stockwerke aufsetzte, wobei er die Türmchen des Vorgängerbaus integrierte. Heute ist im Haus ein Möbelgeschäft untergebracht.

Vorbote des Modernisme

Església de les Saleses

Die reizvolle, reich geschmückte Salesianerkirche zeigt vor allem neogotische Züge, daneben auch Elemente neomaurischen Stils. Mit der Vielzahl der verwendeten Baustoffe und den daraus resultierenden Farbeffekten gilt sie aber auch als einer der Vorläufer des Modernisme. Gestaltet wurde sie 1885 von Joan Martorell, einem Lehrer Gaudís, der bei dem Bau auch assistierte. Leider erlitt die Kirche, ebenso wie das zugehörige Kloster, in der Setmana Tràgica von 1909 wie auch im Bürgerkrieg schwere Zerstörungen.

Das Haus mit dem Radfahrer

Casa Macaya

1901 errichtete Puig i Cadafalch dieses von der katalanischen Architektur des Mittelalters inspirierte Haus am Passeig de Sant Joan 108. Der Baumeister war seinerzeit schwer beschäftigt, arbeitete er doch an drei verschiedenen Häusern gleichzeitig, zwischen denen er mit dem Fahrrad pendelte. Sein Mitarbeiter, der Bildhauer Eusebi Arnau, der ohnehin eine Reihe zeitgenössischer Motive geplant hatte, erlaubte sich deshalb den kleinen Scherz, einen Fahrradfahrer in das Kapitell links des Eingangs zu meißeln. Die Fassade ähnelt ein wenig der der zeitgleich entstandenen Casa Amatller, wirkt mit ihrem vielen weißen Stuck insgesamt jedoch weniger ornamental. Seit 2012 beherbergt der Bau das Sozial- und Kulturzentrum EspaiCaixa.

Eixample → Karte S. 100/101

Tour 10: La Sagrada Família & Hospital de la Santa Creu i Sant Pau

Ein kurzer, angenehmer Spaziergang, der zwei hochrangige Monumente des Modernisme miteinander verbindet. Start ist an der Kirche → **Sagrada Família** (Metro: Sagrada Família) selbst. Gaudís Meisterstück, das Wahrzeichen Barcelonas und größtes Modernisme-Bauwerk überhaupt, liegt etwas abseits der gängigen Routen, ist aber jeden Umweg wert. Nur zehn Minuten Fußweg

Herb: Subirachs-Skulpturen an der Westfassade der Sagrada Família

entfernt wartet das grandiose Modernisme-Krankenhaus → **Hospital de la Santa Creu i Sant Pau** (Metro: Hospital de Sant Pau) von Domènech i Montaner, von der UNESCO als Weltkulturerbe ausgewiesen.

Die **Avinguda Gaudí** bildet die Verbindung zwischen den beiden Prachtbauten. Ihre diagonale Linienführung passt so gar nicht zum typischen Raster von Eixample, und tatsächlich stammt der Straßenzug auch erst aus den Zwanzigerjahren des letzten Jahrhunderts. Die hübschen Modernisme-Straßenlaternen erhielt die Avinguda bei ihrer Ausweisung als Fußgängerzone 1985; sie standen vorher an der Kreuzung des Passeig de Gràcia mit der Avinguda Diagonal und wurden vom Spezialisten Pere Falqués gestaltet, von dem auch die Laternen am Passeig de Gràcia selbst und am Passeig de Lluís Companys stammen. Die zahlreichen Cafés der Avinguda drängen sich für eine Pause geradezu auf.

Sehenswertes

Gaudís Lebenswerk

Sagrada Família

Obwohl bis heute nicht vollendet, brilliert der *Templo Expiatorio de la Sagrada Família* („Sühnetempel der Heiligen Familie") durch seine ungewöhnliche Formensprache abseits aller herkömmlichen Stile. Die rein aus privaten Spenden finanzierte Kirche wurde 1882 als konventionell neogotischer Bau begonnen. Ein Jahr später übernahm der gerade 31 Jahre alte Gaudí die architektonische Leitung. Die Kirche geriet zu seinem Lebenswerk, sollte zu einer „Predigt aus Stein" werden. Ab 1911 lehnte Gaudí alle weiteren Aufträge ab und konzentrierte sich ausschließlich auf die Sagrada Família, auf deren Baustelle er sogar Wohnung bezog. Als Gaudí 1926 starb, hatte er 43 Lebensjahre der Kirche gewidmet, in der er dann auch sein Grab erhielt.

Nach Gaudís Tod verhinderte zunächst der Spanische Bürgerkrieg die Fortsetzung des Baus. Damals wurden leider auch die meisten Baupläne und Modelle durch einen Brand zerstört, Ursache zahlloser Kontroversen. Die Wiederaufnahme der Arbeiten im Jahr 1952 war von heftigem Streit begleitet, ein Disput, der sich bis heute fortsetzt. Kritiker sahen eine völlige Verfälschung der Ideen Gaudís und forderten, die Kirche im „Urzustand" zu belassen, mithin unfertig. Die Gegenseite, nämlich die streng katholische, von Barcelonas Erzbischof geleitete Stiftung Gaudí, argumentiert wiederum, Gaudí selbst sei sich im Klaren gewesen, dass ebenso wie bei mittelalterlichen Kathedralen mehrere Generationen und damit auch mehrere Architekten an dem Bau beteiligt sein würden. Tatsächlich soll Gaudí mit einer Bauzeit von zweihundert Jahren gerechnet haben. Bis die Arbeiten an der Sagrada Família einst beendet sein werden, dürfte also noch einige Zeit ins Land gehen, auch wenn heute Computermodelle Gaudís Intuition und Genialität ersetzen. Immerhin macht der Bau sichtbare Fortschritte und erhielt dann auch am 7. November 2010 die Weihe durch Papst Benedikt XVI. 9000 Personen können hier nun bei einem der Gottesdienste (nur zu besonderen Anlässen und normalerweise nur auf Einladung) Platz finden. Irgendwann wird wohl auch die Bemalung in Angriff genommen werden, hatte Gaudí die Sagrada Família doch vielfarbig geplant. Optimisten hoffen darauf, dass bis zum hundertsten Todestag Gaudís im Jahr 2026 die Arbeiten abgeschlossen sein werden. Doch schon jetzt ist die Monumentalkirche der bedeutendste Anziehungspunkt von Barcelona, zählt Jahr für Jahr mehr als drei Millionen Besucher.

Beeindruckend ist die Sagrada Família denn auch wirklich, ob man sie nun für Kunst hält oder für Kitsch in den Formen einer von Kinderhand gebauten Sandburg – denn auch solche Stimmen gibt es. Angelegt als Basilika mit fünf Haupt- und drei Querschiffen sowie einem umlaufenden Kreuzgang, beherrscht religiöser Symbolismus die erst teilweise verwirklichte Struktur: Die über hundert Meter hohen, durchbrochenen und konisch zulaufenden Türme sollen die Apostel symbolisieren; errichtet sind bislang jedoch nur acht der zwölf Türme. Ein mit 170 Meter Höhe alles überragender „Erlöserturm" wird (irgendwann ...) für Jesus Christus, ein weiterer Turm über der Apsis für die Jungfrau Maria stehen. Die Fassaden sind im Osten Christi Geburt, im Süden der Auferstehung und im Westen der Passion gewidmet. „Gaudí pur", also zu Lebzeiten des Meisters entstanden, sind nur die Hauptkrypta, die Apsis, einer der Türme und die in Richtung Plaça de Gaudí weisende Ostfassade. Beendet sind auch die Arbeiten an der umstrittenen Westfassade.

Die *Ostfassade* (auch Geburtsfassade genannt) gilt als Hauptwerk der Kirche, stammt sie doch noch von Gaudí persönlich. Dem Sonnenaufgang zugewandt und überreich mit naturalistischen Skulpturen (darunter allein 36 verschiedenen Vogelarten) versehen, steht sie im Zeichen der Freude über Christi Geburt. Das südliche der drei Portale, das „Portal der Hoffnung", zeigt den Kindermord des Herodes und mittels einer Nillandschaft die Flucht nach Ägypten; das nördliche „Portal des Glaubens" unter anderem den predigenden Christus. Das mittlere und größte „Portal der Liebe" stellt Josef, Maria, Jesus und musizierende Engel dar; viele Figuren wurden nach lebenden Modellen gearbeitet. Hoch über dem Portal thront der „Baum des Lebens", eine Zypresse, mit dem Heiligen Geist in Form einer Taube auf der Spitze. 2005 wurde die Ostfassade, zusammen mit der Krypta, in die UNESCO-Liste des Weltkulturerbes aufgenommen.

Die herbe, düstere *Westfassade*, der Passion gewidmet und heute der Haupteingang, bildet den krassen Gegenpol zur optimistischen, fröhlichen

Von Gaudí selbst gestaltet: Ostfassade der Sagrada Família

Ostfassade. Die stark umstrittenen Skulpturen hier, seltsam emotionslos anmutend, wurden ab Mitte der Achtziger vom katalanischen Künstler Josep Maria Subirachs (1927–2014) gestaltet und 1998 beendet. Für manchen sind sie Gegenstand hoher Verehrung, für andere Zielscheibe bösen Spotts – entscheiden Sie selbst. Sicher jedoch, dass sich Subirachs Stil von dem Gaudís extrem unterscheidet.

Das *Innere* der Kirche erinnert, ganz nach Gaudís Gusto, an einen Wald aus Stein. Der Architekt, der sich immer an der Natur orientiert hatte, tüftelte nach dem Vorbild des Baums eine vielfach verzweigte Konstruktion aus, die im Gegensatz zu gotischen Kirchen ohne Strebepfeiler auskommt. Gaudí baute ein Modell aus Eisendrähten und Gewichten (zu sehen im Museum), das er herabhängend ausbalancierte und fotografieren ließ. Aus der um 180 Grad gedrehten Fotografie entwickelte er dann das Gewölbe des so genannten „hyperbolischen Paraboloids", das keine der gotischen „Krücken" (Originalton Gaudí) mehr benötigt und hohem Druck standhält. Traumhaft sind die Lichtspiele, die sich ergeben, wenn die Sonne durch die farbenprächtigen Glasfenster scheint. Zu einem weiten Überblick verhilft die Liftauffahrt in einem der Türme, ein Experiment, dem sich nur Schwindelfreie unterziehen sollten.

Das *Museu de la Sagrada Família* ist den Besuch absolut wert und zeigt neben einer Multi-Visions-Schau auch Material über das Gesamtwerk Gaudís sowie Pläne und Modelle der fertigen Kirche. Von hier ist (wie auch von der Kirche selbst) ein Blick hinab auf Gaudís Grab möglich, das in einer Seitenkapelle der Krypta liegt.

April bis September 9–20 Uhr, März und Oktober 9–19 Uhr, sonst 9–18 Uhr. Ticketverkauf am C. Sardenya (Westfassade), Einlass am Carrer de la Marina (Ostfassade). Beim Kauf der Eintrittskarte wird ein viertelstündlicher Einlass-Zeitpunkt gewählt (Vorabkauf im Internet) bzw. vergeben (Kauf an der Kasse), der in letzterem Fall bei großem Andrang durchaus fünf Stunden später liegen kann; nicht nur zur Hochsaison ist es deshalb ratsam, das Ticket schon vorab zu erwerben. Eintrittskarten im Internet unter www.sagradafamilia.org, oben rechts Sprache (leider nur Englisch, bisher kein Deutsch) wählen, später die Zugangszeit. Achtung: Der Zehn-Uhr-Zugang beipielsweise endet um 10.15 Uhr, danach verfällt das Ticket! Der Aufenthalt innen ist hingegen zeitlich unbeschränkt. Normale Eintrittsgebühr etwa 15 € („Basic Ticket"), gegen Aufpreis auch Pakete mit Audioguide („Audio Tour", 22 €), Führung („Guided Experience", 24 €) oder dem Besuch eines der Türme („Top Views", inklusive Audioguide 29 €), für den ein weiterer Zeitpunkt festgelegt werden muss. Der nachträgliche Erwerb von Extras (Audioguide, Türme) ist nicht möglich. Service-Telefon der Sagrada Família: ✆ 932 080414. Führungen auf Deutsch gibt es prinzipiell, Termine sind aber selten; eine Alternative bildet die (etwas teurere) Buchung einer deutsch geführten Tour über Veranstalter, z.B. www.getyourguide.de.

Weltkulturerbe, etwas abseits gelegen

Hospital de la Santa Creu i Sant Pau

Nur etwa zehn Minuten Fußweg entfernt, steht das Modernisme-Krankenhaus am Ende der Avinguda Gaudí deutlich im Schatten der Sagrada Família. Während sich dort die Massen drängen, finden nur wenige den Weg zu diesem einzigartigen Ensemble, das auch als *Sant Pau Recinte Modernista* bekannt ist und von der UNESCO in der Liste des Weltkulturerbes geführt wird. Geplant und erbaut wurde das Hospital ab 1905 von Domènech i Montaner, dessen Arbeit sein Sohn Pere bis 1930 fortführte. Finanziert durch eine testamentarische Verfügung des Bankiers Pau Gil, löste es das mittelalterliche Krankenhaus Santa Creu im Viertel Raval ab und erhielt deshalb einerseits den Namen seines Vorgängerbaus, andererseits aber auch den Vornamen des edlen Stifters.

Der Eingangspavillon des rund zehn Hektar großen Geländes bildet das dominierende Gebäude des Ensembles. Gekrönt von einem zentralen Uhrturm, weist das Backsteingebäude eine Fülle christlicher Symbole auf, darunter die allegorischen Figuren des Glaubens, der Liebe und der Hoffnung. Geschaffen wurden sie, wie die meisten Skulpturen des Hospitals, vom jungen Pau Gargallo, einem Schüler Eusebi Arnaus. Hinter dem Eingang erstrecken sich 17 weitere Pavillons. Die zwölf dem Hauptgebäude am nächsten liegenden Bauten, allesamt herrlich geschmückt, sind das Werk von Domènech i Montaner, die übrigen das seines Sohns. Verbunden werden die einzelnen Bauten durch ein richtungsweisendes System unterirdischer Gänge, das mehr als einen Kilometer umfasst. Auch die weiten Abstände zwischen den Gebäuden und die Anlage von Grünflächen, auf denen die Patienten Sonnenlicht und Frischluft genießen konnten, spiegeln den innovativen Charakter der Anlage. Die Ausweisung

Modernisme-Juwel: Hospital de la Santa Creu i Sant Pau

zum Weltkulturerbe der UNESCO im Jahr 1984 war natürlich eine große Ehre, erwies sich für die eigentliche Funktion jedoch als nachteilig, dürfen die Gebäude und ihr Umfeld doch seitdem nicht mehr verändert werden. Hinter dem alten Krankenhaus entstand deshalb ein neues „Nou Hospital", während die Pavillons anderweitig genutzt werden und teilweise als Firmensitz oder für Forschung und kulturelle Zwecke dienen; längst nicht alle sind deshalb auch von innen zugänglich.

Mo–Sa 10–18.30 Uhr (Nov. bis ca. Mitte März nur bis 16.30 Uhr), So 10–14.30 Uhr. Eintrittsgebühr 10 €, mit Führung 16 €; Führungen auf Englisch täglich 12 und 13 Uhr. www.santpaubarcelona.org.

Flohmarkt und Designzentrum

Abstecher zur Plaça de les Glòries Catalanes

Bei Redaktionsschluss dieser Auflage war der ausgedehnte Platz an der Kreuzung der Gran Via de les Corts Catalanes mit der Avinguda Diagonal noch eine große Baustelle und wird dies auch noch eine Weile bleiben. Nach Fertigstellung der Arbeiten jedoch wird sich die Plaça, früher kaum etwas anderes als ein wahrhaft gigantischer, chaotischer Verkehrskreisel, in ein neues Vorzeigeobjekt der Stadt verwandelt haben. Einen Anfang in dieser Richtung machte bereits im Jahr 2005 die Eröffnung des nahen Hochhauses *Torre Agbar*, ein Werk des französischen Architekten Jean Nouvel, das die Medien gerne mit einem „Riesenphallus" oder einem monströsen „Zäpfchen" vergleichen. Der mehr als 140 Meter hohe, nachts farbig beleuchtbare Turm ist längst ein Wahrzeichen Barcelonas geworden, war bisher jedoch leider nicht zu besuchen– künftig könnte sich dies ändern, soll die Torre doch eines Tages in ein Hotel der Hyatt-Kette umgebaut werden. Eine weitere auffällige Neukonstruktion der Plaça ist die luftige Markthalle *Nous Encants* (Mo, Mi, Fr und Sa 9–20 Uhr). Sie ersetzt seit 2013 den traditionsreichen früheren Flohmarkt Els Encants, dessen Anfänge bis ins 14. Jh. zurückreichten. Entgegen anfänglichen Befürchtungen ist der Trubel auf der untersten

Etage des mehrgeschossigen Gebäudes ganz der gleiche geblieben wie früher. Mo, Mi und Fr finden jeweils von 7.30 bis 8.30 Uhr Auktionen statt, bei denen das Angebot ganzer Stände en bloc an Wiederverkäufer versteigert wird. Geboten wird dabei in „Duros" (ca. 0,03 Cent), der alten Bezeichnung für die ehemalige 5-Pesetas-Münze ... Der Rest der Plaça de les Glòries soll vor allem zu einem städtischen Park etwa von der Größe des Parc de la Ciutadella umgewidmet werden – bis zur vollständigen Beendigung dieses Projekts, für das auch alle Fahrspuren in den Untergrund verlegt werden müssen, dürfte allerdings noch etwas Zeit ins Land gehen.

Vier Museen in einem

Disseny Hub Barcelona (DHUB)/Museu del Disseny

Direkt an der Plaça de les Glòries erhebt sich dieses 25.000 Quadratmeter große Designzentrum, das vom MBM-Architektenteam um Oriol Bohigas, Josep Martorell und David Mackay geplant wurde und neben Büros und Forschungsstätten zum Thema Design und angewandter Kunst auch das Designmuseum Museu del Disseny umfasst. Die vielfältige Ausstellung speist sich aus den Exponaten von vier ehemaligen Museen, die früher im Palau Reial in Pedralbes untergebracht waren. Deren Themenschwerpunkten in etwa folgend gliedert sich auch das Museum. Die erste Etage zeigt angewandte Kunst des 20. und 21. Jh., die zweite ältere Stücke bis hin zum Modernisme, darunter viel Keramik. Auf der dritten Etage wird in sehr schöner Präsentation der Wechsel der Mode im Laufe der Jahrhunderte beleuchtet; die vierte Etage widmet sich, insbesondere anhand von Werbeplakaten, der Evolution grafischer Kunst.

Di–So 10–20 Uhr, Eintrittsgebühr 6 €, temporäre Ausstellungen gehen extra. Am ersten So im Monat und jeden So ab 15 Uhr ist der Eintritt frei. Cafeteria vorhanden.

Barcelona im Kasten

Noch mehr Modernisme

Im Folgenden eine Auswahl weiterer, in den Stadtteilkapiteln nicht gesondert aufgeführter Gebäude des Modernisme. Leider sind nicht alle auch von innen zu besichtigen.

Eixample **Casa Calvet**: Am Carrer Casp 48, nicht weit von der Plaça de Catalunya. Antoni Gaudí baute dieses Haus ab 1898 für die reiche Textilfabrikanten-Familie Calvet. Die typische Handschrift des Meisters ist zwar erkennbar, insgesamt fiel das Ergebnis, gemessen an den späteren Bauten, aber eher konventionell aus. Dennoch, oder vielleicht sogar deswegen, erhielt die Casa Calvet im Jahr 1900 den erstmals ausgelobten Preis der Stadt für das schönste neue Gebäude Barcelonas. Heute ist hier das Gourmetrestaurant Casa Calvet (→ Essen & Trinken) untergebracht.

Plaza de Toros Monumental (1913–15), Gran Via 749 (Metro L 1, Glòries). Die Stierkampfarena, durch eigenwillige Zitate maurischen Stils geprägt, stammt von Ignasi Mas. Das katalanische Stierkampfverbot wurde zwar vom spanischen Verfassungsgericht aufgehoben, Katalonien versucht jedoch, sie weiter zu verhindern; die Zukunft der Arena ist deshalb ungewiss.

Altstadt **Casa Martí** (1895–96), Carrer de Montsió 3 (Seitenstr. Avinguda Portal de L'Àngel). Eine frühe Arbeit von Puig i Cadafalch, Sitz des Traditions-Cafés „Els Quatre Gats".

Sarrià-St. Gervasi **Collegi de les Teresianes** (1888–89), Carrer Ganduxer 83 (FGC, Station La Bonanova). Von Gaudí auf der Grundlage eines älteren Gebäudes vollendete Nonnenschule.

Außerhalb **Colònia Güell** (1908–1918), die Arbeitersiedlung Güell mit einer unvollendeten Kirche Gaudís. Sie liegt bei Santa Coloma de Cervelló, etwa zehn Kilometer westlich von Barcelona, zu erreichen mit FGC-Zügen ab der Plaça Espanya Richtung Martorell, Linien S4, S8 und S33. Krypta und Portikus der Kirche sind seit 2005 Weltkulturerbe. Ein Interpretationszentrum ist angeschlossen. Geöffnet Mo–Fr 10–19 Uhr (Nov.–April nur bis 17 Uhr), Sa/So 10–15 Uhr; Eintritt 7 €. www.gaudicoloniaguell.org.

Praktische Infos

→ Karte S. 100/101

Essen & Trinken

Von Montag bis Freitag offerieren fast alle Restaurants in Eixample ein günstiges Mittagsmenü (nicht nur) für die werktätige Stammkundschaft. Naturgemäß sehr gehoben, auch im Preis, sind die Restaurants der vielen Luxushotels in Eixample, von denen sich eine ganze Reihe mit berühmten Chefköchen und Michelinsternen schmückt.

Rest. Casa Calvet **49**, im gleichnamigen Gaudí-Gebäude. Wunderbares Dekor, feine, saisonabhängige mediterran-katalanische Küche mit leichtem und modernem Touch, gute Weinauswahl. Menü à la carte ab etwa 50 € aufwärts. Carrer Casp 48, ✆ 934 124012. So (im Sommer auch Mo) sowie während einer Augustwoche geschlossen.

meinTipp **Rest. L'Olivé** **28**, elegantes Restaurant mit klassisch-katalanischer Küche und prima Weinauswahl. Gepflegt werden hier besonders die Spezialitäten der Bergküche, doch kommen auch maritime Genüsse nicht zu kurz. Auch von Lesern gelobt. Menü ab etwa 40 €. Carrer Balmes 47, ✆ 934 521990. So-Abend geschlossen.

Rest. Tragaluz **7**, das Flaggschiff der gleichnamigen Kette feiner Restaurants. Edles Design mit verschiebbarem, lichtdurchlässigem Glasdach, kreative mediterran-internationale Küche. Ein Menü à la carte gibt es ab etwa 40 €; die Weine sind nicht billig. Im gleichen Gebäude (im EG) liegt mit „El Japonés" eine Dependance, die auf japanische Küche spezialisiert ist. Passatge de la Concepció 5, ✆ 934 870621, www.grupotragaluz.com.

meinTipp **El Nacional** **37**, kein einzelnes Restaurant, sondern eine ganze Halle voller Lokale. Das 1889 errichtete Gebäude, ein wahres Denkmal der Industriearchitektur, hat eine lange Geschichte hinter sich, war einst Theater, Fabrik, Autohandel und zuletzt Garage. Im amüsant-pompös dekorierten Inneren gibt es auf 3300 Quadratmetern vier Restaurants (Fleisch, Fisch, Tapas und Deli-Fastfood) sowie mehrere Bars. Sehenswert bis hin zu den Toiletten! Passeig de Gràcia 24 bis, am Ende einer kleinen Passage. Täglich geöffnet, ✆ 935 185053.

Bar-Rest. Madrid-Barcelona **27**, auch bekannt unter dem Namen des katalanischen Nationalgerichts „Pa amb Tomàquet". Ein hübsch eingerichtetes Lokal mit relativ zivilen Preisen

Küchenkunst im Gaudí-Haus: Restaurant Casa Calvet

und guter Küche, insbesondere frittierter Ware (Fisch und Meeresfrüchte, Gemüse) und katalanischen Gerichten. Oft voll besetzt, zu den Hauptessenszeiten muss man sich meist ein wenig anstellen. Carrer Aragó 282, ✆ 932 157026. So Ruhetag.

Rest. Au Port de la Lune **36**, manchem vielleicht noch vom früheren Standort nahe dem Boqueria-Markt bekannt. Kleiner, netter Familienbetrieb mit französischer Küche, sehr gut sind hier insbesondere die Fleischgerichte. Festes Menü (auch abends) 25 €, à la carte ab etwa 30 €. C. Pau Claris 103, So-Abend geschlossen. ✆ 934 122224.

La Bodegueta Provença **8**, ein Ableger der Bar la Bodegueta (→ unten). „Richtig gut: Der Wein ist super und günstig, die Tapas sind grandios, und die Bedienung ist freundlich, schnell, charmant, zuvorkommend. Gut besucht. Carrer de Provença 233" (Lesertipp Gabi Netz).

meinTipp **Rest. La Palmera** **17**, etwas abseits der Rennstrecken, aber den Weg durchaus wert. Kleines, vorwiegend von Einheimischen besuchtes

Lokal in einer der schönsten Straßen des „linken" Eixample. Mo–Sa mittags (unbedingt vor 14 Uhr eintreffen, sonst belegt) sowie Mo–Mi abends wird für bescheidene 22–24 € ein Probiermenü aus jeweils drei auszuwählenden Vorspeisen und drei Hauptgerichten serviert, alles natürlich in kleinen, köstlichen Portionen. So geschlossen. Carrer d'Enric Granados 57, ✆ 934 532338.

Rest. El Nou de Granados 32, in derselben Straße, jedoch ein Stück weiter unten in Richtung Plaça de la Universitat. „Essen und Wein sehr gut, Atmosphäre sehr angenehm, Service aufmerksam, nicht teuer" (Lesertipp Peter Schmidhuber). Carrer d'Enric Granados 9.

Rest. La Polpa 14, ganz in der Nähe des La Palmera. Nettes Dekor, fantasievolle mediterrane Küche, prima Preis-Leistungs-Verhältnis: Tagesmenü etwa 11 €, verschiedene Abendmenüs (u.a. je nach Wochentag) etwa 16–25 €. Carrer d'Enric Granados 69. Abends Reservierung ratsam: ✆ 933 238308. Schräg gegenüber auf Hausnummer 48 und von Lesern sehr gelobt: **Rest. Cabanela 16**.

Rest. El Mercader de l´Eixample 18, noch junges Restaurant in einem hübschen Haus nicht weit von der Rambla de Catalunya; kleine Außenterrasse, die ohne den nahen Straßenverkehr noch schöner wäre. Feine katalanische Küche in kleinen Portionen, aus denen man sich sein Essen zusammenstellt; viele Speisen aus ökologischer Produktion und lokalen Materialien („kilómetro zero"). Etwa 25 € pro Kopf sind zu rechnen. Täglich geöffnet. Carrer Mallorca 239, ✆ 932 720705.

Rest. Volta al Món 31, ebenfalls im „linken" Eixample. „In ungewöhnlicher Atmosphäre und bei ebenso ungewöhnlicher Musik haben wir hier ein außergewöhnliches, vielgängiges und internationales Tapasmenü genossen. Die beiden Betreiber sind mit Herzblut dabei und bemühten sich sehr um uns. Carrer Muntaner 51" (Lesertipp Holger & Corina Junk). In der Tat eine sehr gute Adresse. Nur abends geöffnet, So/Mo geschlossen. ✆ 934 542531.

Muscleria La Muscle 19, im „rechten" Eixample; innen erstaunlich groß, mit offener Küche. Hier dreht sich fast alles um marktfrische Miesmuscheln (Mejillones), die es in diversen Varianten gibt. Recht günstige Preise, Mittagsmenü mit Muscheltopf gerade mal 11 €. Täglich geöffnet. Carrer Mallorca 290, Ecke Carrer Bruc, ✆ 934 589844.

Rest. Pirineu en Boca 51, weit unten im „rechten" Eixample, fast schon an der Ronda Sant Pere. Eine Mischung aus Geschäft, Metzgerei und Restaurant, das vorwiegend gegrilltes

Lecker und reichlich: baskische „Pintxos"

Eine ganze Halle voller Lokale: El Nacional

Fleisch von frei lebenden Tieren aus den Pyrenäen serviert, vom Baskenland bis Katalonien – der Name „Pyrenäen im Mund" ist Programm. Nicht teuer. Auch Verkauf typischer Pyrenäenprodukte wie Käse, Wurstwaren, Honig, Pilze, Wein... So-Abend geschlossen. Carrer Girona 17, ✆ 931 296987.

Rest. Corte Inglés 52, an der Plaça de Catalunya. Ganz oben im Kaufhaus, vom Ambiente her eher Cafeteria denn Restaurant, erwähnenswert vor allem aufgrund des beeindruckenden Blicks über die Stadt bis zum Montjuïc. Speisen sowohl im Self-Service-Verfahren als auch à la carte.

Woki Organic Market 48, nahe der Plaça Catalunya. Eine witzige und hübsch dekorierte Kombination aus Öko-Restaurant und Bioladen; diverse Essstände mit Pizza, Pasta, Sushi und Fleischgerichten, natürlich auch Speisen aus dem namensgebenden Wok. Nicht teuer, bezahlt wird nach Abrechnungsbon an der Kasse. Auch Frühstück. Geöffnet täglich bis Mitternacht, am Wochenende bis 1 Uhr. Ronda de la Universitat 20. Weitere Märkte und Lokale der Gruppe finden sich unter www.tribuwoki.com .

Bar Mut 4, bereits auf der anderen Seite der Diagonal, nahe der Casa Comalat. Das Lokal, das wie ein Jahrzehnte alter Klassiker wirkt, wurde erst 2004 gegründet. Gutes Essen, prima Weinauswahl, auch ein netter Platz fürs Frühstück. Nicht billig. Sonntags geöffnet, eine Ausnahme nicht nur in Eixample, dann besser reservieren: ✆ 932 174338.

Tapaç 24 34, Tapa-Bar unter prominenter Leitung, eins von mehreren Lokalen des bekannten Chefs Carles Abellán. Prima Tapas erster Qualität aus hochwertigen Produkten, die Preise entsprechen dem Gebotenen. Auch hier kann man gut frühstücken. Abends wird es voll. Carrer Diputació 269, nahe Passeig de Gràcia. ✆ 934 80977.

Bar La Bodegueta 13, eine weitere Tapa-Bar, in der es neben leckeren Häppchen auch glasweise feinen Cava gibt. Tische an der Rambla, unten urige Atmosphäre zwischen alten Fässern. Rambla de Catalunya 100.

Cerveseria Catalana 20, eine modern gestaltete „katalanische Bierstube" mit naturgemäß guter Bierauswahl, aber auch breitem Angebot an prima Tapas, insbesondere Montaditos und

Meeresfrüchte. Oft bis auf die Straße hinaus belebt. Carrer Mallorca 236.

Cervecería Ciudad Condal 39, diesmal in spanischer Schreibweise der „Bierstube", dabei ist das Lokal doch nach der „gräflichen Stadt" Barcelona benannt ... Egal, das Ambiente ist schick und die Tapas sind sehr gut. Gehobenes Preisniveau. Rambla de Catalunya 18.

Bar-Rest. Aitor 11, gleich bei der Sagrada Família, also in einem sehr touristischen Umfeld. Baskisches Lokal mit prima Pintxos, aber auch kompletten Gerichten; im erstaunlich geräumigen, angenehm kühlen Inneren auch von den Einheimischen gern besucht. Nicht teuer. Carrer Sardenya 324.

Marisquería La Paradeta 12, ganz in der Nähe. Schmucklos-nüchternes Lokal, das Fisch und Meeresfrüchte im Self-Service-Verfahren serviert; Details hierzu in der Beschreibung des gleichnamigen Schwesterlokals im Kapitel „Sant Pere und La Ribera/El Born". Günstige Preise. Mo geschlossen. Passatge de Simó 18.

Laie Llibreria Café 43, nur einen Katzensprung von der Plaça Catalunya. Einer Buchhandlung angeschlossen und Ausgangspunkt einer ganzen Kette von Museums-Cafés. Morgens gut fürs Frühstück, mittags werden auch (nicht ganz billige) Menüs angeboten. Carrer Pau Claris 85, www.laie.es.

Einkaufen

Shoppingparadies Eixample: Entlang des Passeig de Gràcia und der Rambla de Catalunya liegt ein reizvoller Laden neben dem nächsten. Die Preise allerdings fallen nicht gerade niedrig aus.

Flohmarkt Nous Encants 42, Mo, Mi, Fr, Sa 9–20 Uhr unter dem hypermodernen Marktdach an der Plaça de les Glòries (→ dort); der Nachfolger des traditionsreichen Flohmarks Encants Vells.

Kaufhäuser & Shopping-Center El Corte Inglés 52, Spaniens führende und landesweit praktisch konkurrenzlose Kaufhauskette. Große Filiale an der Plaça de Catalunya, www.elcorteingles.es.

Bulevard Rosa 25, ältestes Shopping-Center seiner Art in Barcelona. Über hundert Geschäfte, vornehmlich auf Designermode, Schmuck, Accessoires, Lederwaren, Schuhe etc. spezialisiert. Passeig de Gràcia 55–57, www.bulevardrosa.com.

Les Glòries 45, bei der Plaça de les Glòries. Großer Komplex mit gut 200 Läden, darunter viele internationale Marken, daneben auch Kinos, Lokale etc. Avinguda Diagonal 208, www.lesglories.com.

Antiquitäten & Kunsthandwerk Bulevard dels Antiquaris 24, Passeig de Gràcia 55–57, praktisch im Bulevard Rosa. Eine ganze Reihe von spezialisierten Läden, leider meist nicht gerade billig.

Bücher, Landkarten Alibri 46 mit einer guten Auswahl auch an deutschsprachigen Büchern. Carrer Balmes 26, Höhe Gran Via; www.alibri.es.

Librería Alemana Fabre 21, neben einer großen Auswahl an Kinderspielzeug (vieles aus Holz) auch deutschsprachige Bücher für Kinder und Erwachsene. Carrer Aribau 84, www.libreriafabre.com.

MeinTipp **Altaïr 40**, auf seinem Gebiet ein Klassiker; die angeblich größte Reisebuchhandlung Europas. Viele Bücher zum Thema Reisen und Schifffahrt, auch Landkarten. Gran Via 616, nicht weit von der Plaça Catalunya, www.altair.es.

Mode/Schuhe Purificación Garcia 9, Understatement-Mode für Männer und Frauen. Purificación Garcia stammt aus Galicien, dem Modewunderland Spaniens. Klassischer Stil, feines Material, akzeptable Preise. C. Provença 292, www.purificaciongarcia.com.

Antonio Miró 16, Mode für Männer und Frauen von Kataloniens Stardesigner. Schlicht geschnittene, bequeme Ware aus edlen Stoffen. Neuer „Concept-Store" am Carrer d'Enric Granados 48, direkt neben dem Restaurant Cabanela. www.antoniomiro.es.

Camper 3/6, mehrere Filialen der mallorquinischen Kette, die preiswertes und qualitativ sehr gutes Schuhwerk fertigt, z. B. im Einkaufszentrum El Triangle (→ Rambles), an der Rambla de Catalunya 122 und am Passeig de Gràcia 100.

Mango Outlet 41, große Filiale der bekannten Kette trendiger und preisgünstiger Frauenmode. Hier im Outlet gibt's die Sachen der letzten Saison noch mal eine ganze Ecke günstiger. „Der Weg lohnt sich!" (Leserinnenbrief). Carrer Girona 37, meist an den gelangweilt wartenden Männern vor der Tür zu erkennen. Im Umfeld und in Richtung Pl. Urquinaona noch weitere Outlets, zum Teil allerdings auch Großhändler (Venda al Major), die nur in entsprechenden Mengen verkaufen.

Desigual Outlet 35, eine weitere Verkaufsstelle verbilligter Ware der vergangenen Saison, diesmal im schräg-bunten Design der

Desigual-Kette. Carrer Diputació 323, beim Hotel Praktik Garden.

Ribes & Casals **50**, „ein toller Stoffladen im alten Stil. Hunderte von Stoffballen in einer Halle, fachlich versierte und freundliche Verkäufer, unschlagbare Preise. Carrer Roger de Llúria 7, (Lesertipp Angelika Roth). Im Sommer samstags nur bis 14 Uhr geöffnet. www.ribescasals.com.

Lederwaren & Accessoires **Loewe** **29**, Spaniens Nobelmarke Nummer eins, gegründet 1834. Handtaschen, Seidenschals, Krawatten, alles klassisch-elegant und alles andere als billig. Passeig de Gràcia 35. www.loewe.com.

Design Das berühmte Designgeschäft Vinçon wurde leider geschlossen.

Jaime Beriestain Concept Store **15**, witzige Mischung aus Dekogeschäft und Café-Restaurant, komponiert vom chilenischen Designer Jaime Beriestain. Fein ausstaffierter Laden für Innendekoration mit einem gewissen Retro-Look, von der traditionellen Wurzelbürste bis zur Tischlampe. Carrer Pau Claris 167.

Dos i Una **5**, eine Fülle an Geschenkartikeln in teilweise herrlich schräger Gestaltung. Leider nur unregelmäßig geöffnet. Carrer Rosselló 275.

Muji **22**, „Qualität ohne Markennamen", so das Konzept dieser japanischen Kette, die mancher vielleicht schon aus Deutschlands besten Geschäftslagen kennt. Reiseaccessoires, Schreibwaren, Kleidung etc. Günstige Preise. Rambla de Catalunya 81, www.muji.es.

Kulinarisches **Queviures Murrià** **23**, einer der typischen „Colmados" (Kolonialwarenhändler) von Eixample, ein wunderbar nostalgisches Modernisme-Delikatessengeschäft, gegründet 1898. Superbe Auswahl an Weinen, feinen Käsen und anderen Köstlichkeiten. Carrer Roger de Llúria 85.

Pastelleria Mauri **10**, edelste Schokoladen und Pralinés mit langer Tradition. Das restaurierte Ladengeschäft vom Ende des 19. Jahrhunderts ist sehenswert. Rambla de Catalunya 102.

Cacao Sampaka **30**, noch ein Mekka für Schokoladenfans. Teil einer kleinen Kette, die von Albert Adrià, Bruder des Starkochs Ferran Adrià, mitgegründet wurde (heute ist er freilich nicht mehr dabei). Feine Schokoladen und Konfekt in vielerlei Geschmacksrichtungen; nicht billig. Ein Café ist angeschlossen. Carrer Consell de Cent 292, www.cacaosampaka.com.

Sonstiges **FCBotiga** **47**, gleich bei der Plaça Catalunya, für alle Fans des FC Barcelona, die es nicht hinaus zum Vereinsgelände schaffen – auch hier gibt es Trikots, Schuhe, Fußbälle und dergleichen mehr. Auch Verkauf von Tickets für die Spiele. Ronda de la Universitat 37.

Gespiegelt: Colmado Queviures Murrià

Jenseits der Avinguda Diagonal
Tour 11

Kleinstädtisches Flair in der Großstadt: Gràcia war mehrmals eine unabhängige Siedlung, der letzte Anschluss an Barcelona Ende des 19. Jahrhunderts wurde von den Bewohnern heftig bekämpft. Ein Highlight ist der Parc Güell nordwestlich des Viertels.

- **Casa Comalat**, Modernisme mit zwei Fassaden, S. 124
- **Casa Vicens**, ein früher Gaudí-Bau und bald Museum, S. 126
- **Parc Güell**, märchenhafter Park mit weitem Blick, S. 126
- **Gaudí Experiència**, rasante Reise für Fantasy-Fans, S. 128

Ein Städtchen in der Stadt
Gràcia

Stolz ist man im ehemaligen Arbeiter- und Handwerkerviertel auf die Eigenwilligkeit und den Widerstandsgeist der Bewohner, ebenso auf die anarchistisch-revolutionäre Vergangenheit, die durch Namen wie „Carrer de la Llibertat" (Straße der Freiheit) oder „Plaça de la Revolució" belegt wird. Vielleicht auch wegen dieser schon traditionellen Aufmüpfigkeit gegen „die da oben" hat sich das Viertel zu einem Zentrum der Alternativkultur entwickelt, ohne an Bodenständigkeit zu verlieren: sympathischer Vorstadtcharakter statt Schicki-Micki, gewürzt mit einer Reihe trendiger Bars, den Küchen vieler Kontinente und einem Nachtleben, in dem noch die Einheimischen den Ton angeben. Einmal im Jahr, zum großen Fest „Festa Major de Gràcia" in der Woche ab dem 15. August, wird Gràcia sogar zum Zentrum Barcelonas.

Die Gebäude hier sind niedrig, die Sträßchen schmal, die vielen hübschen Plätze so klein, dass sie sich kaum auf dem Stadtplan darstellen lassen. Es hat seinen Reiz, sich durch die Gassen von Gràcia treiben zu lassen, hier an einer winzigen Plaça einen Café zu nehmen und dort einen alten Handwerksladen zu bewundern. Von einigen wenigen Modernisme-Bauten abgesehen, gibt es kaum echte Sehenswürdigkeiten und deshalb auch nur wenige Touristen.

Anders die Situation im Parc Güell, der nordwestlich etwas außerhalb von Gràcia liegt, jenseits der Travessera de Dalt. Eine der originellsten Sehenswürdigkeiten Barcelonas, zählt er auch zu den meistbesuchten. Trotz des Rummels, der sich an Wochenenden durch Ausflügler aus der Stadt noch steigert, sollte man einen Abstecher in das hoch über der Metropole gelegene Freiluftmuseum keinesfalls versäumen.

Bildete Gràcia auch einst ein eigenes Städtchen, so liegt es im ausgedehnten

Barcelona von heute dagegen gar nicht so weit ab vom Schuss – der Fußweg von der Plaça de Catalunya über den Passeig de Gràcia ist in einer halben Stunde durchaus zu schaffen. Aber natürlich ist Gràcia auch an das Netz der Metro (L 3, Stationen Diagonal, Fontana oder Lesseps, L 5 Station Diagonal) und der FGC (Station Gràcia) angeschlossen.

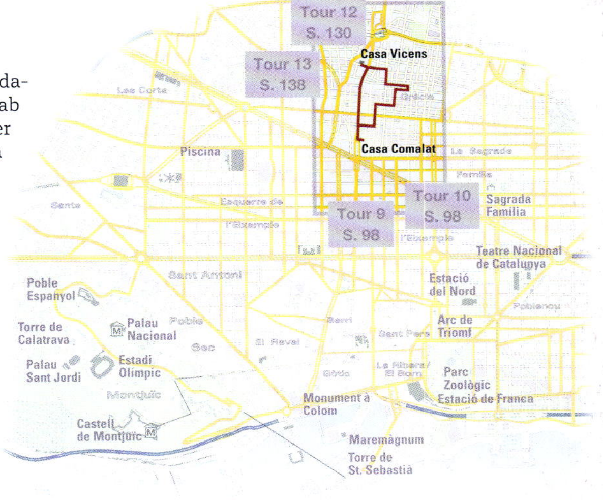

Spaziergang

Ausgangspunkt dieser Route ist die **Plaça Rei Joan Carles I.** (Metro: Diagonal) an der Kreuzung des Passeig de Gràcia mit der Avinguda Diagonal. Bevor man sich ins Herz von Gràcia begibt, lohnt sich noch ein kleiner Umweg in den Carrer de Còrsega: Die zu dieser Straße weisende Fassade der **→ Casa Comalat** zeigt sich weitaus spektakulärer als die an der Diagonal.

Wieder zurück an der Plaça, geht es nun in den Passeig de Gràcia, der hier in einer Art Parkanlage ausläuft, liebevoll „Jardinets" (Gärtchen) genannt, die freilich an beiden Seiten vom Verkehr umtost wird. Genau am Ende des Passeig de Gràcia erhebt sich die **→ Casa Fuster** von Domènech i Montaner, heute ein Luxushotel.

Nun verengt sich der Passeig de Gràcia zur Straße **Carrer Gran de Gràcia**, der von schmucken Straßenlaternen und zahlreichen Geschäften gesäumten Hauptarterie des Viertels. Auf Höhe des Carrer de Cigne lässt sich ein kurzer Abstecher nach links zum **Mercat de la Llibertad** einlegen, einer der beiden Markthallen von Gràcia. Der Markt, nach einer Totalrenovierung 2009 wieder eröffnet, wurde 1875 errichtet und zählt damit zu den ältesten der Stadt; die modernistische Dachkonstruktion datiert von 1893. Im Umkreis haben sich weitere Läden niedergelassen, die Kochutensilien, preisgünstige Kleidung, Schuhe etc. verkaufen.

Weiter oben am Carrer Gran de Gràcia geht es nochmals links, diesmal in den Carrer de les Carolines und zur vielfarbigen **→ Casa Vicens** von Antoni Gaudí. Wieder zurück, quert man die Hauptstraße des Viertels hinein in den Carrer de Santa Agata, folgt am Ende dem Carrer de l'Olla de Torrent nach rechts und biegt am Carrer d'Asturies links ab. Die rechter Hand gelegene **Plaça del Diamant** verdankt ihren Namen einem Juwelier, der früher das Land hier besaß und bei der Vergabe von Namen ein lautes Wörtchen mitredete – auch die Namen der nahen Straßen Perla (Perle), Robí (Rubin) und Or (Gold) gehen auf seine Intervention zurück. Der funkelnden Benennung zum Trotz ist der Platz wahrlich keine Schönheit, wurde hier doch allzuviel und vor allem zu lieblos restauriert und gebaut. Wesentlich attraktiver zeigt sich die nahe, heimelige **Plaça de la Virreina** mit ihrem hübschen Brunnen und der 1884 errichteten Pfarrkirche Sant Joan.

Über den Carrer de l'Or gelangt man zum **Carrer Verdi**, einer der buntesten Straßen des Viertels. Hier und in den Seitenstraßen finden sich vielerlei Läden und Bars; ganz in der Nähe liegt am Carrer Montseny 47 der Stammsitz des berühmten katalanischsprachigen Theaters Teatre Lliure. Der Carrer Verdi endet an der **Plaça Revolució de Setembre de 1868**, benannt nach einem auch als „La Gloriosa" bekannten Aufstand, der zur Absetzung von Königin Isabella II. durch den liberalen General Prim führte und (für wenige Jahre) die Monarchie in Spanien beendete.

Die Fassade zum Carrer de Córsega: Casa Comalat

Von hier sind es über den Carrer de Maspons nur ein paar Schritte zur **Plaça del Sol**, einem der Fixpunkte von Gràcia. Gesäumt wird die etwas heruntergekommen wirkende, jedoch in Sommernächten sehr lebendige Plaça von Cafés und Music-Bars, in denen sich vor allem die Subkultur trifft. Die letzte Station des Rundgangs bildet die **Plaça de la Vila de Gràcia**. Der eigentliche Hauptplatz von Gràcia hieß bis vor wenigen Jahren nach dem einstigen Bürgermeister von Barcelona und Organisator der Weltausstellung von 1888 noch Plaça Rius i Taulet; seine Umbenennung (sie erfolgte aufgrund eines „Volksbegehrens" und einer Abstimmung, bei der gerade mal 1040 Stimmen abgegeben wurden) sorgte 2009 für einigen politischen Wirbel. Überragt wird der Platz von einem kuriosen Glockenturm, 1864 von Rovira i Trias errichtet, der so etwas wie das Wahrzeichen des Viertels bildet. Ganz in der Nähe steht auch das mehrfach umgebaute ehemalige Rathaus Casa de la Vila, für Gràcia das Symbol des Wunsches nach Unabhängigkeit, heute jedoch nur Sitz der Distriktsverwaltung. Über den Carrer de Goya geht es zurück zum Carrer Gran de Gràcia.

Sehenswertes

Man muss immer beide Seiten betrachten

Casa Comalat

Auffälligstes Merkmal dieses relativ wenig bekannten Gebäudes sind die zwei völlig unterschiedlichen Fassaden. Die zur Avinguda Diagonal gerichtete Seite fällt eher konventionell aus, die Fassade am Carrer de Còrsega hingegen ist ein Modernisme-Traum in weichen, geschwungenen Formen und vielfarbigem Mosaikschmuck; das Erdgeschoss besteht aus falschem, bunt gesprenkeltem Granit. Die Parabolbögen und knochenartigen Strukturen sind

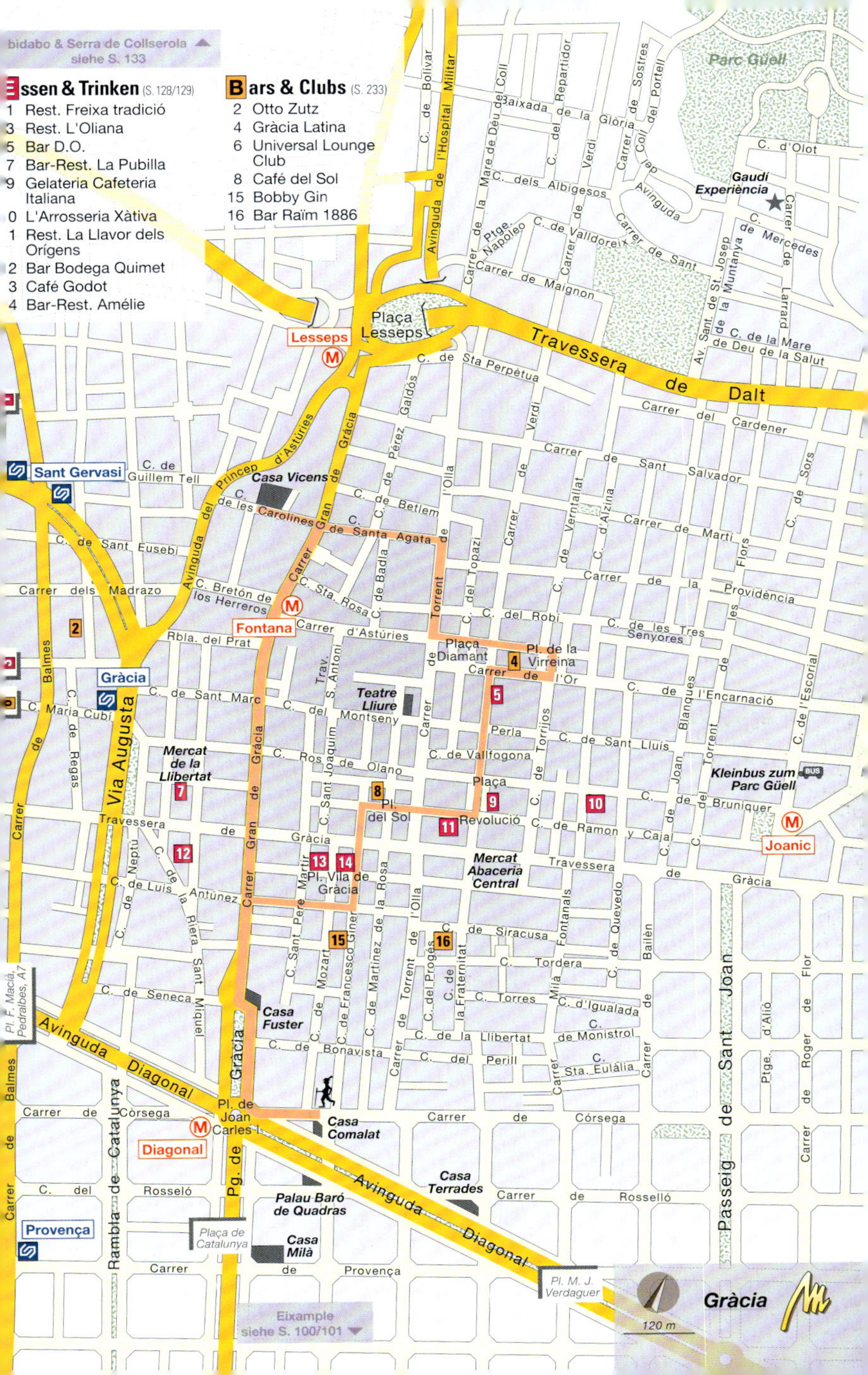

bidabo & Serra de Collserola siehe S. 133
Essen & Trinken (S. 128/129)
1 Rest. Freixa tradició
3 Rest. L'Oliana
5 Bar D.O.
7 Bar-Rest. La Pubilla
9 Gelateria Cafeteria Italiana
0 L'Arrosseria Xàtiva
1 Rest. La Llavor dels Orígens
2 Bar Bodega Quimet
3 Café Godot
4 Bar-Rest. Amélie
Bars & Clubs (S. 233)
2 Otto Zutz
4 Gràcia Latina
6 Universal Lounge Club
8 Café del Sol
15 Bobby Gin
16 Bar Raïm 1886
Parc Güell
Gaudí Experiència
Plaça Lesseps
Lesseps
Travessera de Dalt
Sant Gervasi
Casa Vicens
Fontana
Gràcia
Plaça de Diamant
Pl. de la Virreina
Teatre Lliure
Mercat de la Llibertat
Pl. del Sol
Plaça Revolució
Pl. Vila de Gràcia
Mercat Abaceria Central
Kleinbus zum Parc Güell
Joanic
Via Augusta
Casa Fuster
Avinguda Diagonal
Pl. de Joan Carles I
Diagonal
Casa Comalat
Casa Terrades
Palau Baró de Quadras
Casa Milà
Provença
Plaça de Catalunya
Pl. M. J. Verdaguer
Passeig de Sant Joan
Rambla de Catalunya
Pg. de Gràcia
Eixample siehe S. 100/101
Gràcia
120 m

ganz sicher von Gaudí inspiriert, dennoch trägt der Bau eine eigene Handschrift. Geschaffen wurde er 1909–1911 von Salvador Valeri i Pupurull, einem Vertreter der zweiten Generation von Modernisme-Architekten.

Einst Wohnhaus, heute Luxushotel

Casa Fuster

Das Haus am Passeig de Gràcia 132 entstand zwischen 1908 und 1911 unter der Regie von Domènech i Montaner, später assistiert von seinem Sohn Pere. Als Wohnhaus geplant, steht es am Übergang des Passeig de Gràcia zum wesentlich schmaleren Carrer Gran de Gràcia und schließt somit den Passeig praktisch ab. Die Marmorfassade mit neogotischen Zitaten fällt für ein Modernisme-Gebäude eher farblos aus. Heute ist hier das Luxushotel „Casa Fuster" untergebracht, das erste als „Hotel Monument" ausgewiesene Haus Barcelonas.

Trendsetter seiner Zeit

Casa Vicens

Im Carrer de les Carolines 22, einer westlichen Seitenstraße zum Gran de Gràcia, steht diese Villa, die zu den ersten Werken des jungen Gaudí und gleichzeitig zu den Anfängen des Modernisme überhaupt zählt und in der Unesco-Liste des Welterbes steht. Seine frühe Entstehungszeit – es wurde schon 1883 bis 1888 erbaut – merkt man dem Gebäude freilich nicht an. Der Bau aus unverputzten Ziegeln ist mit Bändern bunter, teilweise mit floralen Motiven versehener Kacheln geschmückt. Diese Dekoration ist zwar einerseits nicht untypisch für Gaudí, hängt aber andererseits wohl auch mit dem Auftraggeber zusammen, dem Ziegel- und Fliesenfabrikanten Manuel Vicens Montaner. Die Fassaden zeigen deutliche Anklänge an den maurischen Mudéjar-Stil, während der detailliert gearbeitete eiserne Palmenzaun an Gaudís Herkunft als Sohn eines Schmieds erinnert. Das Innere der Casa Vicens war bisher nicht zu besichtigen, doch wird sich dies ändern: 2014 wurde das Gebäude für etwa 30 Millionen Euro von der MoraBanc aus Andorra erworben, die die Casa Vicens seitdem restaurieren und in ein Museum verwandeln lässt; die Eröffnung soll, so die Ankündigungen, wenige Monate nach Erscheinen dieser Auflage erfolgen. Aktuelle Informationen bei allen städtischen Fremdenverkehrsämtern oder unter www.casavicens.org.

Natur und Architektur in Harmonie

Abstecher: Parc Güell

1900 beauftragte Gaudís Freund und Förderer, der Industrielle Eusebi Güell, den Architekten mit dem Bau einer Gartenstadt nach englischem Vorbild, in der Wohnen und Natur gleichberechtigt nebeneinander stehen sollten. Fertiggestellt an diesem größten Projekt Gaudís nach der Sagrada Familia wurden nur zwei Gebäude, das Wegenetz und die Gartenanlage. Die geplanten 60 Villen fanden keine Interessenten, vielleicht auch deshalb, weil jeder Käufer per Vertrag akzeptieren musste, auf seinem Grundstück keine Bäume zu fällen, nicht mehr als ein Sechstel der Grundstücksfläche bebauen zu lassen und keine Zäune zu errichten, die höher als 80 Zentimeter sind. 1922 wurde das Gelände als Park eröffnet.

Die luftig über der Stadt gelegene Anlage muss eine besondere Herausforderung für Gaudí gewesen sein. Er, der sich immer an organischen Strukturen orientierte und hier die Möglichkeit hatte, seine naturnahe Kunst mit der Natur selbst zu verbinden, löste die Aufgabe ganz seinem Stil entsprechend und immer voller Respekt gegenüber der Landschaftsform. Das Ergebnis, so nicht von japanischen Reisegruppen übervölkert (Gaudí ist in Japan absolut „in"), ist ein von kleinen Details und großen Ideen belebter Märchengarten, 1984 von der UNESCO in die Liste des Weltkulturerbes aufgenommen.

Eindeutig Gaudí: die Eingangspavillons am Parc Güell

Kern des Parks ist die seit 2013 zugangsbeschränkte und kostenpflichtige „Zona Monumental" oberhalb des Carrer d'Olot. Zwei typisch gaudíeske, türmchenbewehrte Pavillons (einer beherbergt das Dokuzentrum Centre d'Interpretació) ohne jede Gerade oder Ecke bewachen den ehemaligen Haupteingang, heute nur noch ein Ausgang. Dahinter gelangt man zu einer doppelten Treppe mit zwei Brunnen – einer mit einem Schlangenkopf im Wappen Kataloniens, der andere bewacht von einem freundlichen, vor allem von Kindern stets umlagerten Drachen. Der kleine Drache, fast schon ein Wahrzeichen Barcelonas geworden, ist ebenso wie das Wappen und die umgebenden Mauern in farbige Bruchkeramik („Trencadís") gekleidet. Die Treppe führt zu einem ungewöhnlichen Saal mit dorischen Säulen, der ursprünglich als Markthalle des Wohngebiets gedacht war und „Saal der 100 Säulen" genannt wird, obwohl es tatsächlich nur 86 sind. Oberhalb liegt ein weiter Platz mit herrlicher Aussicht auf die Stadt, an dessen Rand sich die berühmte gewundene Bank entlangschlängelt. Auch sie ist mit bunter Bruchkeramik geschmückt, die, wie an vielen Stellen des Parks, von Gaudís Assistenten J.M. Pujol stammt. Der Platz selbst ist so gestaltet, dass das hier aufgefangene Regenwasser durch die hohlen Säulen der Markthalle in eine unterhalb gelegene Zisterne geleitet werden konnte. Jenseits des Platzes erstreckt sich der eigentliche Park, ein behutsam und originell in die Landschaft gefügtes Gewirr von Wegen, Laubengängen, Mauern und Brücken.

Casa-Museu Gaudí: Das von Architekt *Francisc Berenguer* errichtete Gebäude sollte als „Musterhaus" der geplanten Siedlung dienen und war ab 1906 Wohnsitz Gaudís, bevor er an der Baustelle der Sagrada Familia Quartier bezog. Es liegt von der Treppe aus gesehen ein Stück rechts des großen Platzes

Gràcia → Karte S. 125

(bereits außerhalb der „Zona Monumental“) und beherbergt ein Museum, in dem einige vom Meister gestaltete Möbel sowie Zeichnungen, Modelle und Pläne Gaudís zu sehen sind.

Stadtverkehr **Metro-Station** Plaça Lesseps an der „grünen“ Metro L 3 (hier auch ein Ticketautomat für den Park!), dann noch etwa 15 min. zu Fuß über die Travessera de Dalt und die Av. Santuari de Sant Josep de la Muntanya (Rolltreppen). Ab der Plaça Universitat und der Plaça Catalunya fährt (via Passeig de Gràcia und Gran de Gràcia) recht häufig Bus Nr. 24; die beste Haltestelle ist Carretera del Carmel-Parc Güell, dann noch ein kurzes Stück zu Fuß. Variante, fast bis vor die Haupteingänge: „Gelbe“ Metro L 4 bis Station Joanic (Gràcia); ein kleines Stück oberhalb der Metro-Station hält am Carrer Escorial, kurz hinter einer Haltestelle größerer Busse, der Kleinbus Nr. 116 zum Park; Abfahrten Mo–Fr häufig, Sa ca. alle 20 min, So alle 20–40 min.

Öffnungszeiten **Parc Güell** geöffnet von etwa Nov. bis März 8.30–18.15 Uhr, April/ Sept./ Okt. 8–20 Uhr, Mai–Aug. 8–21.30 Uhr. Ticketautomaten an den beiden Haupteingängen an den Enden des Carrer d´Olot; der westliche ist über eine Treppe zu erreichen. Eintrittsgebühr zum Kernbereich „Zona Monumental“ 8 € (kleiner Rabatt mit einem Ticket des Museu d´Historia de la Ciutat und umgekehrt), im Online-Vorverkauf via Homepage 7 €. Die Zahl der Besucher ist auf 400 pro halbe Stunde begrenzt, Wartezeiten um die zwei Stunden sind nicht ungewöhnlich, der Vorverkauf (auch per Handy möglich, man erhält eine Email mit QR-Code) wird deshalb empfohlen. Das Zeitfenster liegt bei einer halben Stunde, ein 9-Uhr-Ticket z.B. erlaubt also den Zugang bis 9.30 Uhr. Ist man erst einmal drinnen, kann man so lange bleiben, wie man möchte. Auch der restliche, frei zugängliche Park lohnt den Besuch, z.B. um eventuelle Wartezeiten zu überbrücken. Und, psst, es ist nicht offiziell (und kann sich deshalb auch jederzeit ändern), aber: Morgens vor acht Uhr und abends ab etwa einer halben Stunde nach Betriebsschluss ist meist auch die „Zona Monumental“ frei zugänglich. www.parkguell.cat.

Casa-Museu Gaudí geöffnet April bis September 10–20 Uhr, sonst 10–18 Uhr; Eintrittsgebühr (vielleicht etwas hoch gegriffene) 5,50 €.

Der kleine Drache an der Treppe

Kurz, eindrucksvoll und nicht billig

Gaudí Experiència

In strategischer Lage direkt unterhalb des Parc Güell eröffnete 2012 dieses 4D-Kino, das eine Reise durch Gaudís Leben und Werk verspricht. Tricktechnisch sehr beeindruckend (für sensible Personen vielleicht gar zu beeindruckend), ruft die etwa 10-minütige, an einen Fantasy-Film erinnernde und völlig text- und erläuterungsfreie Show gemischte Empfindungen hervor – rasant ist sie allemal, lehrreich eher nicht, für (größere) Kinder aber sicher eine Attraktion. Die „vierte Dimension“ übrigens besteht u.a. aus sich bewegenden Kinosesseln...

Täglich 10–18 Uhr (Oktober bis März 10.30–17.30 Uhr), Eintritt 9 €, Kinder bis 14 J. 7,50 €. Für Kinder unter 6 J. nicht geeignet. Carrer Larrard 41, www.gaudiexperiencia.com.

Praktische Infos

→ Karte S. 125

Essen & Trinken

Rest. Freixa tradició **1**, genau genommen schon im weitläufigen Nachbarbezirk Sant Gervasi, aber nur einen Sprung von Gràcia entfernt. Der Nachfolger des berühmten Racó d´en Freixa, geleitet von Josep María Freixa, dem Vater des früheren, vielfach prämierten Chefs Ramón Freixa. Klassisch-katalanische Küche zu recht erfreulichen Preisen: Degustationsmenü (nur kompletter Tisch) knapp 40 €, à la carte liegen die Preise ähnlich. Carrer Sant Elies 22, Reservierung unter ✆ 932 097559. So-Abend, Mo, über Ostern sowie drei Wochen im August geschlossen. www.freixatradicio.com.

MeinTipp **Rest. L´Oliana 3**, ebenfalls bereits in Sant Gervasi, unweit der (sehenswerten) Markthalle Mercat de Galvany. Gut geführter Familienbetrieb gehobener Klasse, der seit mehr als 25 Jahren die klassische katalanische Küche pflegt. Elegantes Interieur auf zwei Etagen. Menü à la carte ab etwa 35 €. So-Abend geschlossen. Carrer Santaló 54, etwa 600 m westlich des Carrer de Balmes, oberhalb des Carrer Laforja, ✆ 932 010647.

Rest. L'Arrosseria Xàtiva 10, unweit östlich der Plaça Revolució. Xàtiva liegt in der Region València, aus der die Paella stammt, und tatsächlich sind Reisgerichte vielerlei Art die Hauptspezialität des Hauses. Paellas kosten etwa 15–20 €, das Mittagsmenü kommt auf rund 15 €. So-Abend geschlossen. Carrer Torrent d'en Vidalet 26, ✆ 932840502. www.arrosseriaxativa.com.

Rest. La Llavor dels Orígens 11, zwischen den Plätzen Revolució und Sol. Hiesige Filiale des gleichnamigen Restaurants im Born-Viertel und wie dieses auf original katalanische Regionalküche spezialisiert. Auch Verkauf von Produkten aus Katalonien. Mittagsmenü etwa 10 €, andere feste Menüs (auch vegetarisch) um die 20 €. Carrer Ramón y Cajal 12.

Bar-Rest. La Pubilla 7, beim Mercat de la Llibertat. Von außen recht unscheinbar, die katalanische Küche aus – natürlich – marktfrischen Produkten ist jedoch gut und vielseitig. Prima Tapas. Sehr ordentliches Mittagsmenü à 15 €. Plaça de la Llibertat 23.

Café Godot 13, nur ein paar Schritte von der Plaça de la Vila de Gràcia, dem Hauptplatz von Gràcia. Hübsches Café-Restaurant mit Mini-Gärtchen nach hinten, vielfältiger Karte und guter Weinauswahl; Sa/So Brunch. Günstiges Tagesmenü für etwa 13 €. Carrer de Sant Domènec 19.

Bar-Rest. Amélie 14, ganz in der Nähe. Ein Klassiker der Plaça und sehr beliebt, sicher auch wegen der Tische direkt auf dem Platz. Internationale Küche, Tapas etc. Auch hier gibt es ein günstiges Mittagsmenü. Placa de la Vila de Gràcia 11.

Bar D.O. 5, eine prima Adresse für „Vins i Platillos". Im Mittelpunkt steht hier der auch glasweise ausgeschenkte Wein, wie der Name (D.O.: Denominación de Origen, das spanische Qualitätssiegel für Weinbaugebiete) ja schon

Gràcias Wahrzeichen: Glockenturm der Plaça de la Vila de Gràcia

ahnen lässt, aber auch die passende Begleitung in Form kleiner Tellerchen mit feinen und originellen Happen – es sind wirklich nur Happen, allzu hungrig sollte man also nicht sein. Mittleres Preisniveau. Carrer Verdi 36, nur abends geöffnet, Sa auch mittags; So Ruhetag.

Bar Bodega Quimet 12, kleine nostalgische Bar aus alten Zeiten, voller Flaschen und seit den Fünfzigerjahren optisch fast unverändert, aber unter neuen Besitzern in Mode gekommen. Prima Tapas, gute Weinauswahl, berühmter Wermut vom Fass. Tagsüber herrscht eher wenig Betrieb, abends ist es proppevoll hier. Carrer de Vic 23.

Gelateria Cafeteria Italiana 9, stadtbekanntes Eiscafé, das seit Jahrzehnten exquisite Ware produziert; die Sorte „Schwarze Schokolade" (Chocolate Negro) geht auf ein Familienrezept von 1896 zurück. Erst ab 17 Uhr geöffnet, Mo/Di geschlossen. Plaça Revolució 2.

Von Vallvidrera zum Tibidabo

Tour 12

Mal wieder richtig frische Luft atmen? Raus aus der engen Stadt ins Grüne? Weite Panoramen bis zum Horizont erleben? Dann gibt es, neben dem niedrigeren und zahmeren Montjuïc, nur eins: hinauf auf den Tibidabo, den immerhin 512 Meter hohen Hausberg Barcelonas.

- **Parc d´Attracions**, der älteste Vergnügungspark Spaniens, S. 132
- **El Sagrat Cor**, Zuckerbäcker-Kirche mit Ausblick, S. 134
- **Museu de la Ciència CosmoCaixa**, ein Wissenschaftsmuseum der amüsanten Art, S. 134
- **Torre Bellesguard**, kleines Schlösschen von Gaudí, S. 134

Hoch über der Stadt

Tibidabo

Der Tibidabo ist die höchste Erhebung der hügeligen Serra de Collserola, die im Kapitel „Ausflüge in die Umgebung“ noch näher beschrieben wird. Seine bis in die Stadt reichenden Ausläufer waren schon zu Zeiten des Modernisme ein besonders begehrtes und teures Wohngebiet und sind es bis heute geblieben. Oben auf dem Gipfel erwarten den Besucher ein Vergnügungspark, die Kirche Sagrat Cor und der Fernsehturm Torre de Collserola, vor allem aber ein fulminantes Panorama. Der Blick auf Barcelona ist konkurrenzlos, und die Sicht soll an besonders klaren Tagen bis zu den Pyrenäen, gar zu den Balearen reichen. Der weite Ausblick ist denn auch Ursprung der Sage, der der Tibidabo seinen Namen verdankt. Hier oben nämlich soll es gewesen sein, wo der Teufel Jesus in Versuchung führte: Alles, was dessen Auge erblicke, werde er ihm geben (*tibi dabo*), wenn er nur ihm huldige ...

Ein wichtiger Aspekt des Vergnügens einer Tour auf den Berg sind die teilweise herrlich nostalgischen Verkehrsmittel (→ unten: Praktische Infos/Stadtverkehr), die auf den Tibidabo führen. Zu ihnen zählen die alte Straßenbahn *Tramvia Blau* (nicht immer in Betrieb) und die Standseilbahn *Funicular de Tibidabo*. Letztere verkehrt seit der ganzjährigen Inbetriebnahme eines Teils („Camí del Cell“) des Vergnügungsparks nun, von einer kurzen Winterpause abgesehen, fast rund ums Jahr – was sich freilich eines Tages auch wieder ändern könnte. Unsere Tour erschließt den Tibidabo deshalb von einer anderen Seite aus, nämlich über das Städtchen *Vallvidrera*, eine mit einem kleinen Spaziergang verbundene Form der Anreise, die täglich und mit einer ganz normalen Einzelfahrkarte des Barceloneser Stadtverkehrs möglich ist. Für den Rückweg ins Zentrum bleibt dann immer noch die Option der Funicular mit Anschluss an die Tramvia oder an die Kombination aus Bus und FGC.

Kurzwanderung

Machbar ist diese Route, wie erwähnt, an jedem beliebigen Tag; der (allerdings mit einem Anstieg verbundene) Fußweg von der Bergstation Vallvidrera Superior zum Tibidabo beträgt weniger als zwei Kilometer. Die Tour lässt sich auch zu einer reizvollen Rundstrecke erweitern: Hinweg via Vallvidrera, zurück nach Barcelona mit der Tibidabo-Seilbahn (falls man mit dem hohen Fahrpreis leben kann, Oneway-Tickets gibt es nämlich nicht) und der Tramvia Blau oder dem Bus.

Zunächst geht es mit den Nahverkehrszügen der FGC ab den FGC-Stationen an der Plaça de Catalunya oder Gràcia zur Haltestelle **Peu del Funicular** (Linien S 1 Terrassa, S 2 Sabadell). Nehmen Sie einen mittleren Waggon, denn der Bahnsteig ist so kurz, dass bei längeren Zügen die Türen im ersten und/oder letzten Waggon nicht öffnen! An der Haltestelle steigt man gleich im Ankunftsbereich um in die moderne Standseilbahn **Funicular de Vallvidrera**; die Fahrt ist im normalen FGC-Ticket enthalten. Vor allem an Wochenenden werden an der Mittelstation wohl einige Mountainbiker aussteigen; sie zieht es auf die Carretera de les Aigües, eine auch bei Joggern beliebte Panoramaroute auf halber Höhe des Tibidabo.

Unsere Tour jedoch startet an der Bergstation **Vallvidrera Superior** von Vallvidrera, einem Vorstädtchen, das fast ein wenig an einen Luftkurort erinnert. Vor der Bergstation fährt Kleinbus 111 (die Nummern ändern sich allerdings gelegentlich) direkt zum Tibidabo. Mehr Spaß macht jedoch eine kurze Wanderung, die trotz des Anstiegs kaum eine halbe Stunde in Anspruch nimmt. Gegenüber der Station steigt man dazu auf dem Treppenweg **Carrer dels Algarves** rechts aufwärts und hält sich dann, auch weiter vorne an der Hauptstraße, immer geradeaus, auf den Fernsehturm Torre de Collserola zu. Kaum zehn Minuten hinter der Seilbahnstation trifft man auf eine Gabelung: rechts führt die Hauptstraße weiter zum Tibidabo, links zweigt der Carrer Parc de la Budellera ab. Wir jedoch nehmen den kräftig ansteigenden, unbefestigten Weg zwischen den beiden Straßen, der links zunächst noch von einigen Häusern begleitet wird und in den Wald hinein führt. Oben geht es hinter einer Säule (ein ehemaliges Kreuz) links, auf einem Holzbohlenweg abwärts und im Bogen rechts herum zum Eingang der → **Torre de Collserola**. In Richtung Tibidabo lässt man den Eingang zum Fernsehturm rechts liegen und geht an der Straße geradeaus weiter. Nach einem kurzen Anstieg trifft man zunächst auf den Vergnügungspark → **Parc d'Atraccions** (hier auch die Station der Standseilbahn), etwas oberhalb erhebt sich die Kirche → **El Sagrat Cor**. Wer die Rückfahrt nach Barcelona mit der Standseilbahn Funicular de Tibidabo und der Straßenbahn Tramvia Blau (sofern in Betrieb) antritt, kann an den Ausläufern des Tibidabo noch einen Besuch im originellen Wissenschaftsmuseum → **Museu de la Ciència** oder der → **Torre Bellesguard** einlegen.

Sehenswertes

Fernsehturm vom Stararchitekten

Torre de Collserola

Der 1992 eröffnete Fernsehturm, ein Werk des britischen Architekten Norman Foster, bildet das Nervenzentrum der katalanischen Telekommunikation. Der Turm selbst ist insgesamt 288 Meter hoch, die rundum verglaste Aussichtsplattform liegt auf rund 160 Meter Höhe und damit insgesamt 570 Meter über dem Meeresspiegel. Die Aussicht in alle Richtungen, auch über die Serra de Collserola hinweg, ist berückend, doch bietet Sagrat Cor auf dem Tibidabo ein ganz ähnliches (und preisgünstigeres) Panorama.

Im Juli/August Mi–So 12–13.45, 15.30–19.45 Uhr; in der übrigen Zeit meist nur am Wochenende, nachmittags wird der Betrieb je nach Saison dann deutlich früher eingestellt. Im Januar/Februar ist generell geschlossen. Auffahrt per Lift rund 6 €. Dauer der Auffahrt 2½ Minuten; wer nicht schwindelfrei ist, sollte wissen, dass die Wände des außen liegenden Aufzugs aus Glas sind. www.torredecollserola.com

Vergnügungspark in Traumlage

Parc d'Atraccions

Der Vergnügungspark auf dem Tibidabo besteht seit 1901 und ist damit der älteste Spaniens. So eine Achterbahnfahrt mit Fernblick über Barcelona hat schon etwas Besonderes ... Außer für die diversen Fahrgeschäfte werden sich kleine und große Kinder vor allem für das *Museu d'Autòmates* interessieren, das Vergnügliches wie beispielsweise mechanische Puppen aus der Zeit um 1900 offeriert.

Häufige, praktisch jährliche Wechsel der Öffnungszeiten. Die oberste Ebene des Parks, genannt *„Camí del Cel"* oder auch *„Sky Walk"* war inklusive der dortigen Fahrgeschäfte und einer Promenade zuletzt nahezu täglich (Ausnahmen:

Hoch über Barcelona: der Tibidabo mit der Kirche Sacrat Cor

25./26.12. und fast der gesamte Januar, im Februar nur an Wochenenden) ab 11 Uhr geöffnet.

Der Eintritt zu diesem Bereich ist gratis, Tickets für die Fahrgeschäfte (jeweils ca. 2 €) und das Automatenmuseum (ca. 2 €) sind einzeln oder als Pauschale (etwa 13 €) erhältlich. Der komplette Parc d´Atracions öffnet meist nur an Wochenenden, von etwa Ende Juni bis Anfang September durchgehend Mi–So. Tagespass mit freier Fahrt rund 30 €. Kinder von 90–120 cm und über 60-Jährige zahlen je etwa 11 €; ohne Inanspruchnahme der Fahrgeschäfte kommen letztere auch gratis auf das Gelände. Infos unter ✆ 932 117942 oder www.tibidabo.cat.

Kein Architekturwunder, aber der Blick...

El Sagrat Cor

Die Kirche „Das Heilige Herz" markiert die höchste Stelle des Tibidabo. 1902 von Enric Sagnier begonnen, wurde das Gotteshaus erst 1961 fertiggestellt. Kunsthistorisch beeindruckt die ein wenig an Zuckerbäckerei erinnernde Kirche wenig, doch bietet sich schon von ihrer Terrasse ein weiter Blick. Der steigert sich noch durch die Möglichkeit, gegen Gebühr per Aufzug und dann per Treppen zur Jesus-Statue auf der Spitze zu gelangen. Dort, auf der Höhe von 575 Metern über dem Meeresspiegel, genießt man – wenn auch meist kräftig windgeschüttelt – einen besonders umfassenden Ausblick.

Amazonas-Wald: „Bosque inundado" im Museum de la Ciència

Piranhas im Regenwald

Abstecher zum Museu de la Ciència CosmoCaixa

Leicht einbauen auf dem Weg vom oder zum Tibidabo lässt sich dieses unweit der Linie der Tramvia Blau gelegene, in einem schönen Modernisme-Gebäude untergebrachte und auch für Kinder unterhaltsame Wissenschafts-Museum, das der Fundació La Caixa gehört und zu den meistbesuchten Museen der Stadt zählt. Im Hauptbereich *Sala de la Materia* besitzt es eine ganze Reihe von Ausstellungsstücken, die sich durch Knopfdruck in Bewegung versetzen lassen: „Se puede tocar", Anfassen ausdrücklich erwünscht. Ein Highlight ist der „überschwemmte Wald" *Bosque inundado*, ein riesiges Gewächshaus, in dem auf tausend Quadratmetern ein Stück Amazonasregenwald über und unter Wasser nachgestellt wurde, inklusive Piranhas, Vögeln, Reptilien, kleinen Säugetieren und gelegentlichen Regengüssen von der Decke. Es gibt auch mehrere Bereiche speziell für Kinder unterschiedlicher Altersgruppen, für die leider jeweils ein Extra-Eintrittsgeld fällig wird, ebenso wie für das *Planetarium* des Museums. Ein Cafeteria-Restaurant ist angeschlossen.

Oberhalb der Treppen am Ende des Carrer Teodor Roviralta, einer Seitenstraße der Avinguda del Tibidabo; linker Hand Richtung Berg. Geöffnet Di bis So 10–20 Uhr, Eintritt 4 €, Kinder bis 16 Jahre gratis (gilt nicht für Gruppen). Das Planetarium kostet ebenfalls 4 €, auch für Kinder.

Gaudí-Schlösschen

Abstecher zur Torre Bellesguard

Erst seit dem Jahr 2013 zugänglich ist dieses Schlösschen, das Gaudí zwischen 1900 und 1909 in einer Mischung aus Modernisme und Neo-Gotik errichtete. Beeinflusst hat ihn dabei wohl die Tatsache, dass genau hier ursprünglich der Palast von Martin dem Menschlichen (Martí l´Humà) stand, mit dessen Tod 1410 die Grafen-Dynastie Barcelonas ausstarb; Reste des Gebäudes sind noch im Garten erkennbar. Im 17. Jh. soll die damalige Palastruine dem berühmt-berüchtigten Banditen Serralonga als Versteck gedient haben. Von außen wirkt Bellesguard, die „Schöne Aussicht", durch die dunkle Schieferverkleidung fast abweisend; die geraden Linien sind eher untypisch für Gaudí. Im sanfteren Inneren erkennt man, dass das eigentliche Baumaterial Ziegel sind. Angesichts der Grundfläche von nur 15 mal 15 Metern überrascht auch die Höhe von rund 34 Metern, der nadelspitze Turm gekrönt mit dem vierarmigen „Gaudí-Kreuz". Komplettiert wurde das Ensemble ab 1909 von Gaudís Kollegen Domènec Sugrañés, der u.a. die schmiedeeiserne Tür und die Kachelbänke am Eingang schuf.

Carrer Bellesguard 20. Geöffnet Di–So 10–15 Uhr. Eintrittsgebühr inkl. deutschsprachigem Audioguide 9 €; Führungen (Sa/So 11 Uhr in Englisch) kosten 16 €, Vorausbuchung ratsam, z.B. über die Infobüros oder die Website von Turisme de Barcelona. www.bellesguardgaudi.com.

Vor allem hoch: Torre Bellesguard

Tibidabo → Karte S. 133

Praktische Infos

→ Karte S. 133

Stadtverkehr

Zur Anreisevariante über Vallvidrera siehe oben die Tour 12.

Bus T2A (Tibibús): Ein Direktbus, der von der Plaça Catalunya (Ecke Rambla de Catalunya) hinauf zur Plaça del Tibidabo fährt. In Betrieb ist er nur, wenn der komplette Vergnügungspark geöffnet hat, Abfahrten halbstündlich, ca. 3 €.

FGC: Die Tibidabo-Linie L7 der FGC fährt ab der FGC-Station an der Plaça Catalunya zur Plaça John Kennedy am Beginn der Avinguda Tibidabo. Hier muss man umsteigen in die Tramvia Blau oder den Bus 196.

Tramvia Blau: Von der Avinguda Tibidabo geht es weiter mit dieser nostalgischen Straßenbahn bis zu deren Endstation an der Plaça Dr. Andreu. Die 1901 in Dienst gestellte Linie überbrückt eine Distanz von gut 1200 Metern und einen Höhenunterschied von fast 100 Metern; an den Endstationen muss der Stromabnehmer noch wie einst von Hand umgestellt werden. Betrieb über Ostern sowie von etwa Ende Juni bis Anfang September täglich, sonst in der Regel nur Sa/So, einfach ca. 5,50 €.

Bus 196: Deutlich preisgünstiger als die Tramvia ist der Bus 196 (normaler Fahrschein bzw. Umsteigeticket ausreichend), der einen Rundkurs über die Plaça Dr. Andreu (Tibidabo-Seilbahn) und die Ronda de Dalt (Torre Bellesguard, CosmoCaixa) fährt. Startpunkt am Beginn der Avinguda Tibidabo, 50 Meter oberhalb der Tramvia-Haltestelle.

Blick über die Stadt:
Riesenrad im Parc d'Atraccions

Funicular de Tibidabo: Ab der Plaça Dr. Andreu verkehrt die Standseilbahn hinauf zur Plaça del Tibidabo. Sie wurde zeitgleich mit der Tramvia Blau zu Anfang des 20. Jh. eröffnet (die Bergfahrt kostete damals 1 Peseta) und war die erste ihrer Art in Spanien. Die einspurige Bahn verläuft über eine Länge von 1152 Metern, der Höhenunterschied zwischen Tal- und Bergstation beträgt 275 Meter. Betrieb zuletzt von März bis Dezember täglich, im Februar an Wochenenden. Fahrpreis hin und zurück etwa 8 €, keine Tickets für einfache Fahrt! Besucher des Vergnügungsparks erhalten Ermäßigung. Bei der Fahrt hinab sind die schönsten Plätze vorne auf der Talseite.

„Tibidabo Classic": Ein Kombi-Ticket, bestehend aus Tramvia Blau oder Bus 196 sowie Funicular (jeweils Hin- und Rückfahrt) und „Camí del Cell" (inkl. Museu d'Autòmates und einem Fahrgeschäft), erhältlich für 11 € über die Infobüros oder die Website von Turisme de Barcelona.

Essen & Trinken

Rest. Àbac 4, eines der absoluten Top-Restaurants der Stadt, 2008 vom Born-Viertel hierher umgezogen. Zweifach michelinbesternt; seinen ersten Stern erhielt Chefkoch Jordi Cruz (Jahrgang 1978) bereits mit 26 Jahren. Nobles Ambiente und Publikum, exquisites Design, entsprechende Preise: Degustationsmenüs ab etwa 150 €. Avinguda del Tibidabo 1–7, ✆ 933 196600. So/Mo geschlossen. www.abacbarcelona.com.

Rest. Asador de Aranda 3, unweit des Museu de la Ciència und neben der Linie der Tramvia Blau. Interessante Kontraste: Ein kastilisches Grillrestaurant in Barcelona, untergebracht im stilvollen Modernismebau Casa Roviralta von Rubió i Bellver, errichtet 1913. Die Barcelonesen schreckt diese Kombination nicht, im Gegenteil. Nobles Ambiente, herzhafte Küche mit deutlichem Schwerpunkt auf Fleischgerichten (Lamm!), Menü ab etwa 35–40 €. Avinguda del Tibidabo 31, ✆ 934 170115. So-Abend geschlossen. www.asadordearanda.com.

Rest. La Venta 1, an der Umsteigestelle von der Tramvia Blau auf die Standseilbahn Funicular de Tibidabo. Angesichts der Lage möchte man fast an eine Touristenfalle denken, das schön eingerichtete Terrassenrestaurant besteht jedoch bereits seit 1975 und genießt dank seiner betont klassischen katalanischen Küche guten Ruf. Menü ab etwa 30–35 €. Angeschlossen das feinere und etwas teurere „El Mirador (El Cordero)" oberhalb, Spezialität Lamm. Plaça Dr. Andreu, ✆ 93 2126455, So-Abend geschlossen.

Traditionsreich: Funicular de Tibidabo

Tibidabo → Karte S. 133

Durch Barcelonas „Oberstadt“

Tour 13

Shopping-Center, edle Villen und ein uraltes Kloster mit hochkarätiger Kunstsammlung: Pedralbes und seine Umgebung bieten ein kontrastreiches Programm. Der Ortskern von Sarrià zeigt sich von der kleinstädtischen Seite, Fußballfans lockt sicher der Abstecher zum Stadion des FC Barcelona.

Zwei Viertel und eine Fußball-Ikone

Pedralbes, Sarrià

Das Villenviertel Pedralbes zählt zu den ersten Adressen Barcelonas, ist Wohnsitz der Industriekapitäne und Diplomaten. Obwohl Sehenswürdigkeiten insgesamt eher rar sind, beherbergt Pedralbes mit dem stillen Kloster Monestir de Pedralbes doch ein ganz besonders hochkarätiges Schmuckstück der katalanischen Gotik. Lebhafter geht es am unteren Rand des Viertels zu: An der westlichen Avinguda Diagonal hat sich die Universität Barcelonas niedergelassen, außerdem glitzern hier zwischen Bürotürmen und Hotelgebäuden auch einige große Shopping-Center. Weiter südlich, bereits im Nachbarviertel Les Corts, verzeichnet das Museum des FC Barcelona (→ Abstecher) mehr als eine Million Besucher pro Jahr.

Sarrià, das östliche Nachbarviertel von Pedralbes, war lange Zeit eine eigenständige Siedlung und kam erst 1921 als letzter der eingemeindeten Orte zu Barcelona. Vor allem in seinem Kern um den Markt und die enge Hauptstraße Major de Sarrià verbreitet das Viertel bis heute noch fast dörflichen Charme. Dabei gehört auch Sarrià zum gefragtesten Wohngebiet Barcelonas, zur so genannten Zona Alta, einem etwa mit „Oberstadt“ zu übersetzenden Begriff, der sich auf die Viertel jenseits der westlichen Diagonal bezieht und neben Pedralbes und Sarrià auch noch das weitläufige Viertel Sant Gervasi umfasst, mit dem Sarrià eine Verwaltungsgemeinschaft bildet.

Spaziergang

Startpunkt dieses schönen Spaziergangs durch das Villengebiet von Pedralbes und das kleinstädtische Zentrum von Sarrià ist die Metro-Station Palau Reial, zu erreichen mit der „grünen“ Linie L 3. Am Ende der Tour geht es mit der FGC zurück ins Zentrum.

Gleich neben der breiten Avinguda Diagonal erstreckt sich der reizvolle Park des → **Palau Reial de Pedralbes**. Unter alten Bäumen, vorbei an Denkmälern und einem Bambushain, in dem sich ein Brunnen mit einem erst 1983 wiederentdeckten Wasserspeier von Gaudí befindet, geht es Richtung Palast. Vor diesem hält man sich schräg rechts zurück und verlässt den Park durch einen Nebeneingang zum Carrer Pere Duran Farell hin, hier links. Am Ende der ruhigen, häufig von Fahrschulen genutzten Straße läuft man rechts, noch einmal rechts – und steht plötzlich vor dem weit aufgerissenen, mit scharfen Zähnen bewehrten Maul des berühmten Drachen am Eingang von Gaudís → **Pavellons Güell**.

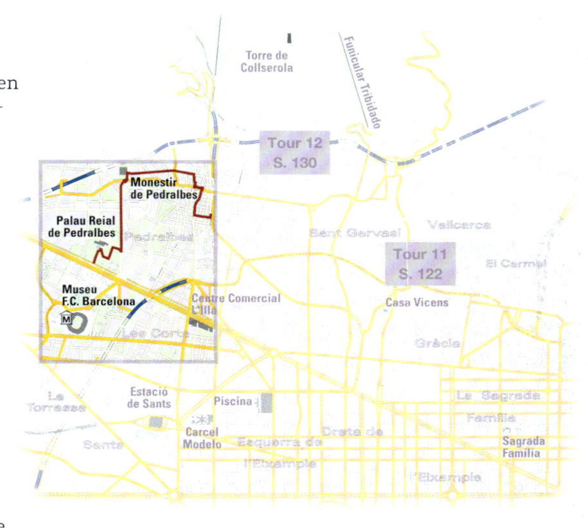

Wer den folgenden, knapp viertelstündigen Anstieg über die breite Avinguda Pedralbes vermeiden will, könnte auch zwei Stationen mit dem Bus (Nr. 63 und 78) fahren, aber eigentlich lohnt sich das Warten nicht, läuft es sich entlang der Straße doch recht angenehm. Am oberen Ende der Avinguda und jenseits der Querstraße markiert ein Torbogen den Durchgang in eine andere Welt, besinnlich und fernab des Verkehrslärms: Rund um das Kloster → **Monestir de Pedralbes** scheint die Zeit stillzustehen.

Weiter Richtung Sarrià geht man vom beschaulichen Klostervorhof einfach geradeaus und folgt dem verkehrsarmen Carrer de Monestir durch ein ruhiges Wohngebiet mit schöner Vegetation. Jenseits der viel befahrenen Querstraße Carrer de Josep V. Foix beginnt bereits Sarrià. Am Carrer de Sagrat Cor verlässt man die bisherige Wegrichtung nach rechts und hinab zur 1911 eröffneten Modernisme-Markthalle **Mercat de Sarrià**. Von hier sind es nur wenige Schritte hinunter zur **Plaça de Sarrià**, dem kleinen, leider durch den Straßenverkehr beeinträchtigten Hauptplatz des einstigen Städtchens.

Wieder ruhiger wird es im abwärts führenden, als Fußgängerzone ausgewiesenen **Carrer Major de Sarrià**, einem schmucken Sträßchen, das von alten Häusern gesäumt wird. Bei der urigen Bar Tomás (→ Essen & Trinken), fast schon ein Pflichtstopp auf eine Portion „Patatas bravas", geht es links in den Carrer de Jaume Piquet und an dessen Ende erneut links. 40 Meter weiter liegt die Station der FGC, deren häufig verkehrende Züge (u. a. Linien S 1, S 2, S 5) in zehn Minuten via Gràcia zur Plaça de Catalunya fahren.

Sehenswertes

Als Königsresidenz geplant

Palau Reial de Pedralbes

Der von einer herrlichen Parkanlage umgebene Königliche Palast entstand ab 1919 auf Betreiben einiger Aristokratenfamilien, die sich darum sorgten, dem König bei etwaigen Besuchen Barcelonas kein standesgemäßes Quartier bieten zu können; das Gelände stiftete die Familie Güell. Die Initiative erwies sich als wenig begründet, diente der Palast doch nur ein einziges Mal als Residenz für einen König, nämlich 1926 für Alfonso XIII. Mit dem Niedergang der Monarchie gingen Palast und Park 1931 in den Besitz der Stadt über, später in die Hände Francos. Im Inneren des Palastes waren bis vor wenigen Jahren mehrere Museen untergebracht, heute beherbergt er das Sekretariat der Mittelmeerunion. Außer bei deren Veranstaltungen ist der schöne Park jedoch tagsüber ab 10 Uhr frei zugänglich.

Für wahre Gaudí-Fans

Pavellons Güell

1884–1887 errichtete der junge Gaudí für den Industriellen Eusebi Güell ein Gestüt mit Reitbahn und Garten; es war die erste von zahlreichen Arbeiten Gaudís für seinen Förderer und Mäzen. Der Eingangskomplex an der Av. de Pedralbes 7 besteht aus zwei teilweise mit Keramik verkleideten Ziegelbauten, die durch ein Tor miteinander verbunden sind; an einer Säule zeigt ein stilisiertes „G" das Initial des Besitzers. Beeindruckendstes Element ist jedoch der fantastische geflügelte Drache aus Schmiedeeisen, dessen nadelspitze Zunge und scharfe Zähne sicher auch abschreckende Wirkung haben sollten. Das Areal hinter dieser Pforte, im Besitz der

Barcelona im Kasten

Die Stadt der Drachen

Barcelona ist voll dieser Fabelwesen. Man findet sie auf Steinmedaillons an Fassaden im Barri Gòtic, als Verzierung der Casa Bruno Cuadros an den Rambles, als Wasserspeier auf dem Cascada-Brunnen im Ciutadella-Park, als süßen Miniaturdrachen aus Keramik im Parc Güell, als Feuerwerk spuckende Pappfiguren auf den Festen ... Oft, aber nicht immer, sind sie mit ihrem Bändiger abgebildet, dem Heiligen Georg, als Sant Jordi der Schutzpatron Kataloniens. Der Drache an den Pavellons Güell freilich besitzt eine andere Bedeutung: Er symbolisiert den Wächter am Eingang zum Garten der Hesperiden aus der Herkules-Sage, ein Thema, das vom katalanischen Dichter Jacint Verdaguer in seinem Opus „L'Atlàntida" wieder aufgenommen worden war.

Vorsicht, bissig: Drache an Gaudís Pavellons Güell

Petralbes, Sarrià → Karte S. 140

Universität von Barcelona, war lange vernachlässigt worden, wurde zwischenzeitlich jedoch teilweise restauriert und 2015 für die Öffentlichkeit zugänglich gemacht. Der Besuch fällt kurz aus. Zu sehen sind die Stallungen nebst Longierhalle sowie der (zuletzt noch etwas verwilderte) Garten. Es gibt spektakulärere Arbeiten des großen Architekten – für wahre Gaudí-Enthusiasten wird das Anwesen dennoch den Besuch wert sein, alle anderen könnten es wohl auch bei einem Blick von außen belassen.

Täglich 10–16 Uhr, letzter Einlass 15.30 Uhr; Eintrittsgebühr 5 €. Führungen auf Englisch (inbegriffen) um 10.15, 11.15 und 15 Uhr.

Kunstschätze im gotischen Kloster

Monestir de Santa María de Pedralbes

Das Klarissinnen-Kloster, ältestes und mit Abstand bedeutendstes Monument dieses Stadtbezirks, liegt am Ende der Avinguda de Pedralbes. Es geht zurück auf das Jahr 1326 und wurde gegründet von König Jaime II. und seiner Frau Elisenda de Montcada, die nach dem Tod ihres Mannes noch 37 Jahre (!) lang hier lebte.

Der Klosterkomplex gilt als einer der besten Bauten der katalanischen Gotik. Die *Kirche* mit achteckigem Glockenturm ist schlicht und einschiffig gehalten; im Chor rechts vom Hochaltar das kunstvoll in Stein gehauene Grab der Stifterin, die hier als Königin dargestellt ist.

Auch der ungewöhnlich große *Kreuzgang* kommt ohne Dekoration aus; vielleicht ist seine ruhige, besinnliche Stimmung gerade auf diesen Verzicht zurückzuführen. Hier hat man auch einen Garten mit rund 50 Arten von Heilpflanzen angelegt, der durch Ausstellungen ergänzt wird. Zwei der drei Stockwerke des Kreuzgangs stammen aus den Gründungsjahren des Klosters, die plumper wirkende dritte Eta-

Kurzzeit-Königsresidenz: Palau Reial de Pedralbes

Prachtvoller Kreuzgang: Monestir de Pedralbes

ge aus dem 15. Jahrhundert. Gleich rechts neben dem Eingang liegt die *Capilla de San Miguel*, die komplett mit einem fantastischen, italienisch orientierten Freskenzyklus des Meisters Ferrer Bassa aus dem 14. Jh. ausgeschmückt ist und 2015 nach langer Restaurierung wieder der Öffentlichkeit zugänglich gemacht wurde. Wenige Schritte weiter liegt in einem beeindruckend weitläufigen ehemaligen Schlafsaal die Ausstellung *Els Tresors del Monestir* („Die Schätze des Klosters"). Zu den Glanzlichtern dieser privaten, von Familien der hiesigen Nonnen über rund sieben Jahrhunderte hinweg gestifteten Sammlung zählt ein Bildnis der Ordensgründerin, der hl. Klara von Assisi (Santa Clara d'Assís), das aus der Zeit um 1515–1525 stammt. Sehenswert sind auch die Versorgungsräume des Klosters, ebenso der riesige Speisesaal. Daneben finden verschiedene wechselnde Ausstellungen statt.

Von April bis September Di–Fr 10–17 Uhr, Sa 10–19 Uhr, So 10–20 Uhr; sonst Di–Fr 10–14 Uhr, Sa/So 10–17 Uhr. Eintrittsgebühr 5 €, am ersten So im Monat und jeden So ab 15 Uhr gratis.

Legendäres Fußballstadion

Abstecher: Camp Nou – Stadion des F.C. Barcelona

Der 1899 gegründete F.C. Barcelona, schlicht *Barça* genannt, ist der einzige Verein von Weltrang, der gratis auf seinen Trikots für Unicef Werbung läuft – und er ist der stete Rivale von Madrid: Barcelona und Real Madrid spielen beide seit über sechzig Jahren ununterbrochen in der höchsten spanischen Liga. Für seine Anhänger ist Barça mehr als ein Verein, nämlich Zweitreligion, Familienersatz, selbstverständlich auch seit jeher ein Symbol Kataloniens: „Das entwaffnete Heer des Katalanentums, das gegen Real Madrid antrat, damit gegen den spanischen Staat" (Manuel Vázquez Montalbán). Genannt werden die Barça-Fans *Culés*, die „Hintern", da man früher durch die Ränge nur die verlängerten Rücken der Sitzenden sah. Und ihrer sind viele: Rund 150.000 eingeschriebene Mitglieder zählt der Verein. Selbst der frühere Papst Johannes Paul II. war Mitglied bei Barça: Ein cleverer Präsident hatte Seiner

Nostalgisch: nachgestellter Fanclub im Museu F.C. Barcelona

Heiligkeit ein Beitrittsformular untergejubelt, Mitgliedsnummer 108.000.

Camp Nou: Der Bedeutung des Vereins entsprechend ist das Stadion von üppigen Dimensionen: Das legendäre Camp Nou, errichtet 1957 und eine der größten Arenen der Welt, in Europa gar die größte. Fußballfans sollten nicht versäumen, bei einem der Heimspiele, die zur Saison jeden zweiten Sonntag stattfinden, einmal die Atmosphäre hier zu schnuppern – falls es ihnen gelingt, eine der raren Karten zu ergattern. Bei großen Spielen ist Camp Nou trotz seiner Kapazität von 99.000 Zuschauern nämlich häufig ausgebucht. Künftig wird das Stadion gar auf 105.000 Plätze erweitert werden; entsprechende Pläne hatte der Verein schon 2007 bekanntgegeben, wegen der immensen Kosten dann aber abgeblasen. Noch im Jahr 2017 sollen nun aber doch die Arbeiten beginnen und 2021/2022 abgeschlossen sein.

Museu FC Barcelona President Núñez: Kaum verwunderlich, dass das Museum des Clubs zu den am besten besuchten Ausstellungen der Stadt zählt. Benannt ist es nach dem Präsidenten, der es 1984 gründete. Neben den zahlreichen Pokalen und Meisterschaftsfotos zeigt das Museum die „Col.lecció Futbolart Pablo Ornaque", eine sehenswert bunte Antiquitätenausstellung rund um den Ball, sowie die Sammlung „El Fons d'Art" mit natürlich ebenfalls fußballbezogenen Kunstwerken, darunter auch Arbeiten von Miró, Dalí und Tàpies. Weiterhin angeboten werden Touren (Audioguides auch auf Deutsch), eine audiovisuelle Darstellung der Clubgeschichte und nicht zuletzt das Privileg eines besonderen Blicks auf den Platz – aus der Präsidentenloge. Natürlich ist ein großer „Megastore" mit Fanartikeln angeschlossen; hier gibt es auch die Tickets für den Besuch.

Stadtverkehr Die geplante Metro-Station Camp Nou an der neuen Linie L9 Sur war zuletzt noch nicht in Betrieb. Von der Metro-Station Palau Reial (L3) ist das Museum am besten über den Ausgang Sortida Facultat de Biologia zu erreichen, dann gleich links in den Carrer Martí i Franquès und bergab in Richtung der gut sichtbaren Kuppel des „Miniestadi"; am Ende links.

Öffnungszeiten Das Museum öffnet von etwa Mitte März bis Mitte Oktober Mo–Sa täglich 9.30–19.30 Uhr; Rest des Jahres Mo–Sa 10–18.30 Uhr, So bis 14.30 Uhr. An Tagen mit Spielbetrieb und an Tagen vor Spielen der Champions League ist die

Stadionbesichtigung nicht möglich. Abzuwarten bleibt, wie sich die künftigen Umbauarbeiten auf den Besuchsablauf auswirken werden.

Tickets „Camp Nou Experience" (Museumseintritt inklusive Stadionbesuch und deutschsprachigem Audioguide) rund 23 €, Kinder unter 14 J. etwa 18 €, Kinder unter 6 J. gratis. ✆ 902 189900, www.fcbarcelona.cat. Tickets für die Spiele gibt es z.B. in der FCBotiga nahe der Plaça Catalunya (→ Eixample/Einkaufen), über die Infobüros von Turisme de Barcelona, im Internet auf der Barça-Seite sowie beim Verein vor Ort oder per Telefon.

Praktische Infos

→ Karte S. 140

Essen & Trinken

Rest. Tram-Tram **1**, hohe Küchenkunst im Herzen von Sarrià. Kreative, zeitgemäße katalanische Küche, prima Weinauswahl. Mittagsmenü 30 €, à la carte ab etwa 45 €. Nettes Dekor, hübsche Gartenterrasse. Benannt ist das Lokal übrigens nach der früheren Endstation der verschwundenen Straßenbahnlinie nach Sarrià. Carrer Major de Sarrià 121, oberhalb der Plaça de Sarrià, ✆ 932 048518. So-Abend, Mo an Ostern sowie für zwei Wochen im August geschlossen. Abwärts im Carrer Major de Sarrià finden sich weitere Restaurants.

Bar Tomás **2**, ein Klassiker von Sarrià, seit Jahrzehnten berühmt für seine handgeschnitzten Patatas (frittierte Kartoffeln), die es wahlweise als scharfe „Bravas", mit der Knoblauchmayonnaise „Allioli" oder gemischt (mixta) gibt. Einfaches, wohl ebenfalls seit Jahrzehnten unverändertes Interieur, günstige Preise. Die Kellner allerdings können manchmal schon etwas gelangweilt bis rüde sein. Carrer Major de Sarrià 49, Mi Ruhetag.

Einkaufen

Kaufhäuser & Shopping-Center **El Corte Inglés** **3**, große Filiale der bekannten Kaufhauskette, bei der Plaça Reina Cristina an der Av. Diagonal 617. www.elcorteingles.es.

L'Illa **5**, ein ausgesprochen großes Shopping-Center, das sich mit edlen Boutiquen, einem knappen Dutzend Lokalen, Supermarkt etc. gleich über mehrere Blocks erstreckt – mancher nennt es deshalb auch einen „horizontalen Wolkenkratzer". Avinguda Diagonal 545–565, Ecke Carrer Numància, www.lilla.com.

Pedralbes Centre **4**, ein etwas kleineres Center, das auf seinen vier Etagen gleichwohl eine gute Auswahl an Kleidung, Schuhen, Geschenkartikeln und ähnlichem offeriert. Avinguda Diagonal 609–615, neben dem Corte Inglés. www.pedralbescentre.com.

Symbol der Fülle: Dekoration am Mercat de Sarrià

Petralbes, Sarrià → Karte S. 140

Südlich der Innenstadt

Tour 14

Barcelonas 173 Meter hoher „Haushügel" besticht durch eine bunte Mischung: Zahlreiche Museen, der Touristenmagnet Poble Espanyol und Sport- wie Grünanlagen locken vor allem am Wochenende die Besucher in Scharen. Und sogar im Nachtleben der Stadt spielt der Montjuïc eine gewisse Rolle.

Museen, Gärten und ein „Spanisches Dorf"

Montjuïc

Der Montjuïc bildet das wahrscheinlich älteste Siedlungsgebiet der Stadt, gab es hier doch wohl schon in vorrömischer Zeit ein Dorf des Ibererstamms der so genannten Laietans oder Layetanos. Sein Name könnte daher rühren, dass der Hügel unter den Römern Jupiter geweiht war: *Mons Jovis*, der Jupiterberg; eine andere Erklärung sieht den Montjuïc wegen einer mittelalterlichen jüdischen Nekropole als *Mont Jueu*, als Judenberg.

Bis ins 20. Jahrhundert hinein war der Montjuïc vor allem von strategischer Bedeutung. Kontrolle über den Hügel bedeutete Kontrolle über Barcelona. Nicht umsonst errichtete 1640 König Philip IV. anlässlich des Aufstands „Krieg der Schnitter" hier eine Festung, die auch in späteren Zeiten eine unrühmliche Rolle spielte und für die Stadt zu einem Symbol der Unterdrückung wurde. Gleichzeitig war der Montjuïc jedoch immer auch Barcelonas „hochmütige Mutter", wie es der katalanische Poet Jacint Verdaguer ausdrückte: Aus seinen zahllosen Steinbrüchen stammte das Material für Barcelonas Stadtmauern, Häuser und Kirchen.

Eine Wende in der Nutzung des Montjuïc brachte vor allem die Weltausstellung 1929. Parks wurden angelegt, monumentale Bauten errichtet. Im Laufe der Zeit mauserte der Hügel sich zum Naherholungsziel. Eine weitere Aufwertung erfuhr das Areal zu den Spielen von 1992 durch die architektonisch reizvollen Bauten des „Olympischen Rings" L'Annella Olímpica. Dennoch sieht die Stadt, typisch Barcelona, die Möglichkeiten des Montjuïc noch längst nicht ausgeschöpft und hegt seit Jahren erneut große Pläne für ihre grüne Lunge. Die

Zugänge sollen verbessert, neue Promenaden gebaut, zusätzliche Sport- und Freizeitmöglichkeiten eingerichtet werden. Man darf gespannt sein, was die Zukunft wirklich bringt ...

Tour über den Montjuïc

Das bisher in diesem Buch verfolgte Prinzip, zu jedem Stadtgebiet einen oder zwei Spaziergänge anzubieten, ergibt auf dem Montjuïc keinen rechten Sinn. Zu breit ist hier das Angebot für die verschiedenen Interessenslagen (der Montjuïc zählt allein ein halbes Dutzend Museen), zu groß die Entfernungen. Das Gelände ist außerdem teilweise sehr steil und die Anlage der Straßen manchmal etwas willkürlich erscheinend, was auch daran liegen mag, dass der Montjuïc früher für Autorennen genutzt wurde. Zudem gibt es viele unterschiedliche, jede auf ihre Art reizvolle Möglichkeiten, sich dem Montjuïc von ganz verschiedenen Seiten zu nähern – siehe hierzu weiter unten im Abschnitt „Praktische Infos“ unter „Stadtverkehr“.

Am besten pickt man sich deshalb aus den zahlreichen Möglichkeiten die individuell interessantesten Attraktionen heraus und wählt seine Route dementsprechend. Unsere Beschreibung beginnt ab der Plaça Espanya, dem Hauptzugang zur Weltausstellung von 1929 und bis heute einer der klassischen Ausgangspunkte für einen Besuch des Montjuïc.

Montag ist „Ruhetag“ auf dem Montjuïc, vieles hat dann geschlossen!

Sehenswertes

Von der Plaça d'Espanya zum Palau Nacional

Aussichtspunkt auf dem Arena-Dach

Plaça d'Espanya

Der verkehrsumtoste Platz (Metro-Station) stammt in seiner heutigen Form aus dem Jahr 1929, wurde also extra für die Weltausstellung angelegt. Der monumentale Brunnen in der Mitte ist ein Werk des Gaudí-Schülers Josep Maria Jujol. In unmittelbarer Nachbarschaft der Plaça d'Espanya steht die zweite ehemalige Stierkampfarena der Stadt, *Les Arenes*. 1900 in maurisch inspiriertem Stil errichtet, diente sie bis 1977 als Arena. 2011 wurde der Komplex zu einem Vergnügungs- und Einkaufszentrum mit Restaurants, Kinos etc. umgebaut. Die Aussichtsplattform auf dem Dach bietet einen sehr schönen Blick auf das Ensemble des Montjuïc und ist (außer mit einem gebührenpflichtigen Außenaufzug) auch über Rolltreppen im Inneren zu erreichen.

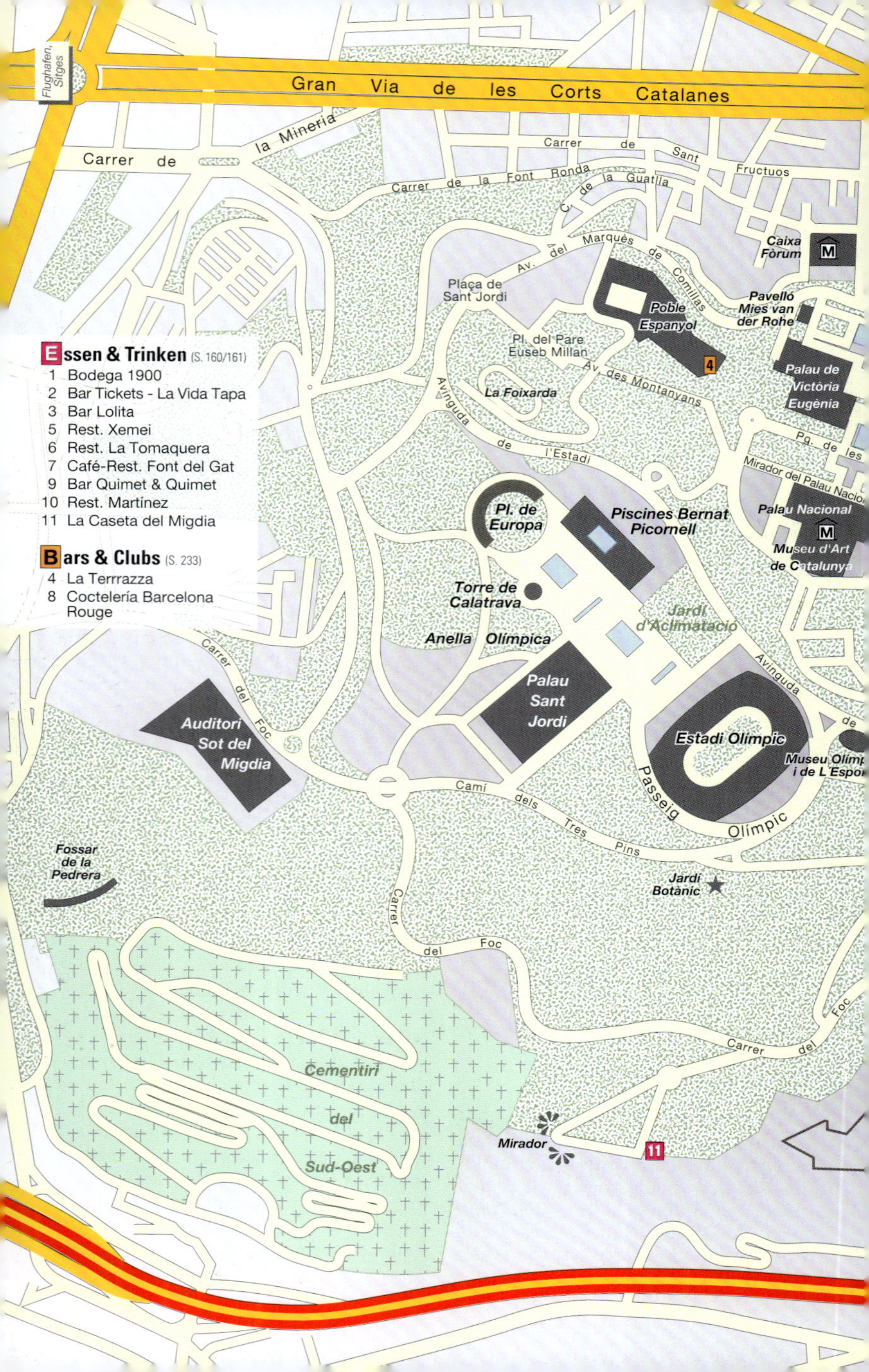

Gran Via de les Corts Catalanes
Flughafen, Sitges
Carrer de la Mineria
Carrer de Sant Fructuos
Carrer de la Font
Ronda de la Guatlla
C. de
Av. del Marquès de Comillas
Plaça de Sant Jordi
Caixa Fòrum
Poble Espanyol
Pavelló Mies van der Rohe
Pl. del Pare Euseb Millan
Av. des Montanyans
La Foixarda
Palau de Victòria Eugènia
Avinguda de l'Estadi
Pg. de les
Mirador del Palau Nacio
Pl. de Europa
Piscines Bernat Picornell
Palau Nacional
Museu d'Art de Catalunya
Torre de Calatrava
Jardí d'Aclimatació
Anella Olímpica
Palau Sant Jordi
Avinguda de
Estadi Olímpic
Museu Olímp i de L'Espor
Carrer del Foc
Auditori Sot del Migdia
Camí dels Tres Pins
Passeig Olímpic
Fossar de la Pedrera
Jardí Botànic
Carrer del Foc
Carrer del Foc
Cementiri del Sud-Oest
Mirador
11
4
Essen & Trinken (S. 160/161)
1 Bodega 1900
2 Bar Tickets - La Vida Tapa
3 Bar Lolita
5 Rest. Xemei
6 Rest. La Tomaquera
7 Café-Rest. Font del Gat
9 Bar Quimet & Quimet
10 Rest. Martínez
11 La Caseta del Migdia
Bars & Clubs (S. 233)
4 La Terrrazza
8 Coctelería Barcelona Rouge

Bhf. Estació Sants, Av. Diagonal
Les Arenes
Plaça d'Espanya
Gran Via de les Corts Catalanes
Plaça Universitat
Carrer d'Entença
Carrer del Comte d'Urgell
Carrer de Sepúlveda
C. del Comte Borell
Sant Antoni
Avinguda de Mistral
Carrer de Floridablanca
Palau N° I Fira de Mostres
Av. de la Reina Maria Cristina
Palau de Congressos
Palau del Cinquantenari
Av. de Rius i Taulet
La Font Màgica
Palau d'Alfons XIII
Palau d'Esports
Av. de la Tècnica
Lleida
Carrer de Tamarit
Carrer de Calàbria
Carrer de Viladomat
Mercat de St Antoni
Ronda de St. Antoni
C. de St Antoni Abat
C. de la Font Honrada
C. de Vallhonrat
C. de Grases
Ricart
Pl. de Las Neves
C. de la Bohila
Carrer de Manso
Carrer del Parlament
Avinguda del Paral.lel
Ronda de Sant Pau
R. de la Cera
Palau de les Arts Grafiques
Ciutat del Teatre
Carrer de la Concòrdia
Carrer de la França Xica
C. de Radas
C. de la Creu dels Molers
C. del Marquès de Campo Sagrdo
C. de la Reina Amàlia
Carrer de la Carretes
Museu Etnològic
Museu d'Arqueologia
Pg. de Santa Madrona
Pg. de l'Exposició
Poble Sec
Pl. del Sortidor
C. de Julià
C. d'Anníbal
Tapioles
C. de Blai
C. del Poeta Cabanyes
Salvà
Teatre Grec
Fundació Joan Miró
C. de Margarit
Parc. de Montjuïc
C. del Magalhães
C. d'Elkano
Roser
Fontrodona
Paral.lel Funicular
l'Estadi
Pl. de Neptú
dels Tres Pins
Carrer d'En
Funicular
Carrer Nou de la Rambla
El Raval
C. de Blesa
C. de Lafont
Carrer de Cabanes
Refugi 307
Estació Parc Montjuïc
Avinguda
Passeig de Miramar
Pl. de Dante
Carrer de Piquer
Carrer de Vila i Vilà
Jardí de Petra Kelly
Jardins de Mossèn Cinto Verdaguer
Teleferic
Passeig de Montjuïc
Plaça de Carlos Ibáñez
Plaça de la Sardana
Jardins de Miramar
Plaça de l'Armada
Transbordador Aeri
Pl. Drassanes
Av. del Castell
Carretera de Montjuïc
Jardins del Mirador
Castell de Montjuïc
Carretera de Miramar
Jardins de Mossèn Costa i Llobera
Ronda del Litoral
120 m
Montjuïc
1
2
3
5
6
7
8
9
10
M

Errichtet für die Weltausstellung 1929: Avenida de la Reina María Cristina und ...

Ouvertüre zum Montjuïc

Avinguda de la Reina María Cristina

Auch die von der Plaça d'Espanya ausgehende Avinguda wurde speziell für die Weltausstellung gestaltet. Zwei 47 Meter hohe Türme und die Bauten des heute noch genutzten Messegeländes bieten einen eindrucksvollen Rahmen für den Hauptzugang von der Nordseite her. Am Ende der Avinguda zieht eine terrassenartig ansteigende Folge von Plätzen wie eine Bühne den Blick auf sich. Ihren Abschluss bildet das wuchtige Gebäude des *Palau Nacional*. Ob die Komposition insgesamt nicht etwas arg monumental ausgefallen ist, darüber ließe sich sicher streiten. Am schönsten präsentiert sie sich jedenfalls nachts im Licht der Scheinwerfer.

Wasserspiele mit Musik

Font Màgica

Wie man das Ensemble der Plätze auch beurteilen mag – der große Springbrunnen unterhalb des Palastes bietet in jedem Fall noch eine Steigerung. Die regelmäßig stattfindenden Spiele aus Wasserfontänen und farblich wechselnden Lichteffekten, zeitweise von Musik untermalt, sind zwar nicht ohne kräftige Tendenz zum Kitsch, aber dennoch eine Augenweide. Auch der „Magische Brunnen", geschaffen vom Ingenieur Carles Buigas, wurde für die Weltausstellung konzipiert, war sogar eine ihrer Hauptattraktionen. Das Gesamtvolumen der Anlage beträgt 3,1 Millionen Liter Wasser. Mehr als 130 Motoren mit zusammen über 1500 PS bewegen pro Sekunde rund 3000 Liter; beleuchtet wird

... Plaça d´Espanya

das Spektakel von fast 5000 Strahlern. Zur Zeit der Weltausstellung soll das Brunnenensemble in zwei Stunden mehr Wasser verbraucht haben als Barcelona an einem ganzen Tag. Heute wird kein kostbares Trinkwasser mehr benötigt: Seit einem Umbau im Jahr 2010 speist sich die Font Màgica aus Grundwasser.

Halbstündliche Shows, Juni bis August Do–So 21.30–23 Uhr, April/Mai und Sept./Okt. Fr/Sa 21–22.30 Uhr, sonst Fr/Sa 19–20.30 Uhr; im Jan./Feb. zeitweise kein Betrieb. Änderungen bezüglich der Uhrzeiten sind möglich; am besten, man informiert sich vorab bei einem der Fremdenverkehrsämter.

In der Nähe des Brunnens erleichtern Rolltreppen den Aufstieg zum Palau Nacional, vorher lohnt sich jedoch noch ein Abstecher nach rechts zum Kulturzentrum CaixaForum.

Zeitgenössische Kunst im Modernismebau

CaixaFòrum (Fundació de la Caixa Casaramona)

Nur einen Katzensprung von der Font Màgica entfernt, steht an der Avinguda del Marquès de Comillas 6–8 dieses 2002 eröffnete Kunstzentrum. Betrieben wird es von der katalanischen Bank La Caixa, Spaniens größter und kulturell sehr engagierter Sparkasse. Ein Prachtstück ist bereits das Ziegelgebäude der Casaramona an sich, eine ehemalige Textilfabrik von 1911, die seinerzeit von dem Modernisme-Baumeister Puig i Cadafalch errichtet und unter Mitwirkung berühmter Architekten umgebaut wurde; der Eingangsbereich beispielsweise stammt von dem Japaner Arata Isozaki. Das Zentrum dient als Plattform für die Ausstellung der riesigen Sammlung von La Caixa, die mit rund 800 Werken zeitgenössischer Kunst so umfangreich ist, dass trotz der großzügigen Konzeption des Forums gar nicht alle Arbeiten auf einmal gezeigt werden können und die Exponate deshalb im Turnus wechseln. Daneben finden auch thematische Sonderausstellungen und Konzerte statt.

Di–So 10–20 Uhr, Juli/August Mi bis 23 Uhr; Eintritt 4 €. www.fundacio.lacaixa. es.

Bauhaus in Barcelona

Pavelló Mies van der Rohe

Jenseits der Avinguda del Marquès de Comillas, etwa gegenüber dem Caixa Forum, steht die Rekonstruktion des von Bauhaus-Direktor *Mies van der Rohe* entworfenen deutschen Beitrags zur Weltausstellung 1929. Der Pavillon ist ein richtungsweisendes Kunststück von Weltrang, ein Meilenstein moderner Architektur. Auffallend die nur als Dekoration und Raumteiler eingesetzten, also nicht tragenden Wände aus Marmor, Glas und Edelhölzern. Im Inneren ist der sogenannte „Barcelona-Stuhl" des Architekten zu sehen, in einem Innenhof die Kopie einer Statue von Georg Kolbe.

Täglich 10–20 Uhr; Eintrittsgebühr etwa 5 €, unter 16 J. gratis. www.miesbcn.com

Montjuïc → Karte S. 148/149

Romanik, Gotik und Modernisme

Palau Nacional/Museu Nacional d'Art de Catalunya (MNAC)

Der monumentale, zur Weltausstellung von 1929 errichtete „Nationalpalast" beherrscht mit seinen Türmen (sie sind von der Kathedrale in Santiago de Compostela inspiriert) und der Zentralkuppel die Nordseite des Montjuïc. Im Inneren ist seit 1934 das hochrangige Museum für katalanische Kunst untergebracht, sicher eines der wichtigsten Kunstmuseen Spaniens. Ihren Ruhm verdankt die Ausstellung seit jeher den beiden Abteilungen für Romanik und Gotik; seit einem Umbau, der die Ausstellungsfläche auf rund 45.000 Quadratmeter fast verdoppelt und mehrere bedeutende Sammlungen inkorporiert hat, reicht der zeitliche Rahmen jedoch bis in die Moderne. Etwas Kondition ist also mitzubringen ... Einen Besuch wert sind auch die „Terrazas-Mirador" genannten Aussichtsterrassen, von denen sich weite Blicke über die Stadt ergeben.

Romanische Abteilung: Sie zählt zu den weltweit bedeutendsten dieser Kunstepoche. Ausgestellt sind vorwiegend Fresken des 10.–12. Jh. aus Dorfkirchen der katalanischen Pyrenäen. Um 1919, als in dem entlegenen Gebiet Gefahr durch Kunstdiebe und spekulativen Auslandsverkauf drohte, wurde eine ganze Reihe dieser bunten Wandbilder mit einem speziellen Verfahren abgelöst und nach Barcelona gerettet. Oft auf Nachbildungen der Originalwände platziert, füllen sie nun zahlreiche Säle. Höhepunkte der Sammlung sind die Fresken aus den Kirchen Sant Climent und Santa María, die im Dörfchen Taüll im Tal von Boí stehen. Besonders die Darstellung des Christus Pantokrator (Weltenherrscher) aus der Apsis von Sant Climent, gemalt von einem unbekannten Künstler, erregt bei Kunsthistorikern Begeisterung. Picasso, Dalí und Miró wussten sehr wohl, warum sie die romanische Malerei genau studiert hatten ... Angeschlossen ist eine Ausstellung romanischer Holzschnitzereien, darunter Kreuzszenen der sog. „Majestad", deren bedeutendste die Majestad Battló (12. Jh.) ist.

Gotische Abteilung: Geografisch weniger eingegrenzt als die romanische Abteilung, jedoch fast ebenso hochklassig wie diese. Hier sind vor allem Werke der Regionen Katalonien, Valencia, Aragón und der Balearen ausgestellt. Sie stammen aus einer Zeit, in der diese

In voller Fahrt: der „Magische Brunnen" Font Màgica

Monumental: Aufgang zum Palau Nacional auf dem Montjuïc

Regionen dem Höhepunkt ihrer Macht entgegenstrebten und die Kunst Einflüsse aus Italien, Frankreich und Flandern absorbierte. Der Schwerpunkt liegt auf Altarbildern (Retablos), die Skala reicht von frühen, italienisch beeinflussten Arbeiten wie denen der Familie Serra bis zu den späten Kunstwerken von Meistern wie Bernat Martorell, Lluis Dalmau und Jaume Huguet.

Renaissance und Barock: Die Arbeiten des 16.–18. Jh. stammen aus ganz Europa. Sie beinhalten zwei bedeutende Privatsammlungen, die die Chronologie teilweise ein wenig auflösen: Zum einen ist dies der so genannte „Llegat Cambó" des gleichnamigen Kunstsammlers, der u. a. Werke von Zurbarán und Goya zeigt; zum anderen die hochrangige Gemäldegalerie „Col.lecció Thyssen-Bornemisza" aus dem Besitz des 2002 verstorbenen Barons Heinrich von Thyssen-Bornemisza, die bis 2004 im Kloster Pedralbes zu sehen war und beispielsweise Werke von Rubens, Tizian und Velázquez enthält. Dann beginnt die Ära des Barock und gleichzeitig Spaniens – aber nicht mehr Kataloniens – Goldenes Zeitalter. Zu den Glanzlichtern hier zählen die Maler Francisco und Juan de Zurbarán (Vater und Sohn); das Bild der „Inmaculada Concepció" gilt als eines der Meisterwerke des frommen Francisco.

Kollektion Moderner Kunst: Schwerpunkt dieser 2014 restrukturierten Abteilung sind die Arbeiten aus dem ehemaligen Museum moderner Kunst im Ciutadella-Park. Gar so modern ist die Ausstellung, deren Exponate vielfach noch aus dem 19. Jh. stammen, allerdings nun nicht, endet die Zeitskala doch in den Fünfzigern des letzten Jahrhunderts (Gruppe „Dau al Set"). Einige der Highlights sind die Werke von Maria Fortuny, der Modernisme-Künstler Ramón Casas und Santiago Rusiñol sowie Arbeiten des frühen Avantgarde-Bildhauers Pau Gargallo. Viele schöne Beispiele gibt es aus dem kunsthandwerklichen Bereich des Modernisme, insbesondere von Antoni Gaudí. Letzter Bereich des Museums ist die Münzsammlung **Col.lecció del Gabinet Numismàtic**, die u. a. den erst 1989 entdeckten und 658 Münzen umfassenden „Schatz des Klosters Sant Pere de Rodes" ausstellt.

Di–Sa 10–20 Uhr (Okt.–April nur bis 18 Uhr), So 10–15 Uhr. Eintrittsgebühr 12 €; innerhalb eines Monats ist damit zweimal der Zugang zur permanenten Ausstellung möglich (temporäre Ausstellungen gehen extra und variieren im Eintrittspreis). Wer nur die Aussichtsterrassen besuchen möchte, zahlt 2 €. Kombiticket mit dem Poble Espanyol 18 €. Sa ab 15 Uhr sowie am ersten So im Monat ganztags Eintritt frei. Eine Cafeteria ist vorhanden, ebenso ein (teures) Restaurant mit Blick Richtung Tibidabo. www.museunacional.cat.

Montjuïc → Karte S. 148/149

Reizvoll präsentierte Vergangenheit: Museu d'Arqueologia

Östlicher Montjuïc

Luftschutzkeller des Bürgerkriegs

Refugi 307

Noch gar nicht richtig auf dem Montjuïc selbst, sondern im Siedlungsgebiet von Poble Sec und nicht weit vom Altstadtviertel El Raval, befindet sich diese Erinnerung an den spanischen Bürgerkrieg, die nach umfangreicher Restaurierung erst 2007 der Öffentlichkeit zugänglich gemacht wurde. Zwischen 1937 und 1939 erlitt Barcelona 385 Bombardierungen, die Zahl der Todesopfer wird auf 2500 bis 2700 geschätzt. Vor diesen Luftangriffen Francos flüchtete sich die Bevölkerung anfangs in Keller und in die Gänge der Metro; mit zunehmender Intensität der Angriffe errichtete man jedoch zahlreiche unterirdische Schutzräume (Refugis), viele davon an den Hängen des Montjuïc. Das Refugium am Carrer Nou de la Rambla 169 trug die Nummer 307 (von insgesamt 1384), daher der Name. Geplant waren 400 Meter Schutzgänge, bei Kriegsende fertiggestellt war etwa die Hälfte davon. Auf Führungen durch die nur etwa 1,6 Meter breiten und zwei Meter hohen Gänge, vorbei an Sanitärräumen, einer Wasserstelle, Kinder- und Krankenzimmern, lässt sich die beklemmende Atmosphäre nachvollziehen, die damals hier unter Erde geherrscht haben muss.

Führungen Nur So 10.30/11.30/12.30 Uhr (10.30 Uhr in Englisch), Dauer ca. 50 Minuten. Eintritt ca. 3,50 €, Reservierung unter ✆ 932 562100 geraten. Wer an Klaustrophobie leidet, erspart sich die Exkursion natürlich besser.

Die Ursprünge Kataloniens

Museu d'Arqueologia de Catalunya

Das Archäologische Museum von Katalonien, untergebracht in einem der repräsentativen Gebäude der Weltausstellung, steht am nördlichen unteren Rand des Montjuïc. Die reizvoll präsentierte Sammlung, chronologisch geordnet vom Paläolithikum bis in die westgotische Zeit, widmet sich der Geschichte Kataloniens und der Balearen. Besonders viele Stücke stammen aus der Römerzeit, beispielsweise ein schönes, in Barcelona entdecktes Mosaik mit dem Mythos der „Drei Grazien“ aus dem 3./4. Jh. Ausgestellt sind auch Funde aus der Griechenkolonie Empùries an der Costa Brava, darunter eine Kopie der Statue des Gottes Asklepios (Äskulap).

Di–Sa 9.30–19 Uhr; So 10–14.30 Uhr. Eintritt 4,50 €, von Oktober bis Juni am letzten Di im Monat gratis. www.mac.cat.

Veranstaltungsgelände

Ciutat del Teatre

Mehrere Gebäude formen die „Stadt des Theaters“, die gleich gegenüber dem Archäologischen Museum steht. Der *Palau de l'Agricultura* entstand zur Weltausstellung 1929 und ist heute Sitz des Teatre Lliure; der nahe *Mercat de les Flores* zählt ebenfalls zu diesem während des Bürgerkriegs teilweise zerstörten Ensemble und beherbergte zeitweise den Blumenmarkt Barcelonas. Vergleichsweise neu ist hingegen der Bau des *Institut del Teatre*, der die Gebäudegruppe zur Stadt hin abschließt.

Schattige Gärten mit Restaurant

Jardins Laribal

Der Aufstieg vom Archäologischen Museum und der Ciutat del Teatre zum Museu Etnològic fällt recht steil aus. Diejenigen, die es gleich zur Fundació Miró zieht, können gegenüber von einem Brunnen durch die oberhalb der Straße gelegenen schattigen Gärten Jardins Laribal abkürzen. Im Inneren der Parkanlage, die aus einem ehemaligen Steinbruch entstand, steht der in einem populären Volkslied besungene „Katzenbrunnen" *Font del Gat* mit dem gleichnamigen, charmanten Café-Restaurant (→ Essen & Trinken); das renovierte Gebäude stammt aus dem Jahr 1919 und wird Puig i Cadafalch zugeschrieben. Gleich nebenan liegt eine Infostelle der Verwaltung des Montjuïc.

Volkstümliches Katalonien

Museu Etnològic

Oberhalb des Museu d'Arqueologia und ein Stück östlich des Palau Nacional gelegen. Das Museum am Passeig de Santa Madrona war lange geschlossen und wurde nach einem Umbau 2015 wieder eröffnet. Die Ausstellung präsentiert nun nicht mehr Völkerkundliches aus aller Welt (die entsprechenden Stücke sind teilweise ins Museu de Cultures del Món im Born-Viertel gewandert), sondern zeigt unter dem Motto „Sentir el Patrimoni" (das Erbe spüren) ausschließlich Exponate zu Traditionen, Volkskunst und Handwerk Kataloniens.

Di–Sa 10–19 Uhr, So 10–20 Uhr. Eintrittsgebühr 5 €, das Ticket gilt auch für das Museu de Cultures del Món im Born-Viertel. Am ersten So im Monat und jeden So ab 16 Uhr ist der Eintritt frei. www.museuetnologic.bcn.es.

Mehr als nur bunt

Fundació Joan Miró

An der „Hauptstraße" des Montjuïc, die in diesem Bereich Avinguda Miramar heißt, beherbergt das von Architekt Josep Lluís Sert wunderschön gestaltete

Montjuïc → Karte S. 148/149

Barcelona im Kasten

Joan Miró

Joan Miró wurde 1893 in der Altstadt von Barcelona geboren und lebte lange in Mont-Roig in der Provinz Tarragona. Zunächst schwankend zwischen „ordentlichem" Beruf und der Malerei, entschied Miró sich nach schwerer Krankheit für das Studium der Kunst. Seine ersten Arbeiten waren noch vom Fauvismus und von Cézanne beeinflusst. 1919 besuchte er erstmals Paris, kam dort in Kontakt mit Kubismus und Surrealismus. Wenig später entwickelte er seinen ureigenen Stil, der von kräftigen, fast kalligraphischen Linien, organischen, assoziativen Formen und intensiven Farben geprägt wird: „Mein Werk soll wie ein von einem Maler in Musik gesetztes Gedicht sein". Beispiele für Mirós Handschrift sind das Logo der Spanischen Fremdenverkehrswerbung oder das der Pensionskasse „La Caixa". Miró schuf aber auch Mosaike, Wandteppiche und Skulpturen. 1956 zog Miró nach Mallorca, der Heimat seiner Mutter und seiner Frau. Sein dortiges Anwesen wurde, wie ja auch das Museum, von seinem Freund, dem katalanischen Architekten Josep Lluís Sert geschaffen. Joan Miró starb am 25. Dezember 1983 in Palma.

Museum eine ganze Reihe der meist fröhlich-farbigen Werke des Avantgardisten Joan Miró.

Das Museum besitzt über 200 seiner Gemälde, Tausende von Lithographien und Zeichnungen sowie Wandteppiche und Skulpturen der späten Jahre. Die Mehrzahl seiner abstrakten Werke ist von bunter und heiterer Atmosphäre, vorherrschend die Farben rot, blau und gelb. Einen ganz anderen Miró gibt es im Museum aber auch zu sehen: Die 50 Lithographien der schwarzen Barcelona-Serie spiegeln in ihrer Düsternis und Aggressivität den Spanischen Bürgerkrieg wider. Neben Arbeiten des Künstlers selbst, darunter auch Skulpturen im Freien, enthält das Museum eine Sammlung von Werken, die Miró gewidmet sind und unter anderem von Tàpies, Moore und Matisse stammen. Die Fundació veranstaltet auch Wechselausstellungen, Vorträge und Seminare mit Bezug zu Miró oder zeitgenössischer Kunst; angeschlossen sind eine allgemein zugängliche Bibliothek, eine Buchhandlung und ein Café.

Stille Wasser:
Jardins Mossèn Cinto Verdaguer

Di–Sa 10–20 Uhr (Nov–März Di/Mi/Fr nur bis 18 Uhr), Do bis 21.30 Uhr; So 10–14.30 Uhr. Eintrittsgebühr 12 €, für den „Espai 13“ mit Werken junger Künstler zusätzlich 2,50 €. „Audioguias“ mit Erläuterungen kosten 5 €. www.fundaciomiro-bcn.org.

Fußweg zum Kastell

Jardins Mossèn Cinto Verdaguer

Unweit östlich der Fundació Miró liegen die Stationen der Standseilbahn Funicular hinab zur Avinguda Paral.lel am Rand von El Raval sowie der Seilbahn Telefèric hinauf zum Kastell; das viel fotografierte Denkmal für den katalanischen Nationaltanz Sardana steht übrigens nahe der Mittelstation. Wer den Aufstieg zum Kastell lieber zu Fuß zurücklegen möchte, geht am schönsten durch die im englischen Stil angelegten Gärten Jardins Mossèn Cinto Verdaguer. Oberhalb der Gärten lassen sich die zahlreichen Serpentinen der Straße oft durch Fußwege abkürzen.

Die Stadt zu Füßen

Castell

Die ausgedehnte Verteidigungsanlage im Osten des Montjuïc wurde ab 1640 unter Philip IV. angelegt, und zwar nicht etwa, um Barcelona zu verteidigen, sondern um die Stadt zu beaufsichtigen – tatsächlich wurde Barcelona mehr als einmal von hier oben beschossen. So, wie die Festung heute zu sehen ist, stammt sie aus dem 18. Jh., ihre Vorgängerin wurde im Spanischen Erbfolgekrieg gesprengt. Doch auch das neue Kastell war von einer Aura aus Angst und Schrecken umgeben. Es diente als Gefängnis, und immer wieder wurden an seinen Mauern Exekutionen durchgeführt. Im Spanischen Bürgerkrieg fanden hier zunächst zahlreiche Falangisten den Tod, nach der Eroberung Barcelonas durch Franco dann die Verteidiger der Stadt. 1940 wurde im Kastell der katalanische Präsident Lluís Companys von den Schergen Francos ermordet. Seine Überreste ruhen, wie die vieler anderer Opfer, in einem Massengrab auf dem Friedhof *Fossar de la Pedrera* im Westen des Montjuïc.

Heute, da die Kanonen des Kastells nur mehr musealen Charakter besitzen, ist das Areal trotz seiner blutigen Vergangenheit ein beliebtes Ziel für Wochenendausflüge. Der Blick über die Stadt und den weit ausgebreiteten Hafen zeigt sich auch wirklich fantastisch. Das früher hier untergebrachte Militärmuseum wurde nach dem Übergang des Kastells in die Hände der Stadt aufgelöst, seine Sammlung auf verschiedene Museen verteilt. Stattdessen ist in einigen Räumen nun ein Interpretationszentrum zur Geschichte des Montjuïc zu sehen; es wurde wohl vor allem deshalb eingerichtet, um die 2014 erfolgte Abtretung der Nutzungsrechte an die private Gesellschaft „Magma Cultura" und die damit verbundene Einführung einer Eintrittsgebühr (zuvor war das Kastell gratis zu besuchen) zu rechtfertigen. Daneben finden auch wechselnde Ausstellungen statt.

Von etwa April bis September täglich 10–20 Uhr, sonst 10–18 Uhr; Eintrittsgebühr 5 €, So ab 15 Uhr gratis.

Westlicher Montjuïc

Sportmuseum unter der Erde

Museu Olímpic i de L'Esport

2007 eröffnet wurde dieses Museum gegenüber dem Olympiastadion, das zu einem guten Teil unter die Erdoberfläche gebaut ist. Auf mehreren Etagen dreht sich hier alles um den Sport und die Olympischen Spiele, ihre Geschichte und Helden, ergänzt beispielsweise durch Direktübertragungen aus allen Erdteilen, eine themenbezogene Kunst-

Kastell und katalanische Flagge

sammlung aus dem Hause Samaranch sowie Filmvorführungen. Wer mag, kann sich auch interaktiv mit den besten Sportlern ihres Fachs messen.

Von April bis September Di–Sa 10–20 Uhr, im restlichen Jahr bis 18 Uhr; So ganzjährig 10–14.30 Uhr. Eintrittsgebühr ca. 5,50 €. www.museuolimpicbcn.cat.

Das Herz der Spiele von 1992

Anella Olímpica

Der „Olympische Ring" liegt jenseits der Avinguda de l'Estadi, etwa auf Höhe des Palau Nacional. Das geräumige, 55.000 Zuschauer fassende Stadion *Estadi Olímpic* (täglich 10–18 Uhr; gratis) entstand bereits zur Weltausstellung 1929 und sollte 1936 Austragungsort der „Alternativen Olympischen Spiele" sein; der Ausbruch des Spanischen Bürgerkriegs verhinderte jedoch diese Gegenveranstaltung zu den Nazi-Spielen Berlins. Nach den Spielen war das Estadi Olímpic lange Zeit das „Hausstadion" von Barcelonas zweitem großen Fußballverein Espanyol Barcelona, der jedoch später in ein moderneres Stadion in der Vorortgemeinde Cornellà de Llobregat umgezogen ist.

Vor dem Eingang bildet eine Freifläche mit Wasserspielen und eigenwilligen Drahtskulpturen einen Kontrast zur klassizistischen Fassade; das Werk heißt *Utsuroshi*, was auf japanisch soviel wie „Wechsel" bedeutet, und stammt von der Künstlerin Aiko Miyawaki. Ihr Mann, der japanische Architekt Arata Isozaki, schuf die nahe Sporthalle *Palau Sant Jordi* – vor den Spielen ihres Designs wegen viel gelobt, von einer kleineren Fraktion ebenso heftig kritisiert und wegen ihrer Form mit einer Schildkröte verglichen. Im Hintergrund erhebt sich der gewundene, nadelspitze Telekommunikationsturm *Torre de Calatrava* in der typischen Handschrift des valencianischen Architekten Santiago Calatrava.

Mediterrane Pflanzenwelt

Jardí Botànic

Im Rücken des Olympiastadions erstreckt sich der Botanische Garten. Er ist noch vergleichsweise jung, wurde erst im Jahr 2000 angelegt. Das rund 14 Hektar umfassende Gelände ist den jeweiligen Regionen verschiedener Kontinente gewidmet, die mediterranes Klima besitzen: Kalifornien, Chile, Südafrika, Australien und das so genannte „Mediterrane Becken" mit dem östlichen Mittelmeer, der Iberischen Halbinsel samt Balearen, den Kanaren und Nordafrika. In all diesen Gebieten ähneln sich die klimatischen Bedingungen, weshalb sie auch Pflanzengemeinschaften hervorbringen, die vieles gemeinsam haben.

Täglich 10–19 Uhr, Okt.–März nur bis 17 Uhr; Eintrittsgebühr 3,50 €, Kombiticket mit dem Museu Blau im Fòrum (→ Barceloneta und Port Olímpic) 7 €, am ersten So im Monat sowie jeden So ab 15 Uhr gratis.

Spanien im Kleinformat

Poble Espanyol

Ganz im Westen des Montjuïc erstreckt sich dieses für die Weltausstellung 1929 angelegte „Spanische Dorf". Durch einen Nachbau der Stadttore von Ávila betritt man eine künstlich angelegte Siedlung aus charakteristischen

Klare Linien: Jardí Botànic

Wirkt fast echt: das „romanische Kloster" im Poble Espanyol

Gebäuden und typischen Baustilen der spanischen Provinzen. Das Zentrum bildet eine nachempfundene Plaza Mayor, in Häusern und Gassen demonstrieren Kunsthandwerker wie Töpfer oder Glasbläser nostalgische Arbeitstechniken. Obwohl eine ausgewachsene Touristenshow mit deutlich über einer Million Besuchern pro Jahr, ist das Spanische Dorf als eine Art architektonische Schnuppertour durchs gesamte Land nicht unamüsant.

Täglich ab 9 Uhr; So bis 24 Uhr, Mo bis 20 Uhr, Di–Do je nach Jahreszeit bis 24 /2 Uhr, Fr bis 3/4 Uhr, Sa bis 4/5 Uhr morgens; Eintritt etwa 12 €, es gibt auch ein Kombiticket mit dem MNAC (18 €) sowie Familientickets. Nachts kostet der Eintritt ca. 7 €. www.poble-espanyol.com.

Montjuïc → Karte S. 148/149

Praktische Infos

→ Karte S. 148/149

Stadtverkehr

Per pedes/Bus: Optisch spektakulärer Zugang von der Plaça d'Espanya. Dort gibt es auch Haltestellen mehrerer Buslinien, die auf den Montjuïc führen. Die wichtigste Route in der Zone befährt der Bus 150, der ab der Plaça Espanya vorbei am Poble Espanyol, der Fundació Miró und den Stationen der Standseilbahn und der Seilbahn das Kastell ansteuert und auf dem Rückweg auch den Transbordador Aeri bedient; Abfahrten etwa alle 10–15 min. Ähnliche Frequenzen bietet Bus Nr. 55, der mit Zusteigemöglichkeiten z. B. an der Ronda de Sant Pere, der Plaça Catalunya und der Ronda Universitat (nicht aber der Pl. d'Espanya) den nördlichen Bereich des Montjuïc (u. a. das Archäologische Museum) ansteuert, dann ebenfalls über die Fundació Miró fährt und kurz hinter den Stationen der Standseilbahn und der Seilbahn stoppt. Bus Nr. 13 fährt etwa 1- bis 2-mal stündlich von der Ecke Comte Borrell/Tamarit (Mercat Sant Antoni) über die Plaça Espanya zum Poble Espanyol, dem Passeig Olímpic und dem Jardí Botànic.

Transbordador Aeri del Port: Eine faszinierende und angesichts des Alters der Anlage (eröffnet 1931) auch recht abenteuerliche Art, den Montjuïc zu erklimmen. Die Schwebebahn führt von Barceloneta über die Torre de Jaume I. (hier keine Zustiegsmöglichkeit mehr) am Hafen zu den Jardins de Miramar und bietet unterwegs fantastische Panoramen der Stadt; von den Sehenswürdigkeiten des Montjuïc ist man am Ziel allerdings noch eine Ecke entfernt. Betrieb März bis Mai sowie September/Oktober täglich 11–19 Uhr, Juni bis August täglich 11–20 Uhr, sonst täglich 10–17.30 Uhr. Kein Betrieb bei starkem Wind. Viertelstündliche Abfahrten, einfach 11 €, retour 17 €. www.telefericodebarcelona.com.

Funicular de Montjuïc: eine weitgehend unterirdisch verlaufende Standseilbahn ab der Metrostation Paral.lel. Die moderne Anlage ist der Nachfolger einer bereits 1928 in Dienst gestellten Standseilbahn. Ihre „Bergstation" Parc de Montjuïc liegt an der Avinguda Miramar nahe der Gartenanlage Jardins de Mossèn Jacint Verdaguer und nicht weit von der Fundació Miró. Die Bahn ist dem Tarifsystem des Stadtverkehrs angeschlossen, „Targetes" und Einzeltickets sind gültig.

Telefèric de Montjuïc: Die auch „Telecabina" genannte, 1968 eröffnete und 815 Meter lange Seilbahn zum Kastell startet an der Avinguda Miramar gleich bei der Funicular. Früher bediente sie an der Mittelstation den längst verschwundenen Vergnügungspark des Montjuïc, daher der Knick in der Routenführung. Einfache Fahrt 8 €, hin und zurück 12 €; mancher wird da den Fußweg durch die Jardins de Mossèn Cinto Verdaguer vorziehen... Betriebszeit von Juni bis September 10–21 Uhr, sonst je nach Jahreszeit bis 18 oder 19 Uhr.

Maurisch inspiriert: Ex-Arena Les Arenes

Essen & Trinken

Die Restaurantauswahl ist auf dem Montjuïc recht eingeschränkt, doch laden die vielen Grünanlagen natürlich zum genüsslichen Picknick ein. Den Einkauf muss man freilich vorab erledigen.

Rest. Martínez **10**, am Südrand des Parks, der sich vor der Station des Transbordador Aeri del Port erstreckt. Schickes Lokal mit traumhafter Aussicht, am Sonntagmittag bei gutem Wetter oft lange Warteschlangen von Einheimischen. Im Angebot „Paella, Grill und mehr", so die Karte. Hohe Preise, Menü ab etwa 40 €. Täglich bis 2.30 Uhr geöffnet. Carretera de Miramar 38, ✆ 931 066052.

Café-Rest. Font del Gat **7**, ein sehr reizvoller Fleck in der Parkanlage Jardins Laribal, 2002 nach langer Pause in einem hübschen, ursprünglich von Puig i Cadafalch (1925) errichteten Haus am „Katzenbrunnen" wieder eröffnet; Tische auch im Freien. Zugang entweder zwischen dem Archäologischen und dem Ethnologischen Museum oder über ein Seitensträßchen oberhalb des Ethnologischen Museums und dann per Aufzug hinab oder gleich westlich der Fundació Miró abwärts. Mittags täglich außer Mo geöffnet, abends nur für reservierte Gruppen; von Di–Fr gibt es ein relativ günstiges Mittagsmenü für etwa 16 € (draußen mit kleinem Zuschlag), à la carte erheblich teurer. Passeig Santa Madrona 28, ✆ 932 890404.

La Caseta del Migdia **11**, Open-Air-Lokal unweit des Aussichtspunkts „Mirador del Migdia" in einem Wäldchen hoch über dem Meer, einen knappen Kilometer vom Kastelleingang entfernt, wahlweise entlang des zur Küste oder zum Landesinneren weisenden Fußwegs. Lauschige Lage, Liegestühle, Chillout-Atmosphäre, viel Szene-Publikum. Ein sehr hübsches Plätzchen, an dem man kaum glauben mag, am Rand einer Millionenstadt zu sein. Zu essen gibt es nur Grillwurst (Butifarra), Hühnchen mit Salat und Brot und manchmal auch ähnliche einfache Gerichte. Die Preise sind gesalzen; man kann es aber auch bei einem Getränk belassen. Kompliziert und häufig wechselnd gestalten sich die Öffnungszeiten: Mittags ist grundsätzlich nur Sa/So geöffnet (im Winter auch dann nicht immer), abends nur von etwa Juni bis August, dann Mi–So ab 20/21 Uhr mit DJ-Beschallung, alles nur bei schönem Wetter. ✆ 617 956572.

Hoch über der Küste: La Caseta del Migdia

Rest. Xemei 5, etwas unterhalb im Viertel Poble Sec. Italienisches Restaurant mit sehr ordentlicher venezianischer Küche und guter Weinauswahl, aber leider etwas arg gehobenen Preisen. Dennoch oft voll belegt, Reservierung dringend geraten. Täglich geöffnet. Passeig de l´Exposició 85, ✆ 935 535140.

Rest. La Tomaquera 6, ein weiteres Lokal im Viertel Poble Sec. Uriger Laden (Kenntnisse in Küchenspanisch nützlich), voll und laut; Spezialität sind Grillfleisch und Schnecken. Nicht teuer. So-Abend, Mo sowie im August geschlossen. Carrer de Magalhäes, Ecke Carrer Margarit.

MeinTipp **Bar Quimet & Quimet 9**, ebenfalls in Poble Sec. Kleines Lokal, bereits 1913 als Weinhandlung eröffnet und trotz des rustikalen Charakters berühmt für die umfangreiche Auswahl an Tapas bester Qualität. Ebenso breit ist das Angebot an Weinen und Spirituosen. Sa-Abend, So und im August geschlossen. Carrer del Poeta Cabanyes 25.

Bar Tickets – La Vida Tapa 2, noch weiter entfernt, nämlich bereits an der Avinguda del Paral.lel. Eine der berühmtesten Bar-Neueröffnungen der letzten Jahre, zählen zu den Eigentümern doch Albert Adrià sowie dessen noch bekannterer Bruder Ferran vom legendären El Bulli. Ergebnis sind Tapa-Kreationen auf höchstem Niveau zu nicht gerade billigen, aber bezahlbaren Preisen. Ein Michelinstern. Nur leider, leider – es ist fast unmöglich, einen Platz zu bekommen. Reservierungen (Pflicht!) gibt es ausschließlich im Internet weit im voraus, und die sind schneller weg, als man „Tapa" sagen kann... Mit sehr viel Glück hat man Sa-Mittag vor 13 Uhr (sonst nur abends geöffnet) eine Chance auf einen Platz ohne Reservierung. So/Mo, an Ostern sowie für drei Wochen im August geschlossen. Avinguda Paral.lel 164, www.ticketsbar.es.

Bodega 1900 1, schräg gegenüber, ein weiteres Projekt von Albert Adrià, eröffnet 2013. Eine „Vermutería" in nostalgischem Stil, in der traditionelle Häppchen serviert werden; die Preise freilich sind von heute. Geöffnet wie oben; auch hier geht ohne Internet-Reservierung kaum etwas. Calle Tamarit 91. Im Umfeld der oberen Paral.lel hat der umtriebige Adrià noch andere Lokale eröffnet: „Pakta", peruanisch-japanische Küche, C. Lleida 5, und „NiñoViejo" sowie „Hoja Santa" (letzteres mit Michelinstern), beide mit mexikanischer Küche und und beide in der Av. Mistral 54. Neuestes und ambitioniertestes Projekt ist das „Enigma" an der Ecke Carrer Sepúlveda und Carrer Entença, das mit entsprechenden Preisen eine Art Nachfolger von El Bulli darstellen soll. Details auf www.elbarriadria.com.

Bar Lolita 3, ganz in der Nähe der Bodega 1900. Das frühere „Inopia", eine schick gestylte Eckkneipe, die exquisite Tapas zu allerdings leicht gehobenen Preisen serviert. Sehr beliebt, deshalb möglichst früh kommen. Geöffnet Di–Do nur abends, Fr/Sa auch über Mittag, So/Mo geschlossen. C. Tamarit 104, Ecke C. Rocafort.

Montjuïc → Karte S. 148/149

Barcelonas Umgebung

Ausflüge

Zu den Ausflugs-Klassikern zählen das Bergkloster Montserrat und das quicklebendige Badestädtchen Sitges. Wer gerne wandert, ist in der Serra de Collserola richtig, und für Freunde des katalanischen Cava ist Sant Sadurní d'Anoia fast ein Pflichtziel. Schon weiter weg, aber durchaus noch in Reichweite für einen Tagesbesuch liegen Tarragona, Girona und das Dalí-Museum in Figueres.

Naturpark nahe der Großstadt

Serra de Collserola

Der bewaldete Höhenzug der Serra de Collserola liegt direkt im Hinterland der Metropole; seine größte Erhebung ist Barcelonas 512 Meter hoher Hausberg Tibidabo. Seit 1987 als Parc de Collserola ausgewiesen, wird die Serra zwar an allen Seiten völlig von Siedlungen eingeschlossen sowie von Landstraßen und sogar einer Autobahn durchzogen, umfasst aber immerhin eine Fläche von rund 80 Quadratkilometern und ist damit fast so groß wie das gesamte Stadtgebiet von Barcelona. Reichlich Raum für Streifzüge also. Vor allem an Wochenenden pilgern denn auch viele Bewohner Barcelonas zum Picknicken, Wandern und Mountainbiken hinauf in die grüne Landschaft der Hügelkette.

Durchquerung der Serra de Collserola

Wanderung nach Sant Cugat

Charakteristik: Eine nicht allzu schwere, rund zwölf Kilometer lange Wanderung durch hügeliges Gelände, für die man eine reine Gehzeit von etwa 3,5 Stunden einkalkulieren sollte. Zu Beginn wartet ein Anstieg von etwa 200 Höhenmetern, dann verläuft die Strecke weitgehend abwärts oder eben. Am Ziel in Sant Cugat del Vallès lohnt das sehenswerte Benediktinerkloster Monestir de Sant Cugat del Vallès (s. unten im Anschluss an die Wanderbeschreibung; Mo geschlossen) einen Besuch. Überwiegend schattig unter einem Wald aus Steineichen und Kiefern führt die Tour durch ein Gebiet, in dem die Vegetation der Serra bestens erhalten ist. Etwas Wandererfahrung und Orientierungssinn sind nötig, da die Region von vielen kleinen Wegen und Pfaden durchzogen wird und die Hinweisschilder unterwegs schon mal gestohlen werden. Einige steilere und felsige Teilstrecken verlangen festes Schuhwerk mit gutem Profil; ausreichenden Wasservorrat nicht vergessen. Einkehrmöglichkeit besteht unterwegs im Bauernhof-Restaurant Masia Can Borrell (s. unten, nur Mi–So) und natürlich am Ziel im Städtchen Sant Cugat.

Verlauf: Die Wanderung beginnt an der FGC-Station *Baixador de Vallvidrera* (→ Kasten). Im Gebiet oberhalb der Station ist der Weg zum Centre d'Informaciò beschildert. Er steigt in östlicher Richtung durch den Wald an und erreicht nach fünf Minuten die *Vil.la Juana* bzw. *Casa Verdaguer* (zuletzt wg. Renovierung geschlossen), ein Landgut des 18. Jh. und das Sterbehaus von Jacint Verdaguer (1845–1902), einer der bedeutendsten katalanischen Poeten. Ein kleines Stück oberhalb liegt rechts das *Centre d'Informació del Parc* (Öffnungszeiten → Kasten), etwas weiter links die Schule Escola Xiprers.

50 Meter hinter dem Schulgelände geht es links aufwärts in den Wald, beschildert u. a. „Turó del Puig". Im Aufstieg passiert man mehrere Gabelungen; hier immer auf dem Hauptweg bleiben und im Zweifel der Beschilderung „Turó del Puig" folgen. Etwa eine halbe Stunde

Barcelona im Kasten

Wandern in der Serra de Collserola

Gerade Wanderern bietet die von zahlreichen Wegen (und sogar mehreren Fernwanderwegen wie dem GR 6) durchzogene Serra wirklich erstaunliche Möglichkeiten. Das hügelige Gebiet ist reich an Wäldern, Quellen und Zeugen vergangener Zeiten. Eine erste Anlaufstelle bildet das Informationszentrum des Parks, doch finden erfahrene Wanderer auch auf der guten Karte von Editorial Alpina reichlich Anregungen, zum Beispiel die hier vorgeschlagene Durchquerung des Parks vom Infozentrum nach Sant Cugat de Valles, wo wieder FGC-Anschluss besteht.

Information **Centre d'Informació del Parc**, Carretera de l'Església 92, ✆ 932 803552. Das Infozentrum liegt etwa zehn Fußminuten östlich oberhalb der FGC-Station Baixador de Vallvidrera (Linien S 1 Terrassa und S 2 Sabadell, ab Pl. Catalunya oder Gràcia, eine Station hinter der bei unserer Tour 12 benutzten Peu del Funicular), die noch zum Tarifgebiet von Barcelona zählt. Geöffnet täglich 9.30–15 Uhr außer am 25./26.12, 1.1. und 6.1. Einfache Übersichtskarten des Gebiets gibt es kostenlos, auch Verkauf detaillierter Wanderkarten z. B. von Editorial Alpina. www.parccollserola.net

Wanderkarte **Serra de Collserola**, von Editorial Alpina, erhältlich z. B. bei Decathlon im Barri Gòtic oder der Reisebuchhandlung Altaïr in Eixample sowie im Centre d'Informaciò del Parc. Im detailreichen Maßstab 1:20.000.

hinter der Casa Verdaguer trifft man bei mehreren Häusern auf den „Pass" *Coll del Gravat*, an dem mehrere Wege zusammenlaufen; wir halten uns rechts aufwärts. Der weite Blick hier reicht bis zur Serra de Montserrat.

Sechs Minuten hinter dem Coll del Gravat nimmt man an einer Gabelung den linken, unteren der beiden Wege, nach 50 Metern geht es an einer weiteren Gabelung links abwärts, beschildert u. a. „Casa Sant Josep". Im Abstieg gelangt man, vorbei an einer Abzweigung rechter Hand, in wenigen Minuten zu einer Asphaltstraße, der man mit etwas Vorsicht nach links folgt. 150 Meter weiter zweigt im Gebiet *Can Ribes* bei einem Parkplatz ein Sträßchen in nördlicher Richtung (rechts) ab, beschildert u. a „Sant Medir"; wir nehmen jedoch nicht dieses Sträßchen, sondern folgen den Schildern „Font d'en Ribes" und „Font de l'Arrabassada" auf den anfangs etwa parallel verlaufenden Fußweg 15 Meter weiter. Dieser wendet sich bald abwärts und erreicht den *Viaducte de Can Ribes.*

Wir überqueren das aus dem frühen 20. Jh. stammende Viadukt, von dem sich einmal mehr eine weite Aussicht bis nach Montserrat bietet, und halten uns direkt dahinter rechts abwärts. Zehn Minuten hinter dem Viadukt geht es an einer Gabelung rechts, hundert Meter weiter links, beschildert „Sant Cugat" und „Can Borrell"; der Weg führt weiter abwärts, wird nun enger, steiler und streckenweise etwas geröllig. Nach etwa einer Viertelstunde taucht wieder eine Gabelung auf; hier links, beschildert wie oben. Nun geht es kurz aufwärts und an der nächsten Gabelung, die nur 50 Meter weiter liegt, rechts. Nach einem kurzen, mäßigen Anstieg des schmalen, hier tunnelartig

überwucherten Wegs (an zwei Gabelungen geradeaus halten) folgt ein längerer Abstieg von gut zwanzig Minuten, an dessen Ende man auf einen breiteren Weg trifft; hier links, erneut beschildert mit „Sant Cugat" und „Can Borrell". Vorbei an einer schmalen Abzweigung nach links bleiben wir auf diesem Weg, der nun durch weiß-rote Markierungen als Fernwanderweg (GR) kenntlich ist, und kommen so in zwei Minuten zum Bauernhof *Masia Can Borrell*. Wer zum richtigen Zeitpunkt eintrifft, kann im hiesigen, rustikalen Restaurant auch gut katalanisch essen, Spezialität sind Fleischgerichte; Betriebszeiten Mi–Fr 13–16, Sa/So 10–12 Uhr (Frühstück) und 13–17 Uhr. Da hier häufig Familienfeiern stattfinden, lohnt sich evtl. vorherige Anfrage und Reservierung unter ✆ 936 929723; www.can-borrell.com.

Auf dem Weiterweg hält man sich an der Gabelung 50 Meter hinter der Masia links. Die Landschaft öffnet sich zu einem landwirtschaftlich genutzten Tal, später geht es wieder in den Wald. Vorbei an zwei Abzweigungen nach rechts folgt man nun immer dem Hauptweg. Wieder in offenerem Gelände, steht unterwegs rechter Hand die 23 Meter hohe Riesenpinie *Pi d'en Xandri*, die mehr als zwei Jahrhunderte alt sein soll und von einer Holzkonstruktion gestützt wird. Wenig später, insgesamt rund eine halbe Stunde hinter der Masia Can Borrell, erreicht man bei einem Kreisel den Ortsrand von *Sant Cugat del Vallès*.

Die bisherige Wegrichtung beibehaltend, folgt man der Avinguda Pla del Vinyet und hält sich am nächsten Kreisel weiter geradeaus. Zum Kloster *Monestir de Sant Cugat* geht es hinter dem rechter Hand gelegenen Park Parc Ramon Barnils rechts ab. Wer stattdessen gleich weiter zum FGC-Bahnhof *Estació de Sant Cugat* möchte, folgt noch ein ganzes Stück dem Straßenverlauf geradeaus, über die Avinguda de Gràcia

Auch Wildschweine leben in der Serra de Collserola

Sant Cugat del Vallès
Monestir de Sant Cugat
197
Torrent de Can Codonyrs
115
Ziel
Sant Cugat
Riera de Sant Medir
Pi d´en Xandri
Turó de Torrefe
196
Turó Lluc
181
Turó de la Torre
188
Riera de Can Trabal
Valldoreix
Can Borrell
234
Turó de Sant Adjutor
265
Pantà de Can Borrell
Serrat d'en Bell
Serra de Sant Vicenç
Serra de Sant Medir
Riera de Sant Medir
236
Serra del Pedregal
283
La Floresta
Sant Medir
Torrent de l'Arrabassada
Turó del Mallol
357
Turó del Fumet
359
Serra de l'Arrabassada
399
Turó del Soldat
368
417
Viaducte de Can Ribes
Riera de Vallvidrera
Can Ribes
Serra de Can Balasc
Turó del Penitent
409
Coll del Gravat
406
465
Turó del Puig
477
Turó del Miralluny
Les Planes
Torrent de les Tres Serres
Turó de l'Alzinar
397
Turó dels Mussols
378
Tibidabo
512
Baixador de Vallvidrera
Escola Xiprer
Molins de Rei
Start
Vil.la Joana
Turons de Can Pasqual
467
Vallvidrera
Vallvidrera
Vallvidrera
300 m
Durch die Serra de Collserola

hinweg und auf der Rambla Ribatallada bis zu einer Gabelung; dort rechts in den Carrer Àngel Guimerà.

Für die **Rückfahrt** nach Barcelona (Linien S1, S2, S5, S55) sind die Tickets des städtischen Tarifgebiets (z. B. T-10) nicht mehr gültig, da man sich außerhalb dessen Zone befindet. Das stattdessen nötige Zweizonenticket kostet etwa 3 € und ist an Automaten erhältlich.

Kleinstadt mit bedeutendem Kloster

Sant Cugat del Vallès

Das Städtchen nördlich der Serra del Collserola wird in erster Linie wegen seines uralten Benediktinerklosters besucht, das Stilelemente der Romanik wie der Gotik zeigt.

Sant Cugat del Vallès, ab Barcelonas Plaça de Catalunya mit FGC-Nahverkehrzügen der Linien S1, S2, S5 und S55 zu erreichen, ist fast schon ein Vorort der katalanischen Hauptstadt, liegt auch in unmittelbarer Nachbarschaft der neuen Trabantensiedlung Valldoreix. Zentrum des Orts, der in seinem Kern teilweise verkehrsberuhigt wurde, ist die Plaça d'Octavià mit dem Kloster; dort gibt es auch eine Infostelle, die auch geführte Touren anbietet.

Information Oficina de Turisme, Plaça d'Octavià 10, ✆ 936 759952. Geöffnet Juni bis September Di–Fr 10–13.30, 17.30–19 Uhr, Sa 10–14, 17–20 Uhr, So 10–14 Uhr; in den übrigen Monaten Di–Fr 10.30–13.15, 16.15–17.45 Uhr, Sa 10–14 Uhr, 16–18 Uhr, So 10–14 Uhr.

Monestir de Sant Cugat del Vallès: Schon eine Urkunde des 9. Jh. erwähnt ein Kloster in Sant Cugat, eine erste christliche Kirche soll gar schon viele Jahrhunderte früher bestanden haben. Der Bau der heutigen Anlage zog sich von Anfang des 11. Jh. bis ins 14. Jh.

Romanisch-gotische Mischung: Monestir de Sant Cugat de Vallès

hin und überschritt damit die Schwelle der Romanik zur Gotik. So besitzt die dreischiffige, mit großer Rosette geschmückte *Klosterkirche* des 14. Jh. einen eher romanischen Grundriss, während architektonische Details wie die spitzbogigen Kreuzgewölbe der Gotik entstammen; leider ist die Kirche selbst nur 9–12 und 18–20 Uhr geöffnet. Außer der oberen Galerie (16. Jh.) durchgängig romanisch ist noch der schöne *Kreuzgang* des 12. Jh. mit seinen 144 reizvollen Kapitellen, die vorwiegend nicht-biblische Motive wie Fabeltiere oder ornamentalen Blumenschmuck tragen. Sie sollen alle von einem einzigen Meister namens Catell oder Gatell stammen, zumindest behauptet das eine Tafel, die der Künstler in der Nähe seines Selbstbildnisses in der Nordostecke angebracht hat. Der *Kapitelsaal* beherbergt ein Allerheiligen-Retabel von Pere Serra aus dem Jahr 1375. Ein *Museum* ist angeschlossen.

Di–Sa 10–13.30, 17–20 Uhr bzw. im Winter 16–19 Uhr, So 10–14.30 Uhr; Eintritt 3,50 €.

Symbol der katalanischen Nation

Montserrat

Die unbestrittene Nummer eins unter den Ausflugszielen ab Barcelona. Das Kloster, fantastisch in wuchtiger Felslandschaft gelegen, ist das bedeutendste Wallfahrtsziel Kataloniens und, nach Santiago de Compostela, das zweitwichtigste ganz Spaniens.

Allein der wunderbare Blick bei der Anreise lohnt bereits den Weg. Knapp 40 Kilometer nordwestlich von Barcelona erhebt sich der graue Felsstock des Montserrat steil aus der hügeligen Umgebung. Das mächtige, bis zu 1236 Meter hohe Massiv ist heute als Naturpark geschützt. Zu Recht trägt es seinen Namen „Zersägter Berg“: Tiefe Einschnitte trennen das Gestein in übereinander stehende Blöcke, in steil aufragende Türme, in Kegel, rundgeschliffen von der Zeit. Gut zu verstehen, dass eine Legende auf dem Montserrat die geheimnisvolle Gralsburg des Parzival vermutete. Am Ausgang einer besonders tiefen Spalte liegt in 725 Meter Höhe das ebenso sagenumwobene Kloster *Abadia de Montserrat*, dem der Berg seinen Beinamen „Montsagrat“ (Heiliger Berg) verdankt. Den Katalanen ist das Kloster neben seiner religiösen Bedeutung auch Symbol ihrer Nation, deren Sprache und Kultur es in den schlimmsten Zeiten geschickt verteidigte, das „Wunder Kataloniens“ (Joan Maragall). In den Sommermonaten wird das Kloster von Besuchern – rund eineinhalb Millionen sind es jährlich – geradezu überflutet: Majestätische Einsamkeit ist dann natürlich nicht zu erwarten. Es lohnt sich dennoch, hierher zu kommen, und wer dem Rummel entfliehen will, findet eine Reihe von Wanderwegen zu abseits liegenden Einsiedeleien.

Geschichte: Der Legende zufolge wurde das Kloster erstmals um 880 gegründet, nach dem Fund einer dunklen Madonna, die, wie es heißt, vom Evangelisten Lukas höchstpersönlich geschnitzt worden war. Ab dem 11. Jh., das Kloster war im Jahr 1025 nach einem Nachfolgestreit durch Abt *Oliba* aus Ripoll neu angelegt worden, entwickelte sich ein kräftiger Marienkult um „Unsere Liebe Frau vom Montserrat“. In den folgenden Jahrhunderten strömten Pilger aus nah und fern scharenweise zu *La Moreneta*, der „kleinen Braunen“, die Madonna avancierte zur Schutzpatronin Kataloniens. Nach Ansicht der Fachwelt stammt die Statue übrigens aus dem 12./ 13. Jh. ... Anfang des 19. Jh. erlitt das Kloster in den napoleonischen Kriegen schwerste Verwüstungen und musste neu aufgebaut werden. Auf diese Zeit gehen auch die meisten der heutigen, architektonisch wenig beeindruckenden Gebäude zurück. Mit der kulturellen Wiedergeburt Renaixença entwickelte sich Montserrat zu einer Bastion des katalanischen Nationalismus.

Selbst unter Franco wurden Messen nur in Català gelesen, gab das Kloster eine Zeitschrift in der verbotenen Spra-

Der „Zersägte Berg“: Montserrat

che heraus, trafen sich hier heimlich die Widerständler.

Information Oficina d´Informació, im „Zentrum“ der Klostersiedlung. Geöffnet 9–18.45 Uhr, Sa/So bis 20 Uhr. Hier auch Infos über Quartiere und die vielen Wandermöglichkeiten der Umgebung. ✆ 938 777701, www.montserratvisita.com.

Verbindungen **FGC-Nahverkehrszüge** der Linie R 5 ab der Plaça Espanya. Abfahrten tagsüber etwa stündlich, Fahrtdauer rund eine Stunde. Weiter wahlweise mit der Zahnradbahn **Cremallera de Montserrat** (FGC-Station Monistrol de Montserrat, Kombiticket hin & zurück mit Zugfahrt etwa 20 €, Cremallera-Einzelfahrt hin und zurück ca. 10 €) oder schon eine Zugstation vorher mit der Seilbahn **Telefèric de Montserrat** (FGC-Station Aeri de Montserrat, praktisch identische Preise). Die FGC bietet noch weitere Kombitickets an, u. a. „TransMontserrat“ (ca. 30 €), das auch die Benützung der für Wanderungen nützlichen Seilbahnen „Funiculars“ oben am Kloster beinhaltet.

Bus: JULIÀ TRAVEL offeriert 2-mal täglich geführte Touren nach Montserrat, Dauer rund 4,5–5,5 Stunden, Preis p.P. etwa 55 €. Büro am Carrer Balmes 5, ✆ 933 176454. www.juliatravel.com.

Mit dem Auto: Autobahn A 2 bis hinter Martorell, weiter über die C 55. Einige Kilometer hinter Olesa folgt rechts die Abzweigung zur Seilbahn Telefèric (s. o.), beschildert „Aeri“; zur Cremallera-Station in Monistrol (siehe ebenfalls oben) geht es geradeaus. Die Direktanfahrt erfolgt über eine Bergstraße ebenfalls ab Monistrol, die Parkplätze oben sind gebührenpflichtig.

Kleidung Dass man sich beim Besuch einer Wallfahrtsstätte entsprechend kleidet, also auf Shorts, Träger-T-Shirts und tiefe Ausschnitte verzichtet, ist wohl selbstverständlich. Ein Pullover im Gepäck kann angesichts der Höhenlage nicht schaden.

Sehenswertes

Montserrat besteht aus einem ausgedehnten Komplex von Gebäuden, in dem vom Selbstbedienungsrestaurant über die Erste-Hilfe-Station bis zur Polizeiwache alles Nötige und weniger Nötige geboten ist. „Hauptplatz“ des noch immer von etwa achtzig Mönchen bewohnten Klosters ist die Plaça Santa María María, die von der Seilbahn aus hinter der ersten Gebäudereihe liegt.

Multimedia-Museum

Espai Audiovisual

Eine moderne und gut gemachte Dokumentation, die in Wort, Bild und Ton das Kloster samt seiner Umgebung und seiner Geschichte vorstellt und das Leben der Mönche beschreibt.

Mo–Fr 9–17.45 Uhr; Sa/So 9–18.45 Uhr, Eintrittsgebühr 5 €.

Catalunya Bus Turístic

Der große Bruder des städtischen Bus Turístic erschließt auf mehreren Halb- oder Ganztagestouren weitere, entfernter gelegene Attraktionen Kataloniens. Einige Beispiele: Die Route „Dalí´s Figueres & Girona" (ca. 80 €) führt in Dalís Geburtsstadt Figueres, zu seinem berühmten Museum und in die schöne Provinzhauptstadt Girona; Glanzlichter der Tour „Montserrat & Gaudí" (ca. 70 €) sind die „Cremallera"-Fahrt nach Montserrat sowie ein Besuch in Gaudís Arbeitersiedlung Colònia de Güell; die Route „Vi & Cava" (ca. 75 €) beinhaltet Besuche der Weinkellereien Jean Leon, Torres und Freixenet. Infos und Tickets in allen Fremdenverkehrsämtern von Turisme de Catalunya (→ Kapitel A–Z, Stichwort „Information"). Die Eintrittsgebühren sind teilweise im Preis inbegriffen.

Heimat der „kleinen Braunen"

Basilika

Zugang von der Plaça Santa María. Die zum Platz weisende Fassade wurde erst 1968 fertiggestellt, links von ihr die Reste des gotischen Kreuzgangs. Hinter der Fassade folgt zunächst ein enger Innenhof, an den sich die eigentliche Klosterkirche anschließt. Sie stammt aus dem 16. Jh., wurde aber so stark zerstört beziehungsweise beim Wiederaufbau verändert, dass ihr ursprünglicher Renaissance-Stil kaum mehr zu erkennen ist. Auch die durchaus aufwändige Ausstattung des dunklen, nur von zahlreichen Kerzen beleuchteten Inneren stammt aus jüngerer Zeit: Der direkte Zugang zur Statue **La Moreneta** erfolgt nicht durchs Hauptportal, sondern durch einen Eingang an der rechten Kirchenseite. Meist herrscht ziemliches Gedrängel, so dass man es gern bei einem kurzen Blick auf die von Katalanen wie „Restspaniern" gleichermaßen verehrte Madonna mit Kind bewenden lassen wird. Die berühmte Musikschule **Escolania** hält auf katalanische Tradition, wurde bereits im 13. Jh. oder frühen 14. Jh. gegründet und gilt deshalb als älteste Musikschule Europas. Zu hören ist der etwa 50 Mitglieder umfassende Knabenchor Mo–Fr gegen etwa 13 Uhr (Salve und „Virolai"), Mo–Do auch 18.45 Uhr (Vespergottesdienst) sowie So um 12 Uhr und um 18.45 Uhr; Sa ist Ruhetag.

Klostermuseum mit Dalí-Gemälde

Museu de Montserrat

Das Klostermuseum unterhalb der Plaça de Santa María zeigt neben liturgischen Gegenständen und archäologischen Funden vorwiegend katalanische Gemälde des 19. und 20. Jahrhunderts. Zu den Prunkstücken zählt das fast vier Quadratmeter große Ölbild „Der Matrose", ein Frühwerk von Salvador Dalí aus dem Jahr 1926. Das Gemälde (Schätzwert rund 1,75 Millionen Euro) wurde dem Museum von „anonymer Seite" gestiftet, vermutlich von einer Freundin der Schwester des Meisters.

Täglich 10–17.45 Uhr, Eintrittsgebühr 7 €.

Stammsitz von Codorníu und Freixenet

Sant Sadurní d'Anoia

Sant Sadurní nennt sich zu Recht die „Hauptstadt der Cavas": Insgesamt rund hundert Fabrikanten widmen sich hier der Produktion von feinstem Sekt nach katalanischer Art.

Das Städtchen liegt etwa 30 Kilometer westlich von Barcelona in der Weinbauregion Penedès, direkt an der Autobahn A 7 und der Bahnlinie Richtung Tarragona. Vom Ortsbild her eher belanglos, ist Sant Sadurní dennoch Ziel aller echten Cava-Liebhaber, bieten sich hier doch gute Gelegenheiten, einmal eine Kellerei zu besichtigen. Die Lagerstollen unterhalb der Stadt erstrecken sich über viele Kilometer.

Information **Oficina Municipal de Turisme**, Carrer de L'Hospital 26, im Zentrum; ✆ 938 913188. Geöffnet Di–Fr 9.15–14.45, 16–18.30 Uhr, Sa 10–14, 16.30–19 Uhr, So 10–14 Uhr. Hier auch das moderne Cava-Interpretationszentrum **CIC Fassina Centre d'Interpretació del Cava** (Eintrittsgebühr 6 €). www.turismesantsadurni.com.

Verbindungen **Zug**: Tagsüber etwa halbstündlich RENFE-Nahverkehrszüge (Rodalies) der Linie 4 ab Barcelona Sants oder Plaça de Catalunya in Richtung Sant Vicenç de Calders; Fahrtdauer etwa 45 Minuten.

Kellereibesichtigungen Die größeren Kellereien sind im Ort ausgeschildert, eine komplette Liste ist beim Fremdenverkehrsamt erhältlich. Beste Besuchstage sind Mo–Do, Fr ist teilweise nur vormittags geöffnet, Sa/So häufig zu; im Juli oder August schließen viele Kellereien für einige Wochen ihre Pforten. Gruppen sollten sich vorher telefonisch anmelden. Führungen dauern normalerweise etwa eineinhalb Stunden und erfolgen oft nur auf Català und Spanisch. In der Regel finden zwei bis drei Führungen pro Vormittag statt, am Nachmittag nochmals zwei; abgeschlossen werden sie durch ein oder zwei Probe-Gläschen.

Codorníu, die älteste von allen, in einem schönen, als Nationalmonument ausgewiesenen Modernismebau von Puig i Cadafalch. Nordöstlich etwas außerhalb der Stadt an der Avinguda Cordorníu s/n, ab der Umgehungsstraße Richtung Torrelavit und Sant Pere beschildert; für Fußgänger leider schlecht zu erreichen. Das Weingut geht bis 1551 zurück, seit 1872 wird hier Cava zum Verkauf hergestellt – Codorníu ist damit der älteste Produzent Spaniens. Während der Besichtigung geht es mit einer Art Kleinbahn durch die mehr als 30 Kilometer langen Kellergänge, deren Temperatur konstant bei 14 Grad liegt. Angeschlossen ist natürlich auch ein gut sortiertes Verkaufsgeschäft. Führungen auf Englisch Mo–Fr 10, 11.30 und 15.30 Uhr, Sa/So 10 Uhr; Gebühr ca. 12 €. Reservierung erbeten: ✆ 938 913342, www.codorniu.com.

Freixenet, die wichtigste Konkurrenz, in günstiger Lage gleich beim Bahnhof. Führungen meist Mo–Sa 9–16.30 Uhr, So 10–13 Uhr. Gebühr etwa 9 € p.P. Auch hier gibt es natürlich einen Laden. Carrer Joan Sala 2, ✆ 938 917000, www.freixenet.es.

Quirliger Badeort nicht nur für Gays

Sitges

Sitges macht Spaß! Durch die engen Gassen des hübschen, rund 35 Kilometer südwestlich von Barcelona gelegenen Badestädtchens flaniert ein angenehm gemischtes Publikum, Tendenz „schräg". Im Sommer herrscht Betrieb fast rund um die Uhr.

Den Ruf des Ortes begründete eine Künstlerkolonie, die sich Ende des 19. Jh. um den Maler Santiago Rusiñol geschart hatte. Mit Galerien, Ausstellungen und kulturellen Veranstaltungen bemüht sich die Stadtverwaltung, die Tradition aufrecht zu erhalten. Das Bild im Ortskern beherrschen weiße Häuser, oft mit Kacheln geschmückt, gepflasterte Gassen und Fußgängerzonen. Sie bieten Bühne und Laufsteg für ein Publikum, das in dieser Mischung seinesgleichen sucht. Eis schleckende spanische Familien, skurrile Selbstdarsteller, Schönheiten aus Barcelona, graubärtige Intellektuelle mit Zweitwohnsitz, Punks, Designer und Krawattenträger: Geboten ist alles. Auffallend die große Zahl an Gays beiderlei Geschlechts, für die Sitges fast eine Art europäische Ferien-Hauptstadt darstellt. Die Infrastruktur ist auf die amüsier- und ausgabefreudigen Gäste zugeschnitten. Sitges besitzt reichlich schicke Boutiquen der neuesten Trends, dazu Bars und Music-Pubs jeder Couleur, die sich an Lautstärke ebenso überbieten wie in den Preisen. Im Juli und August, wenn die Strände neben Urlaubern noch Tagesbesucher aus Barcelona anziehen, gerät das Städtchen an die Grenzen seiner Kapazität. Weniger überfüllt, aber dennoch lebendig, zeigt sich Sitges im Mai und Juni sowie im September und Oktober. Frühsommer und Frühherbst sind denn auch die besten Zeiten für einen Besuch. Am Wochenende, wenn halb Barcelona anrollt, tanzt dann wieder der Bär.

Information **Oficina Municipal de Turisme**, am Bahnhofsplatz Plaça Eduardo Maristany s/n. Öffnungszeiten zur HS Mo–Sa 10–14, 16–20

Uhr, So 10–14 Uhr, sonst Mo–Fr 10–14, 16–18.30 Uhr, Sa 10–14, 16–19 Uhr, So 10–14 Uhr. ✆ 938 944251, www.sitgestur.cat.

Verbindungen Zug: Der Bahnhof liegt landeinwärts unweit des Zentrums. Von Barcelona mehrmals stündlich mit RENFE-Nahverkehrszügen Rodalies (Cercanías) R 2 Richtung Sant Vicenç de Calders; Zusteigestellen u. a. Passeig de Gràcia und Barcelona-Sants, Fahrzeit etwa 40 Minuten. Etwas schneller geht es mit einem der regulären Küstenzüge, aber Achtung: Längst nicht jeder Fernzug hält!

Schiff: Es gibt auch eine neue Schiffsverbindung ab Barcelona mit der Gesellschaft Bluemarferries, Abfahrt an der Estació Marítima/Terminal Drassanes (nahe Port Vell), Ankunft in Sitges am Sporthafen Aiguadolç. Abfahrten mehrmals täglich, Fahrtzeit rund 45 min., hin und zurück rund 30 €. Die Linie wurde erst kürzlich eröffnet, es bleibt abzuwarten, ob sie sich hält. www.bluemarferries.com.

Essen Restaurant Maricel, vielleicht das beste Speiselokal des Ortes. Exzellente, variationsreiche Küche, gute Weinauswahl, aufmerksamer Service. Menü à la carte ab etwa 50 € aufwärts. Passeig de la Ribera 6, unweit der Kirche, ✆ 938 942054.

Restaurant El Revés, am Eingang zur Altstadt. Hübsch dekorierter Familienbetrieb mit solider, moderner Küche. Nicht teuer, auch feste Menüs. Insgesamt ein Lokal der allseits beliebten Kategorie „bbb“ (bueno, bonito, barato: gut, hübsch, günstig). Carrer Sant Francesc 35.

Bar Lizarrán Eguzki, eine baskische Tapas-Bar und Keimzelle einer fantastischen Erfolgsstory: 1992 gegründet, eröffnete die Lizarrán-Franchisekette bis heute weit mehr als hundert Filialen in fast ganz Spanien, auf den Balearen, aber auch in Portugal, Frankreich und Deutschland bis hin nach China. Carrer Sant Pau 3, eine Seitenstraße meerwärts des zentralen C. de Parellades.

Bar-Rest. La Paradeta, Filiale des gleichnamigen Lokals aus Barcelona (→ Sant Pere und La Ribera/El Born). Optisch schlicht, aber exquisit für Fisch und Meeresfrüchte im Semi-Self-Service-Verfahren. Nur abends, Sa/So auch mittags, Mo Ruhetag; im Winter nur Fr-Abend, Sa und So-Mittag geöffnet. Carrer Sant Pere 24–26.

Kneipen, Nachtleben Der **Carrer Primer de Mayo**, im Volksmund immer noch Carrer Dos de Mayo genannt, bildet zusammen mit seiner Verlängerung Carrer Marqués de Montroig das Zentrum der Abendaktivitäten. In dieser kaum zweihundert Meter langen Fußgängerzone zwischen der Strandpromenade und dem Carrer Parellades reihen sich die verschiedenen Pubs und Disco-Bars.

Pacha, etwas landeinwärts in der Urbanisation Vallpineda. Seit Jahren geschlossen (eines Tages soll hier evtl. ein Museum entstehen), dennoch aus quasi historischen Gründen erwähnt: Hier nämlich – und nicht etwa auf Ibiza, wie viele meinen – eröffnete bereits 1967 das „Ur-Pacha“, die allererste Disco der Kette. Das Pacha auf Ibiza folgte erst 1973. Ebenfalls etwas außerhalb, nämlich im Sporthafen Aiguadolç, liegt die Filiale **Sweet Pacha**. www.sweetpacha.com.

Gay Parrots an der Plaça Industria ist Infobörse und Treff am frühen Abend; Bars finden sich gehäuft am **Carrer Bonaire** und **Carrer Joan Tarrida**. Später in der Nacht dann die Gay-Disco **Organic** im Carrer Bonaire 12, geöffnet Ostern bis September.

Baden Entlang dem Passeig Marítim, dem 2,5 Kilometer langen Strandboulevard von Sitges, liegen insgesamt acht durch Molen getrennte, gut gepflegte Sandstrandabschnitte, an denen es im Juli und August freilich eher eng zugeht.

Platja de l'Home Mort: Ein Nacktbadestrand, überwiegend gay. Er liegt einige Kilometer südwestlich; der Weg beginnt kurz vor dem westlichen Ende der Strandpromenade beim Hotel Apts. Playa Golf (hier am Strand entlang), führt vorbei am Kieselstrand Playa de la Atlàntida und dauert etwa eine Stunde. Eine Bucht weiter und ähnlich im Charakter ist die **Platja de la Desenrocada**.

Platja de Sant Sebastià, ein kleinerer, recht hübscher Sandstrand im Osten gleich jenseits der Kirche. Gute Infrastruktur.

Sehenswertes

Dazu zählen in erster Linie bauliche Details wie die vielen schönen Kachelbilder im Altort und die teilweise kuriosen Häuser der aus den Kolonien zurückgekehrten „Americanos“. Die Ursprünge des Ortes liegen zum Meer hin, um die barocke Pfarrkirche an einem kleinen Kap.

Badestädtchen mit Charme: Sitges

Wohnsitz eines Trendsetters

Museu Can Ferrat

Nahe der Kirche, oberhalb der Küste. Das frühere Wohnhaus des Modernisme-Malers und Dichters *Santiago Rusiñol*, der Sitges ab 1891 für sich und seinen Freundeskreis, darunter Picasso und Casas, entdeckte und bekannt machte. Das Haus quillt über vor fantastischem schmiedeeisernen Kunsthandwerk aus den Pyrenäen, Keramik und ähnlichem, sowie von Gemälden des Künstlers selbst und seiner Freunde. Prunkstücke sind zwei Werke von El Greco.

Juli–Sept. Di–So 10–20 Uhr, sonst Di–So 10–19 Uhr, Nov.–Feb. nur bis 17 Uhr. Kombiticket mit Museu Maricel 10 €.

Museum mit Aussicht

Museu Maricel

Gleich neben Can Ferrat gelegen. Ausgestellt sind eine Reihe von Kunstwerken von der Romanik bis zum 20. Jh. Optisch besonders attraktiv wirkt die Platzierung einer liegenden Frauenskulptur von *Rebull* vor einem großen Fenster mit Meerblick.

Geöffnet wie Museu Can Ferrat.

Rum und alles drumrum

Casa Bacardí

Ganz in der Nähe der beiden Museen. In der früheren Markthalle ist ein Besucherzentrum der Rumfirma Bacardí untergebracht, nicht ohne Grund – Sitges ist die Geburtsstadt von Facundo Bacardí Massó (1814–1886), der mit seiner Familie nach Kuba auswanderte und dort 1862 die Firma Bacardi gründete. Auf Führungen wird die Geschichte der bekanntesten Rummarke der Welt erläutert, ebenso die Herstellung des Zuckerrohrgebräus. Abschließend darf sich jeder Teilnehmer seinen eigenen Mojito oder Cuba Libre mixen.

Führungen Nur Fr–So, jeweils um 12, 13.15, 16 (Englisch) 17.15 und 18.30 Uhr, Fr/Sa auch 19.45 Uhr; Eintrittsgebühr 9 €. Reservierung sehr empfohlen, z.B. über die Infostelle oder unter www.casabacardi.es.

Weit im Osten des Orts: der alte „Americanos"-Friedhof von Sitges

Kunst der Gegenwart

Fundació Stämpfli

Gleich neben der Casa Bacardí beherbergt der ehemalige Fischmarkt der Stadt diese 2011 eröffnete Ausstellung zeitgenössischer Kunst, initiiert vom Schweizer Pop-Art-Maler Peter Stämpfli.

Juli–Sept. Mi–Fr 17–20 Uhr, Sa/So 10–14, 17–20 Uhr, sonst Do/Fr 17–19 Uhr, Sa/So 10–14, 17–19 Uhr, Nov.–Feb. nur Fr 16–19 Uhr, Sa/So 11–14, 16–19 Uhr. Eintrittsgebühr 5 €.

Nostalgische Puppenstube

Museu Romàntic

Im Ortszentrum, Carrer Sant Gaudenci 1. Anhand von Möbeln, Musikinstrumenten und Haushaltsgeräten, darunter teils sehr originelle Stücke, wird der Lebensstil reicher Gutsherrenfamilien des 18. und 19. Jh. demonstriert. Im ersten Stock ist eine Sammlung von Spiel- und Modellpuppen zu sehen.

Zuletzt wegen Renovierung geschlossen, Öffnungszeiten bis dato Di–Sa 10–14, 16–20 Uhr bzw. 15.30–19 Uhr (Okt.-Juni), So 11–15 Uhr, Eintrittsgebühr 3,50 €.

Die Römer-Hauptstadt

Tarragona

Älter und in der Antike weit bedeutender als Barcelona, besitzt die Provinzhauptstadt zahlreiche Baudenkmäler vor allem aus römischer Zeit, die Tarragona auf die Liste des Weltkulturerbes brachten.

Tarragona, rund hundert Kilometer südwestlich von Barcelona gelegen, ist heute vor allem eine Industriestadt mit Schwerpunkt auf Petrochemie. Die Neustadt wirkt mit ihren schnurgeraden Straßen ziemlich reizlos. Anders die hübsche Altstadt *Casc Antigua*, die sich ihre Identität weitgehend bewahrt hat. In erster Linie allerdings wird Tarragona wegen seiner Baudenkmäler besucht. Die römischen Relikte in Stadt und Umgebung sind neben denen von Mérida in der Extremadura die bedeutendsten des ganzen Landes, schließlich war Tarragona als *Tarraco* jahrhundertelang die Hauptstadt einer der beiden römischen Provinzen Spaniens. Einen Besuch lohnt auch die mächtige Kathedrale.

Orientierung: Tarragona gliedert sich deutlich in drei Gebiete. Die Unterstadt liegt beim Hafen, die Oberstadt, die heute das eigentliche Stadtzentrum darstellt, auf einem Hügel oberhalb der Küste. An sie schließt sich die noch höher gelegene Altstadt an. Das Herz der Oberstadt ist der breite Boulevard *Rambla Nova*, ein besonders am frühen Abend belebter Treffpunkt. Nordöstlich parallel markiert die *Rambla Vella* den unteren Rand der Altstadt. Einen Straßenzug ins Gassengewirr hinein liegt mit der *Plaça de la Font* der Hauptplatz dieses ältesten Stadtgebiets.

Information **Oficina Municipal de Turisme**, Carrer Mayor 39, städtisches Büro in der Altstadt unterhalb der Kathedrale. Öffnungszeiten von Mitte/Ende Juni bis September Mo–Sa 10–20 Uhr, So 10–14 Uhr; Rest des Jahres Mo–Sa 10–14, 15–17/18 Uhr (Sa bis 19 Uhr), So 10–14 Uhr. ✆ 977 250795, www.tarragonaturisme.cat. Eine Infostelle der Generalitat mit allerdings eher schmalen Öffnungszeiten liegt unweit der Rambla Nova am Carrer Fortuny 4. In beiden Büros auch Infos zu Sammeltickets für die römischen Monumente der Stadt.

Verbindungen **Zug**: Hauptbahnhof an der Plaça de la Pedrera in der Unterstadt. Verbindungen ab Barcelona Sants (Regionalzüge auch ab Estació França und Passeig de Gràcia) stündlich bis mehrmals stündlich. Fahrtzeit im Regionalzug etwa eine bis eineinhalb Stunden, Preis einfach um die 8 €. Fraglich, ob es sich angesichts der geringen Zeitersparnis lohnt, einen der teureren Schnellzüge zu nehmen; das gilt erst recht für die Fahrt mit dem AVE zum zwölf Kilometer vom Stadtzentrum (Busverbindung) entfernten Ave-Bahnhof Camp de Tarragona.

Übernachten ** **Hotel Plaça de la Font** **2**, eines von mehreren Quartieren am lebendigen Hauptplatz der Altstadt. 20 Zimmer, nicht allzu groß, aber angenehm eingerichtet; am schönsten sind natürlich die mit Blick zur Plaça. DZ kosten je nach Saison und Lage 65–85 €. Plaça de la Font 26, ✆ 977 240882, www.hotelpdelafont.com.

** **Pensió Noria** **4**, unter demselben Management wie das Hotel Placa de la Font. Gut eingerichtete Zimmer, am schönsten die fünf mit Blick auf den Platz. Beliebt und oft belegt. Ganzjährig geöffnet. DZ/Bad nach Saison etwa 40–50 €. Plaça de la Font 53, „Rezeption“ in der Bar, ✆ 977 238717.

Essen **Restaurant Aq** **1**, ganz nah bei der Kathedrale. Eines der Top-Restaurants der Stadt. Modernes Dekor, kreative Küche mit Pfiff. Das Mittagsmenü kommt auf rund 20 €, à la carte legt man ab etwa 40 € weit aufwärts an. Carrer Les Coques 7, So/Mo geschlossen; ✆ 977 215954.

Luftig: über den Dächern von Tarragona

meinTipp **Restaurant Barquet** **3**, traditionsreiches Lokal, zwar in einem wenig ansehnlichen Stadtteil, jedoch den kleinen Abstecher von der Rambla unbedingt wert. Gute, ortstypische Küche (hervorragende Reisgerichte!) zu vergleichsweise niedrigen Preisen. Menü à la carte ab etwa 35 €, auch feste Menüs. Carrer Gasòmetre 16, So und Mo-Abend sowie in der zweiten August- und der ersten Septemberhälfte geschlossen. ✆ 977 240023.

Cerveseria La Nau **5**, edle Bierstube in einem ausgesprochen schönen Gewölbe der Altstadt, nett für Tapas, Montaditos oder auch für ein relativ preisgünstiges Mittagsmenü à etwa 14 €. Carrer de la Nau 12.

Feste/Veranstaltungen **Tarraco Viva**, an etwa zehn Tagen Mitte/Ende Mai. Bedeutendes Römerfestival, mit dem die Stadt an ihre Wurzeln erinnert; Gladiatoren, kulinarische Spezialitäten, Theater, Musik etc. www.tarracoviva.com.

Sant Magi, um den 19. August, mit Prozession, Theater, Musik und Tanz.

Santa Tecla, in der Woche um den 23. September. Das quicklebendige Hauptfest der Stadt, eines der bedeutendsten ganz Kataloniens. Eine besondere Attraktion sind die berühmten Menschentürme „Castells".

Sehenswertes

Ein Aussichtspunkt, von dem der Blick an sehr klaren Tagen bis nach Mallorca reichen soll, ist der *Balcó del Mediterrani* am Ende der Rambla Nova. Die kompakte Altstadt beginnt gleich jenseits der Rambla Vella.

Museumspalast

Casa Museu Castellarnau

Am Carrer Cavallers 14, einige Parallelgassen hügelwärts der Plaça de la Font. Der Palast des 14./15. Jh. wurde in ein Museum verwandelt, das Glas, Münzen, Keramik etc. ausstellt, allerdings besonders des Gebäudes selbst wegen interessant ist.

Zuletzt (vorübergehend?) nur noch für Gruppen nach Reservierung geöffnet: ✆ 977 242220.

Spaziergang auf der Stadtmauer

Passeig Arqueològic

Der hübsche Fußweg (Eingang beim Portal del Roser) führt durch Gartenanlagen entlang der auf rund einem Kilometer Länge erhaltenen, wuchtigen Stadtmauern, vorbei an Kopien römischer Statuen. Die treffend „Zyklopenmauern" genannten *Murallas Ciclópeas* wuchsen mit den Jahrhunderten und sind gewissermaßen ein Konzentrat der Geschichte Tarragonas. Die unterste, roh behauene Schicht aus Riesenblöcken soll entweder noch aus der iberischen Zeit des 6. Jh. v. Chr. oder aber aus den römischen Anfängen des 3. Jh. v. Chr. stammen.

Mitte Mai bis September Di–Sa 9–21 Uhr, So 9–15 Uhr, sonst Di–Sa 9–19 Uhr, So 10–15 Uhr. Eintrittsgebühr 3,50 €.

Gotteshaus im Übergangsstil

Catedral de Santa María

Architektonisch bedeutsam ist Tarragonas Kathedrale als Beispiel des Übergangs von der Romanik zur Gotik. Mit dem Bau begonnen wurde ab 1171, doch zogen sich die Arbeiten bis 1331 hin. So zeigt nicht nur die über eine Freitreppe zu erreichende Hauptfassade romanische wie gotische Stileinflüsse: romanisch präsentieren sich noch die Seitenportale (über dem rechten eingemauert ein Sarkophag des 4. Jh.), gotisch das große Hauptportal unter der schönen Rosette. Der fast quadratische Kreuzgang ist ebenfalls romanisch und gotisch beeinflusst; ungewöhnlich der Einbau eines Mihrâb, einer maurischen Gebetsnische, in eine Seitenwand. Vom Kreuzgang gelangt man ins *Museu Diocesa* im Kapitellsaal, das kirchliche Kunst präsentiert; ebenfalls vom Kreuzgang führt ein besonders schönes romanisches Portal ins Innere der Kirche.

Mo–Sa 10–19/20 Uhr (Winter nur bis 17 Uhr), Eintrittsgebühr 5 €, deutschsprachiger Audioguide inbegriffen.

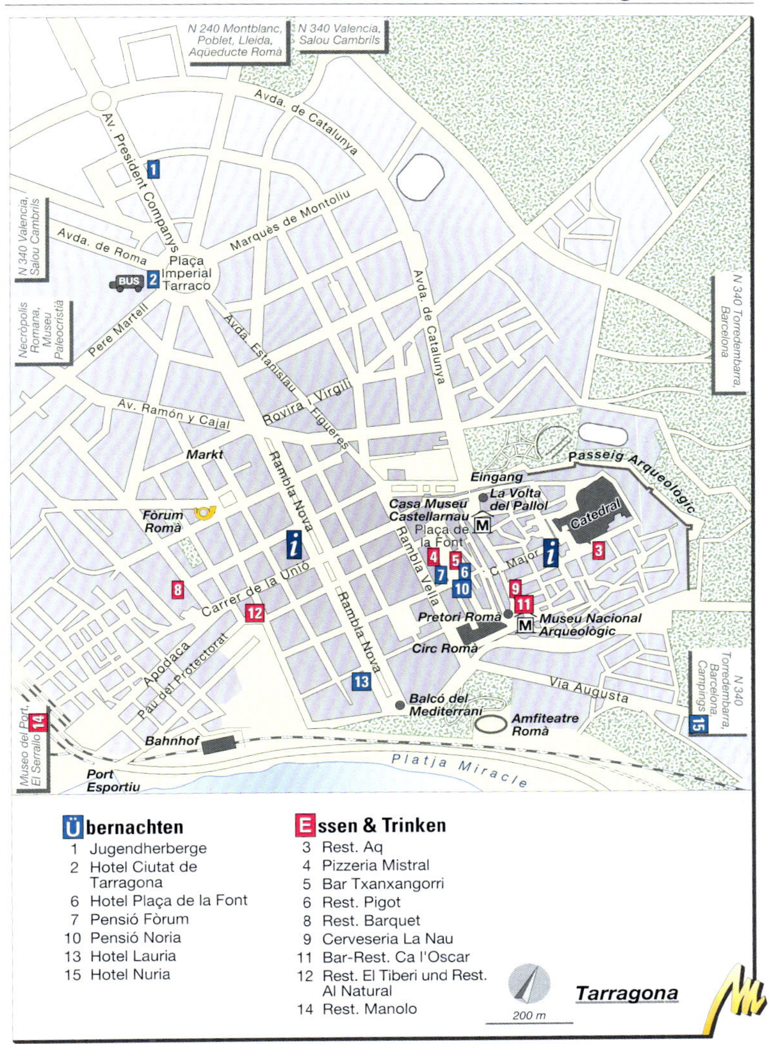

Relikte einer römischen Hauptstadt

Museu Nacional Arqueològic

An der Plaça del Rei, am südöstlichen Altstadtrand. Klar, dass die Sammlung von Fundstücken der Römerzeit zu den bedeutendsten Spaniens zählt, stark vertreten vor allem Keramik und Münzen. Besonders bemerkenswert mehrere Mosaiken, darunter eine fein gearbeitete Medusa.

Von Juni bis September Di–Sa 9.30–20.30 Uhr, So 10–14 Uhr, sonst Di–Sa 9.30–18 Uhr, So 10–14 Uhr. Eintrittsgebühr 4,50 €, auch gültig für die Necròpolis Romana. www.mnat.cat.

Gänge in der Unterwelt

Pretori Romà/Circ Romà

Neben dem Museum erhebt sich der so genannte *Turm des Prätoriums* aus dem 1. Jh. n. Chr., der damals Teil des Provinzforums war. Im 12. Jh. wurde er zu einer Königsresidenz umgebaut, ab dem 15. Jh. militärisch genutzt und diente später als Gefängnis. Heute ist hier auf mehreren Geschossen ein Museum untergebracht, das z. B. im ersten Stock einen Sarkophag ausstellt, der mit dem Mythos des Hippolytus verziert ist. Der römische Circus *Circ Romà* diente bis zum fünften Jahrhundert als Schauplatz u. a. für Wagenrennen. Die teilweise unterirdischen Reste sind schon allein aufgrund ihrer Ausdehnung beeindruckend, manche Gänge erstrecken sich über fast hundert Meter.

Mitte Mai bis September Di–Sa 9–21 Uhr, So 9–15 Uhr; übrige Zeit Di–Sa 9–19 Uhr; So 10–15 Uhr; kombinierte Eintrittsgebühr für Pretori und Circ Romà 3,50 €.

Recycling à la Mittelalter

Amfiteatre Romà

Im Parc del Miracle, unterhalb des meerseitigen Endes der Rambla Vella. Das 1952 ausgegrabene Amphitheater, einst Schauplatz blutiger Gladiatorenkämpfe, bot Platz für 12.000 Zuschauer und ist recht gut erhalten. Zu sehen sind hier auch die Reste einer romanischen Kirche des 12. Jh. und ihrer westgotischen Vorgängerin; zum Bau beider Gotteshäuser mussten Steinblöcke des Theaters herhalten.

Mitte Mai bis September Di–Sa 9–21 Uhr, So 9–15 Uhr; übrige Zeit Di–Sa 9–19 Uhr; So 10–15 Uhr; Eintrittsgebühr 3,50 €.

Zur Abwechslung mal – römisch

Fòrum Romà

Unterhalb der Plaça Corsini liegt eines der beiden römischen Foren Tarragonas. Verblieben sind nur Grundmauern und einige Säulen – immerhin mehr als an dem anderen Marktplatz, der Plaça del Fòrum südöstlich der Kathedrale.

Geöffnet wie oben, Eintritt 3,50 €.

Römerfriedhof am Stadtrand

Necròpolis Romana/ Museu Paleocristià

Weit im Westen der Stadt, an der Avinguda Ramon y Cajal gelegen; Eingang am Passeig de la Independencia. 1923 wurden hier ein ausgedehntes Feld von über 2000 Gräbern des dritten bis sechsten Jahrhunderts sowie das Fundament einer frühchristlichen Basilika freigelegt. Die Grabfunde sind im angeschlossenen Museum zu sehen, darunter prunkvolle Sarkophage, Mosaiken und Skulpturen.

Juni bis September Di–Sa 10–13.30, 16–20 Uhr, sonst je nach Jahreszeit Di–Sa 9.30–13.30, 15–17.30/18 Uhr; So jeweils 10–14 Uhr. Eintrittsgebühr 4,50 €, auch gültig für das Museu Nacional Arqueològic.

Mittelalter am Riu Onyar

Girona

Hinter den Industrieanlagen und hässlichen Wohnkästen der Außenbezirke von Girona versteckt sich eine mittelalterliche Altstadt, die zu den reizvollsten Spaniens zählt.

Die uralte Provinzhauptstadt, rund hundert Kilometer nordöstlich von Barcelona gelegen, hat eine Menge zu bieten. Malerisch hängen rote, gelbe und ockerfarbene Häuser über dem Riu Onyar, und hinter dieser Uferfront, umgeben von einer teils noch römischen, teils mittelalterlichen Stadtmauer, wartet ein wahres historisches Schatzkästlein, die Altstadt *Barri Vell*. Winklige Gassen und Bogengänge, prächtige Kirchen und Bürgerpaläste bilden ein von modernen Einflüssen nahezu unberührtes Ensemble, das auch die Macher von „Game of Thrones" gern als Drehort nutzten. Mittendrin ein Bonbon besonderer Art: Das

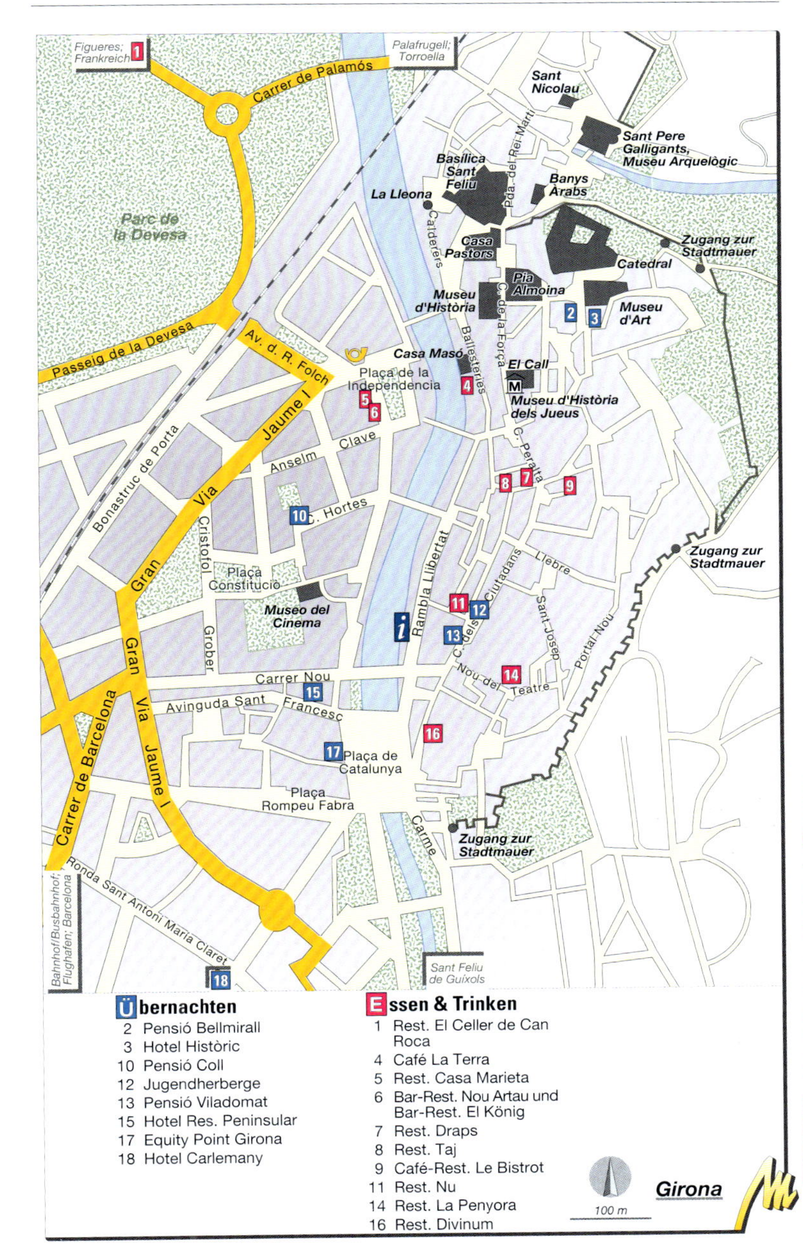

Ausflüge | Girona → Karte S. 179

ehemalige Judenviertel *El Call*, ein einziges Labyrinth engster Treppenwege.

Orientierung: Der Riu Onyar teilt die Stadt in eine westliche und eine östliche Hälfte. Auf der Westseite liegt das moderne Girona. Sein Zentrum, wenn auch nicht im geographischen Sinn, ist die arkadengesäumte *Plaça de la Independéncia* in Flussnähe. Die Ostseite des Flusses, über zahlreiche Brücken oder die im Flussbett aufgeschüttete *Plaça Catalunya* zugänglich, gehört der hügelwärts strebenden Altstadt. Als Treffpunkt und abendliche Flanierstraße dient hier die parallel zum Riu Onyar liegende Fußgängerzone *Rambla de la Llibertat*.

Information Oficina de Turisme, Rambla de la Llibertat 1, auf der Altstadtseite in Flussnähe. Öffnungszeiten Mo–Fr 9–20 Uhr, Sa 9–14, 16–20 Uhr (im Winter jeweils nur bis 19 Uhr), So 9–14 Uhr. ✆ 972 010001, www.girona.cat/turisme.

Verbindungen Zug: Bahnhof an der Plaça d'Espanya, südwestlich des Zentrums und jenseits der Durchgangsstraße. Zur Altstadt sind es etwa 15 Minuten Fußweg. Züge ab Barcelona mehrmals stündlich, Fahrtzeit im Regionalzug in der Regel etwa eineinhalb bis zwei Stunden, Preis einfach um die neun Euro; in schnelleren Zügen etwas bis erheblich (AVE: 40 min., gut 30 €) teurer.

Übernachten ** Hotel Històric 1**, südlich nahe bei der Kathedrale. Hübsches kleines Hotel mit nur sechs Zimmern und zwei Suiten. DZ etwa 115 €. Zum Haus gehören mehrere Apartments in verschiedenen Gebäuden der Umgebung, die auch nur für eine Nacht vermietet werden und für zwei Personen etwa 100 € kosten. Carrer Bellmirall 4 A, ✆ 972 223583, www.hotelhistoric.com.

*** Pensió Viladomat 5**, in der Altstadt, fast direkt neben der Jugendherberge. Von außen wenig begeisternd, innen jedoch durchaus gepflegt und angenehm – eine gute Wahl in dieser Kategorie. Nur acht Zimmer, bessere DZ/Bad etwa 50 €, ohne Bad 40 €. Carrer Ciutadans 5, ✆ 972 203176. www.pensioviladomat.com.

Jugendherberge Alberg de Joventut 4, (IYHF), ganz in der Nähe, ein renoviertes historisches Gebäude. Anmeldung von 8–11, 18–21 Uhr; über Weihnachten geschlossen. Carrer dels Ciutadans 9, ✆ 972 218003.

Essen Rest. Casa Marieta 2, an einem Platz der Neustadtseite, auf dem es vor Bars und Restaurants nur so wimmelt. Traditionsreiches Lokal mit klassisch-katalanischer Küche und soliden Preisen: Ein Menü à la carte kostet nur etwa 18–20 €. Plaça Independencia 5–6, Mo Ruhetag.

Rest. La Penyora 6, in der Altstadt. Hübsch und mit künstlerischen Anklängen dekoriertes Restaurant. Menü à la carte ca. 25 €, auch relativ günstige Mittagsmenüs. Carrer Nou del Teatre 3.

Café-Rest. Le Bistrot 3, in einer der schönsten Ecken der Altstadt. Geschmackvoll eingerichtetes, besonders mittags sehr beliebtes Lokal. Gutes Tagesmenü 15 €, auch Pizza. Pujada Sant Domènec 4.

Feste und Veranstaltungen Procesión de Semana Santa, am Karfreitag. Die Oster-prozession beginnt an der Kathedrale und wird von ca. 100 „Manaiaes" angeführt, die als römische Soldaten gekleidet sind.

Girona Temps de Flors, an wechselnden Terminen etwa Mitte Mai. Fantastische, teilweise sehr moderne Blumen- und Grünpflanzeninstallationen lassen historische Gebäude, Plätze und Parks Gironas in floralem Schmuck leuchten.

Sehenswertes

Fast alle Sehenswürdigkeiten liegen auf der Altstadtseite und sind üppig beschildert. Ein guter Ausgangspunkt für einen Rundgang ist die Plaça Catalunya.

Römerstraße und Grenze des Judenviertels

Carrer de la Força

Die Hauptgasse der Altstadt entspricht in ihrem Verlauf immer noch der römischen Via Augusta. Gleichzeitig bildete sie auch die untere Grenze des ehemaligen Judenviertels **El Call**, eines der besterhaltenen Europas. Seit dem 9. Jh. bestand in Girona eine große jüdische Gemeinde. Ab dem 11. Jh. von der christlichen Stadtbevölkerung stark angefeindet und mehrfach sogar Pogromen ausgesetzt, musste sich das Viertel auch baulich immer mehr isolieren. 1492 schließlich unterzeichneten die „Katholischen Könige" Isabella und Ferdinand ein Verdikt, das alle Juden Spaniens zur Taufe oder zur Auswanderung zwang.

Erinnerung ans jüdische Erbe

Museu d'Història dels Jueus

Teil des Call ist dieses Museum, das die wechselvolle Geschichte und die Kultur der Juden Gironas und Spaniens dokumentiert. Auch der verwinkelte Gebäudekomplex selbst, errichtet im 15. Jh., lohnt den Besuch.

Juli/August Mo–Sa 10–20 Uhr, So 10–14 Uhr; sonst So/Mo 10–14 Uhr, Di–Sa 10–18 Uhr; Eintrittsgebühr 4 €.

Die Stadtgeschichte im Blick

Museu d'Història de la Ciutat

Etwa 200 Meter hinter dem Call, auf der linken Seite des Carrer de la Força. Das vielfältig ausstaffierte Museum für Stadtgeschichte präsentiert nicht nur einen Überblick über den historischen Werdegang der Stadt, es besitzt auch eine sehenswerte Sammlung alter Technik.

Di–Sa 10.30–18.30 Uhr (Winter bis 17.30 Uhr), So 10.30–13.30 Uhr; Eintrittsgebühr 4 €.

Weltrekord mit Raumwirkung

Catedral

Ab dem 14. Jh. an Stelle eines romanischen Vorgängerbaus errichtet, wurde an der Kathedrale fast ein halbes Jahrtausend lang gebaut. Doch so unterschiedlich die einzelnen Stilrichtungen des Gebäudes auch sein mögen, so harmonisch mutet erstaunlicherweise das Ganze an. Verblüffender noch zeigt sich das Innere der Kirche: ein einziges gigantisches Schiff statt der üblichen drei – das größte gotische Gewölbe der Welt! Der Kreuzgang ist, neben dem Turm nördlich des Chors, der letzte Rest des romanischen Vorgängerbaus. Im 12. Jh. entstanden, gilt er als einer der schönsten Kataloniens. Das Museum der Kathedrale, dessen Eingang nahe dem Kreuzgang liegt, birgt mittelalterliche Schätze wie den um 975 entstandenen Kommentar zur Apokalypse des Mön-

Malerisch: Häuser über dem Riu Onyar

ches Beatus von Liébana und den berühmten, wahrscheinlich Ende des 11. oder Anfang des 12. Jh. gewebten Schöpfungsteppich „Tapís de la Creació".

10–18.30/19.30 Uhr, im Winter bis 17.30 Uhr; Eintritt 7 € (Audioguia inkl.). Das Ticket gilt auch für die Kirche Sant Feliu.

Kunst im Bischofspalast

Museu d'Art de Girona

Untergebracht im *Palau Episcopal*, dem ehemaligen Bischofspalast südlich auf Höhe der Kathedrale. Das Kunstmuseum beherbergt vor allem sakrale Kunstschätze, Gemälde, Goldschmiede- und Schnitzarbeiten des Mittelalters und der Renaissance, doch reicht der zeitliche Rahmen bis hin zum Modernisme und der zeitgenössischen Kunst.

Di–Sa 10–19 Uhr (im Winter bis 18 Uhr), So 10–14 Uhr; Eintritt 2 €.

Vom Blitz getroffen

Sant Feliu

Die wehrhafte Kirche des 13. und 14. Jh. war einst ein Bestandteil der Stadtbefestigung. Ins Auge fällt besonders der vieleckige Glockenturm, der oben abgeflacht ist, da seine Spitze im 16. Jh. durch Blitzschlag zerstört wurde. Im Chor sind mehrere römische Sarkophage zu sehen.

Mo–Sa 10–17.30 Uhr, So 13–17.30 Uhr; Eintritt 7 €, auch für die Kathedrale gültig.

Ausflüge | Girona → Karte S. 179

Sauber, sauber...

Banys Àrabs

Die „arabischen Bäder" entstanden erst im 12./13. Jh., also lange nach Vertreibung der Mauren, und zeigen, wie dauerhaft deren Einfluss auch im so früh „befreiten" Katalonien anhielt. Die Anlage besteht aus Dampfräumen sowie Bädern für verschiedene Temperaturen.

April bis September Mo-Sa 10–19 Uhr, So 10–14 Uhr, im restlichen Jahr täglich 10–14 Uhr; Eintrittsgebühr 2 €.

Archäologie im romanischen Kloster

Sant Pere Galligants und Museu Arqueològic

Das ehemalige Benediktinerkloster liegt jenseits des Flüsschens Galligants. Es wurde schon 992 urkundlich erwähnt, die dreischiffige romanische Basilika, die heute zu sehen ist, stammt jedoch aus dem 12. Jh., ebenso der Kreuzgang mit seinen schönen Kapitellen. 1835 wurde das Kloster geschlossen, und bereits 1857 eröffnete hier ein erstes Archäologisches Museum, heute eine Außenstelle des Archäologischen Museums Kataloniens.

Di–Sa 10–19 Uhr (Winter bis 18 Uhr), So 10–14 Uhr; Eintrittsgebühr 4,50 €.

Neue Perspektiven

Passeig de la Muralla

Der etwa halbstündige Spaziergang auf der alten Stadtmauer eröffnet sehr schöne Panoramablicke auf die Stadt. Zugänge (täglich 10–20 Uhr) bestehen unter anderem im Norden am Portal de Sant Cristòfol und bei den nahen Jardins d'Alemanys, im Süden an der Placa General Marvà; ratsam jedoch, im Norden zu starten, da es von hier aus bergab geht.

Aus Liebe zum Film

Museu del Cinema

Das Kino-Museum, auf der Neustadtseite im Carrer Sèquia 1 und unweit der Plaça Constitució, gilt als eines der wichtigsten Europas. Zu verdanken ist es der Sammelleidenschaft des Cineasten Tomás Mallol, der im Laufe der Jahrzehnte rund 7500 Gerätschaften sowie 15.000 Plakate, Zeitschriften, Filme und Dokumente aus der Frühzeit des Kinos zusammengetragen hat.

Mai bis September Di–Sa 10–20 Uhr, So 11–15 Uhr (Juli/August auch So/Mo 10–20 Uhr); restliche Monate Di–Fr 10–18 Uhr, Sa 10–20 Uhr, So 11–15 Uhr; Eintrittsgebühr 5 €.

Pflichtziel für Dalí-Fans

Figueres

Die Kleinstadt nahe der französischen Grenze liegt etwa 140 Kilometer von Barcelona entfernt und damit eigentlich etwas weit für einen Tagesausflug. Wahre Dalí-Fans werden die Mühe jedoch gerne auf sich nehmen.

Figueres nämlich ist die Heimatstadt des weltberühmten katalanischen Surrealisten, dessen Werke in Barcelona leider kaum zu sehen sind. Und hier steht auch das vom Meister selbst konzipierte „Teatre-Museu", mit dem Salvador Dalí sich sein eigenes Denkmal setzte und in dem er auch begraben liegt.

Information **Oficina Municipal de Turisme**, Plaça de l´Escorxador 2. Öffnungszeiten im Juli/August Mo–Sa 9–20 Uhr, So 10–15 Uhr; in der restlichen Zeit je nach Jahresetat leicht bis deutlich eingeschränkt. ✆ 972 503155, www.visitfigueres.cat.

Verbindungen **Zug**: Stadt-Bahnhof an der Plaça Estació im Südosten des Zentrums. Züge ab Barcelona tagsüber mindestens stündlich, Fahrtzeit im Regionalzug im Schnitt etwa zweieinhalb Stunden, Fahrpreis einfach um die 12 €; schnellere Züge sind teurer. Westlich etwas außerhalb liegt der Bahnhof Estació TAV Figueres-Vilafant (Busverbindung zum Busbahnhof), der für die Hochgeschwindigkeitslinie Frankreich–Barcelona eingerichtet wurde.

Übernachten ***** Hotel Durán** **2**, stilvolles und gut geführtes, vor wenigen Jahren renoviertes Haus mit einem Touch von Dalí. In zentraler Lage, gutes Restaurant angeschlossen. DZ etwa 70–120 €. Carrer Lausaca 5, ✆ 972 501250, www.hotelduran.com.

** **Pensió Hostal La Barretina 3**, wenige Schritte weiter, einem Bar-Restaurant angeschlossen. Eher schlicht möblierte, aber mit Klimaanlage/Heizung ausgestattete und sehr saubere Zimmer, für den Preis durchaus eine Empfehlung: DZ/Bad etwa 45–50 €. Carrer Lausaca 13, ✆ 972 676412, www.hostallabarretina.com.

Essen Restaurant Durán 2, im gleichnamigen Hotel. Gediegene Atmosphäre unter Kronleuchtern, umsorgt von beflissenen Obern. Sehr gute, traditionell katalanische Küche. Menü à la carte ab etwa 40 € aufwärts, meist ist auch ein relativ günstiges Tagesmenü im Angebot.

Restaurant Antaviana 1, eine Alternative. Kleines Lokal mit gerade mal dreißig Plätzen und gehobener, marktabhängigerKüche, das Preisniveau liegt etwa wie im Restaurant Durán. Carrer Llers 5, ✆ 972 510377..

Rest. L'Ou d'Or 4, südöstlich der Ramblas. Das „Goldene Ei" serviert mediterrane Küche mit gutem Preis-Leistungs-Verhältnis, darunter wechselnde Festpreismenüs für etwa 14–17 €. So ist Ruhetag. Carrer Sant Llàtzer 16.

Ein surrealistischer Traum

Teatre-Museu Dalí

Zwischen 1961 und 1974 wandelte Dalí das Stadttheater von Figueres, das 1939 durch einen Brand zerstört worden war, in sein „Theater-Museum" um. Mit diesem Museum, das im Ganzen als großes surrealistisches Kunstwerk zu betrachten ist, schuf Dalí seiner Heimatstadt eine Besucherattraktion ersten Ranges. Schließlich handelt es sich um eine der meistbesuchten Kunstausstellungen ganz Spaniens: Mehr als eine Million Eintrittskarten werden pro Jahr verkauft.

Ausflüge | Figueres → Karte S. 183

Ein katalanisches Genie des 20. Jahrhunderts: Salvador Dalí

Salvador Dalí wurde am 11. 5. 1904 in Figueres geboren. Schon als Vierzehnjähriger stellte er seine ersten Gemälde aus. 1921 begann Dalí ein Studium an der Kunstakademie Madrid, bei dem er auch Federico García Lorca und Luís Buñuel kennenlernte. Seinen Rausschmiss dort leitete Dalí selbst ein, als er sich der Prüfungskommission verweigerte: „Da keiner der Professoren der Akademie San Fernando kompetent ist, mich zu prüfen, gehe ich wieder." 1929 traf Dalí in Cadaqués die gebürtige Russin Elena Diakanoff, genannt Gala – und war sofort unsterblich verliebt. Die exzentrische, fast ein Jahrzehnt ältere Diva wurde nicht nur zur Geliebten und zum meistgemalten Modell Dalís, sondern auch zum stabilisierenden Element im Leben des weltfernen Künstlers. Die beiden zogen zunächst nach Paris, wo Dalí sich den Surrealisten anschloss, kehrten dann jedoch nach Katalonien zurück. Sein Haus in Port Lligat bei Cadaqués wurde zu einem Treffpunkt der Avantgarde, die hier wilde Parties feierte. Dalís Werke jener frühen Jahre, (Alp)traumbilder zerfließender Formen, ungewöhnlicher Konstellationen und falscher Perspektiven, gelten als von der Psychoanalyse Sigmund Freuds beeinflusst. Er selbst sprach von „Kritischer Methode der Paranoia". Aus den Dreißigern stammen auch die wohl bekanntesten Bilder, zum Beispiel das berühmte Motiv der „weichen Uhren". 1940 siedelten Dalí und Gala in die Vereinigten Staaten um; Auslöser der Emigration war der Einmarsch Hitlers in Frankreich. Dalí wurde zu einem der bestbezahlten Künstler der USA.

Der Meister: Statue in Cadaqués

1948 kehrte ein vom Surrealismus abund der katholischen Kirche zugewandter Dalí aus den Staaten zurück nach Port Lligat, gefeiert vom Regime Francos, dem er öffentlich Sympathie bekundet hatte. Seine Werke zeigten sich nun einerseits von der Religion, andererseits von der neuen Atomwissenschaft inspiriert – die Kunstkritik, anders als das Publikum, wandte sich großteils mit Grausen ab. In den Achtzigern wurde es still um ihn. Am 10. Juni 1982 starb Gala. Dalí zog sich völlig deprimiert von Port Lligat nach Schloss Púbol zurück. Wenig später ernannte König Juan Carlos ihn zum Marqués. 1984 wurde Dalí bei einem Brand auf Púbol schwer verletzt. Einsam, verbittert und krank verbrachte Dalí die letzten Jahre im Turm seines Museums, der Torre Galatea. Am

Monumental: Deckengemälde „Palast der Winde"

23. Januar 1989 starb Dalí im Krankenhaus von Figueres. Seine letzte Ruhestätte fand er, anders als vorgesehen, nicht in Schloss Púbol neben Gala, sondern in einer Gruft im Untergeschoss des Museums. Sie ist mit einer schlichten Tafel geschmückt.

Ganz im Stil des Künstlers zeigt sich schon das Äußere des Museums mit seinen blutroten Wänden, den steinernen Broten an der Fassade und den typischen weißen Beton-Eiern auf dem Dach. Im Inneren erwartet den erstaunten Besucher Dalí in Reinkultur – wer nur eine Gemäldegalerie erwartet, unterschätzt den Einfallsreichtum des Meisters. Zuviel sei hier nicht verraten, nur dies: Absolut erlebenswert ist das Potpourri verschiedenster Wahnwitzigkeiten allemal, ob es sich nun um das „Regentaxi" am Eingang oder den „Mae-West-Saal" handelt... Einen bestimmten, vorgegebenen Rundgang gibt es ohnehin nicht: Der Besucher muss sich, wie noch von Dalí persönlich angeordnet, schon selbst seinen Weg durch diesen surrealistischen Traum suchen. Im selben Gebäude, jedoch über einen separaten Eingang an der Pujada del Castell zu erreichen, ist die so genannte „Col.lecció Dalí-Joies" untergebracht, eine Sammlung von Dalís Goldschmiedearbeiten.

Lage Plaça Gala i Dalí, zu erreichen auch über Treppen von der Fußgängerzone, gut beschildert.

Öffnungszeiten Besonders zur Saison am besten schon vor Öffnung oder während der Essenszeit kommen (oder besser noch auf der Homepage vorbuchen), vor dem Eingang sonst oft schier endlose Warteschlangen.

Zugang von Juli bis September 9–19.15 Uhr, im Oktober 9.30–17.15 Uhr, November bis Februar 10.30–17.15 Uhr, März bis Juni 9.30–17.15 Uhr, Achtung, von Oktober bis Mai ist Montag geschlossen! Eintritt inkl. der „Col.lecció Dalí-Joies" 14 €; für Studenten und Rentner gelten jeweils ermäßigte Preise. Im August ist das Dalí-Museum zu geringfügig erhöhter Eintrittsgebühr auch nachts von 22–1 Uhr zugänglich – ein Erlebnis für sich! www.salvador-dali.org.

Nachlesen & Nachschlagen

Blick vom Montjuïc über die Stadt zum Tibidabo

Barcelona, immer wieder neu

Eine alte Stadt, gegründet von den Römern, deren Häuser und Werkstätten direkt unter dem Pflaster der Plaça del Rei liegen. Eine junge Stadt, die sich ständig neu erfindet und immer auf der Höhe der Zeit ist – oder ihr voraus.

Für Manuel Vázquez Montalbán war Barcelona „die südlichste aller Hauptstädte des Nordens und die nördlichste aller Hauptstädte des Südens". Die Mischung aus nördlicher Effektivität und südlicher Lebenslust darf tatsächlich als typisch für Barcelona gelten. Schließlich weisen die Katalanen selbst gerne und durchaus mit einem gewissen Stolz auf den Zwiespalt ihres Nationalcharakters hin, in dem sich Seny i Rauxa vereinen, Vernunft und Rausch. Mit dieser Kombination aus Pragmatismus und Leidenschaft ist es der mediterranen Metropole gelungen, ihr Erbe der Vergangenheit zu bewahren und gleichzeitig die Gegenwart bewusst neu zu gestalten. Alte Viertel erwachen dadurch plötzlich zu ganz neuem Leben. Und immer noch sind die Stadtplaner zugange, reißen alte Industriegebiete ab und schaffen Parks, Hotels, Freizeitzentren, Strände ... Diese Stadt kennt nur den Vorwärtsgang. Den traditionellen Reizen Barcelonas konnten die vielen Veränderungen erstaunlich wenig anhaben. Das internationale Publikum hat die ungewöhnliche Attraktivität dieser Mixtur aus Tradició und Modernitat längst erkannt: Das Städtereiseziel Barcelona boomt seit Jahren.

Die Hauptstadt Kataloniens

Barcelona ist Regierungssitz einer sehr selbstbewussten Region, die deutliche Unterschiede zum Rest Spaniens aufweist und sich seit jeher als eigene Nation versteht.

Die **Comunitat Autònoma de Catalunya** bildet eine der 17 Autonomen Gemeinschaften Spaniens, vergleichbar in etwa den deutschen Bundesländern. Sie erstreckt sich im Nordosten der Iberischen Halbinsel, von den Pyrenäen bis zum Ebre-Delta, und wird begrenzt von Frankreich sowie den Autonomen Gemeinschaften Aragón im Westen und València im Süden. Gut 7,5 Millionen Menschen leben in den vier Provinzen, davon knapp fünf Millionen allein im Großraum Barcelona und mehr als 1,6 Millionen im eigentlichen Stadtgebiet. Katalonien verfügt über ein eigenes Parlament, den *Consell Executiu*, und über eine eigene Landesregierung, die *Generalitat de Catalunya*. Die Region besitzt auch eine eigenständige Sprache. Trotz jahrzehntelangem Verbots durch das Franco-Regime ist sie im Volk immer lebendig geblieben und wird von der katalanischen Landesregierung nach Kräften gefördert.

Català, Sprache der Katalanen: Català ist nicht etwa ein Dialekt des Spanischen,

Barcelona im Kasten

Katalanische Nationalsymbole

Flagge: La Senyera, vier waagrechte rote Streifen auf gelbem Grund, ein Motiv, das bis weit ins Mittelalter zurückgeht. Ebenso gefärbt ist das Wappen, bei dem die roten Streifen allerdings senkrecht stehen.

Hymne: Els Segadors (Die Schnitter), Ende des 19. Jh. komponiert, aber erst 1993 offiziell vom Parlament als Nationalhymne eingeführt. Der Text erinnert an den „Krieg der Schnitter", einen Volksaufstand des 17. Jh. gegen die kastilische Zentralmacht.

Nationalfeiertag: La Diada, der 11. September, jener Tag des Jahres 1714, als der Bourbone Philipp V. in Barcelona einmarschierte und damit alle Hoffnungen auf Eigenständigkeit zerstörte. Man feiert nicht etwa die Niederlage, sondern den heimischen Widerstandswillen.

Flaggenparade: Katalonien, Spanien, Barcelona

sondern tatsächlich eine völlig eigene, viele Jahrhunderte alte Sprache. Wie das Spanische, besser gesagt das Kastilische (castellano, „hochspanisch“), zählt Català zu den aus dem Vulgärlatein entstandenen romanischen Sprachen, ist aber dem Provençalischen näher verwandt. Wer etwas Italienisch, Latein oder Französisch beherrscht, wird viele verwandte Ausdrücke entdecken: „Si us plau“ bedeutet z. B. erwartungsgemäß „bitte“. Natürlich ähneln auch viele Bezeichnungen ihrem spanischen Pendant, wie man überhaupt mit Spanisch überall problemlos durchkommt – Ausländern wird der Gebrauch dieser „Fremdsprache“ in der Regel verziehen.

Der Sprachraum des Català reicht bis hinunter nach Alicante in der Comunitat Valenciana. Gesprochen und verstanden wird Katalanisch jedoch auch in Andorra, Teilen Aragóns, auf den Balearen, im französischen Roussillon jenseits der Pyrenäen und sogar in der sardischen Gemeinde Alghero, letzteres ein Erbe der hohen Zeit Kataloniens, als die Nation auch über Sardinien und Sizilien herrschte. Seit 1990 ist Català vom Europäischen Parlament als europäische Sprache anerkannt. Dies erfolgte reichlich spät, bedenkt man, dass (je nach Quelle) etwa sechs bis zehn Millionen Menschen Katalanisch sprechen. Seit den Neunzigern hat sich der Einfluss des Català noch verstärkt, wurde das Spanische weiter zurückgedrängt. Auf den ehemals zweisprachigen Wegweisern an Landstraßen muss die spanische Bezeichnung kaum noch von katalanischen Aktivisten übermalt werden: Sie fehlt mittlerweile fast überall. Dafür tauchen jedoch ganz neue Nationalitätskennzeichen im spanischen Straßenbild auf: Manche Autofahrer geben mit einem „CAT“-Schild zu erkennen, wem sie sich zugehörig fühlen. Auch im Internet stößt man immer häufiger auf diese Buchstabenkombination: 2006 hat die Internetverwaltung ICANN, sehr zum Ärger konservativer Kreise Restspaniens, die Domäne .cat freigegeben.

„Catalunya no es Espanya“ – Katalonien ist nicht Spanien: Nicht nur aus der eigenen Sprache leiten die Katalanen das Recht auf Eigenständigkeit ab. Schon immer war die Region eher dem Mittelmeerraum und übrigen Europa zugewandt als dem Inneren Spaniens. Jahrhundertelang rang sie um ihre Unabhängigkeit von der Zentralmacht Madrid. Längerfristige Erfolge wie der Autonomiestatus und die Anerkennung des Català als Amtssprache, die auch in den Schulen gelehrt wird, stellten sich jedoch erst nach Francos Tod ein. Die Entscheidung für Barcelona als Austragungsort der olympischen Sommerspiele 1992 brachte dem Selbstbewusstsein der Katalanen einen weiteren Schub.

Barcelona im Kasten

Die Katze, der Esel und der Stier

Wenn der Fahrer Pech hat, kann das Nationalitätenkürzel CAT am Auto schon mal Ärger mit der Polizei bescheren. Manch findiger Katalane weicht deshalb auf Tiersymbole aus. So steht eine stilisierte Katze (englisch: cat) ebenso für Katalonien wie das Bild eines Esels. Schließlich ist Katalonien die Heimat der größten Eselrasse der Welt, des katalanischen Riesenesels, der ein Stockmaß von bis über 160 cm besitzt. Der störrische, unbotmäßige Graukittel, der den Wünschen seines (spanischen) Herrn beharrlichen Widerstand entgegensetzt, bietet sich als Landessymbol natürlich an. Der „restspanische“ Osborne-Stier findet seinen Weg hingegen nur selten auf katalanische Heckscheiben, und wenn, dann in der Abbildung einer kuriosen, die Arten (aber nicht Geschlechter ...) übergreifenden Kopulation mit dem katalanischen Esel. Wie die Rollen dabei verteilt sind, dürfte klar sein ...

„Ich bin nur'n armer Murcianer, n'ungebildeter charnego, und ich bin den Katalanen ja so dankbar, dass ich hier arbeiten kann und anständich leben, in euerm reichen und schönen Katalonien ..."

(Juan Marsé, „Der zweisprachige Liebhaber")

Ein anderer Eckpfeiler katalanischen Nationalstolzes ist das Gebiet der Wirtschaft, auf dem die Region – trotz eines immens hohen Schuldenbergs – im innerspanischen Vergleich noch sehr gut dasteht. Etwa ein Viertel der spanischen Industrieproduktion wird hier erzeugt, an Textilien sogar gut drei Viertel. Barcelona ist die Verlags- und Designhauptstadt Spaniens, der Tourismus steuert ebenfalls ein nicht gerade geringes und stetig steigendes Scherflein zum Wohlstand bei. In den Augen Restspaniens gilt Katalonien deshalb als die „Schweiz" des Landes, seine Bewohner als geschäftstüchtig, bienenfleißig und dynamisch – ein Blickwinkel, der einer gewissen Portion Neid wie Argwohn nicht entbehrt.

In kultureller Hinsicht nimmt Katalonien gleichfalls eine Sonderstellung ein. Ein guter Teil der auch außerhalb Spaniens bekannten Künstler des 19. und 20. Jahrhunderts stammt aus dieser Region, darunter so illustre Persönlichkeiten wie Salvador Dalí oder Joan Miró. Katalonien war die Geburtsstätte des Modernisme, der spanischen Variante des Jugendstils, dessen berühmtester Vertreter, der Architekt und Bildhauer Antoni Gaudí, aus Reus in der Provinz Tarragona stammt. Künstler waren es auch, die ab den 1960er-Jahren, selbstverständlich auf Katalanisch, immer lauter die Forderung nach Selbstbestimmung aussprachen. Besonders aktiv waren Sänger wie Lluis Llach, Pau Riba und Joan Manuel Serrat, deren musikalischer Protest, zusammengefasst in der Bewegung *nova cançó* („Neues Lied"), der Franco-Regierung gar unangenehm in den Ohren klang. Auch der Volkstanz *sardana* geriet zum politischen Ausdruck einer Nation, die sich zu Recht lange um ihre eigene Kultur betrogen sah.

Plaça de les Glòries mit Torre Agbar

Wirtschaftlich gefestigt und im Bewusstsein der eigenen Sprache und Kultur, treiben es die Katalanen mit ihrem „Wir-sind-eine-Nation-Fieber" nach Meinung vieler Spanier heute allerdings etwas weit. Allerorten prangt die rot-gelb gestreifte katalanische Flagge, ersetzen rein katalanische die alten, zweisprachigen Inschriften. Die Generalitat de Catalunya unterstützt den Trend nach Kräften, leistet sich unter anderem einen eigenen Sprachkommissar. Seit 1999 existiert gar ein Gesetz, das die „Präferenz" des Català festlegt und dem Regionalfernsehen, den privaten Radios und den Kinos Katalanisch-Quoten vorschreibt. Dieses Gesetz bedroht auch alle Firmen mit Strafen, die ihre Offerten nicht „mindestens" in Català ausschreiben. Was den Katalanen recht sein kann, wirft für die starke Minderheit der vor allem aus Südspanien kommenden, *xarnegos* (spanisch: charnegos) genannten „Einwanderer" ernste Probleme auf. Immerhin sind etwa 40 Prozent der Einwohner Barcelonas Nicht-Katalanen. Ohne Kenntnis des Katalanischen bleibt ihnen z. B. die Anstellung im öffentlichen Dienst verwehrt.

Römisches Barcelona: die „Drei Grazien" im Archäologischen Museum

Stadtgeschichte

Aus dem Dunkel der Geschichte tritt Barcelona mit der Ankunft der Römer. Im 10. Jh. liegt die Geburtsstunde der katalanischen Nation. Die nächsten Jahrhunderte sehen den Aufstieg Barcelonas zu einer mächtigen Mittelmeermetropole, gefolgt von einem langen Niedergang, der erst im 19. Jahrhundert endet. Im 20. Jahrhundert erlebt die Stadt nach der Schreckenszeit des Franco-Regimes einen fulminanten Aufschwung.

Als die ersten bekannten Siedler im heutigen Stadtgebiet gelten Iberer vom Stamm der Laietans bzw. Layetanos, die sich auf dem Montjuïc niedergelassen hatten. Ob der antike Name *Barcino* nun schon von ihnen, den Karthagern oder doch erst den Römern stammt, ist strittig. Das Verdienst der eigentlichen Stadtgründung wird allerdings den Römern zugeschrieben.

Ab dem 1. Jh. v. Chr.: Rom regiert

Im Zweiten Punischen Krieg (218–201 v. Chr.) gegen Karthago hatten die Römer den Kampf um das westliche Mittelmeer für sich entschieden. Fortan sollten ihre Sprache, Gesetzgebung und letztlich auch Religion Spanien nachhaltig prägen. Während der Regierungszeit von Kaiser Augustus, etwa um 15–10 v. Chr., gründeten die Römer auf dem Mont Taber, dem höchsten Punkt der Altstadt, eine mit Mauern gesicherte Kolonie, die schon ungefähr den Umrissen des heutigen Barri Gòtic entsprach. Reste der Stadtmauern und einige Säulen eines Augustus-Tempels erinnern noch an die römische Epoche, und erst vor wenigen Jahren legten Arbeiter bei Grabungen an den Rambles zufällig ein römisches Grab frei. Unter dem Pflaster der Plaça del Rei, zugänglich durch das Museum für Stadtgeschichte, erstreckt sich sogar noch ein ganzes Römerviertel mit Werkstätten, Häusern und frühen Kirchen. Freilich war das römische Barcino eine kleine Siedlung von wohl nicht mehr als tausend Einwohnern, nicht zu vergleichen mit dem glanzvollen Tarraco (Tarragona), der mächtigen Hauptstadt der weitläufigen römischen Spanienprovinz Hispania Citerior bzw. Tarraconensis.

5.–8. Jh.: Westgoten und Mauren

Über Jahrhunderte hinweg hatte sich Barcelona im römischen Frieden Pax Romana gesonnt, hatte mit Rom das Christentum angenommen und den langsamen Niedergang geteilt. Jetzt, Anfang des 5. Jh., standen neue, hungrige Erobererscharen bereit: Die Zeit der Völkerwanderung war gekommen. Als militärisch stärkstes der vielen rivalisierenden Germanenvölker erwiesen sich die Westgoten, die Barcelona 415 kurzfristig zur Hauptstadt machten, bevor sie diese nach Toledo verlegten. Hatten sie zunächst Distanz zur einheimischen Bevölkerung gewahrt, erfolgte dann doch eine allmähliche Verschmelzung, in deren Verlauf die Goten romanisiert wurden und die lateinische Sprache annahmen. Obwohl ihr Königreich bis ins 8. Jh. Bestand haben sollte, beeinflussten sie die Kultur Kataloniens kaum. Ähnliches gilt für die Araber- und Berberstämme der so genannten Mauren, die ab 711 binnen sieben Jahren fast die gesamte Iberische Halbinsel überrollt hatten, aus dem Norden Kataloniens jedoch schon wenige Jahrzehnte später wieder vertrieben wurden. Dort blieb es fortan bei gelegentlichen Überfällen wie der Attacke von Almansor auf Barcelona 985, bei der eine Vorläuferin der heutigen Kathedrale zerstört wurde.

9.–11. Jh.: Franken als Geburtshelfer der Nation

785 übernahmen die Franken unter Karl dem Großen das Zepter in Girona, 801 eroberten sie Barcelona. Die von ihnen regierte *Spanische Mark* sollte mitteleuropäisches Bollwerk gegen den Islam sein. Die Spanische Mark gilt als die Keimzelle der katalanischen Nation, deren enge Anbindung an das Europa jenseits der Pyrenäen wiederum auf die fränkische Zeit zurückgeführt wird. Einer der fränkischen Grafen, nämlich Wilfried der Behaarte (Guifré el Pilós), war es auch, der ab 870 erstmals mehrere Grafschaften (darunter auch Barcelona) unter sich vereinigen konnte und so einen Vorläufer des heutigen Katalonien schuf. Er hinterließ das Reich seinen Söhnen und gründete so eine Herrscherdynastie, die bis ins frühe 15. Jh. Bestand hatte und Barcelona den bis heute gebräuchlichen Beinamen *Ciutat Comtal* (Gräfliche Stadt) verschaffte.

Als Geburtsjahr ihrer Nation sieht die katalanische Regierung allerdings erst das Jahr 988, als unter Barcelonas Graf Borell II. auch politisch die Unabhängigkeit von den Franken erreicht wurde. Schon wenig später tauchte erstmals der Begriff „Katalonien" auf, wehte die bis heute existierende Nationalflagge Senyera. Damals entwickelte sich auch eine ritterliche Adelskaste, die den Boden und die Bauern kontrollierte und immer wieder in Konflikt mit den Grafen geriet. Häufige Aufstände erschütterten Barcelona und andere Regionen. 1070 gelang es Ramon Berenguer I., mit militärischer Macht, aber auch mit politischen Zugeständnissen, die Revolten zu beenden.

12.–14. Jh.: Barcelona auf der Höhe seiner Macht

Einen gewaltigen Sprung nach oben machte die junge Nation im Jahr 1137, als *Ramón Berenguer IV.* durch seine Heirat Katalonien mit dem westlichen Königreich Aragón vereinigte. Er war „nur" ein Graf gewesen, sein Sohn und Nachfolger Alfons I. erhielt 1162 jedoch auch den Titel eines Königs von Aragón. Das neue Königreich, die „Krone von Aragón", gelüstete es nach Expansion. Besonders erfolgreich agierte *Jaume I. der Eroberer*, der mehr als sechs Jahrzehnte lang herrschte. Unter ihm erkämpfte sich Katalonien zwischen 1229 und 1238 die bis dahin noch von den Mauren besetzten Regionen der Balearen und Valencias. 1262 kam Sizilien, 1323 Sardinien zum Reich. Das vereinigte Königreich Katalonien und Aragón stand in voller Blüte und beherrschte das westliche Mittelmeer fast nach Belieben. Regiert wurde das florierende Reich nicht allein vom Königshaus: Mit der Einsetzung der Räteversammlung *Corts Catalans*, deren Einspruch auch die Könige teilweise unterworfen waren, sicherten sich der Adel, die Kirche und später auch die Handwerkszünfte Einfluss auf politische Entscheidungen.

Nicht nur Eroberung, auch der Handel im Mittelmeergebiet brachte Reichtum. Die Städte, allen voran Barcelona, profitierten besonders davon. Die Werften Drassanes konnten kaum so schnell neue Schiffe produzieren, wie sie gebraucht wurden. Der Bau großer Kirchen wie der Kathedrale und Santa Maria del Mar spiegeln den damaligen Reichtum und Optimismus, ebenso die Errichtung der prächtigen Handelsbörse La Llotja. Gestützt auf Sicherheit und Wirtschaftskraft konnten sich auch Kunst und Wissenschaften entfalten. Barcelona erhielt eine eigene Administration: 1249 gewährte Jaume I. die ersten Privilegien für eine teilweise Selbstverwaltung der Stadt, 1265 installierte er den Stadtrat *Consell de Cent*, den „Rat der Hundert", der ab 1373 im Rathaus Casa de la Ciutat an der heutigen Plaça Sant Jaume residierte. Barcelona leuchtete – und wuchs: Die Stadtmauern, zuletzt Ende des 13. Jh. erweitert, um auch das wohlhabende Vorortviertel La Ribera zu umschließen, mussten schon im 14. Jh. erneut vergrößert werden und gaben nun auch der Vorstadt Raval Schutz.

Großer Feldherr: Jaume I

Es waren jedoch nicht nur Blütejahre. Auf dem Land kam es zu Aufständen der ausgebeuteten Bevölkerung gegen die Feudalherren. In der zweiten Hälfte des 14. Jh. wütete mehrfach die Pest, Ende des 14. Jh. hatte der „schwarze Tod" die Bevölkerung um die Hälfte dezimiert. Die Pest und andere Seuchen blieben nicht die einzige Katastrophe: Am 5. August 1391 löschte ein Pogrom Barcelonas Judenviertel El Call aus.

15.–18. Jh.: Niedergang unter Kastiliens Knute

Die Zeiten in Katalonien wurden schlechter, als mit Martin dem Menschlichen (Martí l´Humà) 1410 das letzte Mitglied der alten Grafen-Dynastie starb. Aragón bekam Übergewicht in der bis dahin so erfolgreichen Zweierbeziehung. 1462–1472 erschütterte ein schwerer Bürgerkrieg gegen die neuen Herrscher aus Aragón die Region.

Doch es sollte noch dicker kommen. 1469 veränderte die Heirat König Ferdinands II. von Aragón mit der Thronfolgerin Isabella von Kastilien die Landkarte Spaniens und beförderte Katalonien ins politische Abseits. Die „Katholischen Könige" *Reyes Católicos* sicherten Kastilien hinfort die Führung und ließen es zur alles beherrschenden Zentralmacht aufsteigen. Katalonien wurde zur Provinz, die glorreiche Hauptstadt

Barcelona spielte nur mehr eine untergeordnete Rolle. Kastilien setzte in Katalonien eine eigene Führungsschicht ein, sicherte sich so die Herrschaft und zwang gleichzeitig den Katalanen die kastilische Sprache auf. Ab 1487 wütete die Inquisition in Barcelona. 1492 wurde Amerika entdeckt, und als Folge verlagerte sich der Handel von den mittelmeerischen Küsten an den Atlantik. Gleichzeitig wurden aus ganz Spanien die Juden vertrieben oder zur Taufe gezwungen. Ab 1640 wagte die unter schwerer Steuerlast leidende Region einen von Frankreich unterstützten Volksaufstand, den sich zum Unabhängigkeitskrieg entwickelnden *Guerra dels Segadors*. Aus diesem „Krieg der Schnitter" stammt die katalanische Nationalhymne „Els Segadors"; er scheiterte jedoch am Militär der kastilischen Zentralmacht, das 1652 Barcelona besetzte.

Der Spanische Erbfolgekrieg (1701–1714) sah österreichische Habsburger, unterstützt von der „Haager Allianz" europäischer Staaten auf der einen, das französische Haus Bourbon auf der anderen Seite. Katalonien setzte auf Habsburg, erhoffte sich von Österreich bessere Chancen auf die Wiederherstellung der nationalen Identität – und verlor. Der Bourbone Philipp V. eroberte am 11. September 1714 die Stadt, die sich am längsten seinen Ansprüchen verwehrt hatte: Barcelona. Heute wird am 11. September der katalanische Nationalfeiertag *La Diada* begangen – die Katalanen feiern damit nicht etwa eine Niederlage, sondern wollen ihr Recht auf Eigenständigkeit klarstellen. Philipp V. revanchierte sich für den Widerstand mit schwersten Repressionen. Für seine neue, zur Kontrolle Barcelonas errichtete Zitadelle ließ er ein ganzes Wohnviertel abreißen, er schaffte mit dem Dekret der *Nueva Planta* („Neuer Plan") alle katalanischen Institutionen einschließlich des Consell de Cent ab und verbot sogar die katalanische Sprache. Die 1450 gegründete Universität Barcelonas musste schließen und wurde abgerissen. Katalonien stand völlig unter dem Diktat Kastiliens.

Mit blutiger Hand gezeichnet: Kataloniens Wappen

Ab 1808 versuchte Napoleon, seinen Bruder Joseph Bonaparte gegen den Widerstand der Spanier auf den Thron zu hieven. Bis zu dessen Rückzug 1812 erschütterte eine Reihe von Aufständen gegen die Franzosen auch Katalonien. Französische Soldaten zerstörten Unwiederbringliches, darunter die alten Bauten des Klosters Montserrat.

19. Jh.: Industrieller und kultureller Aufschwung

Sinnigerweise fällt in die späten Jahrhunderte der politischen Bedeutungslosigkeit gleichzeitig ein erneuter wirtschaftlicher Aufschwung Barcelonas. Schon ab 1741 hatte eine erste Industrialisierung besonders der Textilproduktion eingesetzt, zu einer Zeit, als der Rest Spaniens noch ausschließlich landwirtschaftlich strukturiert war.

Auch der Schiffsbau florierte. 1778 gewährte Madrid sogar gnädig den Zugang zu den wichtigen Märkten in Amerika: Ganz neue Handelsmöglichkeiten taten sich auf. Gleichzeitig emigrierten nun viele Barcelonesen in die Kolonien und schickten von dort Geld nach Hause: Kapital, das investiert werden wollte und den Industrialisierungsprozess anheizte.

Anfangs verlief die Industrialisierung noch relativ langsam, ab etwa 1840 jedoch steigerte sich die Geschwindigkeit. Barcelona wurde als „Klein-Manchester" gefeiert. Während der Rest Spaniens in überkommenen Formen der Landwirtschaft verharrte, ratterten hier die Webstühle, keuchten die Dampfmaschinen. 1842 wurde Gasbeleuchtung installiert, 1848 die erste Bahnlinie Spaniens eröffnet, die von Barcelona nach Mataró führte. Durch Zuzug vom Land wuchs Barcelona rasant, innerhalb von sechs Jahrzehnten vervierfachte sich die Bevölkerungszahl. In der dicht gedrängten, durch ihre Mauern eingeschnürten Stadt brachen immer wieder Epidemien aus – 1834 forderte die Cholera 3500 Tote, 1854 waren es über 5600 Opfer. Im selben Jahr gab Madrid endlich die Erlaubnis, die Stadtmauern niederzureißen. 1859 begann man mit dem Bau der Stadterweiterung Eixample.

Mit dem ökonomischen Erfolg erholte sich auch das angeschlagene Nationalgefühl. 1859 wurden die mittelalterlichen Dichterwettkämpfe Jocs Florals, die „Blumenspiele", erneut aufgenommen; in Katalanisch, versteht sich. Sie leiteten die kulturelle und sprachliche Wiedergeburt *Renaixença* ein. Einer der Preisträger war Jacint Verdaguer (1845–1902), durch sein Epos „L'Atlàntida" bis heute der wohl bekannteste katalanische Poet.

Das frisch gewonnene Selbstbewusstsein der Katalanen artikulierte sich 1892 im Entwurf der regionalen Verfassung Bases de Manresa und verwirklichte sich 1914 in der Gründung der provinzübergreifenden *Mancomunitat*: Von der kastilischen Zentralmacht eigentlich nur als Verwaltungsgemeinschaft zugelassen, gelang es der Mancomunitat, sich durch geschicktes Taktieren als De-facto-Regionalregierung zu etablieren. In dem von ihr ausge-

Heroisch dargestellt: „Krieg der Schnitter" im Museum katalanischer Geschichte

Barcelona im Kasten

Die erste Weltausstellung 1888

„Was die können, das können wir schon lange", hatten sich die hohen Herren Barcelonas wohl gedacht, als sie, angeregt durch einen gewissen Don Eugenio Serrano de Casanova, darüber nachdachten, in Barcelona eine Weltausstellung abzuhalten. Die erste Expo war 1851 in London organisiert worden, Paris folgte 1855. Beide Städte hatten jetzt schon ihre zweite Ausstellung hinter sich, und wo blieb Barcelona? Der tatkräftige Bürgermeister Don Francesc de Paula Rius i Taulet machte die Angelegenheit zur Chefsache. Es waren Barcelonas Jahre des Goldfiebers, des Febre d'Or, und so sollte doch eigentlich genug Kapital zur Verfügung stehen ... Ganz so einfach lief es dann doch nicht, Barcelona musste sich für das Großereignis schwer verschulden. Die Bevölkerung freilich war schnell für den Plan gewonnen, insbesondere dank der bestechenden Vorstellung, Madrid dadurch eins auszuwischen, dass man die erste Weltausstellung auf spanischem Boden eben nicht in der Hauptstadt abhielt. Und so wurde die „Exposició Universal de 1888" letztlich ein voller Erfolg. Vom 8. April bis 9. Dezember hatten mehr als zwei Millionen Menschen eine Eintrittskarte (für eine Peseta) oder ein Abonnement (für 25 Pesetas) zum Expo-Gelände im Ciutadella-Park erstanden. Zu bewundern waren hier, neben den vielen frischen technischen Errungenschaften jener Zeit, auch Gebäude in einem neuen, ungewöhnlichen Stil, den man später als „Modernisme" bezeichnen sollte. Barcelona wiederum konnte sich als Stadt der „Modernitat" zeigen und beweisen, dass es mit Madrid mithalten konnte.

bauten Schulsystem wurde wieder Català gelehrt, während sich das neu gegründete Institut d'Estudis Catalans der Auffrischung und Pflege der katalanischen Kultur widmete. Katalonien focht klug und beherrscht für seine Eigenständigkeit. Und auch Barcelona entwickelte sich weiter. Neben der traditionellen Textilindustrie wuchs die Chemiesparte, Kraftwerke wurden gebaut, die ersten elektrischen Straßenbahnen verkehrten. Freilich hatten nicht alle Bevölkerungsschichten gleichermaßen Anteil am Fortschritt: Noch 1900 waren 40 Prozent der Einwohner Barcelonas Analphabeten.

Unruhige Jahrzehnte

Erstmals im 19. Jh. hatte sich Spanien in Demokratie versucht, doch war die Erste Republik (1873–75) schnell gescheitert. Um die Jahrhundertwende stürzte der verlorene amerikanisch-spanische Krieg und der damit verbundene Verlust der Philippinen, Kubas und Puerto Ricos Spanien in eine tiefe politische Krise. Zeitgleich kam es in Barcelona zu ersten Zusammenschlüssen der Arbeiterbewegung.

Im Juli 1909 löste die Aushebung von Soldaten für den Einsatz in Marokko die *Setmana Tràgica* aus, die „Tragische Woche". Die wütende Arbeiterschaft von Barcelona errichtete Barrikaden und zerstörte in ihrer Wut auf den obrigkeitshörigen Klerus Kirchen und Klöster. Es kam zu hunderten Toten und immensen Verlusten an wertvollen Kulturgütern. Bald nach der blutigen militärischen Niederschlagung des Aufstands gründete sich die Confederación Nacional de Trabajo (CNT), eine Art Dachgewerkschaft für die verschiedenen Verbände der einzelnen Arbeitergruppen.

Im Ersten Weltkrieg blieb Spanien neutral, für Barcelonas Wirtschaft ein Wettbewerbsvorteil, den man nach Kräften nutzte. Ein erneuter Rückschlag war der Staatsstreich von General Primo de

Es war einmal: nostalgische Ansicht des alten Hafens Port Vell

Rivera 1923, der in eine Militärdiktatur mündete. Die Mancomunitat wurde aufgelöst, katalanische Sprache und Kultur erneut unterdrückt – kein Wunder, dass die Weltausstellung von 1929 in bedrückterer Stimmung verlief als ihre Vorgängerin. Nach seiner Abdankung gründete Primo de Rivera 1933 die Falange Española, eine rechtsextreme Partei, deren Programm während und nach dem Bürgerkrieg eine prägende Rolle spielen sollte.

Nach dem Sturz der Diktatur und der Ausrufung der Zweiten Republik 1931 kam es zu antiklerikalen Ausschreitungen, denen erneut Kirchen und Klöster zum Opfer fielen. 1932 erhielt Katalonien ein fast vollständiges Autonomiestatut mit eigenem Parlament, konnte sich jedoch nicht lange daran freuen. Zwischen 1934 und 1936 schlitterte Spanien von einer politischen Krise in die nächste. Den Rechtsruck nach den Parlamentswahlen vom Oktober '34 quittierten die Gewerkschaften mit Generalstreiks. Kurz darauf scheiterte der Versuch des katalanischen Präsidenten *Lluís Companys*, die völlige Unabhängigkeit Kataloniens auszurufen. Die Aberkennung der Autonomie war die Folge. Auch nach dem Wahlsieg der Volksfront im Mai '36 beruhigte sich die Lage nicht, verschärfte sich sogar noch. Streiks überfluteten das Land, die Rechte antwortete mit Mord, die Linke gab mit gleicher Münze zurück – Spanien im Chaos. Im Juli 1936 sollte in Barcelona die antifaschistische „Volksolympiade" stattfinden, ein Gegenstück zu den Spielen im Berlin der Nazis. Doch es kam anders: Die Ermordung des rechten Abgeordneten Calvo Sotelo am 13. Juli 1936 wurde zum Auslöser eines Militärputsches, der in den Spanischen Bürgerkrieg mündete.

Bürgerkrieg und Franco-Regime: Barcelona am Boden

Bis heute ist der *Spanische Bürgerkrieg* (1936–39), dem über eine halbe Million Menschen zum Opfer fielen, ein Trauma für das Land geblieben. „Bürgerkrieg" ist eigentlich nicht der richtige Ausdruck für diesen dreijährigen Kampf: Auf der einen, der letztlich siegreichen Seite der „Nationalen", stand eine Clique von gut ausgerüsteten, antidemokratischen Militärs; auf der anderen, der der „Republikaner", der Großteil der Bevölkerung.

Ab dem 28. Juli flogen Truppenverbände aus Spanisch-Marokko nach Südspanien ein. Den Oberbefehl hatte General Franco, die Flugzeuge wurden teilweise aus Hitler-Deutschland ausgeliehen. Italien, Portugal und Deutschland unterstützten den Putsch, die berüchtigte deutsche Flugzeugstaffel „Legion Condor" bombte unter anderen das baskische Städtchen Gernika (Guernica) in Schutt und Asche, eine Schandtat, die von Pablo Picasso im gleichnamigen Gemälde verewigt wurde. Die Republikaner erhielten dagegen nur sehr bescheidene Hilfen von Russland, Frankreich und Mexiko.

Barcelona stellte sich mehrheitlich sofort auf die Seite der Republik. Nach zwei blutigen Tagen des Kampfes gegen das Militär war die Stadt in der Hand von Arbeiterkomitees, organisiert vor allem in der Gewerkschaft CNT. Barcelona erlebte den *Sommer der Anarchie*, die Stadt wurde zur „Rose aus Feuer". Doch bröckelte die Einheitsfront nur zu rasch, die Linke befehdete sich selbst. Im Mai 1937 kämpften in Barcelonas Straßen orthodoxe Kommunisten gegen Anarchisten – blanker Irrwitz angesichts der faschistischen Bedrohung. Am 26. Januar 1939 schließlich marschierten die Truppen Francos in Barcelona ein.

Für Katalonien erwies sich das Franco-Regime als die wohl schlimmste Etappe in der Landesgeschichte. Nach der Eroberung Barcelonas begannen Todeskommandos mit der Abschlachtung der „Aufständischen". Die katalanische Führungsschicht, so sie nicht ins Exil gegangen war, wurde größtenteils ermordet, so auch der ehemalige Präsident Lluís Companys, der sich nach Frankreich geflüchtet hatte und 1940 von der Gestapo an Spanien ausgeliefert worden war. Es folgten Jahrzehnte der systematischen politischen und kulturellen Unterdrückung. Der Gebrauch des Català stand fast im Rang eines Staatsverbrechens.

Nur ganz langsam konnten sich die Katalanen wenigstens auf kulturellem Gebiet wieder einige Zugeständnisse geradezu erschleichen. Weit gingen diese kleinen Fortschritte ohnehin nicht. Noch 1960 musste *Jordi Pujol*, später langjähriger Präsident der Generalitat,

Barcelona im Kasten

Francisco Franco Bahamonde

Geboren am 4. 12. 1892 im galicischen El Ferrol, wurde der „Caudillo" und „Generalísimo" zum spanischen Alptraum des 20. Jahrhunderts. Grundprinzipien seines diktatorischen Regimes waren die Unterstützung durch Militär, Kirche und die Falange, absolute Autorität des Staates und Unterdrückung aller abweichenden Auffassungen. Demokratische Ansätze wurden durch passende Gesetze nur vorgetäuscht, nie verwirklicht. Staatsform war eine „Monarchie ohne König", die allein dem Staatsführer Franco das Recht zugestand, seinen – dann königlichen – Nachfolger zu ernennen. Während des Zweiten Weltkriegs blieb Spanien neutral. Versuchsweise Annäherungen an Hitler-Deutschland erstickte der wirtschaftliche Druck der Alliierten. Nach dem Krieg zunächst politisch isoliert, wurde Spanien im diplomatischen Verkehr bald wieder halbwegs salonfähig: 1959 befürwortete Adenauer vergeblich die Aufnahme in die NATO. Innenpolitisch jedoch hielt die harte Linie an. Ab den Sechzigern mehrten sich Proteste, Unruhen und Terroranschläge der baskischen Befreiungsbewegung ETA. Am 20. November 1975 starb Franco – und nicht nur in Barcelona knallten die Sektkorken.

Auf die Stadt gerichtet: Kanone auf dem Montjuïc

zweieinhalb Jahre ins Gefängnis: Er hatte bei einem Besuch Francos die katalanische Hymne gesungen. Wirtschaftlich nahm Katalonien ab den Sechzigern einen deutlichen Aufschwung, die erwirtschafteten Steuergelder flossen jedoch weitgehend nach Madrid.

Der Weg in die Demokratie

Der Todestag Francos sah Barcelona gut gerüstet für die „Zeit danach". Finanziell ging es der Stadt nicht schlecht, Kandidaten für die politische Führung fanden sich schnell in den Reihen der bis dahin illegalen nationalistischen Bewegung. Die katalanische Kultur war allen Verboten zum Trotz ohnehin immer lebendig geblieben.

Francos Nachfolger wurde der vom „Caudillo" selbst erwählte König Juan Carlos I., ein Bourbone. Zunächst zaghaft, dann tatkräftig mit Hilfe des von ihm ernannten Ministerpräsidenten Adolfo Suárez González, bereitete Juan Carlos die Demokratie vor. 1977 fanden die ersten demokratischen Wahlen seit über 40 Jahren statt.

Katalonien brachte die Demokratie zunächst eine vorläufige Autonomie. Die damit verbundene Möglichkeit, nach vielen Jahren erstmals wieder den Nationalfeiertag „La Diada" zu begehen, nutzten die Barcelonesen nach Kräften. Es wurde ein rauschendes Fest: Rund eineinhalb Millionen Menschen feierten in Barcelona, die Rambles und die Plaça Catalunya verschwanden unter einem Meer gelb-roter Fahnen. Mancher Beobachter sprach von der „größten Demonstration, die Europa je erlebt hat." 1979 erhielt die Region eine weitergehende Autonomieregelung zuerkannt, mit offiziell anerkannter Zweisprachigkeit und zumindest teilweiser Selbstbestimmung in Verwaltungs- und Rechtsangelegenheiten. Schon die ersten Regionalwahlen gewann das konservative Bündnis Convergència i Unió (CiU) unter Jordi Pujol, der bis über das Millenium hinaus Präsident der Generalitat blieb. Barcelona freilich wählte links und Narcís Serra zum ersten Bürgermeister in der Demokratie.

Barcelona im Aufwind

1982 wurde der Sozialist *Pasqual Maragall* erstmals zum Bürgermeister der Stadt gewählt. Er behielt dieses Amt rund eineinhalb Jahrzehnte lang, ein Zeitraum, in dem Barcelona einen gewaltigen Sprung nach vorne machte. Nach der „armseligen Stadtplanung" (Maragall) der vordemokratischen Jahrzehnte galt es dringend, verlorenen Boden gutzumachen. Schnell startete die Stadtverwaltung eine Vielzahl von Projekten zur infrastrukturellen, architektonischen und künstlerischen Neugestaltung des städtischen Raums. Olympia 1992 wurde, wie schon die Weltausstellungen von 1888 und 1929, bewusst als beschleunigender Faktor in diesem Prozess des planvollen und oft in Zusammenarbeit mit privaten Investoren erfolgten Stadtumbaus eingesetzt. Auch nach den – höchst erfolgreich verlaufenen – Spielen legte man keine Ruhepause ein. In kaum mehr als einem Jahrzehnt verschönte sich Barcelona radikal. Renommierte internationale Architekten schufen nicht nur eine Vielzahl neuer Bauten wie den Fernsehturm, den Flughafen oder das Nationaltheater. Sie veränderten das ganze Gesicht der Stadt und öffneten Barcelona zum Meer hin. Mit der gleichen Gründlichkeit verwandelten die Stadtplaner ein altes Industrieareal in das Olympische Dorf Vila Olímpica und den angeschlossenen Olympiahafen Port Olímpic. Ein weiterer, diesmal postolympischer Streich der Architekten war der Ausbau der Hafenmole Moll d'Espanya. Belohnt wurden die Anstrengungen mit stetig steigenden Besucherzahlen und dem schmeichelhaften Ruf einer europäischen Vorzeige-Metropole. 1999 erhielt Barcelona vom renommierten „Royal Institute of British Architects" den Architekturpreis RIBA-Award, der das erste Mal an eine Stadt und nicht an einen einzelnen Architekten vergeben wurde.

Machtwechsel in Katalonien

Bei den katalanischen Regionalwahlen von 2003 wurde die konservative CiU, bis dahin 24 Jahre ununterbrochen an der Macht, von einer linksgerichteten Koalition abgelöst, die sich aus der

Nachgestellt im Museum katalanischer Geschichte: typische Küche zu Beginn des 20. Jh.

sozialistischen PSC (dem katalanischen Ableger der PSOE), den katalanischen Linksrepublikanern der ERC und den Ökosozialisten der ICV zusammensetzte; Präsident der Generalitat de Catalunya wurde Barcelonas ehemaliger Bürgermeister Pasqual Maragall. Im Sommer 2006 zerbrach dieses Bündnis über der Frage des damals neuen katalanischen Autonomiestatuts (das im Sommer 2010 vom Madrider Verfassungsgericht teilweise wieder gekippt wurde), das der ERC aber nicht weit genug ging. Es kam zu vorgezogenen Neuwahlen, an deren Ende aber nach zähen Verhandlungen doch wieder die alte Koalition aus PSC, ERC und ICV stand. Angeführt wurde sie vom Sozialisten *José Montilla*, gebürtiger Andalusier und der erste Präsident der Generalitat, der nicht aus Katalonien stammte.

In Barcelona selbst wird traditionell überwiegend links gewählt, und so erhielt Bürgermeister *Joan Clos* von der PSC, seit 1997 Nachfolger von Pasqual Maragall, auch bei den Wahlen 2003 erwartungsgemäß wieder die Mehrheit der Stimmen. 2006 trat Clos ab, um Spaniens Industrieminster zu werden. Sein Nachfolger *Jordi Hereu* (putzig: Hereu bedeutet übersetzt „der Erbe"), obwohl von vielen Kommentatoren als blass eingestuft, gewann der PSC im Mai 2007 erneut das Bürgermeisteramt.

Politik in Zeiten der Krise

La Crisis, die Wirtschafts- und Finanzkrise, wurde auch im verwöhnten Barcelona zum beherrschenden Thema. Ihre Folgen waren mit ursächlich dafür, dass bei den Regionalwahlen im November 2010 das Linksbündnis erhebliche Verluste hinnehmen musste. Das nationalkonservative Bündnis CiU verfehlte die absolute Mehrheit knapp – CiU-Spitzenkandidat *Artur Mas*, mit Duldung der PSC zum Präsidenten gewählt, musste Katalonien deshalb mit einer Minderheitsregierung führen.

Bei der Kommunalwahl 2011 ging auch die lange, bis 1979 zurückreichende Ära der PSC-Bürgermeister von Barcelona zu Ende. Erneut wurden die Sozialisten für die schlechte Wirtschaftslage abgestraft und mussten die Macht an die CiU unter Bürgermeister *Xavier Trias* abtreten.

Am 25. November 2012 fanden vorgezogene Neuwahlen in Katalonien statt. Das Konzept von Mas, der für den Fall eines Wahlsiegs ein Referendum über die Unabhängigkeit angekündigt hatte und so die herrschende Anti-Madrid-Stimmung (bereits am 11. September hatten zum Nationalfeiertag mehr als eine Million Katalanen in Barcelona für eine Sezession demonstriert) für sich nutzen wollte, geriet zum Flop. Die CiU erreichte mit 50 Sitzen zwar die Mehrheit, verlor aber fast ein Fünftel ihrer Wähler.

Zum eigentlichen Gewinner der Wahlen wurden die separatistischen Linksrepublikaner der ERC, die die Anzahl ihrer Sitze auf nun 21 mehr als verdoppelten. Zwar trennten die beiden Parteien in der Wirtschaftspolitik Welten, doch einte sie der Wunsch nach einem Referendum über die Zukunft Kataloniens als Staat, und so wählten auch die Vertreter der ERC Mas zum Ministerpäsidenten. Für eine Koalition allerdings lagen CiU und ERC denn doch zu weit auseinander, weshalb Mas Katalonien weiterhin mit einer Minderheitsregierung führen musste.

Am 2. Juni 2014 kündigte der spanische König Juan Carlos seinen Rücktritt an. Die ERC nahm die Abdankung des nach diversen Affären sehr umstrittenen Herrschers zum Anlass, die Monarchie in Frage zu stellen, und forderte (erfolglos) eine Volksabstimmung über die Rückkehr zur Republik.

Das von Mas anlässlich der Wahlen von 2012 angekündigte „Referendum über die Selbstbestimmung" (*Referèndum d' autodeterminació*), anberaumt für den 9. November 2014 (9-N), wurde von der Zentralregierung mit Hilfe des spanischen Verfassungsgerichts verboten. Stattdessen ließ Katalonien an jenem Tag eine „symbolische" Volksbefragung abhalten. Das Ergebnis dieser (von Madrid ebenfalls für illegal erklärten) Abstimmung überraschte wenig: Rund 80 Prozent der Teilnehmer votierten für einen eigenen Staat Katalonien und für die Abspaltung von Spanien, weitere 10 Prozent wünschten ebenfalls einen eigenen Staat, der jedoch weiterhin zu Spanien gehören solle. Obwohl die Wahlbeteiligung deutlich unter 50 Prozent lag, verbuchte die Unabhängigkeitsbewegung das Resultat als großen Erfolg und drängte auf weitere Schritte.

Heutige politische Situation

Ein wichtiges Etappenziel auf dem Weg zur Unabhängigkeit sollten die (wieder einmal vorgezogenen) Neuwahlen werden, die Mas für den 27. September 2015 angesetzt hatte. Dem „plebiszitären Charakter", den die Befürworter eines eigenständigen Katalonien dieser Wahl zugeschrieben hatten, fiel bereits im Vorfeld das langjährige Parteienbündnis des Ministerpräsidenten zum Opfer: Nach 35 Jahren löste sich die CiU in ihre Bestandteile CDC (liberal, pro Unabhängigkeit) und UDC (konservativ, gegen Unabhängigkeit) auf. In der Folge formten CDC und die Linksrepublikaner der ERC, unterstützt von kleineren Parteien, die von Mas angeführte Plattform *Junts pel Sí* („Gemeinsam für das Ja"). Eine weitere Liste für die Unabhängigkeit bildete die radikal links orientierte, für einen Austritt Kataloniens aus der EU plädierende CUP (Candidatura d'Unitat Popular). Der Rest der Parteienlandschaft betonte zwar überwiegend das Recht der Selbstbestimmung Kataloniens, sprach sich aber mehr oder weniger deutlich gegen eine echte Unabhängigkeit aus oder beließ das Thema zumindest im diffusen Bereich.

Das Ergebnis der Wahlen ließ unterschiedliche Interpretationen zu. Die Separatisten der Junts pel Sí (62 Sitze) und der CUP (10 Sitze) erreichten aufgrund des Wahlsystems zusammen zwar die absolute Mehrheit der 135 Sitze im Parlament, brachten dabei aber nur knapp 48 % der Wähler hinter sich. Zweitstärkste Kraft wurde die prospanische, wirtschaftsliberale Ciutadans („Bürger"). Enttäuschende Ergebnisse erzielten die PSC, die PP und auch der von der Protestpartei Podemos und anderen linken Parteien getragene Zusammenschluss *Catalunya Sí que es pot* (etwa: „Katalonien, ja wir können"), der

Noch ist Platz für Subkulturen: Punks auf der Plaça Reial

sich wohl nicht klar genug zur zentralen Frage dieser Wahlen geäußert hatte.

Auf dem Weg zum Staat Katalonien (geplante Stationen u.a. die Unabhängigkeitserklärung und eine neue Verfassung) hatte Junts pel Sí also nur einen einzigen möglichen Partner – und eben diese CUP lehnte einen Ministerpräsidenten Artur Mas vehement ab. Erst einen Tag, bevor die Frist ablief und erneute Neuwahlen unausweichlich gewesen wären, einigten sich die beiden Gruppierungen: Mas verzichtete, die CUP versprach im Gegenzug ihre Unterstützung in allen wichtigen Abstimmungen. Zusammen wählten sie am 10. Januar 2016 Carles Puigdemont, bis dato Bürgermeister von Girona, zum neuen Ministerpräsidenten. Er soll Katalonien nun gegen den Widerstand der spanischen Zentralregierung in die Unabhängigkeit führen – ein Prozess, der nach den Aussagen der Befürworter noch im Jahr 2017 abgeschlossen werden soll. Madrid hält den gesamten Vorgang naturgemäß für verfassungswidrig. Es bleibt also spannend in Katalonien ...

Überraschungen gab es auch bei der Kommunalwahl in Barcelona, die im Mai 2015 stattfand. Stärkste Kraft wurde, quasi aus dem Stand und noch vor der CiU, die neu gegründete, auch von der Podemos unterstützte basisdemokratische Plattform *Barcelona En Comú* („Barcelona gemeinsam"), die eine sozialere und gerechtere Ausrichtung der Stadtpolitik gefordert hatte. Ihre Spitzenkandidatin *Ada Colau*, bis dahin vor allem als Aktivistin der Bewegung gegen die Zwangsräumung von Wohnungen bekannt, wurde am 12. Juni 2015 mit Unterstützung der linken Parteien ERC, PSC und CUP zur Bürgermeisterin Barcelonas gewählt – nach 119 Männern die erste Frau in diesem Amt überhaupt. Zu den erklärten Zielen der neuen Frau an der Spitze zählt der Kampf gegen Armut, Wohnungsnot und Privatisierung ebenso wie gegen Korruption und die Privilegien von Politikern. Kritisch betrachtet Colau auch das stete Wachstum des Fremdenverkehrs, der von immer mehr Einwohnern als störend empfunden wird. So verfügte sie ein einjähriges Moratorium für die Genehmigung neuer Hotels und geht mit drastischen Strafen gegen die illegale Vermietung von Apartments vor. Den Tourismus abschaffen will freilich auch Colau nicht, sie wünscht sich allerdings mehr Qualität statt Quantität – und weiß sich darin einig mit einem guten Teil der Bevölkerung.

Erfolgreiches „Modell Barcelona"?

Nach der ersten, unter Maragall initiierten Phase der Stadterneuerung ist seit einigen Jahren ein weiterer großer Umwandlungsprozess im Gange. Der Bahnhof Sants wurde, wenn auch mit einiger Verzögerung, ans Netz der Hochgeschwindigkeitszüge AVE angeschlossen, und auch der Flughafen erfuhr einen großen Ausbau. Die Station Sagrera wird zu einem „Intermodal" aus Bahnhof und Busbahnhof ausgebaut, das Nahverkehrszüge, Metro, Busse sowie die Züge der aus Richtung Frankreich kommenden Hochgeschwindigkeitslinie bündeln und unterirdisch mit Sants verbunden sein soll; sie wird dann faktisch einen zweiten Hauptbahnhof darstellen. Eine komplette, 600 Millionen Euro teure Umgestaltung erhält derzeit auch die Plaça de les Glòries Catalanes, deren Verkehrsflüsse unter die Oberfläche verlegt werden, um Platz für mehr Grün, aber auch für den Bau zahlreicher Wohnungen zu schaffen. Und nach dem Abschluss der Arbeiten an dem weit im Norden Barcelonas gelegenen Küstengelände des Fòrum 2004 und der benachbarten Diagonal Mar steht nun das angrenzende Viertel Poblenou im Zentrum des Interesses. Unter dem Signet 22@ (der modische Name ist von der Bezeichnung alter Industriegebiete in einem Stadtentwicklungsplan der Siebziger abgeleitet) werden weite Teile des Viertels kom-

Das Parlamentsgebäude im Ciutadella-Park

plett umgebaut und haben bereits zahlreiche Medienunternehmen und High-Tech-Firmen angezogen. Auch in anderen, meist in der Peripherie gelegenen Stadtteilen sind ausgedehnte Bauvorhaben anberaumt. Wieder einmal große Pläne also ... Eingebremst werden sie freilich zum einen durch die immer noch andauernde Wirtschafts- und Finanzkrise, die manches Projekt verzögert oder auch ganz verhindert, zum anderen auch durch die neue Stadtverwaltung, die in ihrer Ausgabenpolitik ganz andere Prioritäten setzt als die Vorgängerregierung der CiU unter Xavier Trias.

Grundsätzlich gilt das früher so viel gepriesene „Modell Barcelona" dennoch weiterhin als erfolgreich. Unumstritten ist es allerdings nicht. Bei der Metamorphose in eine Stadt der Reichen und Schönen bleiben die ärmeren Schichten der Bevölkerung nämlich oft genug auf der Strecke, darunter viele vor allem aus Andalusien kommende Zuwanderer, die mit der Ausbreitung des ihnen fremden Català schon Probleme genug haben. Armut stört im Antlitz einer Stadt des dritten Jahrtausends, also wird sie in die uninteressanten Bezirke abgeschoben. Das Verfahren ist prinzipiell recht einfach: Abriss und Neubau oder Luxussanierung der Häuser in den entsprechenden Vierteln, verbunden mit einem Anstieg der Immobilienpreise und Mieten. Ein Teil des lange im Verfall begriffenen Barri Gòtic hat sich längst in Yuppie-Gebiet verwandelt; Galerien und Boutiquen haben Handwerk und Kleingewerbe verdrängt, Mietwohnungen wurden in weit profitablere Kurzzeit-Apartments für Touristen umgewandelt. Ähnlich verhielt es sich in La Ribera, Barceloneta und Teilen von El Raval. Doch nicht nur die zentralen Viertel sind betroffen, auch die Bevölkerung von Poblenou und im Umfeld des Fòrum 2004 fürchtet – wohl nicht zu Unrecht – ganz ähnliche Entwicklungen. Bei aller Kritik muss andererseits aber auch gesehen werden, dass die einschneidenden Veränderungen durchaus dem Geist Barcelonas entsprechen, quasi eine schlüssige Fortsetzung der Stadtgeschichte sind.

Prachtvoll: romanisches Fresko aus dem Vall de Boí

Architektur und Kunst

Barcelonas größter Schatz ist seine Architektur, das bauliche Erbe spannt sich über zwei Jahrtausende. Prägend für die Stadt waren insbesondere die Gotik und der Modernisme, zwei Architekturepochen, die die Stadt bis heute prägen.

Im Mittelalter manifestierte sich Barcelonas machtvolle Stellung in prächtigen Bauten. Der katalanische Jugendstil Modernisme wiederum, seinerzeit Ausdruck eines wiedererwachten nationalen Selbstbewusstseins, ist heute sogar eine der Hauptattraktionen der Stadt.

Manch andere Epoche hinterließ hingegen kaum Spuren. Ursache ist die wechselvolle Geschichte Barcelonas. Blühten in guten Zeiten die Kunst und die Architektur, so erlebte die Stadt auch lange Jahrhunderte des Niedergangs, der Zerstörung und Unterdrückung. Und wer ums Überleben kämpft, mag sich eben kaum den schönen Künsten widmen ...

Ihren Platz im Stadtbild hat auch die zeitgenössische Architektur und Kunst, lässt sich die Verwaltung berühmte Namen doch gerne etwas kosten: Richard Meier, Norman Foster, Roy Lichtenstein, Arata Isozaki, Rafael Moneo, Santiago Calatrava, Frank Gehry, Jean Nouvel ... Die Liste ist lang und doch längst nicht komplett. Ebenso sehen lassen kann sich die Museumslandschaft der Stadt, in der von Picasso über Tàpies bis Miró, von der Romanik bis zur Postmoderne alles vertreten ist.

Römer und Westgoten

Die Römer zählen zu den Kulturen, die Spanien bis heute beeinflussen. Auch in ihrer Gründung Barcelona hinterließen sie eine Reihe von Relikten, die jedoch weniger eindrucksvoll ausfallen als beispielsweise im damals mächtigeren Tarragona. Es sind vor allem Nutzbauten, die hier an ihre Herrschaft gemahnen, darunter Reste der Stadtmauern und eines Aquädukts. Was an Grabbeigaben auftauchte, ist größtenteils ohne überragenden künstlerischen Wert, oft handelt es sich um Kopien von Kunstwerken aus anderen Regionen des

Barcelona im Kasten

Sehenswertes – Römer und Westgoten

Vor allem durch ihre Lage und Präsentation absolut beeindruckend sind die Reste römischer Wohn- und Geschäftsviertel direkt unter der Plaça del Rei, zu erreichen durch das *Museum für Stadtgeschichte*. Römische und westgotische Grabbeigaben und andere Ausgrabungsfunde sind im *Archäologischen Museum* auf dem Montjuïc ausgestellt.

römischen Reichs. Die Westgoten verwendeten meist die römischen Bauten weiter und traten kunstgeschichtlich insgesamt wenig in Erscheinung.

Mauren

Obwohl sie in kürzester Zeit fast die gesamte Iberische Halbinsel unter ihre Kontrolle gebracht hatten, konnten sich die Mauren in Barcelona nicht lange behaupten und wurden schon sehr bald wieder vertrieben. Anders als weiter südlich, wo sie vor allem in Andalusien Beeindruckendes schufen, erinnert in Barcelona deshalb nichts mehr an die Araber- und Berberstämme. Erst die Modernisme-Architekten nahmen den von maurischen Baumeistern unter christlicher Herrschaft geschaffenen Mudéjar-Stil als Zitat wieder auf.

Romanik

Die erste länderübergreifende Kunst des christlichen Europa entwickelte sich im 11. und 12. Jh. Ihren Namen trägt die romanische Architektur wegen der Verwendung römischer Formelemente wie Pfeiler, Säule und Rundbogen; weitere Kennzeichen des fast ausschließlich in Sakralbauten überlieferten Stils sind der Grundriss des lateinischen Kreuzes und die Gewölbe des Kreuzgrat-, Kreuzrippen- oder Tonnengewölbes. Ihren Höhepunkt jedoch erreichte die romanische Kunst in der Skulptur: Auf Portalen, Kapitellen, Friesen und Altären tummeln sich Fabelwesen, Musikanten, Heilige, Tiere und Teufel von immensem Ausdruck und frappierender Lebendigkeit, ein bunter Bilderbogen des Mittelalters.

Gotik

Die Gotik (13.–15. Jh.) bestimmt das Bild der Altstadt von Barcelona. Wohlstand und wirtschaftliches Wachstum als Folge des Handels und militärischer Expansion bildeten den Hintergrund für einen wahren Boom an sakralen, aber auch profanen Bauten. Im Gegensatz zu den gedrungenen Formen der Romanik wirken gotische Gebäude wesentlich schlanker; der elegante Spitzbogen löste den Rundbogen ab. Das Gefühl des Raums wurde verstärkt als Stilmittel eingesetzt.

Barcelona im Kasten

Sehenswertes – Romanik

Die Klosterkirche *Sant Pau del Camp* im Viertel El Raval ist ein besonders schönes (und praktisch das einzig unveränderte) Beispiel der romanischen Architektur in Barcelona. Über einen wahren Schatz romanischer Gemälde und Holzschnitzereien verfügt das *Museu Nacional d'Art de Catalunya* auf dem Montjuïc; manche der Arbeiten hier stammen aus Barcelona selbst (z. B. die Dekoration der romanischen Vorläuferin der Kathedrale), viele aber auch aus dem Pyrenäental Vall de Boí, dessen Kirchen in die UNESCO-Liste des Welterbes aufgenommen wurden. Beeindruckende romanische Skulpturen besitzt auch das *Museu Frederic Marès* im Barri Gòtic nahe der Kathedrale.

Musterbeispiel katalanischer Gotik: Santa Maria del Mar

In Katalonien entwickelte sich eine eigenständige Form der Gotik, die deutliche Unterschiede zur mitteleuropäischen Architektur aufweist. Die katalanischen Baumeister geben der Horizontale den Vorrang vor der Vertikale und bevorzugen statt überbordenden Dekors schlichte, schmucklose Oberflächen. Bei mehrschiffigen Kirchen werden die Seitenschiffe fast so hoch gebaut wie das Hauptschiff, die Säulen im Inneren möglichst weit auseinander gestellt, was den Effekt eines weiten, lichten Raums hervorruft. Ebenso typisch sind die achteckigen, meist flach abschließenden Glockentürme.

Renaissance und Barock

Die Zeit vom 16. bis ins 18. Jh. war eine dunkle Periode in Kataloniens Geschichte. Die Übermacht des kastilischen Zentralstaats erdrückte die Nation, die Wirtschaft lag am Boden, immer wieder aufflackernde Aufstände und Kriege taten ein Übriges. Geld für Prachtbauten hatte man deshalb kaum, stattdessen andere Sorgen. Die Künstler, die Katalonien dennoch hervorbrachte, gingen häufig ins Ausland. Als Konsequenz gibt es aus diesen Zeiten nichts wirklich Spektakuläres zu sehen. Einzelne Beispiele der Renaissance sind die Casa de l'Ardiaca bei der Kathedrale, die Fassade des Palau de la Generalitat und der Palau del Lloctinent an der Plaça del Rei; aus dem Barock stammen die Església de Betlem an den Rambles sowie die Kirchen Església de la Mercè und Sant Felip Neri im Barri Gòtic. Auch der Klassizismus brachte kaum Bemerkenswertes hervor, erwähnenswert vielleicht das Parlament Kataloniens im Ciutadella-Park sowie der Palau de la Virreina und der gegenüber liegende Palau Moja an den Rambles.

Modernisme

Im 19. Jh. wurden die Zeiten wieder besser für Barcelona, zumal auf wirtschaftlichem Gebiet. 1859 begann man mit der Stadterweiterung Eixample. Die Industrialisierung hatte eingesetzt, der Glaube an den Fortschritt manifestierte sich in Zweckbauten wie den herrlichen Markthallen Barcelonas, die wie der Mercat del Born (1873) mit neuartigen Eisenkonstruktionen errichtet wurden.

Stärker noch von vorwärtsdrängendem Optimismus geprägt waren die Jahrzehnte um die Wende des 19. zum 20. Jh. Etwa zeitgleich entwickelte sich damals in vielen westlichen Ländern eine Kunstform, die sich nicht mehr mit der Nachahmung bestehender Stile begnügen wollte, sie jedoch gern genüsslich und etwas schräg zitierte und mischte. Besonders auf dem Gebiet der Architektur und der angewandten Kunst eröffneten sich durch die Verbindung junger Techniken und Materialien mit alter Handwerkskunst Möglichkeiten neuen künstlerischen Ausdrucks. In Deutschland entstand der Jugendstil, in Frankreich die Art Nouveau, England und USA erlebten die Geburt des Modern Style, in Italien feierte der Liberty und in Österreich die Sezession Triumphe.

Unterscheidendes Merkmal des katalanischen Modernisme zu all diesen verwandten Stilen ist vor allem seine Betonung der nationalen Elemente. Es war die Zeit der kulturellen Wiedergeburt Kataloniens, der *Renaixença*, und so grüßt der Schutzpatron Sant Jordi von zahlreichen Erkern, präsentieren viele Gebäude stolz die katalanische Flagge. Bezeichnend sind auch die Aktivitäten einiger großer Modernisme-Architekten in der katalanischen Regionalpolitik. Als Ausgangspunkt des katalanischen Modernisme gilt die befreiende Weltausstellung von 1888, um 1910 endete die Strömung bereits wieder.

Bekanntester Vertreter der katalanischen Garde von Modernisme-Baumeistern ist sicherlich Antoni Gaudí. Das große Interesse am Schöpfer der Sagrada Família lässt leicht übersehen, dass neben ihm noch zahlreiche weitere Architekten arbeiteten, allen voran Domènech i Montaner und Puig i Cadafalch. Übrigens war selbst Gaudí zwischenzeitlich schon fast vergessen: Noch bis in die 1950er-Jahre tauchte sein Name weder in der Kunst- noch in der Architekturgeschichte auf. Auch die Modernismegebäude, die heute nachgerade als Barcelonas Hauptattraktion gelten, wurden lange missachtet, vieles verfiel. Erst Anfang der Achtziger besann sich die Stadt auf dieses reiche architektonische Erbe und begann zu retten, was noch zu retten war.

Barcelona im Kasten

Sehenswertes – Gotik

Glanzstücke der sakralen gotischen Architektur Barcelonas sind die *Kathedrale*, der Kreuzgang des Klosters *Monestir de Pedralbes* und, allen voran, die schlicht-elegante Kirche *Santa Maria del Mar* im Viertel La Ribera, die als schönster Bau der katalanischen Gotik überhaupt gilt. Auch die profane Architektur hat Bedeutendes vorzuweisen, darunter den weit gespannten *Saló de Tinell* im Königspalast Palau del Rei. Der Adel und die reichen Handelsherren ließen sich prachtvolle Paläste bauen, gekennzeichnet durch einen großen zentralen Innenhof, von dem eine monumentale Außentreppe zum ersten Stock führt, der „Planta Noble". Die schönsten dieser Paläste, heute vielfach Sitz von Museen wie dem Museu Picasso, liegen in La Ribera entlang des *Carrer Montcada*. Freunde gotischer Skulptur werden im *Museu Frederic Marès* fündig, vor allem aber im *Museu Nacional d'Art de Catalunya*, das auch eine exzellente Sammlung gotischer Malerei besitzt. Die gotische Malerei, aber auch die Bildhauerei, zeigt den internationalen Einfluss, dem die weltoffene Nation ausgesetzt war. Für die Schnitzereien der Kirchen holte man sich gerne deutsche Künstler, die Gemälde des 14. Jh. von *Ferrer Bassa* im Kloster Monestir de Pedralbes sind italienisch inspiriert, während das Dreigestirn des 15. Jh., *Bernard Martorell*, *Luis Dalmau* und *Jaume Huguet*, viele europäische Einflüsse vereint, darunter auch den flämischen.

Gaudí pur: Detail der Ostfassade der Sagrada Família

Antoni Gaudí (1852–1926) wurde in Reus in der Provinz Tarragona als Sohn eines Schmieds geboren und studierte ab 1874 Architektur in Barcelona. Noch während seiner Studienzeit assistierte er Josep Fontserè bei den Arbeiten an der Cascada im Ciutadella-Park, im Jahr seines Abschlusses gewann er einen Wettbewerb zur Gestaltung der heute noch bestehenden Laternen an der Plaça Reial. Auch in den folgenden Jahrzehnten arbeitete er überwiegend in Barcelona, ab 1876 finanziell gefördert vom Industriellen Eusebi Güell. Sein Werk umfasst eine Vielzahl von Gebäuden, die Gestaltung des Parc Güell und, als wichtigstes Bauwerk des Modernisme überhaupt, die Kirche Sagrada Família. Schon 1883 hatte Gaudí die architektonische Leitung auf der Baustelle dieser Monumentalkirche übernommen, ab 1911 widmete er sein Leben völlig diesem Projekt, das seiner tiefen Religiosität entsprach. Allmählich überholte ihn dabei die Realität – schon damals galt der Modernisme als passé, und nur drei Jahre nach Gaudís Tod wurde auf der Weltausstellung von 1929 Mies van der Rohes wegweisend minimalistischer Pavillon vorgestellt. In seinen letzten Jahren, die er fast nur auf der Baustelle verbrachte, muss Gaudí ein wunderlicher Kauz gewesen sein, der in zeitgenössischen Karikaturen verspottet wurde: „Das alte Genie litt, aber nicht in der Stille; im Lauf der Jahre hatte sich sein Gemüt getrübt, und er wurde ein Eigenbrötler; jetzt lebte er allein in der Krypta der Sagrada Familia, die eine provisorische Werkstatt geworden war, inmitten von kolossalen Statuen, Steinrosen und Ornamenten, die wegen fehlender Mittel nicht am ihnen zugedachten Ort angebracht werden konnten. Dort schlief er, ohne seine Alltagskleidung auszuziehen, die ihm wie Lumpen am Leib hing, und atmete zement- und gipsgeschwängerte Luft“ (Eduardo Mendoza). Als Gaudí an der Kreuzung des Carrer Bailén mit der Gran Vía von einer Straßenbahn überfahren worden war, erkannte niemand in dem ärmlich gekleideten alten Mann den berühmten Architekten. Gaudí starb am 10. 6. 1926 an den Folgen des Unfalls. Bei der Beerdigung folgten Tausende dem Sarg.

Gaudí gilt als bedeutendster Vertreter des Modernisme, obwohl dieser Begriff bei weitem nicht ausreicht, sein Schaffen einzugrenzen. Typisch für seine

Werke sind die von der Natur inspirierten, weichen und fließenden Formen; zu den von ihm bevorzugten Materialien zählten besonders Metalle (Familienerbe?) und „Trencadís", farbenprächtige Bruchstückkeramik. Gaudí war auch Kunsthandwerker, gestaltete viele Elemente der Innenräume selbst: Möbel, Mosaike, Buntglasfenster, Keramik, Schmiedeeisen ... Der 150. Geburtstag des Künstlers im Jahr 2002 machte ihn noch populärer, als er es ohnehin schon war, und wurde für Barcelona zu einem ganzjährigen Gaudí-Fest. Seine Seligsprechung durch den Vatikan ist wohl nur noch eine Frage der Zeit. Vorangetrieben wird sie durch eine eigene Gesellschaft, die in ihrer über tausendseitigen Antragsschrift auch von Beweisen für eine Beteiligung Gaudís an unerklärlichen Heilungen wissen will.

Lluís Domènech i Montaner (auch: Muntaner; 1850–1923): Der in Barcelona geborene Architekt, Zeichner, Historiker und spätere Direktor der Universität für Architektur war auch in der katalanischen Unabhängigkeitsbewegung stark engagiert und, durch seine Werke für die Weltausstellung berühmt geworden, damals weit bekannter als Gaudí. Wie dieser arbeitete Domènech i Montaner als Universalist, der in enger Zusammenarbeit mit Künstlern und Kunsthandwerkern nicht nur das Äußere seiner Bauten gestaltete, sondern sich ebenso dem Inneren widmete und Bodenbeläge, Kassettendecken und Möbel entwarf. Er gilt als „Rationalist" unter den Modernisten, was sich weniger auf die Form seiner Werke als auf die Anwendung neuer Technologien und Materialien bezieht.

Josep Puig i Cadafalch (1867–1957): Fast eine Generation jünger als seine Kollegen, zählte er zu den späten Vertretern des Modernisme. Er entsagte der überschäumenden Dekorationslust und orientierte sich nach dem Ersten Weltkrieg noch deutlicher zur Sachlichkeit hin. Puig i Cadafalchs Entwürfe sind geprägt von gotischen Zitaten, hierarchisch gestaffelten Giebelfeldern und plastischem Blumenschmuck. Die Innenräume, obwohl in Materialien, Farben und Ornamentik noch charakteristisch für den Modernisme, zeigen sich in einer strengeren Geometrie. Puig i Cadafalch war auch politisch aktiv, amtierte zwischen 1917 und 1923 als Präsident der Mancomunitat de Catalunya.

Barcelona im Kasten

Sehenswertes – Modernisme

Ganz Eixample steht im Zeichen des Modernisme, insbesondere das „Goldene Quadrat" Quadrat d'Or zwischen den Rondas und der Avinguda Diagonal sowie zwischen Carrer Aribau und Passeig de Sant Joan bildet ein einzigartiges Freilichtmuseum dieses Baustils. Gaudís bedeutendste Arbeiten neben der Sagrada Família sind sicherlich der *Palau Güell* nahe der Rambles, die *Casa Batlló* und die *Casa Milà* am Pg. de Gràcia, die *Casa Vicens* in Gràcia sowie der *Parc Güell*. Domènech i Montaner erreichte seinen Schaffenshöhepunkt mit dem nahe der Sagrada Família gelegenen Krankenhaus *Hospital de la Santa Creu i Sant Pau* und dem Musikpalast *Palau de la Música Catalana* im Viertel Sant Pere; Puig i Cadafalch schuf u. a. die *Casa Amatller* am Pg. de Gràcia, die *Casa Terrades* an der Av. Diagonal, die *Casa Macaya* am Pg. de Sant Joan sowie das ehemalige Fabrikgebäude *Casaramona* am Fuß des Montjuïc, heute Sitz der Kulturstiftung Caixaforum. Wird der Modernisme an den zahlreichen Gebäuden vor allem in Eixample besonders augenfällig, so war er doch keineswegs auf die Architektur beschränkt. Schöne Beispiele auf dem Gebiet der angewandten Kunst wie auch der Skulptur (*Eusebi Arnau*, *Miquel Blay*) und der Malerei (*Santiago Rusiñol*, *Ramón Casas*) beherbergt das *Museu Nacional d'Art de Catalunya* auf dem Montjuïc.

Das 20. Jahrhundert

Noucentisme: Dem Modernisme folgte ab etwa 1910 der katalanische Noucentisme. War der Modernisme verspielt und romantisch, so gab sich diese Kunst des neuen Jahrhunderts sachlich, rational und skeptisch; späte Arbeiten von Puig i Cadafalch weisen bereits in diese Richtung. Einen Gegenpol bildete der wenig erfreuliche, historisierende und monumentale Stil, in dem unter der Diktatur von Primo de Rivera die meisten Bauten der Weltausstellung von 1929 errichtet wurden – strahlende Ausnahme natürlich Mies van der Rohes Pavillon. Dass sich die Architektur im Bürgerkrieg und unter der Franco-Herrschaft kaum zum Besseren entwickelte, bedarf wohl keiner näheren Erläuterung.

Avantgarde – Picasso, Dalí und Miró: Es sind vor allem diese drei berühmten Künstler des 20. Jh., die fast stets in einem Atemzug mit Barcelona genannt werden – nicht durchgängig zu Recht. Bei *Pablo Ruíz Picasso* (1881–1973) ist diese Zuordnung besonders fraglich, war er doch gebürtiger Andalusier und wirkte nur wenige Jahre in Barcelona. Dass der Begründer des Kubismus dennoch von manchem für einen waschechten Barcelonesen gehalten wird, liegt zum einen sicher am exzellenten Picasso-Museum, zum anderen wohl auch an der geschickten PR der Stadtverwaltung ... Der Surrealist und geniale Selbstdarsteller *Salvador Dalí* (1904–1989) wiederum war immerhin gebürtiger Katalane und gab zeitlebens seine Residenz bei Cadaqués an der Costa Brava nicht auf, besuchte auch Barcelona immer wieder.

Joan Miró (1893–1983) schließlich wurde tatsächlich in Barcelona geboren, lebte später jedoch hauptsächlich in Paris und auf Mallorca. Dennoch war der vielseitige Künstler, dessen Wirken sich nicht allein auf den Surrealismus reduzieren lässt, häufig in seiner Heimatstadt und ist auch im Stadtbild mehrfach vertreten.

Zweite Avantgarde: Die Jahrzehnte der Franco-Diktatur waren auch Jahrzehnte der Unterdrückung der katalanischen Kunst. Ab 1948 trat dennoch eine so genannte Zweite Avantgarde in Erscheinung, manifestiert durch die heimliche Herausgabe der Künstlerzeitschrift „Dau al Set" (Siebenaugiger Würfel). Prominentestes Mitglied der Herausgeberrunde war der Maler und Grafiker *Antoni Tàpies* (1923–2012), einer von Spaniens berühmtesten Künstlern der Moderne. Tàpies' Stil, anfangs noch von Paul Klee und Joan Miró beeinflusst, wurde im Lauf der Zeit düsterer. In seiner „Material Art", einer Form des abstrakten Expressionismus, verzichtete der Künstler weitgehend auf Primärfarben und setzte seine Werke oft aus organischen Substanzen wie Erde, Stroh, Holz oder Schnüren zusammen. Als bedeutendster Vertreter der Bildhauerei in der Zweiten Avantgarde gilt *Josep Maria*

Barcelona im Kasten

Sehenswertes – Avantgarde

Das *Picasso-Museum* im Carrer Montcada besitzt die spanienweit größte Sammlung des Genies und zählt nicht umsonst zu den meistbesuchten Museen der Stadt. Auf dem Montjuïc bietet die *Fundació Miró* nicht nur einen hervorragenden Überblick über das Werk Mirós – gestaltet von Josep Lluís Sert, ist sie gleichzeitig die Visitenkarte des bekanntesten Vertreters der architektonischen Avantgarde Kataloniens. Ebenfalls von Miró stammen das Pflaster an der *Pla de la Boqueria* an den Rambles sowie die Skulptur *Donna i Ocell* im Parc de Joan Miró. Salvador Dalí ist, zumindest was permanente Ausstellungen angeht, in Barcelona leider nur schwach vertreten; seine Fans müssen sich schon in das *Dalí-Dreieck* Figueres, Portlligat und Púbol im Gebiet der Costa Brava begeben.

Subirachs, 1927 in Barcelona geboren und dort am 7. April 2014 gestorben.

Architektur heute: Nach dem Tod Francos wehte wieder ein frischerer Wind durch die Architekturbüros von Barcelona. Anfangs beschränkte man sich darauf, ein Netz aus Grünflächen zu schaffen und Straßen und Plätze aufzuwerten. Mit Olympia als Katalysator leitete Stadtplaner *Oriol Bohigas* dann ab den späten Achtzigern eine umfassende Erneuerung ein. Dem Konzept seines Büros MBM verdankt Barcelona an die hundert neu gestaltete Plätze, viele mit moderner Kunst geschmückt. Die Mehrzahl liegt in den Vororten, doch stößt man auch beim Strandspaziergang auf Werke von Rebecca Horn und Frank Gehry oder mitten in der Stadt auf eine Skulptur von Roy Lichtenstein. Beim Bau der Sportstätten und der neuen Infrastruktur mischten spanische, aber auch zahlreiche internationale Architekten mit: Die Sporthalle Palau Jordi auf dem Montjuïc schuf der Japaner Arata Isozaki, den nahen Telekommunikationsturm der Spanier Santiago Calatrava, das Velodrom in Horta der Katalane Esteve Bonell, den Fernsehturm auf dem Tibidabo der Brite Norman Foster. Der Impuls der architektonischen Erneuerung setzte sich bis in die Details fort, Design wurde zur Devise.

Bis heute dauert der Prozess der urbanen Umgestaltung an. Ende der Neunziger eröffneten das neoklassische Katalanische Nationaltheater von Ricardo Bofill und das äußerlich eher unscheinbare, innen jedoch spektakuläre Auditorium von Rafael Moneo. Das tiefblaue Edifici Fòrum auf dem Gelände des Fòrum 2004 stammt von den Schweizer Architekten Herzog und De Meuron.

Roy Lichtensteins „Barcelona Head"

Auch ungewöhnliche Hochhäuser entstanden, darunter die runde, 142 Meter hohe Torre Agbar nahe der Plaça de les Glòries, die 2006 den internationalen Hochhauspreis erhielt. Das Werk von Jean Nouvel (Pritzker-Preisträger von 2008) soll mit der naturnahen Form, der gläsernen Kuppel und der Hülle aus bunt schillernden Glaslamellen eine Verbeugung vor Antoni Gaudí darstellen. Eine weitere Landmarke der Stadt ist das im Herbst 2009 eröffnete „W Hotel" in Gestalt eines gigantischen Segels (deshalb auch „Vela" genannt), an den Strand von Barceloneta gestellt von Ricardo Bofill. Architektonisch ebenfalls bemerkenswert ist die bereits teilweise neu gestaltete Plaça de les Glòries mit der futuristischen Markthalle Nous Encants und dem vom MBM-Büro gestalteten Designzentrum DHUB.

Barcelona im Kasten

Sehenswertes – Zweite Avantgarde

Die *Fundació Tàpies* im Eixample, gegründet 1984 und überragt von einer Tàpies-Skulptur aus drei Kilometern Aluminiumdraht, besitzt eine der weltweit größten Sammlungen des Künstlers und eine herausragende Kunstbibliothek. Einen anschaulichen Eindruck der (in diesem Umfeld nicht unumstrittenen) Arbeit von Subirachs vermittelt die *Westfassade der Sagrada Família*.

Für Katalanen ein Festessen: die Frühlingszwiebeln „Calçots"

La cuina catalana

Die katalanische Küche

Das älteste Rezeptbuch Spaniens stammt aus dem Mittelalter und wurde in Katalonien verfasst. An Tradition besteht also kein Mangel.

Gerät man an den richtigen Koch, dann ist auch der kulinarische Einfluss von Frankreich und Italien nicht zu überschmecken; bedingt ist er durch die gemeinsame Geschichte. Klar, dass in einer Hafenstadt wie Barcelona Fisch und Meeresfrüchte die Grundlage des Speisezettels bilden. Zu wahrer Hochform laufen katalanische Köche jedoch auch dann auf, wenn sich die Küchen der Küste und des Gebirges treffen: *Mar i Muntanya* heißt das Zauberwort, unter dem beispielsweise Huhn mit Languste serviert wird – fremdartig, aber köstlich. Diese Kombination von Krustentieren und Geflügel soll übrigens bis auf die Römer zurückgehen.

Obwohl Katalonien also durchaus eine eigene Küchenkultur besitzt, ist es auch auf kulinarischem Gebiet ebenso ein Teil Spaniens. Längst nicht überall sind die Speisekarten nur in katalanischer Sprache gehalten. Bei spanienweit vertretenen Gerichten verwenden wir deshalb auch die spanische (kastilische) Bezeichnung, rein katalanische Spezialitäten werden in der Landessprache benannt. Meist ist der Unterschied übrigens gar nicht so groß, so dass man sich nach einer Weile gut zurechtfindet.

Lokale

Bars: In Spanien praktisch die Kneipe ums Eck. Außer allen möglichen Getränken gibt es zumindest in den auf Einheimische ausgerichteten Bars fast immer auch kleine Gerichte. Hier nimmt man vor dem Gang ins Büro sein schnelles Frühstück und einen Kaffee und isst vielleicht auch nachmittags noch eine oder zwei Tapas. Sonderformen der Bars sind z. B. **Vinyaterias** (Schwerpunkt auf Wein), **Xampanyerias** (Cava, also Sekt) und **Cerveserias** (Bier).

Essen in Bars **Tapas**, katalanisch **Tapes**, sind leckere Kleinigkeiten aller Art. Oliven, ein Häppchen Schinken, frittierte Fischchen, ein Stück Tortilla – die Auswahl ist bestechend. Früher wurden sie oft gratis zum Getränk serviert, doch ist diese Praxis selten geworden. Eine einfache Tapa kostet je nach Lokal ab etwa drei Euro, wer sich auf Meeresgetier kapriziert, kann auch wesentlich mehr los werden. Eine „Ración" meint eine Art Über-Tapa, nämlich eine ganze Portion vom Gleichen.

Bocadillos, katalanisch Bocatas: Belegte Weißbrote ohne Butter, etwa in der Art von Baguettes. Sie sind ideal für den sättigenden Imbiss zwischendurch und nur in den einfacheren Bars zu haben. Die Auswahl ist ähnlich breit wie bei Tapas, reicht von Wurst und Schinken über Käse bis hin zu Sardellen und Tortilla.

Pa amb tomàquet: Eine einfache Sommerspeise und katalanische Spezialität – reife Tomaten werden auf Weißbrot zerrieben und mit Olivenöl beträufelt.

Torrades sind geröstetes Weißbrot, das mit Beilagen nach Wahl serviert wird, z. B. mit Schinken, Käse oder gegrilltem Fleisch, manchmal auch als „vegetal" mit Gemüse. Manche Torrades fallen so üppig aus, dass sie eine komplette Mahlzeit ersetzen.

Restaurantes: Ein komplettes Essen besteht in ganz Spanien mindestens aus Vorspeise (primero), Hauptgericht (segundo) und Dessert (postre). Anders als in manchen Lokalen in Italien ist der Wirt jedoch nicht böse, wenn man es z. B. bei Salat und Hauptgericht belässt. Im Inneren von Restaurantes verweist oft ein Schild auf den *comedor*: Es zeigt den Weg zum Speisesaal, der manchmal im ersten Stock liegt. Wer hingegen im Freien auf der Terrasse speist, wird häufig auf der Rechnung mit einem Aufschlag konfrontiert, der meist bei 10–15% liegt.

Einige Tipps zum Thema „Essengehen"

Essenszeiten: Sie beginnen in Barcelona viel

Katalanisch	Spanisch	Deutsch
Tapes	**Tapas**	**„Häppchen"**
Olives	Aceitunas	*Oliven*
Mandoguilles	Albóndigas	*Fleischbällchen*
Anxova	Anchoas	*Sardellen*
Seitons	Boquerones	*„Fischchen"*
Tripes	Callos	*Kutteln*
Cargols	Caracoles	*Schnecken*
Xampinyons	Champiñones	*Champignons*
Ensalada russa	Ensaladilla rusa	*Russischer Salat*
Empanades	Empanadas	*Gefüllter Fladen*
Faves	Habas	*Bohnen*
Patatas bravas	Patatas bravas	*Kartoffeln scharf*
Truita	Tortilla	*Omelettstück*
Bocatas	**Bocadillos**	**Sandwichs**
Tonyina	Atún	*Thunfisch (meist Dose)*
Botifarra	Butifarra	*Blutwurst*
Sobrassada	Sobrassada	*Paprikawurst*
Pernil serrà	Jamón serrano	*Schinken (roh)*
Pernil York	Jamón York	*Schinken (gekocht)*
Llom	Lomo	*Warmer Kochschinken*
Formatge	Queso	*Käse*
Salchichon	Salchichón	*Art Salami*

später als bei uns, das Mittagessen keinesfalls vor 13 Uhr, meist sogar erst um 14 Uhr oder danach; zum Abendessen braucht man nicht vor 21 Uhr anzutreten.

Platz nehmen: In ganz Spanien gilt es als ausgesprochen unhöflich, sich zu einem Fremden an den Tisch zu setzen. In den meisten Restaurants wird man aber ohnehin vom Kellner platziert, setzt sich also nicht einfach an einen freien Tisch. In besseren Restaurants ist es grundsätzlich ratsam, zu reservieren.

Zahlen: Die Rechnung verlangt man mit „el compte, si us plau", auf spanisch „la cuenta, por favor". Der Umgang mit der Mehrwertsteuer IVA wird unterschiedlich gehandhabt. Vor allem in teureren Restaurants werden die zehn Prozent manchmal erst beim Zahlen auf den Gesamtbetrag aufgeschlagen. Getrenntes Zahlen ist absolut unüblich. Einer am Tisch begleicht die Rechnung und die anderen geben ihm ihren Anteil oder übernehmen die nächste Runde.

Trinkgeld: Beim Bezahlen lässt man sich zunächst das Wechselgeld herausgeben und dann, je nach Zufriedenheit, einen gewissen Betrag auf dem Tellerchen liegen. Die übliche Zehn-Prozent-Regelung wird in Spanien nicht so eng gesehen.

Menú del Dia: Das „Tagesmenü", meist nur zur Mittagszeit an Werktagen angeboten, ist ein Festpreismenü, das oft sehr günstig Vorspeise, Hauptgericht, Dessert und wahlweise Wasser oder ein Viertel Wein beinhaltet. In Lokalen, in denen Einheimische die Gästemehrheit bilden, ist es fast grundsätzlich gut und reichhaltig.

Katalanische und spanische Spezialitäten

Typisch für die katalanische Küche ist die Verwendung zweier Fette: Schweineschmalz als Bratfett für Fleisch und Olivenöl für alles andere.

Vorspeisen und Salate: Auffällig ist der reichliche Gebrauch von Gemüse in vielen Variationen. Auch Salate sind beliebt, Suppen werden eher im Winter gegessen.

Katalanische Vorspeisen **Escalivada**: Auf dem Holzkohlengrill geröstete Paprika, Zwiebeln und Auberginen; angemacht mit einer Mischung aus Knoblauch und Olivenöl. Eine Köstlichkeit, die man probiert haben sollte.

Esqueixada: Salat aus Tomaten, Paprika, Zwiebeln, Oliven und dem Stockfisch Bacallà. Schmeckt besser, als es für manchen vielleicht klingt.

Calçots, auf dem Holzkohlengrill geröstete Frühlingszwiebeln, werden mit der pikanten, „salbitixada" genannten Sauce serviert, sind aber nur von etwa Januar bis in den Mai erhältlich und auch dies längst nicht überall.

Barcelona im Kasten

Baskische Kneipenkultur in Barcelona

Barcelona hat die Tapa, eigentlich keine katalanische Spezialität, neu entdeckt. Das Fremdenverkehrsamt spricht in diesem Zusammenhang sogar von der „vielleicht einzigen Kulturrevolution, die die Stadt in den letzten hundert Jahren erlebt hat". Tapas sind en vogue, kaum ein neu eröffnetes Luxusrestaurant, das sich nicht der großen Kunst der kleinen Portionen widmet. Vorreiter der Bewegung waren jedoch die vielen baskischen Lokale Barcelonas – baskisch ist im Zweifel alles, was ein „Euskal" im Namen trägt. Die baskische Tapa-Variante heißt *Pintxos* (gesprochen: „Pintschos"), leckere Kleinigkeiten, die mit einem Zahnstocher auf einem Stück Weißbrot befestigt sind, und die man sich im Selbstbedienungsverfahren auf den vom Barkeeper ausgegebenen Teller packt. Die Zahnstocher dienen auch der Abrechnung, zeigen sie doch die Anzahl der verzehrten Pintxos: Ehrlichkeit steht also hoch im Kurs. Als passende Begleitung empfiehlt sich beispielsweise der nordspanische Apfelwein *Sidra*, der vom Kellner auf artistische Weise von hoch oben eingeschenkt wird, damit er schön schäumt, alternativ auch ein Gläschen („Txikito") Wein, zum Beispiel vom spritzigen baskischen *Txakolí*. Beim Fassbier heißt das kleinste baskische Quantum „Zurito".

Katalanisch	Spanisch	Deutsch
Pa	Pan	*Brot*
Mantega	Mantequilla	*Butter*
Oli	Aceite	*Öl*
Vinagre	Vinagre	*Essig*
Sal	Sal	*Salz*
Pebre	Pimienta	*Pfeffer*
All	Ajo	*Knoblauch*
Amanida	Ensalada	*Salat*
d'arròs	de arroz	*Reissalat*
de marisc	de marisco	*Meeresfrüchtesalat*
del temps	del tiempo	*nach Saison*
Verda	Verde	*grüner Salat*
Trempó	Trampó	*Tomaten, Paprika, Zwiebeln*

Saucen: Gemeinsam ist vielen katalanischen Gerichten die Verwendung gewisser Grund-Saucen, alle auf Gemüsebasis. Ihre Kenntnis bildet geradezu den Schlüssel zur katalanischen Küche.

Sofregit besteht nur aus in Öl gedünstetem Knoblauch, Zwiebeln und Tomaten und ist Grundbestandteil vieler Gerichte.

Picada: Ein damit gewürztes Gericht verspricht mit einer Mischung aus zerstoßenen Mandeln, Knoblauch, Petersilie und geröstetem Brot ungeahnte Geschmackserlebnisse; gelegentlich sind noch zerriebene Haselnüsse oder Pinienkerne mit von der Partie.

Romesco: Ähnlich der Picada, doch mit dem Zusatz von Tomaten und „Romesco" genannten Peperoni aus der Provinz Tarragona. Romescos werden, kalt oder warm, meist zu Fischgerichten serviert.

Samfaina: Eine Art Ratatouille aus Paprika, Auberginen, Zucchini, Tomaten, Zwiebeln und Knoblauch; gegessen als Beilage oder püriert als Sauce.

Allioli ist als Beilage zu Grillfleisch und manchen Fischgerichten in unseren Breiten schon recht bekannt. Es handelt sich eigentlich um eine Mischung nur aus Knoblauch und Olivenöl; die mit Eigelb versetzte mayonnaiseartige Version gilt als nicht original, wird aber ebenso gern gegessen.

Eiergerichte (Ous/Huevos): In Spanien als *Tortilla* einer der Klassiker überhaupt, werden Omeletts als Vorspeise wie als Hauptgericht gegessen. Auf katalanisch heißen sie *Truita* und bergen so eine Verwechslungsgefahr zur gleichnamigen Forelle in sich. Enthalten kann so eine Truita alles mögliche, von Kartoffeln bis Garnelen.

Reisgerichte (Arrossos/Arroces): Reisgerichte, weltberühmt die *Paella* aus Valencia, haben ihren katalanischen Ursprung in der Provinz Tarragona, genauer gesagt im Gebiet des Ebre-Delta, wo der Reis angebaut wird, sind aber natürlich auch in Barcelona breit vertreten.

Schneller Happen in der Bar ums Eck

Zubereitungsarten für Fleisch und Fisch		
Katalanisch	**Spanisch**	**Deutsch**
a la brasa	a la brasa	*vom Grill*
a la planxa	a la plancha	*vom heißen Blech*
a l'ast	al ast	*vom Drehspieß*
a la cassola	a la cazuela	*in der Kasserolle*
a la marinera	a la marinera	*nach „Seemannsart"*
al forn	al horno	*im Backofen*
bullit/cuit	cocido	*gekocht*

Katalanische Reisspezialitäten **Arròs a banda** ist ein Reisgericht mit Meeresgetier. Der Reis und die Beilagen werden separat serviert.

Arròs negre: Der schwarz gefärbte Reis wirkt auf den ersten Blick ungewöhnlich. Die dunkle Tönung rührt von der mitgekochten Tinte des Tintenfischs her.

Rossejat: Ein traditionelles und sehr beliebtes Reisgericht, das im Ofen überbacken wird; auch mit Nudeln statt Reis erhältlich.

Paella: Valencia, die Heimat der Paella, zählt zum Sprachraum des Català, weshalb die Paella noch fast als katalanische Spezialität durchgehen kann. Es gibt sie in mehreren Variationen, als „Mixta" bzw. „Valenciana" mit Fleisch und Meeresfrüchten, als „de Marisco" nur mit Meeresfrüchten etc. Eine anständige Paella wird über offenem Feuer frisch zubereitet, sollte also nicht aus der „Sammelpfanne" kommen, wie bei manchen Billigangeboten üblich. Sie benötigt daher ihre Zeit (ca. 30 min.) und wird auch nur für mindestens zwei Personen angeboten. Leider ersetzt heute manchmal Lebensmittelfarbe den eigentlich für die goldfarbene Tönung zuständigen Safran.

Nudelgerichte (Pastes/Pastas): Ein Erbe aus der Vergangenheit, als Katalonien im Verein mit Aragón Sizilien und Sardinien regierte.

Katalanisch	Spanisch	Deutsch
Carn	**Carnes**	*Fleisch*
Bistec	*Bistec*	*Beefsteak*
Costella	Chuletas	*Koteletts*
Escalopa	Escalope	*Schnitzel*
Filet	Solomillo	*Filet*
Cabrit	Cabrito	*Zicklein*
Porc	Cerdo	*Schwein*
Conill	Conejo	*Kaninchen*
Xai	Cordero	*Lamm*
Guatlle	Cordoniz	*Wachtel*
Faisà	Faisán	*Fasan*
Fetge	Hígado	*Leber*
Perdiu	Perdiz	*Rebhuhn*
Pollastre	Pollo	*Huhn*
Ronyons	Riñones	*Nieren*
Vedella	Ternera	*Kalb*
Vaca	*Vaca*	*Rind*

Katalanische Nudelspezialitäten **Canelons**, gefüllte Nudelröhren nach Art der italienischen Canneloni. In vielen Variationen erhältlich: gefüllt mit Spinat, mit Käse überbacken etc. Am 26. Dezember sind sie das traditionelle Essen.

Fideuà: Eine Art „Nudelpaella" mit Meeresfrüchten, nämlich ein Pfannengericht aus gebratenen Nudeln und Fisch, Tintenfisch oder Garnelen.

Fleischgerichte: Rindfleisch ist natürlich auch erhältlich, Huhn ohnehin, doch gebühren die Küchenmeriten den zahllosen Zubereitungsarten von Schwein, Lamm und Zicklein. Köstlich sind die katalanischen Würste.

Katalanische Fleischspezialitäten **Escudella i carn d'olla**: Das katalanische Nationalgericht, ein Fleisch-Gemüse-Eintopf, der neben „Botifarra"-Würsten auch die „Pilota" genannten Fleischklöße enthält und in zwei Gängen serviert wird: zuerst Suppe, dann das Fleisch. Eine typische Winterspeise, leider selten im Restaurant erhältlich.

Conill amb allioli: Kaninchen, meist „a la plancha" zubereitet, also vom heißen Blech. Serviert mit der schon bekannten Knoblauchmayonnaise – wunderbar.

Pollastre amb Llagosta: Huhn mit Languste, ein typisches Gericht des „Mar i Muntanya". Alternativ zur Languste wird Huhn auch mit Gambas kombiniert.

Fisch und Meeresfrüchte: Die Überfischung des Mittelmeers ist auch in Barcelona spürbar – Maritimes kostet meist mehr als Fleisch. Die Auswahl ist dennoch riesig. Für uns ungewöhnlich, aber für Katalonien typisch ist *bacallà*,

Katalanisch	Spanisch	Deutsch
Peix	**Pescados**	*Fisch*
Tonyina	Atún	*Thunfisch*
Bacallà	Bacalao	*Stockfisch*
Besuc	Besugo	*Seebrasse*
Bonítol	Bonito	*kl. Thunfisch*
Déntol	Dentón	*Zahnbrasse*
Orada	Dorada	*Goldbrasse*
Llenguado	Lenguado	*Seezunge*
Lluç	Merluza	*„Seehecht"*
Mero	Mero	*Zackenbarsch*
Rap	Rape	*Seeteufel*
Salmó	Salmón	*Lachs*
Sardines	Sardinas	*Sardinen*
Marisc	**Mariscos**	**Meeresfrüchte**
Cloïsses	Almejas	*Venusmuscheln*
Escopinyes	Berberechos	*Herzmuscheln*
Llamàntol	Bogavante	*Hummer*
Calamars	Calamares	*Tintenfisch (klein)*
Calamarsons	Chipirones	*Tintenfisch (noch kleiner)*
Gambes	Gambas	*Garnelen*
Llagosta	Langosta	*Languste*
Llagostins	Langostino	*Hummerkrabben*
Musclos	Mejillones	*Miesmuscheln*
Sèpia	Sepia	*Tintenfisch (groß)*

getrockneter Kabeljau. Im Schaufenster sehen die dünnen, weißen Stücke nicht allzu appetitlich aus; sie munden aber, nach dem Einweichen in Wasser und zu einer der vielen Bacallà-Spezialitäten verarbeitet, ganz hervorragend.

Katalanische Fischspezialitäten **Sarsuela**: Eine köstliche Erfindung aus Barcelona ist dieser „Singspiel" genannte Eintopf aus Meeresfrüchten und Fisch in Tomaten-Weinsauce. Eine gute Sarsuela hat ihren Preis.

Suquet de peix: Im Prinzip ähnlich, doch wird überwiegend Fisch verwandt. Suquets gibt es in Barcelona annähernd soviele, wie es Köche gibt.

Süßspeisen: Viele traditionelle Süßigkeiten werden besonders an einem bestimmten Festtag gegessen, sind aber meist das ganze Jahr erhältlich. Eine herrliche Erfrischung an heißen Sommertagen ist natürlich Obst – wie wäre es z. B. mit einer kühlen Scheibe Wassermelone (*Sandía*)?

Katalanische Süßspeisen **Crema catalana** ist das klassische Dessert Kataloniens, eine Creme aus Ei, Milch und karamelisiertem Zucker – Pflicht am Josefstag, dem 19. März.

Bunyols, ein leichtes Fettgebäck, ist als Nachtisch zur Fastenzeit beliebt.

Coca, ein flaches Hefegebäck. Coca gibt es vor allem am Johannistag, genauer gesagt in der feuerwerksblitzenden Johannisnacht des 23. zum 24. Juni.

Getränke

Wein

Der bekannteste Wein Spaniens kommt sicherlich aus der Region La Rioja; wer ihn bestellt, geht nie fehl. Doch sollte man in Katalonien den vorzüglichen heimischen Qualitätsweinen eine Chance geben, man wird nicht enttäuscht werden. Auch die einfacheren Weine ohne Qualitätsbezeichnung („Vi/Vino de la Casa" oder „del país") sind in aller Regel durchaus trinkbar.

Katalanische Weinbaugebiete: Wie alle spanischen Weinregionen sind auch Kataloniens Weinbaugebiete unter der

Katalanisch	Spanisch	Deutsch
Postres	**Postre**	*Nachtisch*
Flam	Flan	*Karamelpudding*
Pastís	Pastel	*Gebäck*
Gelat	Helado	*Eis*
Formatge	**Queso**	**Käse**
Mel i mató	Miel y mató	*Frischkäse mit Honig*
Fruita	**Fruta**	**Obst**
Maduixes	Fresas	*Erdbeeren*
Poma	Manzana	*Apfel*
Préssec	Melocotón	*Pfirsich*
Meló	Melón	*Melone*
Taronja	Naranja	*Orange*
Pera	Pera	*Birne*
Pinya	Piña	*Ananas*
Aranja	Pomelo	*Grapefruit*
Raïm	Uva	*Trauben*
Codonys	Membrillos	*Quitten*
Suc de fruta	Zumo de Fruta	*Fruchtsaft*

Barcelona im Kasten

Cava aus Katalonien

Schon seit dem Mittelalter produziert Katalonien ganz hervorragenden Schaumwein, der sich mit Champagner durchaus messen kann. Die Cavas („Keller") stammen vorwiegend aus dem Gebiet Penedès westlich von Barcelona, und hier wiederum vor allem aus Sant Sadurní d'Anoia, der „Hauptstadt der Cavas". Cava dürfen sich nur solche Schaumweine nennen, die nach der auch in Katalonien traditionellen Méthode Champenoise in der Flasche reifen. Die Giganten des Marktes sind Codorníu und Freixenet, beide durch verstärkte Marketing-Offensiven auch in Mitteleuropa gut bekannt. Klassifiziert wird Cava nach der Zuckermenge, die vor der Gärung hinzugefügt wird und die Süße des Ergebnisses bestimmt: Brut (trocken), Sec („trocken": manchem schon zu süß), Semisec („halbtrocken": süß), Dolç („süß": Zuckerwasser). Die ideale Trinktemperatur für Cava liegt bei 6–8 Grad Celsius. Vom echten Cava zu unterscheiden sind die granvas, die ihre Gärung in Tanks oder großen Fässern durchmachen. Das Ergebnis muss nicht zwangsläufig schlechter sein. Bedenklich wird es bei den gaseosos, die ihre Sprudelbläschen dem Zusatz von Kohlensäure verdanken und meist wirklich kopfwehsüß sind.

Herkunftsbezeichnung D.O. (Denominació d'Origen) geschützt. In Spanien sind sie wohlbekannt, in Mitteleuropa dagegen bislang weniger – zu Unrecht, wie viele meinen.

D.O. Empordà-Costa Brava, das Weinbaugebiet der Costa Brava, gleich hinter der französischen Grenze. Es ist die Heimat fruchtiger Rosés mit leichter Säure, aber auch kräftigerer Rotweine.

D.O. Alella, kurz vor Barcelona. Hier keltert man vor allem herbere, geschmacksreiche Weißweine, bemüht sich aber, die Palette um leichtere Sorten zu erweitern. Sie sollten sehr jung getrunken werden.

D.O. Penedès, westlich von Barcelona. Das bedeutendste und qualitativ herausragende der katalanischen Weinbaugebiete. Die Region ist vor allem berühmt für ihre Schaumweine, produziert aber auch hervorragende, leichte Weiß-, Rot- und Roséweine.

D.O. Pla de Bages: Nördlich des Penedès, empfehlenswert die Weine der Bodega S.A.T. Masies d'Avinyó.

D.O. Tarragona, Conca de Barbera, Terra Alta, Priorat, Montsant: Sie alle schließen sich südlich oder westlich an Penedès an. Hervorzuheben sind besonders die D.O. Priorat mit ihren tiefdunklen und schweren (wenn auch häufg überteuerten) Rotweinen und die D.O. Tarragona mit dem legendären Falset.

D.O. Costers del Segre: Ein nördlicher Nachbar der D.O. Conca de Barbera. Gute Produzenten von Rotweinen sind hier die Kellereien Raimat und Castell del Remei.

D.O. Catalunya, eine erst 2001 eingeführte Bezeichnung. Sie umfasst rund 350 Gemeinden in der gesamten Region, die nicht zu den anderen katalanischen D.O. gezählt werden können.

Bier: Bier (*Cervesa*, span. Cerveza) gibt es in zahlreichen deutschen Sorten, doch ist der einheimische Gerstensaft auch durchaus trinkbar und zudem preisgünstiger. Ein Glas vom Fass bestellt man mit „una caña", eine Flasche (Botella) schlicht mit „una cervesa". Eine traditionsreiche Marke (gegründet 1856) aus Barcelona, die jahrzehntelang verschwunden war, in jüngerer Zeit jedoch wiedererweckt wurde, ist „Moritz". Alkoholfreies Bier (Cervesa sin alcohol) gibt es fast überall in kleinen Flaschen. Die Craft-Bier-Welle hat auch Barcelona erreicht, im Frühjahr (zuletzt Anfang März) findet sogar ein eigenes Festival statt, bei dem man, zumindest theoretisch, über 300 Biere testen kann: www.barcelonabeerfestival.com.

Härtere Alkoholika: Sie sind in Spanien immer noch recht preisgünstig, leider auch ein Urlaubsanreiz für trinkfeste Zeitgenossen aus dem Norden, die zunehmend Barcelona überschwemmen. Dem will die Stadtverwaltung entgegentreten: Alkoholkonsum auf der Straße und auf öffentlichen Plätzen (das gilt auch schon für Bier) ist verboten und mit deftigen Geldbußen bedroht.

Sangría: Die angeblich so „typisch spanische" Mischung aus Rotwein, Brandy, Orangen- oder Pfirsichsaft und Zucker wird von Spaniern selbst nur selten getrunken. Sie wissen warum, der Kopfschmerz am nächsten Tag kann fürchterlich sein.

Sherry: Ein Aperitif- oder Likörwein mit Stärkegraden zwischen etwa 15 und 18 Prozent Alkohol. Keine katalanische Spezialität, sondern heimisch in Andalusien, allerdings in ganz Spanien gern getrunken. Aufgrund der Reifung nach der „Solera-Methode" gibt es bei Sherry (spanisch: Jerez) keine Jahrgangsweine, die Qualität bleibt immer gleich. Sorten von trocken bis süß: Fino, Amontillado, Oloroso, „Cream Sherry", ein verschnittener Oloroso.

Wermut: Der auf etwa 15 bis 18 Prozent aufgespritete und mit Kräutern versetzte Wein ist seit dem frühen 20. Jh. ein traditionsreiches Getränk in Katalonien. „Fer el Vermut" (den Wermut machen) bedeutete einst den Aperitif zur Mittagszeit, insbesonders sonntags nach der Messe. Im Zuge der Retro-Welle ist das Getränk wieder sehr in Mode gekommen, spezialisierte Bars offerieren es „del grifo", vom Zapfhahn. Eine ähnliche Renaissance erlebt derzeit übrigens auch der **Gin Tonic**.

Brandy: Fälschlicherweise, aber geschmacklich relativ treffend auch als „Coñac" bezeichnet. Ein Weinbrand, dessen beste Sorten aus Andalusien kommen. Dort reifen sie in alten Sherry-Fässern, was ihnen den speziellen Geschmack und die besondere Färbung verleiht.

Aguardientes: „Feuerwasser", Sammelbezeichnung für alle Arten von Schnaps.

Alkoholfreies: Erfrischungsgetränke gibt es im üblichen internationalen Angebot. *Granizados* sind dagegen etwas Besonderes, eine Art halbflüssiges Wassereis, meist in den Geschmacksrichtungen *café* oder *limón* (Zitrone).

Kaffee bedeutet in Spanien immer etwas in der Art von Espresso. *Café solo* ist schwarz, *Café cortado* enthält etwas Milch, während *Café con leche* aus einem Tässchen Espresso mit sehr viel Milch besteht, optimal fürs Frühstück. Noch mehr Milch enthält die *Leche manchada*. Ein *Carajillo* ist ein Kaffee mit „Schuss", wahlweise mit Brandy, Whisky oder anderen Alkoholika. Wer unbedingt Filterkaffee möchte, bestellt *Café americano*.

Xocolate/Chocolate ist eine ganz unglaublich dicke flüssige Schokolade. Zum Frühstück allein schon fast sättigend, wird sie meist mit dem Fettgebäck Xurros (Churros) serviert.

Horchata de chufa: Süße Erdmandelmilch, die aus der Region Valencia kommt, aber auch in Barcelona zu haben ist. Sie sollte frisch hergestellt sein, industrielle Horchata schmeckt mäßig.

Ständig ausgebucht: Bar Tickets – La Vida Tapa

Engagement auch ohne Publikum: Probe in der Ciutat del Teatre

Kultur

Das Kulturprogramm Barcelonas ist riesig und hier nicht annähernd aufzuführen. Fast 200 Theater und ebenso viele Kinosäle soll die Stadt zählen. Aktuelle Informationen bieten die Fremdenverkehrsämter und die Auskunftsstelle im Palau de la Virreina.

Information und Tickets

Information **Oficina d'Informació Cultural**, Umfangreiche Informationen zu Konzerten, Theater etc. (→ Rambles S. 99, „Tickets")

www.guiadelocio.com/barcelona, aktueller Veranstaltungskalender im Netz, leider nur auf Spanisch.

Tickets **Tiquet Rambles**, Verkaufsstelle des städtischen Kulturinstituts im Palau de la Virreina, Rambles 99; ✆ 933 161111. Eintrittskarten für Theater, Konzerte, Festivals etc., täglich 10–20.30 Uhr geöffnet.

www.ticketmaster.es verkauft online Tickets für Konzerte, Theater, Festivals, Sportereignisse etc.

FNAC, im Einkaufszentrum El Triangle (→ Rambles) an der Plaça Catalunya, hat neben Musik etc. auch einen Ticketverkauf.

Theater

Es lohnt sich, auf Aufführungen einiger bekannter, traditionsreicher katalanischer Ensembles zu achten. Mittlerweile europaweit berühmt sind *La Fura dels Baus* mit ihren früher sehr drastischen, mittlerweile jedoch etwas gemäßigteren Performances. *Els Comediants* amüsieren nicht nur mit modernen Formen der Komödie, sondern haben auch schon ihre erste Oper vorgestellt; *Els Joglars* ätzen mit politisch-satirischen Aufführungen.

Teatre Nacional de Catalunya (TNC), ein 1997 eröffneter, klassisch-moderner Bau von Stararchitekt Ricardo Bofill. Plaça de les Arts 1 (Plaça de les Glòries), ✆ 933 065700, www.tnc.cat.

Ciutat del Teatre, eine „Theaterstadt" an den Hängen des Montjuïc. Sie besteht aus mehreren Gebäuden, die sich um die Plaça Margarida Xirgu gruppieren: dem modernen Lehr- und Dokumentationsgebäude des Institut del Teatre, dem renovierten Mercat de les Flors, der als Aufführungsort dient, und dem zur Weltausstellung von 1929 errichteten Palau de l'Agricultura, als „Espai Lliure" eine der Spielstätten des Teatre Lliure, siehe auch unten. Angegliedert in der Nachbarschaft sind der Palau dels Esports am Carrer Lleida 40 und das Teatre Grec, siehe unten. ✆ 932 562600, www.mercatflors.cat.

Teatre Lliure, ein avantgardistisches Theater, das sich einen exzellenten Ruf erworben hat. Neben den Sälen in der Ciutat del Teatre wurde auch das renovierte Stammhaus im Carrer Montseny 47 in Gràcia beibehalten. ✆ 932 892770, www.teatrelliure.com.

Kino

Die Eintrittspreise liegen etwas niedriger als bei uns, viele Kinos offerieren jeweils an einem Wochentag (meist Mo) vergünstigte Tickets. Originalfilme mit spanischen Untertiteln sind am Kürzel „VO" (Versión original) zu erkennen.

Filmoteca de la Generalitat, das ambitionierte Kino der Regionalregierung. „La Filmo" bietet ein interessantes Programm, vielfach im Original. Günstige Eintrittspreise. Plaça Salavador Seguí 1–9, gleich neben der Rambla von El Raval. ✆ 935 671070, www.filmoteca.cat.

Cines Verdi, die beiden Programmkinos Verdi (Carrer Verdi 32) und Verdi Park (Carrer Torrijos 49) im Viertel Gràcia, die häufig ausländische Filme in Originalton zeigen. Metrostation: Fontana. ✆ 932 387990, www.cines-verdi.com.

Sala Montjuïc: Von etwa Ende Juni/Anfang Juli bis Anfang August finden auf dem Gelände des Montjuïc-Kastells jeden Mo, Mi und Fr ab etwa 21 Uhr Konzerte und danach Freilicht-Kinoaufführungen statt. ✆ 933 023553, www.salamontjuic.org.

Konzerte

Auditorium, Barcelonas großes Konzertgebäude von Architekt Rafael Moneo. Ausgerichtet für alle Arten von Konzerten, dient es doch hauptsächlich als Heimstätte des berühmten „Orquestra Simfònica de Barcelona i Nacional de Catalunya". Plaça de les Arts, gegenüber dem Teatre Nacional de Catalunya, ✆ 932 479300, www.auditori.com.

Gran Teatre del Liceu, das fantastische Opernhaus an den Rambles (→ dort) brannte 1994 ab, wurde aber wieder aufs Feinste restauriert. ✆ 934 859900, www.liceubarcelona.cat.

Palau de la Música Catalana, ein weiterer wunderbarer Bau, diesmal im Viertel Sant Pere (→ dort), der ebenfalls einen würdigen Rahmen für Sinfoniekonzerte bildet, durch das Auditorium aber eine gewisse Konkurrenz bekommen hat. ✆ 932 957200, www.palaumusica.org.

BARTS, „Barcelona Arts on Stage", in einem ehemaligen Theater am Rand von El Raval, jetzt Konzertbühne (Rock, Pop, Jazz und mehr) und Veranstaltungsort für Festivals, u.a. auch fürs Teatre Grec. Auch Club. Av. Paral.lel 62, ✆ 933 248492, www.barts.cat.

Rock- und Popkonzerte internationaler Stars finden im Stadion Camp Nou, im Olympiastadion und anderen Sportarenen statt, Tickets z. B. im FNAC. Örtliche und spanische Größen sind auch in vielen Clubs zu hören, siehe im Kapitel zum Nachtleben.

Festivals

Nur eine kleine Auswahl ...

Festival de Guitarra, eigentlich eine Konzertreihe, die sich im Frühjahr über mehrere Monate (zuletzt: Mitte Februar bis Mitte Juli) erstreckt und 2019 ihr 30-jähriges Jubiläum feiert. www.theproject.cat.

Primavera Sound, an vier Tagen etwa Ende Mai/Anfang Juni auf dem Gelände des Fòrum 2004. Gigantisches Festival mit bekannten und weniger bekannten Künstlern. www.primaverasound.com.

Sónar, großes und ausgesprochen renommiertes Festival elektronischer Musik, das an mehreren Tagen etwa Mitte Juni stattfindet. www.sonar.es.

Pride Barcelona, schwul-lesbisches Festival an etwa 14 Tagen Ende Juni/Anfang Juli, gekrönt von einer riesigen Parade samt Party am letzten Samstag. Details: www.pridebarcelona.com.

Teatre Grec, ein Festival, das mit Theater, Tanz und Performances etwa von Ende Juni bis Ende Juli/Anfang August nicht nur im gleichnamigen Amphitheater auf dem Montjuïc stattfindet. 2016 feierte die Veranstaltungsreihe ihr 40-jähriges Jubiläum. http://grec.bcn.cat.

Circuit Festival, ein weiteres schwul-lesbisches Festival, dessen zahlreiche Partys in der ersten Augusthälfte Zehntausende von Besuchern anziehen, der größte derartige Event Europas. www.circuitfestival.net.

Barcelona Internacional Jazz Festival, von etwa Mitte/Ende Oktober bis Ende November. Eines der bedeutendsten seiner Art weltweit, begründet 1968. Programm unter www.theproject.cat.

Beschwingt: Sardana-Denkmal auf dem Montjuïc

Feste, Feiertage und Folklore

Festes, die oft uralten Volksfeste, haben ihren festen Platz im Kalender Barcelonas. Wer die Gelegenheit hat, eine dieser vor Lebensfreude überschäumenden Feiern zu besuchen, sollte sie nicht verpassen. Gefeiert wird gern und oft, begeht doch schon jedes Stadtviertel einmal jährlich sein eigenes Fest. Festprogramme und Veranstaltungskalender sind bei den örtlichen Fremdenverkehrsämtern erhältlich.

Feste und Feiertage

Cap d'any: *Neujahr*, Feiertag.

Festa dels Reis, *5. Januar*, Fest der Heiligen Drei Könige. Am 5. Januar findet die Boots-Einfahrt der Hl. Drei Könige in den Hafen statt, begrüßt von den Stadtoberen und umjubelt von Scharen von Kindern, gefolgt von einer Prozession durch die Stadt. Der Tag der Hl. Drei Könige (und nicht Weihnachten) ist auch der Tag der Geschenke. Der 6. ist Feiertag.

Carnestoltes *(Karneval, Fasching)*, war unter Franco verboten und wird jetzt umso toller gefeiert. Halb Barcelona ist dann in Sitges, wo wirklich die Post abgeht.

Semana Santa, die *Karwoche* bis Ostern: Sie wird nicht ganz so aufwändig begangen wie z. B. in Andalusien, ist aber dennoch ein großes Fest. Karfreitag und Ostermontag sind Feiertage.

Feria de Abril, beim Fòrum 2004. Ein Riesenfest der andalusischen Einwanderer, komplett mit Sherry und Flamenco – erlebenswert. Wechselnde Termine *Ende April/Anfang Mai*, Infos bei den Fremdenverkehrsämtern.

Fira per la Terra – Mercat de la Terra, *ein Wochenende im April*, im Ciutadella-Park, Öko-Messe und Openair-Markt regional produzierter Waren anlässlich des „Internationalen Tags der Erde“ am 22. April.

Sant Jordi, *23. April*, Fest des Nationalheiligen Kataloniens. Seit dem 13. Jh. traditioneller Austausch von Rosen und Büchern, letzteres nicht ganz so traditionell, da erst seit 1923. Die UNESCO hat den 23. zum Tag des Buchs erklärt. Verkaufsstände vor allem auf den Rambles und am Passeig de Gràcia.

Dia del Treball, *1. Mai*, Tag der Arbeit. Ähnlich wie bei uns; Feiertag.

Sant Ponç, *11. Mai*, im Carrer Hospital, einer Seitenstraße der Rambles, Verkaufsstände für Kuchen, Gewürze, Honig und Ähnliches.

Segunda Pascua („zweites Ostern"), *Pfingstmontag*. Feiertag in und um Barcelona, aber nicht im Rest Kataloniens. In Barceloneta singen und tanzen die Coros, Gruppen verkleideter Musiker.

Sant Joan, *Nacht des 23. zum 24. Juni*, Riesenfeuerwerke zu Ehren des Heiligen Johannes am Montjuïc, Tibidabo und am Strand, Verspeisen des Traditionskuchens „Coca".

L'Assumpció, *15. August*, Mariä Himmelfahrt, wie in allen katholischen Ländern des Mittelmeers enthusiastisch begangen. Feiertag.

Festa Major de Gràcia, *15. August* und die folgende Woche. Musik, Tanz und Trubel im ganzen Viertel.

La Diada, *11. September*, der katalanische Nationalfeiertag. Man feiert nicht etwa die Niederlage, also den Einmarsch Philips V. 1714 in Barcelona, sondern den heimischen Widerstandswillen. Katalanische Flaggen hängen aus den Fenstern und leuchten als Dekoration auf Kuchen. Katalanische Extremisten benutzen den Gedenktag gelegentlich auch für (in der Regel unblutige) Anschläge.

Festes de la Mercè, in der Woche um den *24. September*. Seit 1977 sind sie die Neuauflage der früheren Festa Mayor von Barcelona. Gewaltiges Programm in der ganzen Stadt, Straßenmusik, Gratis-Konzerte, außerdem „Ball de Gegants" und „Correfocs". Am 24. sind viele Geschäfte etc. geschlossen.

Festa Major de Barceloneta, *Ende September/Anfang Oktober*, das bunte Fest des ehemaligen Fischerviertels.

„Tag der Hispanidad", *12. Oktober*, spanischer Nationalfeiertag. In Barcelona kein echter Festtag, sondern eher Anlass zu handfesten Auseinandersetzungen mit Befürwortern der spanischen Nation.

Tots Sants, *1. November*, Allerheiligen. Auf den Straßen stehen oft Stände mit Naschwerk und Esskastanien. Feiertag.

Dia de la Constitució, am *6. Dezember*, der Tag der Verfassung, offizieller Feiertag.

La Inmaculada, *8. Dezember*, Mariä unbefleckte Empfängnis, auch offizieller Feiertag.

Fira de Santa Llúcia, *ab Ende November*, großer Weihnachtsmarkt mit Hunderten von Ständen um die Kathedrale.

Nadal, *24./25./26. Dezember*, Weihnachten. Gefeiert wird nur im engen Familienkreis. Der 25./26. sind Feiertage.

Revetlla de Cap d'Any, *31. Dezember*, Silvester, ähnlich wie bei uns. Um Mitternacht wird zu jedem Glockenschlag eine Weintraube verzehrt – schnell schlucken, wer es nicht schafft, hat Unglück im nächsten Jahr!

Barcelona im Kasten

Das Aus für den Stierkampf in Katalonien – oder doch nicht?

Die *corrida de toros*, der „Lauf der Stiere", war in Katalonien nie populär, die Kämpfe in der Plaza de Toros Monumental wurden in erster Linie von der Fangemeinde der älteren südspanischen Einwanderer und von Touristen besucht. 2004 erklärte sich Barcelona sogar zur stierkampffreien Stadt – ein eher symbolischer Beschluss, denn der Stierkampf war damals in Spanien Ländersache. Mit Spannung erwartet wurde deshalb das Parlamentsvotum im Sommer 2010, nachdem eine Probeabstimmung bereits eine knappe Mehrheit für einen entsprechenden Gesetzentwurf erbracht hatte. Das Ergebnis, das zum Teil sicher auch als Protestnote gegen den spanischen Staat zu verstehen war, fiel relativ deutlich aus: 68 Abgeordnete waren für ein Verbot, 55 dagegen, 9 Abgeordnete enthielten sich. Seit 2012 ist der Stierkampf in ganz Katalonien verboten. Oder war es zumindest, denn im Oktober 2016 erklärte das spanische Verfassungsgericht das Verbot für ungültig: Der Stierkampf sei ein „kulturelles Erbe" Spaniens (2015 hatte Madrid die Corridas tatsächlich zum „immateriellen Kulturerbe" erklärt), ein Verbot könne deshalb nur die Zentralregierung aussprechen. Katalonien allerdings kündigte daraufhin an, Stierkämpfe dennoch auch in Zukunft verhindern zu wollen.

Castells, Gegants und Cap-Grossos

Castells sind charakteristisch für Katalonien. Ihre Tradition geht bis ins späte 18. Jh. zurück und entstammt den ländlichen Regionen der Provinz Tarragona, doch sind sie längst auch bei Barcelonas Festen zu sehen. Es handelt sich um mehrstöckige Menschentürme, deren Errichtung von den Teilnehmern (Castellers) akrobatische Leistungen verlangt. Am Sockel ganz unten, der „Pinya", stehen die kräftigsten und schwersten Erwachsenen, dann folgt der „Tronc" (Stamm); die Spitze, „Pom de dalt" (obere Kuppel) genannt, besteht aus Kindern. Oft bilden Dutzende von Menschen diese Türme, die häufig bis zu sechs Etagen erreichen; der Rekord liegt gar bei zehn „Stockwerken". Wie es heißt, sollen die Castells die Stabilität und Solidarität der katalanischen Nation symbolisieren. Seit 2010 zählen die Castells zum „Immateriellen Welterbe" der UNESCO. Nähere Infos zu Terminen etc. finden sich unter www.castellersdebarcelona.cat.

Fast vollendet: Castell im Aufbau

Gegants und **Cap-Grossos** sind auf Festen häufig vertreten. Die „Giganten" sind grotesk wirkende, weit überlebensgroße Riesenfiguren, die gelegentlich auch Tänze aufführen. Die „Groß-Köpfe" wiederum bestehen ihrem Namen gemäß praktisch nur aus einem überdimensionalen Kopf. Beide Figurengruppen werden aus Pappmaché hergestellt. Ergänzt wird das Ensemble oft noch mit den „Lauf-Feuern" Correfocs sowie Feuer speienden Drachen und anderen Monstren.

Sardana

Die Sardana, ein typisch mediterraner Reigentanz, ist der katalanische Nationaltanz schlechthin. Unter Franco war sie Ausdruck des Widerstandswillens und zeitweilig sogar verboten. Heute gilt sie deshalb als Symbol für nationale Identität. Getanzt wird im Kreis, während man sich an den Händen fasst; Mittanzen darf jeder, die Schrittfolge ist allerdings nicht unkompliziert. Wichtig dabei ist es, keine Pärchen zu trennen: der Mann tanzt links von seiner Partnerin. Die Sardana-Kapelle **Cobla** besteht traditionell aus elf Musikern, die mehrere Arten von Blasinstrumenten spielen, darunter die lange Flöte „Flabillo". Für den Rhythmus sorgen Kontrabass und „Tambori" (Tamburin). Sardanas kann man sonntags zu festen Zeiten vor der Kathedrale erleben, ansonsten auf jedem Volksfest.

Sardanas in Barcelona **Plaça de la Seu**, Vorplatz der Kathedrale, in der Regel So gegen 12 Uhr; im August keine Tänze.

Flamenco Dieser Tanz ist absolut untypisch für Katalonien, Heimat des Flamenco ist Andalusien. Aufgrund der regen Nachfrage durch den Fremdenverkehr finden in Barcelona trotzdem Flamenco-Abende statt, die aber sehr auf Touristen zugeschnitten sind; Infos bei den Fremdenverkehrsämtern.

Noch ist der Abend jung ...

Nachtleben

Barcelonas pulsierendes Nightlife genießt europaweit besten Ruf. Freunde uralter Absinthkneipen werden hier ebenso fündig wie Jazzliebhaber oder Fans hypermoderner Technotempel.

Zwischen Donnerstag und Samstag liegen die Hauptausgehzeiten. Generell beginnt das Nachtleben spät, steigert sich dann aber gewaltig und endet oft erst am Morgen. Vor zwei oder drei Uhr lohnt sich das Clubbing kaum, will man nicht in einem leeren Lokal stehen. Die Zeit bis dahin überbrückt man leicht beim Bar-Hopping: „Ir de Copas" nennt sich das in Spanien, auf ein paar Gläser gehen. Music-Bars finden sich in der Altstadt, zum Beispiel um die Plaça Reial im Barri Gòtic, um den Passeig del Born in La Ribera und im einstigen „Schmuddelviertel" El Raval. In der Stadterweiterung Eixample liegen die Treffpunkte verstreuter, von der Gay-Zone im „Gayxample" zwischen der Gran Via und dem Carrer d'Aragó einmal abgesehen. Die Clubs verteilen sich fast über die gesamte Stadt, bis hin zum Montjuïc und den Hängen des Tibidabo.

Vor vielen Nachttempeln sortieren Türsteher die Gäste, gezieltes Styling kann sicher nicht schaden. Eintrittsgelder, so sie gefordert werden, variieren häufig, je nach Uhrzeit, Wochentag, Live- oder Konservenmusik, manchmal gar nach dem Eindruck, den man auf den Türhüter macht. Als Richtwert sind etwa 12–15 € zu rechnen; wer sehr früh (oder sehr spät kommt), erhält meist die günstigsten Preise. Auf den Geldbeutel schlagen auch die Getränke; falls das Eintrittsticket eine „consumición" beinhaltet, ist wenigstens der erste Drink frei.

El Raval

→ Karte S. 35

Boadas 13, die älteste Cocktailbar Barcelonas, gegründet 1933 von einem Kuba-Heimkehrer. Immer noch eine der besten Bars der Stadt – eine echte Institution in zentraler Lage. Edel gewandetes Publikum. Carrer Tallers 1, Ecke obere Rambles. Geöffnet bis zwei Uhr, am Wochenende bis drei Uhr.

Caribbean Club 10, um die Ecke, eine Bar mit guten karibischen Cocktails, geöffnet bis zwei Uhr. Sie liegt in einer kleinen Gasse, in der sich noch weitere Kneipen finden, z. B. das bereits 1965 eröffnete „Schwarze Schaf" **Ovella Negra**, täglich bis drei Uhr morgens geöffnet und beliebt vor allem bei jungen Touristen. Can Sitjar (Carrer Sitges) 5, eine Seitengasse des Carrer Taller, nahe den oberen Rambles.

Marsella 32, eine uralte, atmosphärische Kneipe mit viel Holz, Spinnweben über der Theke und halb blinden Spiegeln. Angeblich wurde das Lokal bereits 1820 von einem Auswanderer aus Marseille gegründet, dem es auch seinen Namen verdanken soll. Ein internationales Publikum sichert dem Marsella der Ausschank des mythenumwobenen Drinks Absinth, der allerdings (wie anderswo auch) seinen Preis hat. Geöffnet bis zwei Uhr, am Wochenende bis drei Uhr. So geschlossen. Carrer Sant Pau 65.

Bodega El Celler d'en Frank Peterssein 15, uriges Lokal in einer ruhigen Straße. „Gemütlich und lebendig. Der Mensch, der den Laden schmeißt, hat viel Charme und ist sehr gesprächig. Es waren nur Einheimische dort, die Musik die alten Lieder von Billie Holiday und Bessie Smith" (Lesertipp Anja Kranich und Hendrik Naumann). In der Tat ein netter Platz z.B. für einen gepflegten Wermut. C. Bisbe Laguarda 3.

Bodega Bar Montse 31, eine Nachbarschaftsbar wie aus vergangenen Zeiten, die sich – ebenso wie das Publikum, das vorwiegend aus älteren Herren besteht – in den letzten Jahrzehnten wohl kaum verändert hat. Wermut und Wein aus großen Holzfässern, auch zum Mitnehmen; günstige Preise. Carrer de L´Arc de Sant Agustí 6.

Pastís 37, nur zwei Schritte von den unteren Rambles und, wie der Name schon ahnen lässt, französisch inspiriert. Winzige Bar voller Gemälde und Fotos, in der manchmal auch Konzerte aufgeführt werden. Geöffnet bis drei Uhr, was die Nachbarschaft gar nicht goutiert – wer weiß, wie lange das Lokal noch Bestand hat. Carrer Santa Mónica 4.

London Bar 33, eine schöne, mit Stuckdekoration verzierte Jugendstilbar, bereits 1910 eröffnet und von der Stadt 2015 unter Denkmalschutz gestellt. Geöffnet bis vier Uhr morgens. Carrer Nou de la Rambla 34.

JazzSí Club 12, kleine Bar, die einer Musikwerkstatt angeschlossen ist und 2017 ihr 25-jähriges Jubiläum begeht. Tägliche Konzerte (Mo/Mi Jazz, Di/So Rock, Blues & Pop, Do Cubano

Barcelona im Kasten

Comeback der „Grünen Fee"

Absinth, eine bittere, giftgrüne Wermut-Spirituose mit Zusätzen u. a. von Anis und Fenchel, avancierte in der zweiten Hälfte des 19. Jh. zum Modegetränk und soll auch Picasso, Toulouse-Lautrec und Baudelaire inspiriert haben. Die Rauschwirkung, die den Absintheur angeblich die „Grüne Fee" oder auch andere „wundervolle sonderbare Dinge" (Oskar Wilde) sehen lässt, soll dabei nicht nur auf den hohen Alkoholanteil von oft deutlich über 50 Prozent zurückgehen, sondern auch auf das Nervengift Thujon, dem eine Wirkung ähnlich der von Cannabis nachgesagt wird. Anfang des 20. Jh. wurde Absinth in den meisten europäischen Ländern verboten, nicht jedoch in Spanien. Seit Beginn der Neunzigerjahre des letzten Jahrhunderts ist das Getränk im Gebiet der gesamten EU wieder zugelassen, freilich nur noch mit einem Bruchteil des früheren Thujon-Gehalts – ob Absinth angesichts dieser geringen Menge noch einen anderen Rausch als den rein alkoholischen verursachen kann, ist umstritten. In jedem Fall wird Absinth nicht einfach die Kehle hinuntergegossen, sein Genuss vielmehr regelrecht zelebriert: Man legt einen durchlöcherten Löffel oder eine Kuchengabel mit einem Stück Zucker über das Glas und benetzt dieses langsam mit Wasser, bis der flüssige Zucker von selbst in den Absinth tropft. Bei einem anderen, ursprünglich aus Tschechien stammenden Ritual wird der mit Absinth getränkte Zucker entzündet und dann karamelisiert in den Drink gerührt.

und Fr/Sa Flamenco), die oft schon ungewöhnlich früh beginnen, nämlich zwischen 18.30 und 21 Uhr. Günstige Eintrittsgebühren, z. T. sogar gratis. Carrer Requesens 2, fast schon an der Ronda de Sant Antoni. www. tallerdemusics.com.

Big Bang Bar 26, in einer typischen Gasse des Raval. Kleiner, sehr sympathischer Indie-Club in einer ehemaligen Taverne, Livemusik von Jazz über Blues und Funk bis Rock. Der Eintritt ist in der Regel frei. Leider mit unsicherer Zukunft (Lärmschutz). Geöffnet Mi–So ab 21 Uhr. C. Botella 7, www.bigbangbarcelona.com.

Casa Almirall 7, zwar ohne Musik, aber optimal für den ersten (oder letzten) Schluck des Tages, beispielweise ein Gläschen Absinth oder Wermut. Gegründet 1860! Die schräge Jugendstil-Bar hat ihr Originaldekor auch nach einer Restaurierung im Jahr 2000 nahezu unverändert bewahrt und steht heute unter städtischem Denkmalschutz. Je nach Wochentag bis 2.30 bzw. 3 Uhr morgens geöffnet. Interessantes Publikum. Carrer Joaquim C'osta 33.

Moog 35, in einer Seitengasse der unteren Rambles. Kleiner, aber beliebter Club der Mas-Gruppe mit Schwerpunkt auf Techno und House sowie einer separaten Chillout-Zone. Täglich bis fünf Uhr geöffnet. Arc del Teatre 3, www.masimas.com.

Erst 1928 erbaut: Die „gotische" Brücke über den Carrer del Bispe

El Cangrejo 36, ganz in der Nähe, ein kurioser Laden mit Oldie-Musik, in dem am Wochenende auch schon mal Travestie-Vorstellungen und andere schräge Darbietungen stattfinden. Viel buntes Volk, nichts für sensible Seelen. Carrer Montserrat 9, eine Parallelstraße der Rambles, geöffnet Mi–So bis drei Uhr.

meinTipp **Sala Apolo 34**, ein ehemaliges Theater, schon jenseits der Avinguda Paral.lel, also knapp außerhalb von El Raval. Längst ein Klassiker der Techno-Szene sind die „Nitsa"-Clubnächte am Fr/Sa ab 0.30 Uhr bis weit in den Morgen; an den übrigen Tagen gemischtes Programm. Carrer Nou de la Rambla 113, www.sala-apolo.com.

La Paloma 4, mal etwas ganz anderes: ein gut hundertjähriger Ballsaal mit soviel Plüsch und Schwulst, dass es schon wieder schön ist. Wegen Schwierigkeiten mit der Nachbarschaft wurde die legendäre Location 2006 geschlossen. Nun aber hat es den Anschein, als könnte La Paloma tatsächlich demnächst wieder öffnen, eventuell bereits kurz nach Erscheinen dieser Auflage. Carrer Tigre 27, eine Seitenstraße der Ronda Sant Antoni.

Barri Gòtic

→ Karte S. 42/43

Karma 36, Disco-Dauerbrenner direkt an der Plaça Reial. Bodenständige Atmosphäre, Grunge, Punk und Rock. Sehr gemischtes Publikum, oft ausgesprochen viel Stimmung. Offen bis ca. fünf Uhr, So/Mo geschlossen. Plaça Reial 10.

Jamboree Jazz & Dance Club/Tarantos 38, ebenfalls an der Plaça Reial. Die Jazztradition im Jamboree, heute von der Familie Mas übernommen, die eine ganze Reihe erfolgreicher Musiklokale betreibt, reicht bis ins Jahr 1960 zurück. Tägliche Konzerte, danach wird bis 5.30 Uhr morgens zu Hiphop und Funk getanzt. Im selben Gebäude und auch der Mas-Gruppe angeschlossen, widmet sich das **Tarantos** dem Flamenco. Plaça Reial 17, Programm jeweils unter www.masimas.com.

Sidecar 32, ein weiterer Club an der Plaça Reial, der mittlerweile auch schon deutlich mehr als zwei Jahrzehnte lang in Betrieb ist. Gespielt wird hauptsächlich deftiger Rock, manchmal auch live. Geöffnet bis 5 Uhr, So geschlossen. Carrer Heures 4–6, neben dem Restaurant MariscCo. www.sidecarfactoryclub.com.

Ocaña 39, ebenfalls an der Plaça Reial. 2012 eröffnetes, rund 1200 qm großes Multifunktionsunternehmen aus Café, mexikanisch inspiriertem Restaurant, Cocktailbar (die sog. „Apotheke") und einem gefragten Club mit wechselnder Musik. Schickes, nostalgisch angehauchtes Design. Benannt ist das Lokal nach dem schillernden, stadtbekannten Künstler José Pérez Ocaña (1947–1983), der in der Nähe seinen Wohnsitz hatte. Plaça Reial 13–15. www.ocana.cat.

La Macarena 46, etwas meerwärts der Plaça Reial. In längst vergangenen Zeiten einmal ein Flamencoclub (der Name und das Schild am Eingang erinnern noch daran), seit vielen Jahren jedoch ein fester Bestandteil der House- und Techno-Szene Barcelonas. Geöffnet täglich ab Mitternacht bis 5 Uhr, Fr/Sa bis 6 Uhr. Carrer Nou de Sant Francesc 5. www.macarenaclub.com

meinTipp **Harlem 43**, klassischer Jazz-Club, in dem praktisch täglich Live-Sessions (auch Blues, Rock, Ethno etc.) stattfinden, als Markenzeichen der lässige Kater. Recht günstige Preise. Geöffnet bis 4 Uhr, am Wochenende bis 5 Uhr; So/Mo geschlossen. Carrer Comtessa Sobradiel 8, eine Seitenstraße des Carrer d'Avinyó. www.harlemjazzclub.es.

Schilling 26, sehr beliebte, jeden Tag und jede Nacht bis auf den letzten Platz besetzte Café-Bar im gemütlichen Bistro-Stil. Buntes Publikum, zivile Getränkepreise. Geöffnet bis 2.30 Uhr. In einer Seitenstraße der Rambles, Carrer Ferrán 23. www.cafeschilling.com.

La Ribera/El Born → Karte S. 62/63

Cocktail Bar Juanra Falces 17, bekannte Bar mit elegantem Dekor, das ehemalige „Gimlet", bei dem sich eigentlich nur der Name geändert hat. Exquisite und nicht einmal überteuerte Cocktails in breiter Auswahl. An der langen Bartheke drängt sich ein gemischtes Publikum aller Altersgruppen, darunter auch das eine oder andere prominente Gesicht. Carrer del Rec 24, geöffnet bis 3 Uhr morgens.

Miramelindo 26, ein weiterer Dauerbrenner des Viertels, optisch Richtung Kolonialstil und schon mal Kulisse für Filmaufnahmen. Auch hier gibt es prima Cocktails, musikalisch geht die Reise vor allem Richtung Jazz und Salsa. Passeig del Born 15, geöffnet bis zwei Uhr, am Wochenende bis drei Uhr.

Mix 10, elegantes Lokal mit guten Cocktails, in dem es auch etwas zu essen gibt, später am Abend dann Club mit DJ-Sessions und gelegentlicher Live-Musik. Carrer Comerç 21, geöffnet bis drei Uhr. www.mixbcn.com.

Magic 29, schon am Rand des Born-Gebiets. Ein „Rock'n'Roll Club" mit entsprechender Musik von Pop bis Rock, manchmal live, in jedem Falle laut. Passeig de Picasso 40, geöffnet Do–Sa bis sechs Uhr. www.magic-club.net.

Bar de l'Antic Teatre 2, weit oben im Nachbarviertel Sant Pere, einem alternativen Kleinkunst-Theater und Kulturzentrum angeschlossen. Die große Terrassenbar im baumbestandenen Hinterhof würde man hier im historischen Zentrum nicht erwarten, das Publikum ist jugendlich-bunt. Wegen der Nachbarn nur bis 23 Uhr geöffnet, am Wochenende bis Mitternacht. Carrer Verdaguer i Callís 12.

Port Olímpic → Karte S. 90/91

Gran Casino de Barcelona 9, beim Hotel Arts. Das übliche Programm aus Blackjack, Roulette etc., angeschlossen eine Disco. Marina 19–21, ✆ 900 354354, täglich bis 5 Uhr. www.casino-barcelona.com.

CDLC 12 (Carpe Diem Lounge Club), vor dem Olympiahafen neben dem Restaurant Agua. Ein „Lounge Club & Restaurant", beliebt bei den Reichen und Schönen der Stadt, vielleicht deswegen, weil es von einer der Ihren gegründet wurde, nämlich der Frau von Ex-Fußballstar Patrick Kluivert. Passeig Marítim de la Barceloneta 32, bis vier Uhr geöffnet. Weitere Nightspots im Umfeld, tagsüber ebenfalls als Restaurants in Betrieb, sind das benachbarte „Opium Barcelona" (www.opiumbarcelona.com), das sich anschließende, orientalisch angehauchte „Shôko" (www.shoko.biz) und ein Vertreter der bekannten Kette „Pacha" (www.pachabarcelona.es). ✆ 932 240470, www.cdlcbarcelona.com.

Catwalk 11, in der Nähe, jedoch eine Etage höher, unterhalb des Hotels Arts. Schick gestylter Club, der eine bunte, oft edel gewandete Kundschaft (gay und hetero) anzieht. C. Ramón Trias Fargas 2/4, geöffnet Do–So bis 6 Uhr. www.clubcatwalk.net.

Moll de Mestral 10: Entlang dieser Mole am Olympiahafen reiht sich eine Music-Bar fast an die nächste. Unnötig, aus der Fülle einzelne Adressen herauszugreifen, zumal Namen und Eigentümer fast permanent wechseln; besser, man wählt nach aktuellem Musikangebot und Publikum.

Razzmatazz 1, im Viertel Poblenou, gut einen Kilometer landeinwärts des Olympiahafens und vier Blocks östlich der Metro-Station Marina. In einer alten Fabrikhalle, die schon seit vielen Jahren als Konzertbühne dient. Fünf verschiedene Clubs, neben erstklassigen Live-Acts auch diverse Dancefloors und Bars auf auf mehreren Etagen. Geöffnet bis 5 Uhr. C. dels Almogàvers 122. www.salarazzmatazz.com.

Eixample

→ Karte S. 100/101

Bar Dry Martini 2, weit oben im linken Eixample, den Weg jedoch wert. Sehr elegant im englischen Stil eingerichtete Bar unter Leitung des stadtbekannten Cocktailkünstlers Javier de las Muelas. Neben dem namensgebenden Drink des Hauses gibt es noch diverse andere, teilweise sehr innovative Cocktails. Stammplatz auf der Liste der „World´s 50 best bars". Carrer Aribau 162-166, geöffnet bis 2.30 Uhr, am Wochenende bis 3 Uhr. www.drymartiniorg.com.

Bar Milano 44, eine zentraler gelegene Alternative, nur einen Katzensprung von der Plaça Catalunya. Traditionelle Cocktailbar mit umfangreicher Getränkekarte, praktisch täglich Live-Musik von Jazz bis Rock. Ronda de la Universitat 35, geöffnet bis 2.30 Uhr. www.camparimilano.com.

Barcelona City Hall 46, ein zentraler Ableger des Nobelclubs Otto Zutz (→ Gràcia). Hier steht jeder Wochentag unter einem anderen Club-Motto, musikalisch überwiegend Underground und House. Geöffnet täglich bis 5/6 Uhr. Rambla de Catalunya 2–4, fast direkt an der Plaça de Catalunya. www.cityhallbarcelona.com.

Luz de Gas 1, schicker und seit vielen Jahren gut besuchter „Sala-Teatre-Club" mit fast täglichen Live-Aufführungen ganz unterschiedlicher Richtungen, im Anschluss Clubbing mit Gast-DJs etc. Geöffnet Mi–Sa bis 6 Uhr. Carrer Muntaner 246, bereits jenseits der Avinguda Diagonal, www.luzdegas.com.

Antilla BCN Latin Club 26, wie der Name schon sagt: Seit 1993 versorgt dieser Club alle Liebhaber karibischen Sounds mit Salsa, Merengue, Son Cubano & Co., gelegentlich auch live. Tanzkurse werden ebenfalls angeboten. Geöffnet Mi–So bis 5/6 Uhr. Im „linken" Eixample, Carrer Aragó 141, www.antillasalsa.com.

Arena Madre 33, schwul-lesbischer Club am Rand des Esquerra del Eixample, das im Bereich zwischen dem Carrer d'Aragó und der Gran Via nicht umsonst auch „Gayxample" genannt wird. Carrer Balmes 32, Ecke Carrer Diputació, geöffnet täglich bis 6 Uhr. Weitere Gay-Clubs dieser Kette sind Arena Vip im Carrer Diputació 94 und Arena Classic/Arena Diana (v.a. für Frauen) im C. Diputació 233. www.arenadisco.com.

Gute Stimmung: baskische Bar im Born

Gràcia

→ Karte S. 125

Café del Sol 8, an der gleichnamigen Plaça, der Klassiker an diesem alternativ angehauchten Platz von Gràcia. Lange geöffnet, am Wochenende bis drei Uhr.

Bobby Gin 15, schick gestylte Cocktailbar, deren Schwerpunkt (natürlich) auf Gin liegt – Gin Tonic erlebt in Barcelona gerade eine ebensolche Renaissance wie der Wermut. Nicht billig. Feine Tapas gibt es auch. Täglich bis 2 Uhr, am Wochenende bis 3 Uhr. Carrer de Francisco Giner 47.

Bar Raïm 1886 16, einst die Kantine einer nahen Fabrik, heute eine nostalgisch wirkende Bar wie aus dem Kuba-Bilderbuch: alte Fotografien, Rumfässer, dunkles Holz... Umfangreiches Rum-Angebot, prima Mojitos. Carrer Progrés 48, geöffnet bis 2.30 Uhr.

Gràcia Latina 4, noch ein Fleckchen Kuba in Gràcia, Treffpunkt für alle Fans lateinamerikanischer Rhythmen. Gute Cocktails, Salsa und viel Stimmung. Geöffnet bis 2.30 Uhr, am Wochenende bis 3 Uhr. Carrer de l´Or 19.

Universal Lounge Club 6, etwas außerhalb in Richtung des Nachbarviertels Sant Gervasi. Zweigeschossig und fein gestylt, halb Bar, halb Disco; tendenziell eher etwas älteres Publikum. Unten läuft hauptsächlich House, oben ist es bei Funk und Pop etwas gesetzter. Geöffnet Do–Sa bis 5.30 Uhr, Carrer María Cubí 182 (FGC Gràcia oder Muntaner), eine Seitenstraße der Via Augusta. www.universalbcn.com.

Otto Zutz 2, immer noch eine der ersten Adressen Barcelonas, Treff all derjenigen, die in der Szene etwas darstellen (wollen). 2015 wurde das 30-jährige Jubiläum gefeiert. Umgebaute Fabrikhalle in zwei Etagen, richtig los geht's ab etwa 2 Uhr. Mit die härteste Tür der Stadt; bei Erfolg heißt es erst einmal kräftig Eintritt (inklusive einem Drink) zu löhnen. Geöffnet Do–Sa bis 5/6 Uhr. Carrer Lincoln 15 (FGC Sant Gervasi), nahe dem Carrer Balmes/Kreuzung Via Augusta.

Tibidabo

→ Karte S. 133

Mirablau 2, gleich bei der unteren Seilbahnstation des Tibidabo, gegenüber dem Restaurant La Venta. Mehrstöckige Cocktail- und Tanzbar (auch Restaurant) mit Terrasse. Traumhafter Blick über die Stadt, Sportwagenpiloten und schicke Chicas. Plaça Doctor Andreu, geöffnet ab Mittag bis in die Morgenstunden.

Ein Gläschen Absinth gefällig? Bar Marsella in El Raval

Pedralbes

→ Karte S. 140

Bikini 6, unterhalb der Avinguda Diagonal, Metro María Cristina, genau genommen schon in Pedralbes´ Nachbarviertel Les Corts. Legendärer Club, gegründet 1953 und nach dem Abriss des ursprünglichen Gebäudes am Rand des Einkaufszentrums L'Illa wieder auferstanden. Mehrere Zonen, Live-Musik und Disco. Geöffnet Do–Sa bis 5 Uhr. Avinguda Diagonal 547 bzw. Carrer Deu i Mata 105. www.bikinibcn.com.

Montjuïc

→ Karte S. 148/149

La Terrrazza 4, einer von mehreren Nightspots im Poble Espanyol – der Kopien-Mix von Gebäuden aus allen Teilen Spaniens lockt vielerlei Nachtschwärmer. La Terrrazza selbst, eine ausgesprochen gefragte Open-Air-Disco, gehört seit mehr als zwei Jahrzehnten zu den Spitzenclubs der Stadt. Ungewöhnlich reizvolles Ambiente, aber strenge Türsteher und gesalzene Eintrittspreise. Tech-House, Top-DJs. Betrieb etwa von Mitte/Ende Mai bis Mitte Oktober, dann Do–Sa von etwa 0.30 bis 6 Uhr. www.laterrrazza.com.

Coctelería Barcelona Rouge 8, unterhalb des Montjuïc im Stadtviertel Poble Sec. Kleiner, gemütlicher Nightspot im Pariser Stil der 60er-Jahre, namensgenäß ganz in Rot. Entspannte Musik, prima Cocktails und gelegentliche Aufführungen. Carrer Poeta Cabanyes 21 (klingeln), geöffnet Di/Mi ab 20 Uhr, Do–Sa ab 22.30 Uhr. www.barcelonarouge.com.

Parc d´Atraccions auf dem Tibidabo: ein „Rundflug" ...

Barcelona mit Kindern

Spanier gelten als sehr kinderfreundlich, die Katalanen machen da keine Ausnahme. Die lieben Kleinen dürfen fast alles und müssen anscheinend nie ins Bett, schreiende Rabauken im Restaurant quittiert der Kellner nur mit nachsichtigem Lächeln. Das Problem der relativ späten Essenszeiten lässt sich am besten mit Hilfe der Tapa-Bars lösen. Für kleine und größere Kinder besitzt Barcelona eine ganze Reihe attraktiver Unterhaltungsmöglichkeiten, hier eine Auswahl.

Klassische Ziele

Parc d'Atraccions: Ein Ausflug in den Vergnügungspark auf dem Tibidabo ist wohl der Höhepunkt der Seligkeit, ein Vergnügen, das freilich seinen Preis hat ... Achten Sie auf die Öffnungszeiten (im Zweifel in einer Tourist-Info erfragen), längst nicht immer ist der gesamte Park geöffnet. S. 132

L'Aquàrium: Haie, Rochen und Muränen lassen sich im Glastunnel des Aquariums aus nächster Nähe betrachten, die interaktive Ausstellung „Explora!" wendet sich sogar speziell an Kinder. S. 85

Zoo: Naturgemäß ein Hit für Kinder ist der Zoo im Ciutadella-Park, in dem sich Gorillas, Delfine, Seehunde und viele andere Tiere beobachten lassen. Es gibt zwei Spielplätze, am Wochenende, und in den Schulferien wird auf der „Farm" La Granja auch Ponyreiten für Kinder (Paseos en poni) angeboten. S. 78.

Museen

Museo de Cera: Das Wachsfigurenmuseum mit Figuren aus Prominenz und Fantasy, letztere für kleine Kinder vielleicht teilweise etwas gruselig. Die

Kleinen freuen sich dafür über die Feenwelt im angeschlossenen, auch separat zu besuchenden Märchen-Café El Bosc de les Fades. S. 30.

Museu de la Ciència CosmoCaixa: Ein Wissenschaftsmuseum „zum Anfassen", in dem Kinder selbst Experimente veranstalten und in einem großen Amazonasbecken Piranhas beobachten können. Der Eintritt ist für Kinder bis 16 Jahre gratis (gilt nicht für Gruppen), allerdings wird für manche kinderspezifischen Bereiche eine Extra-Gebühr fällig. S. 134.

Museu de la Xocolata: Ein Spaß für kleinere Kinder, die hier aus Schokolade gefertigte Comicfiguren (Asterix und Obelix, die Schlümpfe etc.) bewundern können. Als Eintrittskarte gibt es eine kleine Tafel Schokolade. S. 69.

Museu FC Barcelona: Es dürfte schwer werden, einen Zwölfjährigen, der von der Existenz dieses Museums erfahren hat, von einem Besuch abzuhalten, zumal dieser auch eine Tour durch das Stadion beinhaltet ... S. 144.

Und sonst?

Wie wäre es mit einem Besuch des Stadtparks **Parc de la Ciutadella** (S. 74) samt Picknick und einer Runde Ruderboot auf dem dortigen See? Einer Seilbahntour hoch über der Stadt hinüber zum **Montjuïc** (S. 146.), einer Hafenrundfahrt mit den **Golondrinas** (S. 84) oder einem Ausflug zum niedlichen Drachen in Gaudís buntem **Parc Güell** (S. 126)? Nicht zu vergessen die langen Strände von **Barceloneta** (S. 88), an denen man mit größeren Kindern auch schöne Radtouren unternehmen kann, und die **Rambles** (S. 24), in deren hafenseitigem Bereich die fantasievoll kostümierten „lebenden Statuen" warten. Geführte **Mittelaltertouren** für Kinder (siehe auch das Kapitel Unterwegs/Zu Fuß) veranstaltet die Gesellschaft Barcelino (S. 250). Es gibt viel zu erleben in Barcelona ...

... oder eine Tour mit dem Riesenrad?

Schätze im Flohmarkt Nous Encants an der Plaça de les Glòries (→ S. 115)

Barcelona günstig bis gratis

Edle Hotels, Top-Restaurants, teure Museen – Barcelona kann ganz schön ins Geld gehen. Umso besser, wenn man da und dort ein wenig sparen kann.

Stadtverkehr

Der öffentliche Nahverkehr in Barcelona ist günstiger als bei uns, eine Fahrkarte für Metro oder Bus kostet im Stadtgebiet etwa 2,20 €. Es geht aber noch deutlich billiger: Das Zehnerticket T-10, das auch von mehreren Personen benutzt werden darf, kommt auf rund 10 €, die Einzelfahrt damit auf nur einen Euro. Umsteigen ist erlaubt – für die in Tour 12 beschriebene Anreisevariante zum Tibidabo mit Nahverkehrszug, Standseilbahn und evtl. auch Kleinbus werden mit dieser Streifenkarte also für Hin- und Rückfahrt gerade mal zwei Euro pro Person fällig. Für eine Citytour ist das T-10 in vielen Fällen das günstigste Ticket, jedoch nicht das einzige: Weitere Sammel- und Rabattkarten finden Sie im entsprechenden Abschnitt des „Unterwegs"-Kapitels auf S. 243.

Essen & Trinken

Menú del Dia: Der Tipp schlechthin für eine komplette, preisgünstige Mahlzeit! Viele Restaurants offerieren an Werktagen zur Mittagszeit dieses oft sehr günstige „Tagesmenü", das zum Festpreis von meist etwa 10–15 € Vorspeise, Hauptgericht, Dessert und ein Getränk (Wasser, ein Viertel Wein, manchmal auch Bier oder einen Softdrink) enthält. Würde man die einzelnen Bestandteile separat bestellen, läge der Preis erheblich höher. Machen Sie es also wie die Einheimischen und legen Sie Ihre Hauptmahlzeit auf den Mittag!

Ermäßigungen

Ermäßigungen für Museen, Kulturzentren etc. gibt es i. d. R. für Kinder, Studenten mit Ausweis und oft auch über 65-Jährige. Sinnvoll deshalb, den entsprechenden Ausweis bei der Museumstour auch mitzuführen …

Barcelona Card: Eine Art Scheckkarte, die neben freier Fahrt in öffentlichen Verkehrsmitteln auch Rabatte oder freien Eintritt beim Besuch vieler Sehenswürdigkeiten, in manchen Restaurants etc. bringt. Drei Tage kosten 45 €, vier Tage 55 €, fünf Tage 60 €; für zwei Tage wird die „Barcelona Card Express" mit reduzierten Leistungen (kein freier Eintritt, nur Rabatte) angeboten, Kostenpunkt 20 €. Ob sich die Karten wirklich lohnen, ist nicht pauschal zu beantworten, dies hängt sehr stark von der Intensität ihrer Nutzung ab. Infos und Verkauf z. B. in allen Infostellen des Turisme de Barcelona (→ A–Z, Information; bei Internetkauf 10 % Rabatt).

Articket: Ein „Kunst-Pass" für sechs Ausstellungsgebäude und Museen, Preis 30 €, Gültigkeit ein Jahr; inkludiert sind auch temporäre Ausstellungen. Angeschlossene Einrichtungen (hier auch Verkauf): Museum für zeitgenössische Kunst (MACBA), Zentrum zeitgenössischer Kultur (CCCB), Picasso-Museum, Fundació Joan Miró, Nationalmuseum katalanischer Kunst (MNAC) und Fundació Antoni Tàpies. Erhältlich auch bei allen Infostellen von Turisme de Barcelona.

Arqueoticket, ein ähnliches Sammelticket, diesmal für Freunde der Archäologie und Geschichte. Gültig für vier Ausstellungen: Museu d'Historia de la Ciutat, Museu Egipci de Barcelona, Museu d'Arqueologia de Catalunya und die Ausstellungsräume im (ansonsten frei zugänglichen) El Born Centre de Cultura i Memòria. Preis ca. 14€, erhältlich in den Infostellen von Turisme de Barcelona.

Reduzierte Eintrittskarten gibt es bei „Tiquet Rambles", der Verkaufsstelle des städtischen Kulturinstituts im Palau de la Virreina, Rambles 99; ✆ 933 161111. Diese „Lastminute"-Tickets mit meist 50 % Ermäßigung werden ab drei Stunden vor Beginn der Veranstaltung (häufig Theater) angeboten, Verfügbarkeit je nach Nachfrage. In Kinos ist der Eintritt am Montag häufig reduziert, manchmal auch am Mittwoch.

Gratis ins Museum

Sehr erfreulich – in allen städtischen Museen ist der Eintritt am ersten Sonntag im Monat ganztags sowie jeden Sonntagnachmittag ab 15 Uhr frei! Wo dies zutrifft (u. a. Museu d'Història de la Ciutat, Museu Picasso, Museu de Cultures del Món, Museu del Disseny), ist im Text zum Museum jeweils angegeben. Gute Chancen auf freien Eintritt hat man auch an manchen Festen und besonderen Tagen im Jahresverlauf (hier gibt es Variationen von Museum zu Museum), darunter der 12. Februar, der 23. April, der 11. und 24. September sowie der „Internationale Tag der Museen" am 17. Mai. Klar, dass an Gratis-Tagen die Besucherzahlen erheblich steigen, mit Warteschlangen ist deshalb zu rechnen.

Glanzlicht im Viertel El Raval: Richard Meiers MACBA

Schneller geht's nicht: In zwei Flugstunden ist man da

Anreise

Anreise mit dem Flugzeug

Von Berlin bis Barcelona sind rund 1850 Kilometer zurückzulegen, ab Wien mehr als 1750 Kilometer. Und auch von Zürich sind es bis Barcelona immerhin noch über 1000 Kilometer.

Dank preiswerter Low-Cost-Airlines und ermäßigter Linientarife muss der Flug in den Süden gar nicht einmal so teuer sein. Wegen der starken Nachfrage sind günstige Flüge oft sehr schnell ausgebucht, man muss sich also rechtzeitig um das Ticket bemühen. Für Barcelona kommen drei Flughäfen in Frage, nämlich die Hauptstadt selbst, Girona und Reus.

Flughäfen

Flughafen Barcelona Aeroport Internacional Barcelona (BCN), auch bekannt als Aeroport del Prat, etwa 15 Kilometer südlich des Zentrums. Zwei Terminals, das 2009 eröffnete T1 (Airlines u. a. Lufthansa, Air Berlin, Austrian Airlines, Swiss, Iberia und Vueling) und das T2 (Ex-Terminals A, B und C, Airlines u. a. German Wings und Easyjet). Zwischen den Terminals verkehren alle 7–8 Minuten kostenlose Transferbusse (beschildert „Transfer Shuttle" und „Bustransit"). Ankömmlinge finden in beiden Terminals alles Nötige inklusive Infostellen, Bankschaltern etc. Info-Telefon ✆ 902 40470, aus dem Ausland ✆ 0034 913 211000. www.aena.es.

Verbindungen: Ein **Taxi** ins Zentrum darf Mo–Fr tagsüber rund 25–30 € plus Kofferzuschlag kosten, deutlich mehr wird es nur bei sehr ungünstigen Verkehrsverhältnissen. Die Fahrzeit ins Zentrum beträgt 30–45 Minuten.

Nahverkehrszüge (Rodalies/Cercanías), Linie R2 der Bahngesellschaft RENFE, sind eine preiswerte Alternative und bleiben nicht im Stau stecken. Sie verkehren ab der Bahnstation beim Terminal T2 halbstündlich zwischen ungefähr 6 und 23.30 zum Bahnhof Sants und zum Passeig de Gràcia in Eixample (bei der Rückfahrt darauf achten, in den richtigen Zug zu steigen – die Züge der Linie R2 nach Vilanova i la Geltrú oder nach Sant Vicenç de Calders fahren zwar zunächst in dieselbe Richtung, aber nicht zum Airport). Von Terminal T2 folgt man im Obergeschoss am Übergang zwischen den Unterterminals B und A dem Zugsymbol über die lange „Röhren"-Brücke; wer von T1 kommt, muss zunächst den Bus-Shuttle zum T2 nehmen und dann zu Fuß weiter über die Brücke. Fahrzeit nach Sants ca. 20 Minuten. Fahrkarten an Automaten, RENFE-Einzelticket knapp 4,50 €; mit einem Streifen des ohnehin zu empfehlenden städtischen Zehnertickets T-10 (→ „Unterwegs in Barcelona") kostet die Fahrt im ATM-Verbund (Renfe,

Metro, Bus) sogar nur etwa einen Euro, der mit dem Renfe-Ticket nötige Zusatzkauf einer weiteren Fahrkarte bei einem eventuellen Umstieg auf die Metro entfällt zudem. Heben Sie sich einen Streifen (Einzeltickets der Metro gelten nicht!) für die Rückreise auf.

Metro-Linie L9 Sud: Die neue, vollautomatische Metro L9 Sud fährt ab beiden Terminals. Es besteht jedoch keine Verbindung zum anderen Zweig der Linie (L9 Nord), die L9 Sud endet an der Station Zona Universitària. Für eine Fahrt in die Innenstadt ist in jedem Fall ein Umstieg nötig, der die L9 Sud, aufgrund der peripheren Linienführung und trotz der hohen Frequenzen (ca. alle 7 Minuten) für viele zentrale Ziele nicht unbedingt zur schnellsten Wahl macht. Fahrpreis einfach 4,50 €, Umstiege im Metro-Netz inklusive. Tagestickets (T-Dia) der städtischen Verkehrsbetriebe sind gültig, ebenso das Mehrtagesticket „Hola BCN!", nicht jedoch die normalen Einzelfahrkarten und das T-10! Wer sich dennoch mit einem solchen Ticket auf der Rückfahrt zum Flughafen in die L9 Sud verirrt hat, kann sich am Airport „freikaufen", also nachlösen.

Busverbindungen: „Aerobus" A1 fährt vom Terminal T1, A2 vom Terminal T2, Ziel ist jeweils die Plaça de Catalunya, Haltestelle vor dem Kaufhaus Corte Inglés. Zwischenstopps bei der Hinfahrt sind Gran Vía/Ecke Plaça d´Espanya, Gran Vía/nahe Carrer Comte d´Urgell sowie die Plaça Universitat, bei der Rückfahrt Carrer Sepúlveda/nahe Carrer Comte Urgell und Plaça Espanya/Ecke Carrer Creu Coberta. Bei der Rückfahrt darauf achten, die richtige Nummer zu erwischen! Im Bus und besonders beim Aussteigen sollte man zudem gut auf seine Sachen aufpassen. Abfahrten vor den Terminals zwischen etwa 6 und 1 Uhr alle 5 bis 10 Minuten; die Fahrt kommt mit etwa 6 € teurer als der Zug, Tickets im Bus (und an Automaten, die aber schon mal defekt sein können und das Geld einbehalten ...). Eine günstigere, aber auch langsamere und seltener verkehrende (alle 25–35 min.) Alternative ist der städtische Bus 46, der von etwa 5 Uhr bis Mitternacht zur Plaça d´Espanya fährt und mit einem normalen Ticket à zuletzt etwa 2,20 € (oder einem T-10) benutzt werden kann. Nachts pendelt von etwa 23 Uhr bis etwa 5 Uhr der städtische Nachtbus N 17 von/zur Plaça Catalunya, Ticketpreis ebenfalls rund 2,20 €.

Flughafen Girona Aeroport Girona (GRO), im Hinterland der Costa Brava, knapp 80 Kilometer nordöstlich von Barcelona. Flughafeninfo ✆ 902 404704, aus dem Ausland ✆ 0034 913 211000. www.aena.es.

Busverbindung nach Barcelona mit Sagales/Barcelona Bus, Ziel ist Barcelonas Busbahnhof Estació del Nord, Zeiten unter www.sagales.com. Fahrtdauer etwa 75 min., Fahrpreis 16 €, hin und zurück 25 €. Es besteht auch eine stündliche Busverbindung zum Bahnhof/Busbahnhof in Girona-Zentrum. Eines Tages könnte der Airport auch ans Hochgeschwindigkeits-Schienennetz angeschlossen werden.

Flughafen Reus Aeroport Reus (REU), in der Provinz Tarragona, etwa 85 Kilometer südwestlich von Barcelona. Flughafeninfo Info ✆ 902 404704, aus dem Ausland ✆ 0034 913 211000. www.aena.es.

Busverbindung nach Barcelona mit „Hispano Igualadina", Abfahrtszeiten siehe www.igualadina.com. Fahrtdauer etwa 90 Minuten, Fahrpreis 15 €. Ziel in Barcelona ist der Bahnhof Sants. Alternativ mit einem der Stadtbusse ins Zentrum von Reus zum Bahnhof/Busbahnhof und von dort weiter nach Barcelona.

Anreise mit dem eigenen Fahrzeug

Eines vorweg: Für einen Stadtbesuch von Barcelona ist die Mitnahme eines Fahrzeugs unnötig, das Auto nur ein Klotz am Bein und ohne realistische Chance auf einen gebührenfreien Parkplatz. In Parkgaragen sind Preise von 40 Euro pro Tag völlig normal. Lohnend ist die Anreise mit dem eigenen Gefährt deshalb höchstens, wenn man auch noch andere Regionen Kataloniens oder Spaniens besuchen möchte. Die kürzeste Anreise erfolgt, gleichgültig, ob von Hamburg, Berlin oder München, auf der Rhônetalautobahn über Valence, Nîmes, Montpellier und Perpignan bis zur spanischen Grenze und weiter nach Barcelona. Bis Lyon, eventuell auch Valence, scheiden sich jedoch die Geister: Bayern und Österreicher fahren am schnellsten über die Schweiz, der Westen der Republik am besten via Luxemburg beziehungsweise Saarbrücken und Metz; für die meisten anderen Abfahrtsorte ist die Strecke über die Rheintalautobahn zum Grenzübergang Mulhouse (Mühlhausen) die günstigste Wahl.

Allgemeine Hinweise für Autofahrer

Notrufnummer ✆ **112**, einheitliche Rufnummer für Feuerwehr, Ambulanz und Polizei.

ADAC-Notruf **Deutschland**, rund um die Uhr: ✆ 0049 89 222222 (Fahrzeugschaden) bzw. ✆ 0049 89 767676 (Verletzung/Krankheit).

Abschleppwagen/Werkstatt **La Grúa** heißt der Abschleppwagen, die Werkstatt nennt sich **Taller de reparaciones**.

Pannenhilfe **(Auxilio en carretera)**: ✆ 900 112222. Ansprechpartner ist der spanische Automobilclub RACE. Büro in Barcelona: Carrer Muntaner 81, ✆ 934 511551.

Diebstahl Der Pkw selbst ist nicht gefährdeter als bei uns. Autoaufbrüche dagegen sind eine echte Plage! Deshalb nichts, aber auch gar nichts im Auto lassen, Handschuhfach und, wo vorhanden, die Heckablage öffnen – die Chancen auf eine eingeschlagene Fensterscheibe stehen sonst gut.

Diebstahl auf der Autobahn Häufig in den Schlagzeilen sind Banden, die vor allem auf der AP 7 von der Grenze nach Barcelona (z. T. auch schon in Südfrankreich) Urlauber überfallen. Das System ist immer das gleiche: Durch aufgeregte Handzeichen werden Urlauber auf einen angeblichen Defekt am Fahrzeug aufmerksam gemacht und an den Pannenstreifen gelockt. Steht der Wagen erst einmal, haben die Diebe leichtes Spiel. Seien Sie in solchen Fällen also misstrauisch, halten Sie nicht an und überprüfen Sie Ihr Fahrzeug lieber erst an der nächsten Raststätte.

Besonderheiten An **Fahrzeugpapieren** benötigt man Führer- und Fahrzeugschein; die Grüne Versicherungskarte wird dringend empfohlen.

Autobahnen sind überwiegend gebührenpflichtig, bezahlt wird an den Mautstellen.

Kreisverkehre sind in Spanien viel häufiger als bei uns. Der Kreisverkehr hat immer Vorfahrt.

Linksabbiegen von Fernstraßen: Auf Überlandstraßen muss zum Linksabbiegen oft erst nach rechts abgebogen und die gerade verlassene Straße dann hinter einem Stoppschild auf direktem Weg überquert werden.

Linkseinbiegen in Fernstraßen: Ebenso ungewohnt – vielfach gibt es nach dem Linkseinbiegen zunächst eine Beschleunigungsspur, die links (!) von der eigentlichen Fahrspur verläuft. Durchgezogene Linien nicht überfahren!

Tanken Die Benzinpreise an Tankstellen differieren wenig. Diesel nennt sich „gasoleo", Bleifrei mit 95 Oktan „gasolina sin plomo" und ist flächendeckend verfügbar.

Verkehrsverstöße/Strafen Die Strafen für Verkehrsvergehen liegen in Spanien weit höher als bei uns. So kostet Halten auf der Fahrbahn außerorts rund 200–400 €, eine Geschwindigkeitsüberschreitung um 20 km/h mindestens 100 € usw. Bei Bezahlung innerhalb von 20 Tagen wird ein Rabatt von 50 % gewährt. Jeder Unfallbeteiligte ist verpflichtet, sich einem Alkohol- und Drogentest zu unterziehen. Das Fahren mit Kopfhörern ist verboten, ebenso die Benutzung von Handys während der Fahrt – Ausnahme: „echte" Freisprechanlagen (keine Headsets etc.), die keine elektromagnetischen Störungen verursachen. Brillen- und Kontaktlinsenträger müssen Ersatz mitführen. Für Kinder unter drei Jahren sind Babysitze vorgeschrieben. Bei Unfällen, Pannen etc. außerorts muss beim Verlassen des Fahrzeugs eine reflektierende Warnweste getragen werden, beim Tanken müssen Motor, Licht, Musikanlage und auch das Handy ausgeschaltet sein.

Promillegrenze: 0,25 mg/l Atemalkohol, was ungefähr 0,5 Promille Blutalkohol entspricht (für Berufskraftfahrer oder falls der Führerschein noch keine zwei Jahre alt ist: 0,15 mg/l bzw. 0,3 Promille). Hohe Strafen, sogar Haft ist möglich.

Höchstgeschwindigkeiten für Pkw: Innerorts 50 km/h, außerorts 90 km/h, auf Schnellstraßen 100 km/h, Autobahnen 120 km/h.

Überholverbot: 100 m vor Kuppen und auf Straßen, die nicht mindestens auf 200 m zu überblicken sind.

Abschleppen durch Privatfahrzeuge ist verboten!

Gurtpflicht/Helmpflicht besteht sowohl inner- wie außerorts.

Radarwarner sind verboten, ebenso **Reservekanister** im Auto.

Warndreiecke: Ausländische Fahrzeuge benötigen nur ein Warndreieck, Autos mit einheimischen Kennzeichen jedoch zwei – das gilt auch für Mietwagen!

Der ehemalige Hauptbahnhof der Stadt: Estació de França

Anreise mit der Bahn

Die Reise mit der Bahn ist umweltfreundlich, aber aufwändig. Spartarife helfen den sonst recht hohen Fahrpreis zu senken. Bahnreisen nach Barcelona (Ankunftsbahnhof ist meist die Estació de Sants) sind in aller Regel mit ein- oder mehrmaligem Umsteigen verbunden. Die preisgünstigsten Verbindungen nehmen je nach Abfahrtsort unterschiedliche Streckenführungen – mit ein Grund, weshalb die Reisezeiten ganz erheblich schwanken. Immerhin sind mittlerweile durch die durchgehende Hochgeschwindigkeitsverbindung von Frankreich (Paris–Barcelona 6,5 Stunden, Lyon–Barcelona 5 Stunden) die Fahrtzeiten in vielen Fällen deutlich kürzer geworden.

Information **Info-Telefone der DB**: ✆ 01806 996633 („Mensch zu Mensch", gebührenpflichtig) und ✆ 0800 1507090 (Computeransagen, gebührenfrei), im **Internet**: www.bahn.de.

Preise/Sondertarife Der sehr häufigen Änderungen unterworfene Tarifdschungel der Bahnen im In- und Ausland ist im Rahmen dieses Handbuchs unmöglich darzustellen. Sparangebote gibt es unter anderem für weite Distanzen innerhalb Deutschlands und Frankreichs, für bestimmte Abfahrtstage, für Kinder, Jugendliche unter 26 Jahren, Familien, kleine und größere Gruppen, Senioren etc. Am Bahnschalter werden einem diese Sondertarife nicht unbedingt aufgedrängt, es lohnt sich also sehr, gezielt danach zu fragen.

Schlaf- oder Liegewagen Angesichts der recht langen Anreise eine feine Sache. Die Zuschläge auf den Fahrpreis halten sich besonders beim Liegewagen in engen Grenzen. Reservierungen, auch für Frankreich und Spanien, bei allen größeren Bahnhöfen.

Platzkarten Wo nicht ohnehin Pflicht, dringend zu empfehlen; Reservierungen auch für Züge in Frankreich oder der Schweiz sind von jedem größeren Bahnhof in Deutschland problemlos möglich.

Bahnhöfe in Barcelona Alle besitzen Metro-Anschluss. Auskünfte über den RENFE-Fahrplan sind in Spanien erhältlich unter ✆ 902 320320 oder unter www.renfe.es.

Estació de Sants ist der moderne Hauptbahnhof von Barcelona, westlich des Zentrums zwischen Avinguda Diagonal und Plaça d'Espanya gelegen, Metro-Station Sants Estació, Linien L3/L5. Hier starten oder stoppen fast alle Nah- und Fernverkehrszüge, ebenso die meisten grenzüberschreitenden Züge aus Richtung Frankreich. Es besteht Zusteigemöglichkeit zu Cercanías-Nahverkehrszügen. Neben einer RENFE-Information und einem Fremdenverkehrsamt der Stadt gibt es auch Gepäckaufbewahrung, Autoverleih etc.

Estació de França, Barcelonas nostalgischer und schön renovierter Nobelbahnhof, liegt altstadtnah südlich des Ciutadella-Parks. Metro-Station Barceloneta, Linie L4, dann noch ein Stück zu Fuß.

Estació Sant Andreu Comtal, ein kleinerer Bahnhof im Norden der Stadt, ans Netz der Metro (L1) und der Renfe-Rodalies (R2/R2 Nord) angeschlossen.

Estació La Sagrera TAV, ein Bahnhof speziell für die aus Frankreich kommende Hochgeschwindigkeitslinie, der aber nach vielen Verzögerungen erst 2019/2020 komplett fertiggestellt sein soll; Metro-Anschluss L9/L10, Übergang zur Metro L1/L5.

Estació Passeig de Gràcia, ein untergeordneter, aber zentral gelegener Bahnhof, an dem manche Züge aus Richtung Norden zum Bahnhof Sants halten. Zusteigemöglichkeit zur Rodalies-Linie R2, die u. a. den Bahnhof Sants, den Flughafen und die südliche Küste Richtung Sitges bedient.

Anreise mit dem Bus

Rund ums Jahr ist Barcelona auch mit dem Linienbus zu erreichen. Der Bahn gegenüber kann der Bus den Vorteil ins Feld führen, oft etwas preiswerter zu sein. Die Busse sind durchaus komfortabel ausgestattet, die reine Erholung ist eine Busfahrt über deutlich mehr als tausend Kilometer aber natürlich kaum.

Linienbusse Die Busse der „Europäischen Fernlinienverkehre" (Eurolines, Europabus) verbinden Barcelona und das restliche Spanien mit vielen Städten Deutschlands. Ansprechpartner in Deutschland ist die Deutsche Touring, Ankunft in Barcelona am Busbahnhof Estació del Nord (siehe unten) und am Hauptbahnhof Sants.

Preisbeispiel: Die Strecke Frankfurt-Barcelona (23 Stunden Fahrt) kostet im Normaltarif einfach etwa 100–110 €. **Modalitäten**: Zwei Gepäckstücke sind frei, Übergepäck gegen Aufpreis und nur, falls genügend Platz ist.

Information/Buchung: www.eurolines.de, Service-Hotline ✆ 06196 2078-501.

Busbahnhof Barcelona **Estació del Nord**, Carrer Alí Bei 80, ein paar Blocks oberhalb des Ciutadella-Parks, nahe Avinguda Vilanova. Info-✆ 902 260606. Die Metro-Station Arc de Triomf (Linie L1) liegt in der Nähe. www.barcelonanord.com.

Zentral gelegen: FGC-Bahnhof Plaça de Catalunya

Fährt auch abgelegene Sehenswürdigkeiten an: Bus turístic

Unterwegs in Barcelona

Mit ihren relativ überschaubaren Dimensionen ist Barcelona eine Stadt für Fußgänger: Nach einer Umfrage fühlen sich fast vier Fünftel der Einwohner eher als Fußgänger denn als Autofahrer. Gleichzeitig besitzt Barcelona ein sehr effektives und preisgünstiges Nahverkehrsnetz, das es leicht macht, die Stadt mit öffentlichen Verkehrsmitteln zu entdecken – bei einem europaweiten Test des ADAC erhielt der Stadtverkehr von Barcelona vor einigen Jahren recht gute Noten. Ein Plan mit Metro- und Buslinien gibt es bei den Touristeninformationen oder den Info-Büros der Verkehrswerke, unter anderem im Untergeschoss der Plaça de la Universitat; Infotelefon: 010, www.tmb.net.

Tarife im Nahverkehr

Das gesamte Stadtgebiet von Barcelona bildet eine einzige Tarifzone. Einzelfahrten mit Metro, FGC, Bus, Tram und Renfe-Cercanías/Rodalies im Stadtbereich kosteten zuletzt etwa 2,20 € (die Preise werden fast jährlich „angepasst", also erhöht). Tickets gibt es an den Metro- und FGC-Eingängen, viele Varianten (nicht alle) auch in Zeitschriften- und Tabakgeschäften etc. Entwertet werden müssen alle Tickets an den Drehkreuzen zum Untergrund, im Bus am gelben Kasten beim Fahrer.

Tipp: T-10: Für den normalen Städtetrip meist die beste Option sind die Sammeltickets „Targetes", insbesondere das Zehnerticket „T-10" (gesprochen „Te-Deu"). Es kann auch von mehreren Personen (pro Person einen Streifen entwerten) benutzt werden, gilt für Metro, FGC, Busse, Tram und die Renfe-Nahverkehrszüge Cercanías bzw. Rodalies und kostet für eine Zone (also das gesamte Stadtgebiet Barcelona) etwa 10 €. Nach dem Entwerten hat man eineinviertel Stunden Zeit, um mit den genannten Verkehrsmitteln das Ziel zu erreichen. Bis zu viermal Umsteigen ist in dieser Zeit möglich (beim erneuten Einführen des Tickets in den Entwerter wird dann kein weiterer Streifen abgestempelt); hat man allerdings das Metro-Netz erst einmal verlassen, kann man mit demselben Streifen nicht erneut zurück.

T-Dia: Nur für den, der sehr viel mit öffentlichen Verkehrsmitteln unterwegs ist, lohnt sich eventuell das Tagesticket „T-Dia“: ein Tag freie Fahrt im Stadtgebiet in Metro, FGC, Bus, Tram und den Cercanías/Rodalies für etwa 8,50 €; es gibt auch Mehrtageskarten und Monatskarten. Darüber hinaus existieren Varianten, die über mehrere Tarifzonen reichen, aber für Barcelona selbst nicht relevant sind.

Hola BCN!, eine Mehrtageskarte für freie Fahrt im Netz der städtischen Verkehrsbetriebe, erhältlich für zwei (14 €) bis fünf (32 €) Tage. Sinnvoll bei sehr starker Nutzung, erhältlich an Automaten, den Verkaufsstellen der TMB (bei Internetkauf 10% Rabatt) und bei den Infostellen von Turisme de Barcelona (→ A–Z, Information).

Barcelona Card: Eine Mehrzweck-Karte, die neben freier Fahrt im öffentlichen Stadtverkehr auch Rabatte oder freien Eintritt bei vielen Museen, Seilbahnen, Geschäften etc. gewährt, siehe auch das Kapitel „Barcelona günstig bis gratis“, S. 236. Ob sich das Ticket wirklich lohnt, hängt in erster Linie davon ab, wieviele (und welche) Aktivitäten man in den entsprechenden Zeitraum quetscht; die reine Fortbewegung im Stadtverkehr ist weit billiger zu haben. Details und Verkauf z. B. in allen Infostellen des Turisme de Barcelona (→ A–Z, Information; bei Kauf im Netz 10 % Rabatt).

Metro/FGC/Tram/Cercanías

Schnell, effektiv und relativ leicht zu durchschauen ist das Verkehrsnetz der Untergrundbahnen. Die Wege beim Umsteigen an einzelnen Stationen können allerdings teilweise etwas lang und mit viel Gepäck oder kleinen Kindern deshalb anstrengend sein; Aufzüge und Rolltreppen gibt es nicht überall. Vom Geschehen an der Oberfläche bekommt man zudem nichts mit; anders auf den Straßenbahnlinien, deren Linienführung für den Städtetouristen bislang aber nur begrenzten Nutzen hat.

Metro: Dichtes Liniennetz, auf Plänen und Wegweisern auch durch unterschiedliche Farben hervorgehoben. Fahrzeiten der Metro: Mo–Do 5–24 Uhr, Fr 5–2 Uhr, Sa ab 5 Uhr durchgehend bis So 24 Uhr. Infostellen der TMB u. a. in den Untergeschossen der Metrostationen Diagonal (Mo–Fr 8–20 Uhr, Sa 9–14, 15–19 Uhr, So 9–14 Uhr) und Plaça Universitat (Mo–Fr 8–20 Uhr geöffnet). Info-Telefon 010, www.tmb.cat.

Ferrocarrils de la Generalitat FGC: Im Stadtverkehr sind die Nahverkehrszüge (eine Art S-Bahn) vor allem als Verbindung zum Tibidabo, zur Serra de Collserola und nach Sarrià interessant. Die Art der Linienkürzel ist verwirrend,

Hoch über der Stadt: Telefèric de Montjuïc

Barcelona im Kasten

Barcelona per Bus entdecken: Bus Turístic & Barcelona City Tour

Eine reizvolle und bei richtiger Nutzung preiswerte Angelegenheit – Stadtrundfahrt auf eigene Faust. Kein Wunder, dass der Bus Turístic rund zwei Millionen Fahrgäste pro Jahr zählt.

Die Busse fahren auf mehreren Routen („Blau" im Süden, „Rot" im Norden, von etwa April bis Oktober auch „Grün" zum Fòrum 2004) zahlreiche Sehenswürdigkeiten ab, die sonst oft nur umständlich zu erreichen sind, darunter die Sagrada Familia, der Parc Güell und der Montjuïc. Zusteigen kann man z. B. an der Kolumbussäule am Hafen, der Pl. Catalunya und beim Bhf. Sants. Betrieb ganzjährig außer am 25. Dezember und 1. Januar, von etwa April bis Oktober 9–20 Uhr, sonst 9–19 Uhr. Preise pro Tag 28 €, Kinder von 4–12 J. 16 €; zwei Tage 34 bzw. 20 €; bei Reservierung unter www.barcelonaturisme.cat gibt es 10 % Rabatt. Für Besitzer aller Tickets werden eine Reihe von Ermäßigungen auf Eintrittskarten etc. gewährt, die auch nach dem Fahrtag in Anspruch genommen werden können.

Tickets gibt es im Bus, in den TMB-Infostellen und bei den Fremdenverkehrsämtern von Turisme de Barcelona. Eher ungünstige Tage: Am Sonntag sind die Busse oft sehr voll (einheimische Besucher), außerdem haben am Nachmittag manche Museen zu; am Montag sind fast alle Museen ganztägig geschlossen. Und noch ein Tipp: Achten Sie auf dem offenen Oberdeck auf ausreichenden Sonnenschutz (Mütze), denn durch den Fahrtwind spürt man die Sonneneinstrahlung kaum. Von etwa Juni bis Ende August verkehrt zusätzlich der nächtliche Bus Turístic de Nit, Abfahrt Fr–So um 21.30 Uhr ab der Pl. Catalunya, Dauer der Rundfahrt etwa 2,5 Stunden, p.P. ca. 20 €, Kinder 10 €, Ticketkauf wie oben.

Barcelona City Tour: Die Konkurrenz zum Bus Turístic – Routen ähnlich (das Monestir de Pedralbes bleibt jedoch ausgeklammert), Preise gleich. Vorteil: oft weniger voll; Nachteile: geringere Frequenzen, erheblich weniger Rabatte auf Eintrittskarten. www.barcelonacitytour.cat.

meist steht ein „S" vor der Nummer, selten auch ein „R"; die innerstädtischen Linien wurden als L6, L7 und L8 quasi der Nummerierung des Metro-Netzes zugeschlagen. Eine zentrale Station für die FGC-Linien Richtung Tibidabo (L7), Sarrià (L6) und Serra de Collserola (S1 und S2) ist die Plaça de Catalunya, wo es auch einen Übergang von der Metro gibt; Abfahrtsstelle für die Linie nach Montserrat ist die Plaça d'Espanya. Infostellen in den FGC-Bahnhöfen an der Plaça Catalunya (Mo–Fr 8–20 Uhr) und an der Plaça Espanya (Mo–Fr 9–14, 16–18.30 Uhr, August nur 9–14 Uhr); Info-✆ 900 901515. www.fgc.cat.

Tram: Neben der nostalgischen Tramvia Blau zum Tibidabo (→ dort) besitzt Barcelona mehrere moderne Linien. Die Linien T1–3 fahren von der Pl. Francesc Macià entlang der Av. Diagonal in die westlich angrenzenden Nachbarstädte wie L'Hospitalet de Llobregat. Interessanter ist die Linie T4, die von der Haltestelle Ciutadella/Villa Olímpica über die Plaça Glòries zum Fòrum 2004 und weiter in den Nachbarort Sant Adrià de Besòs fährt. Landeinwärts etwa parallel bis zur Station Gorg verläuft die Schwesterlinie T5; verbunden sind beide durch die T6. Irgendwann könnten die Linien im Westen und Osten durch eine neue Tramvia entlang der Diagonal verbunden werden. Infostellen wie Metro.

Rodalies (Cercanías): Die Nahverkehrszüge der RENFE sind vor allem für Ausflügler z. B. nach Sitges von Bedeutung. Zu den wichtigen Zusteigestellen zählen Plaça de Catalunya, Bahnhof Sants und Passeig de Gràcia. Fahrscheine sind auch aus Automaten in den Bahnhöfen (für die günstigen und auch von mehreren Personen nutzbaren 10er-Tickets den Knopf „Bonotren" drücken) erhältlich. Die Rodalies sind dem städtischen Nahverkehr angeschlossen, weshalb es auch Kombikarten mit dessen Angeboten (z. B. T-Dia oder T-10) gibt.

Busse

Naturgemäß ist der Bus deutlich langsamer als die Metro, doch erschließt sich die Anlage der Stadt auf Busfahrten wesentlich besser als im Untergrund.

Stadtbus: Auf den ersten Blick verwirrendes Linien-Geflecht; die Infobroschüre der Verkehrsbetriebe ist sehr hilfreich. Die Betriebszeiten der Busse schwanken je nach Linie, Richtwert 5 Uhr bis 22.30 Uhr. Sa sind die Frequenzen etwas eingeschränkt, So deutlicher bis hin zum Komplettausfall mancher Linien. Eingestiegen werden darf nur beim Fahrer, Ausstieg Mitte oder hinten. Nachts verkehren auf einigen Strecken Nachtbusse (Extra-Tickets), die fast alle über die Plaça de Catalunya fahren. Infostellen wie Metro.

Taxi

Barcelona besitzt weit über 10.000 Taxis. Sie sind in der ganzen Stadt präsent und am schwarz-gelben Design leicht zu erkennen. Ein leuchtendes grünes Dachlicht signalisiert „frei“. Beim europaweiten ADAC-Taxitest 2011 erreichte Barcelona übrigens (vor München) den ersten Platz.

Tarife: Im Stadtgebiet gibt es drei Tarife. Der günstigste T-1 kommt Mo–Fr 8–20 Uhr zur Anwendung, der etwas teurere T-2 Mo-Fr 20–8 Uhr sowie Sa/So 6–20 Uhr, der teuerste T3 Sa/So 20–6 Uhr. Insgesamt sind die Preise relativ moderat; die Grundgebühr kostet etwa 2,10–2,30 €, der Kilometer etwa 1,05–1,40 €. Zuschläge freilich gibt es in breiter Zahl; sie werden z. B. bei telefonischer Anforderung, an „Nits especials“ (besondere Nächte: Weihnachten etc.), für Gepäck, Hunde sowie Fahrten von/zum Flughafen oder Bahnhof erhoben.

Bestellungen/Reservierungen: Es gibt keine Leitstelle, sondern mehrere Unternehmen, z. B. „Ràdio-Taxi Metropolitana“ ✆ 932 250000, „Servi-Taxi“ ✆ 933 300300 oder „Ràdio Taxi 033“, ✆ 933 033033. Behindertengerechte Taxis bei „Taxi Amic“, ✆ 934 208 088. www.taxibarcelona.cat.

Barcelonas Taxis sind schwarz-gelb

Mit dem Auto oder Scooter

Stadtfahrten mit dem Auto sind kein Vergnügen. An den hektischen Verkehr auf bis zu sieben oder acht Fahrspuren in einer Richtung kann man sich vielleicht gewöhnen, auch an die vielen Motorrad- und Vespafahrer, die sich mit Todesverachtung und unverminderter Geschwindigkeit zwischen den Fahrzeugen durchschlängeln – allein, es gibt kaum freie Parkplätze. Eine Ausnahme in jeder Hinsicht ist der August, wenn die halbe Einwohnerschaft die Stadt verlassen hat, sich der Verkehr enorm reduziert und sogar die Parkautomaten zugesperrt werden.

Parken Schon aus Sicherheitsgründen ist das Parken in Parkhäusern oder auf bewachten Parkplätzen geraten. Eine feine Sache für Stadtbesucher mit eigenem Pkw sind die Sonderangebote der städtischen Parkhäuser von BSM. Eines der (in Einzelheiten immer mal wieder variierenden) Angebote bezieht sich auf die Parkgarage *Aparcament B:SM Plaça Fòrum*. Sie liegt an der Plaça d'Ernest Lluch i Martín auf dem küstennahen, z. B. mit der Metrolinie L4 gut ans Nahverkehrsnetz angebundenen Gelände des Fòrum 2004 im Nordosten der Stadt, und offerierte zuletzt sogenannte „Park&Ride“-Pauschalen von einem Tag (10 €) bis zu sieben Tagen (60 €); die Nutzung öffentlicher Verkehrsmittel ist trotz des Namens leider nicht inklusive. Einen (für Barcelona günstigen) Tarif von etwa 20 € pro Tag bietet das relativ zentral gelegene *Aparcament Estació Barcelona-Nord* (Carrer Alí Bei beim Busbahnhof Estació del Nord). Kleine Einschränkung in beiden Fällen: Das Fahrzeug darf das Parkgelände nicht verlassen, sonst verfällt die Gebühr. Internet-Info, auch auf Englisch, unter www.aparcamentsbsm.cat.

Die Parkhäuser im Zentrum verlangen hingegen Tarife von oft mehr als 3 € pro Stunde und bis zu 40 € pro Tag – Achtung, nicht alle sind rund um die Uhr geöffnet. Die Preise derjenigen Hotels, die über eigene oder assoziierte Garagen verfügen, liegen manchmal, aber nicht immer unter den genannten Tarifen. Zentrale Parkgaragen finden sich z. B. entlang den Rondas, der Gran Via und der Plaça de Catalunya.

Gelb markierte Bordsteine: Parkverbot, alternativ (oder gleichzeitig) auch durch die bei uns üblichen Schilder angezeigt.

Bootspartie im Cutadella-Park

Blau markierte Bordsteine: Gebührenpflichtige Parkzone. An der nächsten Ecke steht ein Automat, den man je nach vorgesehener Parkdauer mit Münzen füttert; die Quittung gehört für den Parkwächter gut sichtbar unter die Windschutzscheibe. Auf dem Automaten stehen auch die Zeiten, in denen bezahlt werden muss; gebührenfrei parkt man sonntags, nachts und zur Siesta-Zeit.

Grün markierte Bordsteine: Anwohnerparkzone; Auswärtige dürfen gegen Gebühr dennoch für ein bis zwei Stunden parken. Mit dem Zusatzschild „Àrea Residents" ist das Parken jedoch nur für Anwohner mit Ausweis gestattet.

La Grúa, der spanienweit gefürchtete Abschleppwagen, kommt schnell im Parkverbot und, bei längerer Überschreitung der Parkzeit, auch in den blauen Zonen. Wer einen Strafzettel an der Scheibe findet, kann die Bezahlung dafür nicht mehr „vergessen": Geldbußen über 70 € dürfen mittlerweile EU-weit eingetrieben werden. Und die spanischen Tarife sind hoch: Verbotenes Parken kann bis zu 90 € kosten.

Mietwagen Für den Stadtverkehr sind Mietwagen ebensowenig ratsam wie der eigene Pkw, interessant dagegen für Ausflüge. Am günstigsten ist in der Regel die Anmietung bereits ab der Heimat, bei der Miete vor Ort lohnt sich ein Preisvergleich. Dabei immer auf das Kleingedruckte achten, nur selten werden Endpreise angeboten! Die meisten Prospekte und Verträge werden zweisprachig, in Spanisch und Englisch, abgefasst. Achtung: Zu den von den Vermietern genannten Preisen ist fast immer noch die spanische Mehrwertsteuer IVA zu addieren, im Fall Mietwagen 21 %.

Versicherung („Seguro"): Im Preis meist enthalten sind Haftpflicht („seguro obligatorio", auf Deckungssummen achten), Kautionsgebühren und ein gewisser spanischer Rechtsschutz sowie Diebstahl- und Feuerversicherung. Extra zu zahlen, jedoch nicht obligatorisch, sind Vollkasko- und Insassenversicherung.

Weitere Bedingungen: Bei Pkw-Vermietung üblicherweise Mindestalter 21 Jahre, Führerschein mindestens ein Jahr alt. Kaution („Deposito") in Höhe von 20 % der Mietsumme. Bei Zahlung mit Kreditkarte ist in der Regel keine Kaution nötig.

Einige Anbieter: Am Flughafen sind eine Reihe von Agenturen vertreten, ebenso am Bahnhof Sants. Innerhalb des Stadtgebietes kann man sich die Wagen meist zum Hotel bringen und von dort auch wieder abholen lassen. AVIS, C. Còrsega 293, ✆ 902 110275; ENTERPRISE/ATESA, C. Muntaner 45, ✆ 933 230701,EUROPCAR, Gran Via de les Corts Catalans 680, ✆ 933 020543; VANGUARD, Carrer Londres 31, ✆ 934 393880, vermietet auch **Scooter**.

Vermittler: www.billiger-mietwagen.de vergleicht die Preise von Vermittlern wie Cardelmar, Auto Europe, etc. Alle vermitteln sie vorab Mietverträge, die dann mit einem lokalen Vermieter abgeschlossen werden; die Preise liegen dabei in aller Regel deutlich unter denen einer Direktmiete. Beim Vergleich auch auf Details wie Gerichtsstand, Tankregelung (Rückgabe mit vollem Tank ist günstiger als der Ankauf einer Tankfüllung bei Anmietung und Abgabe mit leerem Tank), Selbstbehalt der Vollkaskoversicherung usw. achten.

Scooterverleih Scooter sind eine feine Sache im Stadtverkehr Barcelonas – wendig, flott, keine Parkplatzsorgen. Fahrpraxis auf motorisierten Zweirädern ist jedoch dringend angebracht, will man in der fast allgegenwärtigen Hektik nicht im Wortsinn „unter die Räder kommen". Achten Sie bei Anmietung auf die Handhabung eines selbst verschuldeten Schadensfalls, den Umfang der Versicherung und die evtl. zusätzlich anfallenden Steuern!

Cooltra, Passeig Joan de Borbó 80-84, in Barceloneta, strandnah kurz vor dem Transbordador Aeri, ✆ 932 214070. Solides, deutsch geführtes Büro, Teil einer kleinen Kette. Scooter je nach Saison und Kategorie etwa 30–40 € pro Tag, Autoführerschein reicht. Auch geführte Scootertouren sowie Verleih von Fahrrädern und Rollerblades. Es gibt noch weitere Stationen im Stadtgebiet, hier hat man jedoch die nötige Ruhe zum Start ins „Scooter-Abenteuer Barcelona". www.cooltra.com.

Mondo Rent, gleich nebenan. Passeig Joan de Borbó 80–84, ✆ 932 953268, eine zentrumsnähere Filiale liegt am Passeig de Colom 24 (meerwärts Barri Gòtic), ✆ 933 011317. www.mondorent.com.

Via Vespa vermietet das italienische Original, die Preise (50er um die 50 €/Tag) liegen aber höher. Auch geführte Touren. Carrer de la Princesa 56 (La Ribera), ✆ 933 196754, www.via-vespa.com.

Fahrrad

In den letzten Jahren sind die „Bicis" für immer mehr Einwohner Barcelonas zur Alternative geworden. Im Hafenbereich und auch an einigen Hauptverkehrsadern insbesondere in Eixample (darunter der Großteil der Av. Diagonal) wurde auch bereits eine Reihe von Radwegen angelegt. Stadtdurchquerungen per Bike verlangen angesichts des herben Autoverkehrs jedoch immer noch eine gewisse Umsicht. War es früher noch üblich, auch auf dem Gehweg zu fahren, so ist seit 2016 das Befahren von Bürgersteigen mit einer Breite unter 5 Metern (also praktisch alle)

Nur für Einwohner: Verleihsystem Bicing

Geführte Radtouren: Spaß in der Gruppe

generell verboten. Spaß bereitet eine Fahrradtour entlang der Strandpromenade. Achtung, Kinder unter 16 Jahren müssen in Spanien auch innerorts mit Helm fahren!

Fahrradverleih Mieträder sind nicht ganz billig, bei Langzeitmiete gibt es allerdings meistens Rabatt.

Bicing: Im Stadtverkehr schier omnipräsent sind die rot-weißen Räder dieses dezentralen Verleihsystems, die mit einer Benutzerkarte an zahlreichen Stationen angemietet und wieder abgegeben werden können. Leider ist die Registrierung nur für gemeldete Einwohner (natürlich auch für Residenten) der Stadt Barcelona möglich, also nicht für Touristen – Städte wie Valencia oder Sevilla zeigen, dass es auch anders geht. www.bicing.com.

Budget Bikes, mit mehreren Filialen: Carrer Estruc 38 (Barri Gòtic, nahe Portal de´l Àngel und Plaça Catalunya), C. Nou de la Rambla 114 (nahe Avinguda Paral.lel), C. Balmes 14 (nahe Pl. Universitat) und an der Plaça de la Llana in Sant Pere, oberhalb des Carrer Princesa. Geöffnet täglich 10–18 Uhr, im Carrer Estruc bis 20 Uhr. Acht Stunden kosten 13 €, 24 Std. 16 €. Auch **Gepäckaufbewahrung**. www.budgetbikes.eu.

Barcelona Rent a Bike besitzt u.a. Filialen in Barceloneta (Passeig Joan de Borbó 35, ✆ 932 212790) sowie in El Raval (Carrer Tallers 45, nahe Plaça Catalunya, ✆ 933 171970). Ähnliche Preise wie oben. www.barcelonarentabike.com.

Green Bikes hat zwei Stationen im Barri Gòtic: Carrer Escudellers 48 (Plaça George Orwell), ✆ 933 013612, und Carrer Ample 53, ✆ 931 250278. 24 Std. kosten 10 €. www.greenbikes barcelona.com.

Mattia spielt den Preisbrecher: Fahrrad ab 6 € pro Tag. Carrer Unió 30 (Raval) und Gran Vía 392, nahe Plaça Espanya. Auch Scooter. ✆ 933 028521. www.mattia46.com.

Rabbit Bike hat ebenso günstige Tarife und vermietet ebenfalls Scooter. Carrer Assaonadors 19 (Sant Pere), ✆ 930 093580, im Winter Di/Mi geschlossen. Eine weitere Filiale liegt im Carrer Poeta Cabanyes 45, jenseits der Av. Paral.lel.

Geführte Fahrradtouren Mehrere Anbieter offerieren Stadttouren per Bike, darunter auch Green Bikes und Budget Bikes; Preis bei etwa dreistündiger Dauer rund 25 € pro Person. Auch über die Infostellen von Turisme de Barcelona lassen sich verschiedene Touren buchen.

Zu Fuß

Weite Teile Barcelonas erschließen sich am schönsten zu Fuß. Die Entfernungen halten sich in Grenzen; selbst zwischen der Plaça Catalunya und dem Viertel Gràcia, das früher eine eigenständige Siedlung war, läuft man nur etwa eine halbe Stunde. Altstadtviertel wie das Barri Gòtic oder La Ribera sind vielfach ohnehin verkehrsberuhigt, ebenso die Uferzonen. Die in diesem Handbuch vorgestellten 14 Touren sind ebenfalls weitgehend für Fußgänger konzipiert; einzige Ausnahme ist der Montjuïc mit seinen weiten Entfernungen. Seien Sie jedoch vorsichtig beim Überqueren von Straßen. Zebrastreifen werden von den Autofahrern fast grundsätzlich missachtet, und der Versuch, eine Fußgängerampel noch schnell bei bereits blinkendem Grünlicht zu überqueren, ist garantiert zum Scheitern verurteilt: Barcelonas Auto- und erst recht Motorradfahrer starten innerhalb der ersten Hundertstelsekunde, in der die Fußgängerampel auf Rot steht, wenn nicht früher.

Geführte Stadttouren zu Fuß Die „**Walking Tours**" des Fremdenverkehrsamts Turisme de Barcelona werden, auch in englischer Sprache, zu einer ganzen Reihe verschiedenen Themen angeboten, z.B. „*Barri Gòtic*" (2 Std.; 16 €), „*Modernisme*" (2 Std.; 16€) oder „*Gourmet*" (2 Std.; 22€ inkl. drei Degustationen). Details und Reservierung in allen Infobüros von Turisme de Barcelona (→ A–Z, Information).

Tapas-Touren, ebenfalls u.a. auch auf Deutsch, mit Degustation in vier Bars (p. P. ab 45 €) sowie für echte Süßmäuler eine **Schokoladen-Cava-Tour** (55 €) bietet www.tapastoursbarcelona.com.

Mittelaltertouren auch speziell für Kinder, („von 5–99 Jahren") mit Führern in historischen Kostümen offeriert die Gesellschaft Barcelino. Auf Deutsch Mi 10 Uhr, So 11.15 Uhr. Dauer etwa eine Stunde, p.P. ca. 15 €. Treffpunkt Plaça Nova/Carrer Bispe (nahe Kathedrale), bei der Barcino-Buchstabenskulptur. www.barcelino.es.

Weitere, von Lesern empfohlene Touren: www.barcelonadragontours.com und www.paseo-barcelona.de, beide deutschsprachig. Sehr gelobte Führungen durch Obdachlose, teilweise ebenfalls deutschsprachig, veranstaltet www.hiddencitytours.com.

Sonstige Verkehrsmittel

Barcelona besitzt noch über eine Reihe reizvoller und ungewöhnlicher Transportmittel: Kleine Schiffe und Katamarane durchqueren den Hafen, Zahnrad- und Standseilbahnen verbinden die Stadt mit ihren beiden Hausbergen, dem Tibidabo und dem Montjuïc. Näheres finden Sie unter den jeweiligen Stadttouren.

Im Viertel El Raval: Schilderwald für Fußgänger

Luxuriöse Landmarke: das W Hotel am Strand von Barceloneta

Karte S. 258/259

Übernachten

Barcelona verfügt über eine große Auswahl an Unterkünften aller Kategorien. Das Angebot wurde, insbesondere in der gehobenen Klasse, in den letzten Jahren zudem kräftig erweitert. Aufgrund der hohen Nachfrage sind die empfehlenswerteren Hotels und Pensionen dennoch oft voll belegt. Rechtzeitige Reservierung bringt Sicherheit – buchen Sie deshalb so früh wie möglich!

Die Buchung vorab ist für viele Hotels (nur selten für Pensionen) auch bei den verschiedenen Reiseveranstaltern möglich und kommt dann, insbesondere in den höheren Kategorien, oft erheblich günstiger als private Reservierung. Die Preise in Barcelona sind in fast steter Aufwärtsentwicklung begriffen und liegen deutlich über dem katalanischen Durchschnitt, von billigen Pensionen sollte man sich also nicht zu viel Komfort erwarten. Vor allem in Zeiten hoher Nachfrage wie zu Weihnachten, Ostern, verlängerten Wochenenden („puentes") und Messen ziehen die Tarife nochmals an – unsere Angaben beziehen sich auf den Normalfall, nicht auf absolute Toptermine.

Preisangaben: Die in diesem Handbuch genannten Preise beziehen sich auf die Übernachtung für zwei Personen im Doppelzimmer (DZ) und sind wegen der häufigen Änderungen als Anhaltspunkt zu verstehen. Sie beinhalten die Mehrwertsteuer IVA und orientieren sich an den offiziellen Angaben, was nicht ausschließt, dass Internetangebote vor allem in höherklassigen Quartieren (die ihre Preise oft aktuell je nach Nachfrage festlegen, wobei es zu starken Schwankungen kommt) schon mal günstiger ausfallen können und mancher Hotelier bei längerem Aufenthalt oder ausnahmsweise sehr schwachem Publikumsinteresse mit sich handeln lässt oder sogar von sich aus weniger fordert. Bei besonderen Ereignissen, großen Messen und bekannten Festen ist dagegen mit weit über die Angaben hinaus erhöhten Preisen zu rechnen!

Ein wichtiges Kriterium bei der Wahl des Quartiers ist sein Standort. Nicht jeder wird beispielsweise mit einem Hotel in abgelegeneren Zonen von Eixample glücklich werden. Günstig erscheint hingegen die Altstadt, in der praktisch alles zu Fuß zu erreichen ist und Bars und Restaurants direkt vor der Tür liegen. Über die Lage der hier beschriebenen Unterkünfte informiert Sie die Karte auf S. 258/259.

Hotel-, Apartment- und Zimmervermittlung

Wer ganz ohne Reservierung nach Barcelona kommt (wovon wir dringend abraten), kann sich an die Informationsstellen von Turisme de Barcelona im Flughafen und an der Plaça Catalunya wenden, → Kapitel A–Z, Stichwort „Information". Beide Büros vermitteln freie Hotelzimmer, allerdings nicht telefonisch, sondern nur bei persönlichem Erscheinen.

Apartments und **Ferienwohnungen** sind, nicht nur für Familien oder kleinere Gruppen, sondern auch schon für zwei Personen, durchaus eine Alternative zu Hotels. Je mehr Personen sich zusammentun, desto günstiger wird die Anmietung pro Kopf. Die Mindestmietdauer schwankt in der Regel zwischen drei und sieben Tagen. Aufgrund der hohen Nachfrage, die besonders in der Altstadt zu Verdrängungseffekten gegenüber Wohnraum führte, hat die Stadtverwaltung regulierend eingegriffen, die Zahl der Lizenzen begrenzt und hunderte Ferienapartments geschlossen, die den gesetzlichen Vorgaben nicht entsprachen. Illegale Vermietung wird nun scharf geahndet, als Folge sind in den verbliebenen Apartments die Preise gestiegen.

Buchungsportale wie **www.hotel.de**, **www.hrs.de** und **www.booking.com** bieten einen guten Überblick über die aktuelle Marktsituation und manchmal auch günstigere Preise als bei Direktbuchung.

Agenturen für Apartments und Zimmer

Citysiesta, Vermittlung von Apartments für kurz- und mittelfristige Nutzung. Guter Service, deutschsprachig. www.citysiesta.com.

oh-barcelona, eine Agentur, die ebenfalls Apartments vermittelt; deutschsprachig. ✆ 030 59002-4935 (Deutschland), www.oh-barcelona.com.

Destination BCN, stilvoll gestaltete Apartments höherer Kategorien. Dank der geringen Zahl an Quartieren ist persönliche Betreuung garantiert. Die Website steckt voller Infos. ✆ 935 141950 (Barcelona), www.destinationbcn.com.

Einige weitere Apartment-Websites: www.atraveo.de, www.desigbarcelona.com, www.friendlyrentals.cm, www.staybarcelonaaparartments.com. Preisgünstige Betten in Gästezimmern, aber auch ganze Wohnungen finden sich unter www.airbnb.de.

Barcelona Allotjament, Agentur für mittel- und längerfristige Vermittlung von Apartments, Mitwohngelegenheiten und Privatzimmern auf „Bed & Breakfast"-Basis. In erster Linie für (Sprach-) Studenten gedacht. Carrer Pelai 12, Principal B, unweit der Plaça Universitat, ✆ 932 684357, www.barcelona-allotjament.com.

www.loquo.com, ein Kleinanzeigenportal, in dem u. a. Wohnungen und Zimmer von privat (oft zur Untermiete, meist länger- aber auch kurzfristig) angeboten werden. Die Mehrzahl der Anzeigen ist auf Spanisch, jedoch gibt es auch englischsprachige Offerten. Ganz ohne Risiko sind Anmietungen von privat natürlich nicht.

Hotels und Pensionen

Die Einstufung der spanischen Unterkünfte wird von den örtlichen Behörden vorgenommen. Nicht unbedingt aussagekräftig ist die Zahl der Sterne, die sich vor allem an bestimmten Ausstattungsdetails orientiert, also z. B. an der Frage, ob ein Zimmer Radio und Fernseher besitzt oder ob ein Aufzug vorhanden ist. Davon abgesehen, kann ein Einsternhotel ohne weiteres besser möbliert, moderner und freundlicher geführt sein als der Nachbar in der Dreisterneklasse.

Hotel/Hotel-Residencia (H/HR): Die Ausstattung und der Komfort der Hotels in Barcelona entspricht in etwa den unseren. Hotel-Residencias sind Garni-Hotels, die mangels zugehörigem Restaurant nur Frühstück, aber keine Hauptmahlzeiten anbieten.

Barcelona im Kasten

Übernachtungs-Tipps

Preise: Die *Mehrwertsteuer* IVA (10 %) ist besonders in den Hotels nicht immer inklusive („incluido"), sondern wird oft erst beim Erstellen der Rechnung aufgeschlagen. Juli und August gelten übrigens in vielen höherklassigen Unterkünften Barcelonas als Nebensaison, insbesondere Business-Hotels werben in dieser Zeit oft mit „ofertas" (Sonderangeboten); auch Reservierung längere Zeit im voraus wird oft mit Sonderkonditionen belohnt. Zu großen Messen etc. können die Tarife hingegen schon mal das Mehrfache der im Buch angegebenen Normalpreise erreichen.

Touristensteuer: 2012 hat Katalonien eine „Tasa turística" eingeführt, die in Barcelona teilweise etwas höher liegt als im Rest der Region, nämlich je nach Kategorie etwa 0,75–2,50 € pro Nacht. Gegenwärtig prüft die neue Stadtverwaltung eine Umstrukturierung bzw. Anhebung der Steuer.

Reservierung im Reisebüro: Vor allem Häuser der Dreisternklasse aufwärts sind oft günstiger, wenn sie in einem Reisebüro beziehungsweise über einen Reiseveranstalter gebucht werden.

Reservierung auf eigene Faust: Sehr ratsam, alle Details per Mail schriftlich zu fixieren, Internet-Adressen sind bei den Hotelbeschreibungen angegeben.

Beschwerden: Jeder Beherbergungsbetrieb muss Beschwerdeformulare („Hojas de Reclamación") zur Verfügung stellen; meist verhilft schon die Frage danach zur gütlichen Einigung. Falls nicht: Die Beschwerdeformulare dürfen auch auf Deutsch ausgefüllt werden.

Singles: haben es manchmal schwer in Spanien: Nicht jedes Quartier verfügt über Einzelzimmer (habitación individual). Wo vorhanden, muss man in etwa mit 70 % des Doppelzimmerpreises rechnen. Ob DZ verbilligt als EZ abgegeben werden, steht im Ermessen des Hoteliers – gelegentlich ist auch der volle Preis zu zahlen.

Doppelzimmer: Meist sogenannte „dobles", worunter man zwei Einzelbetten zu verstehen hat. Pärchen werden „matrimonios" („Ehe-Zimmer") vorziehen, mit Doppelbett oder französischem Bett, die aber manchmal von der Fläche her kleiner ausfallen als die „dobles".

Außen- und Innenzimmer: Eine bedeutsame Unterscheidung. Außenzimmer (habitación exterior) besitzen Fenster zur Straße, was sie heller, luftiger und oft leider auch lauter macht. Innenzimmer (habitación interior) gehen auf einen Lichtschacht oder im günstigeren und selteneren Fall auf einen Innenhof; sie sind in aller Regel dunkler, gleichzeitig oft auch ruhiger.

Frühstück: In Spanien ist man mit wenig zufrieden. Ein Croissant bzw. Brioche oder Süßgebäck und ein Kaffee reichen auch den meisten Katalanen völlig aus. Entsprechend langweilig gestaltet sich vor allem in den unteren Kategorien manchmal das Hotelfrühstück – zwei Brötchen, Butter, Marmelade, das war's oft. In höherklassigen Hotel ist die Auswahl meist besser, die Preise sind jedoch hoch. Da geht man besser in die nächste Bar, obligatorisch ist das Frühstück nämlich nur selten.

Im Winter: braucht man auch in Barcelona eine gute Heizung (calefacción). Die feuchte Kälte, die in schlecht geheizten Quartieren herrscht, kann sehr unangenehm werden.

Die Klassifizierungsspanne liegt in Spanien zwischen einem und fünf Sternen, letztere nach oben noch durch den Zusatz GL (Grand Luxe) erweitert.

Pensió: Eine offizielle Bezeichnung, die in Katalonien und anderen Regionen Spaniens das alte „Hostal" abgelöst hat; als Namenszusatz und in der Bevölkerung wird der Begriff des Hostals jedoch sicher noch lange lebendig bleiben. Vom Komfort liegen Pensionen in der Regel unter Hotels der Einsternklasse, sind mit unseren Gasthöfen zu vergleichen. Spanne zwischen einem und (selten) drei Sternen.

An den Rambles

Zentraler als an Barcelonas Flaniermeile kann man nicht wohnen. Zimmer mit Balkon zu den Rambles sind natürlich erste Wahl. Allerdings herrscht auf dem Boulevard Betrieb bis spät in die Nacht, für empfindliche Ohren mitunter kein Vergnügen.

***** **Hotel Le Meridien Barcelona** **21**, erste Klasse an den Rambles, beliebt auch bei zahlreichen Prominenten. Jeder Komfort ist selbstverständlich. Wenn's also die Rambles sein sollen und das Kleingeld nicht fehlt, ist man hier richtig. Garage. Realistisch bei normaler Nachfrage sind Durchschnittspreise um die 220–300 € fürs DZ. Selbstverständlich gibt es hier auch diverse Suiten. Rambles 111, ☏ 933 186200, www.lemeridienbarcelona.com.

***** **Hotel Bagués** **27**, nur ein kleines Stück meerwärts. 2010 eröffnetes Boutiquehotel der Derby-Kette, untergebracht im noblen Rahmen des 1850 erbauten Palasts El Regulador. Kaum über 30 Zimmer, schickes Innendesign in einer Mischung aus Modernisme und Moderne. Die Zimmer sind sehr komfortabel, aber zumindest in der Standardkategorie („Superior") nicht allzu groß; die Preise liegen in etwa auf dem Niveau des Le Meridien, teilweise auch noch darüber. Rambles 105, ☏ 933 435000, www.hotelbagues.com.

**** **Hotel 1898** **23**, ein ebenfalls sehr stilvolles Quartier. Untergebracht ist es in der ehemaligen, 1881 errichteten „Compañia de Tabacos de Filipinas"; wohl deshalb zielen Einrichtung und Ambiente auch ein wenig in Richtung Nostalgie und Kolonialstil. Dachterrasse mit Bar und Liegen sowie schöner Wellnessbereich, beides mit Pool. Standard-DZ („Classic") im Schnitt etwa 200–300 €, man kann aber auch noch deutlich mehr ausgeben. Rambles 109, ☏ 935 529552, www.hotel1898.com.

**** **Hotel Serhs Rivoli-Ramblas** **22**, ein charmanter und sehr schön renovierter Bau, eingerichtet im Stil des Art Déco der Dreißiger. Feines Interieur, schicke Zimmer, aller moderner Komfort und exzellenter Service; Dachterrasse mit Blick, Garage. Standard-DZ („Comfort") um die 150–260 €, Deluxe-Zimmer und erst recht Suiten kosten natürlich eine Kleinigkeit mehr. Rambla 128, ☏ 934 817676, www.hotelserhsrivolirambla.com.

*** **Hotel Atiram Oriente** **39**, der Jugendstil-Klassiker der Rambles – eine Reihe von Zimmern geht mit kleinen Balkonen direkt auf den Boulevard. Der bildschöne Salon besitzt eine ganz besondere Atmosphäre. Leider fallen die Zimmer in der Qualität sehr unterschiedlich aus. Weite Preisspanne: DZ etwa 100–200 €. Rambles 45/47, ☏ 933 022558, www.orienteatiramhotels.com.

* **Hotel Toledano** **17**, bereits 1914 gegründet, ein schlichtes, aber recht solides Hotel der unteren Mittelklasse mit gepflegten Gemeinschaftsräumen und kleinen, aber sauberen Zimmern. DZ nach Größe etwa 85–100 €. Rambles 138, ☏ 933 010872, www.hoteltoledano.com.

** **Pensió Capitol** **17**, im selben Haus und unter derselben Führung wie das Hotel Toledano, in seiner Kategorie eine ordentliche Adresse. Es gibt auch Drei- und Vierbettzimmer. DZ/Du (WC auf dem Flur) etwa 80 €, DZ ohne Dusche rund 70 €. Rambles 138, ☏ 933 010872, www.hoteltoledano.com.

El Raval

Ein Viertel im Umbruch vom Rotlichtquartier zum Szenetreff, für vorsichtige Gemüter besonders im südlicheren Bereich vielleicht noch nicht die richtige Adresse. Die Preise liegen hier dafür oft etwas niedriger als beispielsweise an den Rambles, und die Auswahl an interessanten Bars, Clubs und Restaurants ist vielfältig.

Mein Tipp **** **Hotel Casa Camper** **18**, um die Ecke vom Kunstmuseum MACBA. Ein ultraschickes Quartier der Kult-Schuhmarke Camper, die sich auch in Hotellerie und Gastronomie („Dos Palillos" gleich nebenan) versucht. Nur 25 Zimmer bzw. Suiten, gestylt in Zusammenarbeit mit Fernando Amat vom ehemaligen Designgeschäft Vinçon und jeweils aufgeteilt in einen Ruhe- und einen Aufenthaltsraum, ausgestattet mit exklusiven Features wie Plasmabildschirm und Hängematten. Ökologisch orientiert, Trinkgelder ablehnend und Nichtraucher. Fahrradverleih (Gebühr) für Gäste, rund um die Uhr zugängliches Gratis-Buffet. DZ im Schnitt etwa 200–300 €, es gibt auch Suiten. Carrer Elisabets 11, ☏ 933 426280, www.casacamper.com.

**** **Hotel España** **35**, nur ein paar Schritte von den Rambles. Ein Hotel für Liebhaber des Jugendstils, auch auf Führungen zu besichtigen (Di 12.15 Uhr, Fr 16.30 Uhr, Anmeldung mindestens eine Stunde vorab telefonisch oder an der Rezeption, 5 €). Der Speisesaal des angeschlossenen Restaurants (Leitung: Martín Berasategui!) wurde von Domènech i Montaner gestaltet. Der Rest des Hotels wurde 2010 komplett und durchaus geschmackvoll renoviert. Sehr weite Preisspanne je nach Nachfrage und Zimmerstandard: DZ etwa 140–320 €. Carrer Sant Pau 9/11, ☏ 935 500000, www.hotelespanya.com.

*** **Hotel Ciutat Vella** **14**, in guter Lage nahe der Plaça de la Universitat. 2007 eröffnetes, modern konzipiertes Hotel mit 40 ordentlich ausgestatteten Zimmern (manche haben Stockbetten), die bis zu sechs Personen unterbringen können. Vorwiegend junges Publikum,

Terrasse mit Jacuzzi. DZ nach Auslastung etwa 80–160 €, zu Messezeiten etc. noch darüber. Carrer Tallers 66, ✆ 934 813799, www.hotelciutatvella.com.

**** Hotel Mesón de Castilla 15**, eine gute Adresse ganz in der Nähe des Hotels Ciutat Vella, im Charakter jedoch völlig anders als dieses: Gesellschaftsräume mit Tendenz zur Tradition, dunkles Holz und viele Antiquitäten; Zimmer der Marke solide-bürgerlich. Mitglied der Atiram-Kette. Einige Zimmer liegen leider relativ laut. DZ nach Saison und Ausstattung etwa 80–200 €. Carrer Valldoncella 5, eine Seitenstraße der Ronda Sant Antonio, Nähe Carrer Tallers, ✆ 933 182182, www.mesoncastilla.com.

Mein Tipp *** Hotel Curious 25**, nicht weit von den Rambles. 2007 eröffnetes Haus, das ein sehr ordentliches Preis-Leistungs-Verhältnis bietet. Nette Rezeption, funktionell-freundlich gestylte Zimmer, die zwar – wie in dieser Kategorie üblich – nicht allzu groß, aber mit allem Nötigen ausgestattet sind. DZ nach Saison etwa 100–140 €, bei geringer Nachfrage auch schon mal darunter. Carrer Carme 25, ✆ 933 014484, www.hotelcurious.com.

**** Pensió Hostería Grau 16**, gepflegtes Quartier in guter Lage unweit der Rambles und der Plaça Catalunya. Die Kategorie untertreibt. Umweltbewusst und öko-zertifiziert. Hübsches Interieur, solide und freundliche Zimmer, angeschlossen eine nett dekorierte Café-Bar. Weite Preisspanne, DZ/Bad nach Saison und Standard etwa 80–210 €. Carrer Ramelleres 27, ✆ 933 018135, www.hostalgrau.com.

*** Pensió Hostal La Terrassa 33**, für seine Preisklasse durchaus ordentlich. Mit über 40 Zimmern ziemlich groß, freundliche und teilweise fremdsprachige Rezeption, Aufenthaltsraum und die namensgebende, große und sonnige Terrasse im Innenhof. Klimaanlagen vorhanden. Zur Saison ist Reservierung ratsam. Preisrahmen zwischen etwa 50 und 80 €, je nach Größe (die „Standard"-Zimmer sind größer als die „Basic" genannten Räume) und Lage (die Außenzimmer sind vorzuziehen). Die beiden hübschen Zimmer in einem Ex-Kloster hinter dem Hof kosten bis zu 95 €. Carrer Junta de Comerç 11, ✆ 933 025174, www.laterrassa-barcelona.com.

Barri Gòtic

Zentrale Lage, romantische Winkel und große Auswahl an Bars und Restaurants, zudem viel Leben gleich vor der Tür – was will man mehr? Allzu düstere Gassen sollte man beim nächtlichen Heimweg aber besser immer noch meiden.

Zentraler Komfort: Hotel Catalonia Catedral

****** Hotel Neri 31**, ein Quartier mit sehr viel Charme, dessen nur 22 Zimmer bzw. Suiten sich über einen Stadtpalast des 18. Jh. verteilen. Mitglied der edlen Vereinigung Relais & Châteaux. Die Ausstattung ist exklusiv, das Interieur kombiniert geschickt Tradition mit Moderne. Gutes Restaurant. Standard-DZ etwa 280–420 €, es gibt auch Deluxe-Zimmer und Suiten. Carrer Sant Sever 5, ✆ 933 040655, www.hotelneri.com.

****** Hotel Colón 29**, ein Klassiker in sehr zentraler und dabei recht ruhiger Lage direkt gegenüber der Kathedrale, bereits 1951 eröffnet. Hübsche Dekoration, noble Räumlichkeiten; die Zimmer selbst sind komfortabel, fallen aber je nach Lage im Gebäude unterschiedlich aus. Standard-DZ etwa 110–230 €, es gibt auch Superior-Zimmer und Suiten. Avinguda Catedral 7, ✆ 933 011404, www.hotelcolon.es.

Mein Tipp ****** Catalonia Catedral 28**, in Toplage an einer Fußgängerzone, nur wenige Schritte von der Kathedrale und der Haupteinkaufszone entfernt. Reizvolles Modernisme-Haus von 1910, innen hübsch gestylt; gut ausgestattete Zimmer, Dachterrasse mit (kleinem) Pool. Standard-DZ im Schnitt um die 150–300 €, zu großen Messen etc. wie üblich auch noch mal etwas mehr. Gegen Aufpreis auch Premium- und Premium-Terrassen-Zimmer. Carrer dels Arcs 10, ✆ 933 436775, www.hoteles-catalonia.com.

*** **Hotel Catalonia Portal de l´Àngel** **20**, das ehemalige Catalonia Albinoni, direkt in der Einkaufszone des Portal de l'Àngel. Eleganter, schön renovierter Bau, moderne und geschmackvoll eingerichtete, allerdings nicht durchgängig geräumige Zimmer, kleiner Pool im Patio. Meist eine Kleinigkeit günstiger als das Hotel Catalonia Catedral. Portal de l'Ángel 17, ✆ 933 184141, www.hoteles-catalonia.com.

*** **Hotel Nouvel** **19**, heimelige Herberge in einer ruhigen Einkaufs- und Fußgängerzone unweit der Plaça Catalunya. Geschnitzte Holzdecken, Spiegel, Marmor – Tradition seit 1917. Geräumige Zimmer, DZ etwa 120–200 €; es gibt auch Junior Suiten. Carrer Santa Ana 18/20, ✆ 933 018274, www.hotelnouvel.com.

** **Pensió Jardí** **30**, 1860 erstmals als Hotel eröffnet und sehr reizvoll an einem der schönsten kleinen Plätze der Altstadt gelegen. Im Erdgeschoss liegt eine beliebte Bar. Leider fallen die Zimmer sehr unterschiedlich aus; den ungeteilten Beifall unserer Leser fand nur die teuerste Kategorie, während die günstigeren Zimmer eng und teilweise nahezu fensterlos sind; es gibt auch Dreibett-Zimmer. Richtwert fürs DZ/Bad zu Normalterminen etwa 100–120 €, doch variieren die Preise nach Lage (innen/außen), Ausstattung und Saison. Plaça Sant Josep Oriol 1, von den Rambles über den Carrer Cardenal Casañas zu erreichen, ✆ 933 015900, www.hoteljardi-barcelona.com.

Lauschige Lage unweit der Rambles im Barri Gòtic: Pensió Jardí

** **Pensió Hostal-Albergue Fernando** **36**, recht große Pension unweit der Rambles, die neben Zimmern auch Unterkunft in Stockbetten offeriert. Freundliche, jugendlich-internationale Atmosphäre, schlicht möblierte, aber gepflegte Zimmer, z. T. sogar mit TV, gute Bäder. DZ/Bad im Schnitt etwa 70–90 €. Carrer Ferran 31, ✆ 933 017993, www.hfernando.com.

Sant Pere & La Ribera/ El Born

Das Altstadtviertel La Ribera/El Born ist ein ausgesprochen beliebter Ausgehbezirk mit zahlreichen Bars und Restaurants, Sant Pere zeigt sich weit bodenständiger. Beide werden vom Barri Gòtic nur durch die Verkehrsader der Via Laietana getrennt.

**** **Grand Hotel Central** **32**, direkt an der Via Laietana, 2006 eröffnet. Das puristische Design der Einrichtung kontrastiert prächtig mit dem üppigen Interieur des ehemaligen Bürogebäudes der Zwanzigerjahre, der Pool mit Fernblick auf der Dachterrasse ist ein Traum, ebenso die dortige Sky Bar. Im Haus das Restaurant City, das nur abends geöffnet ist. Standard-DZ je nach Nachfrage meist um die 180–350 €. Es gibt auch Superior- und Deluxe-Zimmer sowie Suiten. Via Laietana 30, ✆ 932 957900, www.grandhotelcentral.com.

mein Tipp *** **Hotel Banys Orientals** **40**, schön gestaltetes Hotel in guter Lage. Edles Interieur, direkter Zugang zum zugehörigen und sehr empfehlenswerten Restaurant „Senyor Parellada". Die 43 Zimmer fallen nicht allzu groß aus, sind aber komfortabel und stilvoll eingerichtet. DZ etwa 110–180 €; Suiten sind ebenfalls im Angebot. Carrer de l'Argenteria 37, ✆ 932 688460, www.hotelbanysorientals.com.

*** **Hotel Catalonia Born** **24**, im Viertel Sant Pere, das frühere Hotel Catalonia Princesa.

Klassiker im Barri Gòtic: Hotel Colón

Funktionelles Hotel der Catalonia-Kette, immerhin 90 Zimmer, solide ausgestattet. Weite Preisspanne, je nach Nachfrage kann das DZ etwa 80 oder auch schon mal 200 € kosten. Carrer Rec Comtal 16–18, ☏ 932 688600, www.hoteles-catalonia.es.

*** **Hotel Chic and Basic Born** **37**, originelles Quartier am Rand des Bornviertels, untergebracht in einem Stadtpalast des 19 Jh. mit beeindruckender Innentreppe. Ein wenig anders als die anderen: Vorhänge vor den Türen; Zimmer Weiß in Weiß, deren wechselnde Farben und Stimmungen durch die Beleuchtung erreicht werden, freistehende Glasduschen (Vorhänge vorhanden) – ein Hotel für Designliebhaber. Sehr nachfragegesteuerte Preisgestaltung, DZ nach Größe und Saison etwa 100–280 €. Carrer de la Princesa 50, ☏ 932 954652, www.chicandbasic.com.

*** **Hotel Ciutat Barcelona** **34**, freundliches, im Jahr 2006 eröffnetes Hotel in guter Lage, nur einen Steinwurf vom Picasso-Museum. Mit 78 Zimmern relativ groß; modernes, frisches Design, nette Rezeption und eine Dachterrasse mit kleinem Pool. Die Straße ist laut, die Zimmer dorthin besitzen jedoch guten Schallschutz. DZ in der Regel etwa 100–180 €, zu Messen etc. wie üblich mehr. Carrer Princesa 35, ☏ 932 697475, www.ciutatbarcelona.com.

** **Hostal Orleans** **41**, gegenüber der Estació del França. Angesichts der Lage sind auch hier die Zimmer zur breiten, vielbefahrenen Straße natürlich alles andere als leise, es gibt aber auch ruhigere Räume nach hinten. Gut geführt und recht solide in Schuss; kleine, aber sehr saubere Zimmer. DZ nach Standard (ohne/mit Bad) etwa 60–90 €. Av. Marquès de l´Argentera 13, ☏ 933 197382, www.hostalorleans.com.

Barceloneta und Port Olímpic

Strandnah gelegen, vom Zentrum allerdings teilweise doch ein Stück entfernt.

***** **GL Hotel Arts Barcelona** **42**, in einem der beiden Wolkenkratzer am Olympiahafen. 1994 als erstes europäisches Hotel der US-Kette Ritz-Carlton eröffnet, eines der feinsten Quartiere der Stadt. Gekonntes Design, hervorragender Service und jeder denkbare Komfort. 482 Zimmer mit weiter Aussicht auf die Stadt und/oder das Meer, mehrere sehr gute Bars und Restaurants, ein (allerdings für die Größe des Hotels etwas kleiner) Pool mit Blick auf den Gehry-Fisch. Viel Prominenz unter den Besuchern. DZ ab etwa 300 €; bei höherer Nachfrage oder für die Suiten, die „Club"-Räume in den oberen Etagen und die Apartments ganz oben noch jeweils eine ganze Stange mehr. Marina 19–21, ☏ 932 211000, www.hotelartsbarcelona.com.

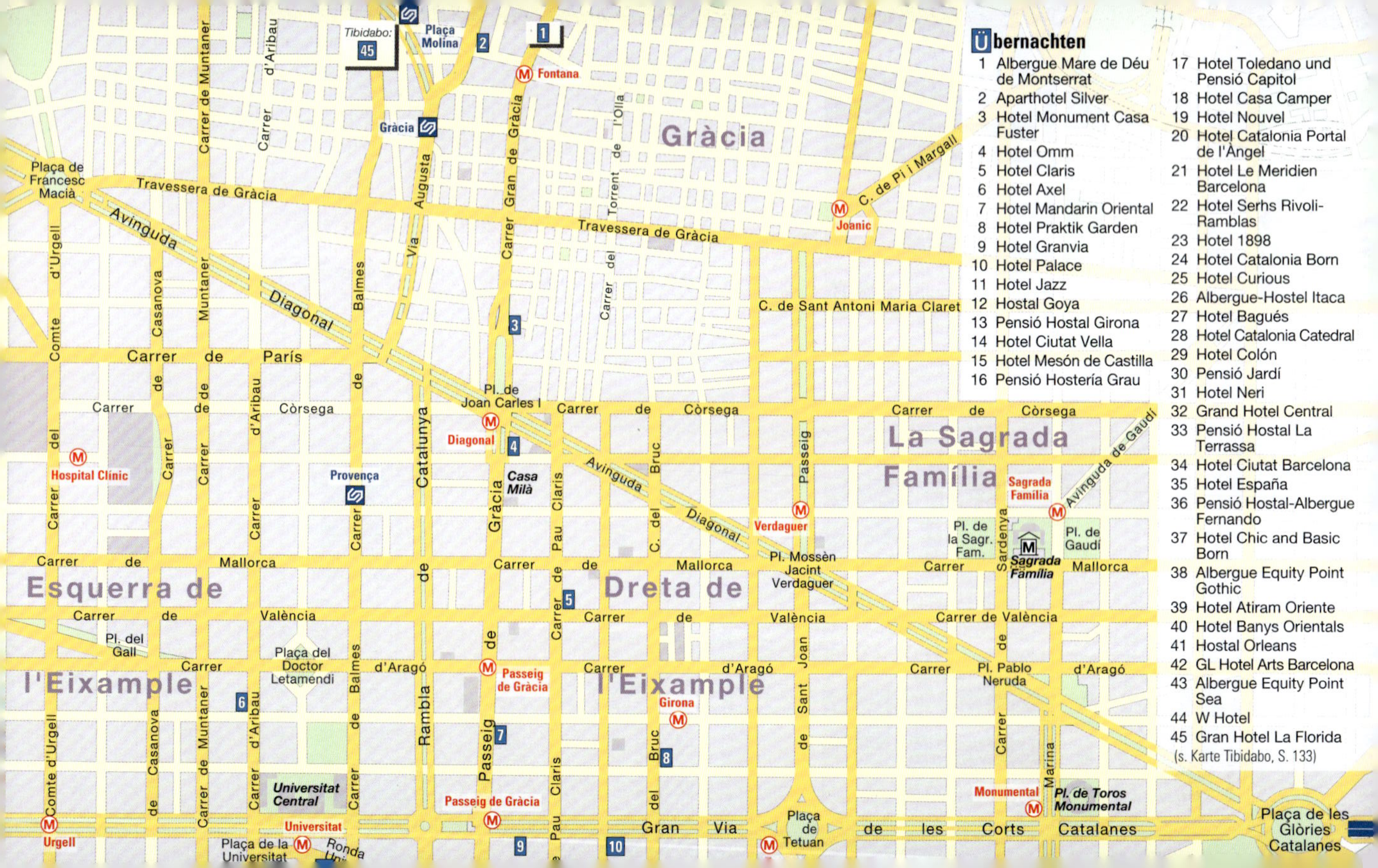
Übernachten
1 Albergue Mare de Déu de Montserrat
2 Aparthotel Silver
3 Hotel Monument Casa Fuster
4 Hotel Omm
5 Hotel Claris
6 Hotel Axel
7 Hotel Mandarin Oriental
8 Hotel Praktik Garden
9 Hotel Granvia
10 Hotel Palace
11 Hotel Jazz
12 Hostal Goya
13 Pensió Hostal Girona
14 Hotel Ciutat Vella
15 Hotel Mesón de Castilla
16 Pensió Hostería Grau
17 Hotel Toledano und Pensió Capitol
18 Hotel Casa Camper
19 Hotel Nouvel
20 Hotel Catalonia Portal de l'Àngel
21 Hotel Le Meridien Barcelona
22 Hotel Serhs Rivoli-Ramblas
23 Hotel 1898
24 Hotel Catalonia Born
25 Hotel Curious
26 Albergue-Hostel Itaca
27 Hotel Bagués
28 Hotel Catalonia Catedral
29 Hotel Colón
30 Pensió Jardí
31 Hotel Neri
32 Grand Hotel Central
33 Pensió Hostal La Terrassa
34 Hotel Ciutat Barcelona
35 Hotel España
36 Pensió Hostal-Albergue Fernando
37 Hotel Chic and Basic Born
38 Albergue Equity Point Gothic
39 Hotel Atiram Oriente
40 Hotel Banys Orientals
41 Hostal Orleans
42 GL Hotel Arts Barcelona
43 Albergue Equity Point Sea
44 W Hotel
45 Gran Hotel La Florida
(s. Karte Tibidabo, S. 133)
Tibidabo: 45
Plaça Molina
Fontana
Gràcia
Joanic
C. de Pi i Margall
Plaça de Francesc Macià
Travessera de Gràcia
Avinguda Diagonal
Carrer de Muntaner
Carrer d'Aribau
Via Augusta
Carrer Gran de Gràcia
Carrer del Torrent de l'Olla
C. de Sant Antoni Maria Claret
Carrer de París
Comte d'Urgell
Casanova
Balmes
Pl. de Joan Carles I
Diagonal
Carrer de Còrsega
La Sagrada Família
Sagrada Família
Avinguda de Gaudí
Hospital Clínic
Provença
Rambla de Catalunya
Passeig de Gràcia
Casa Milà
Pau Claris
C. del Bruc
Passeig de Sant Joan
Verdaguer
Pl. de la Sagr. Fam.
Pl. de Gaudí
Sardenya
Carrer de Mallorca
Pl. Mossèn Jacint Verdaguer
Esquerra de l'Eixample
Dreta de l'Eixample
Carrer de València
Pl. del Gall
Plaça del Doctor Letamendi
Carrer d'Aragó
Pl. Pablo Neruda
Girona
Universitat Central
Universitat
Plaça de la Universitat
Ronda Uni...
Urgell
Passeig de Gràcia
Plaça de Tetuan
Tetuan
Marina
Monumental
Pl. de Toros Monumental
Gran Via de les Corts Catalanes
Plaça de les Glòries Catalanes

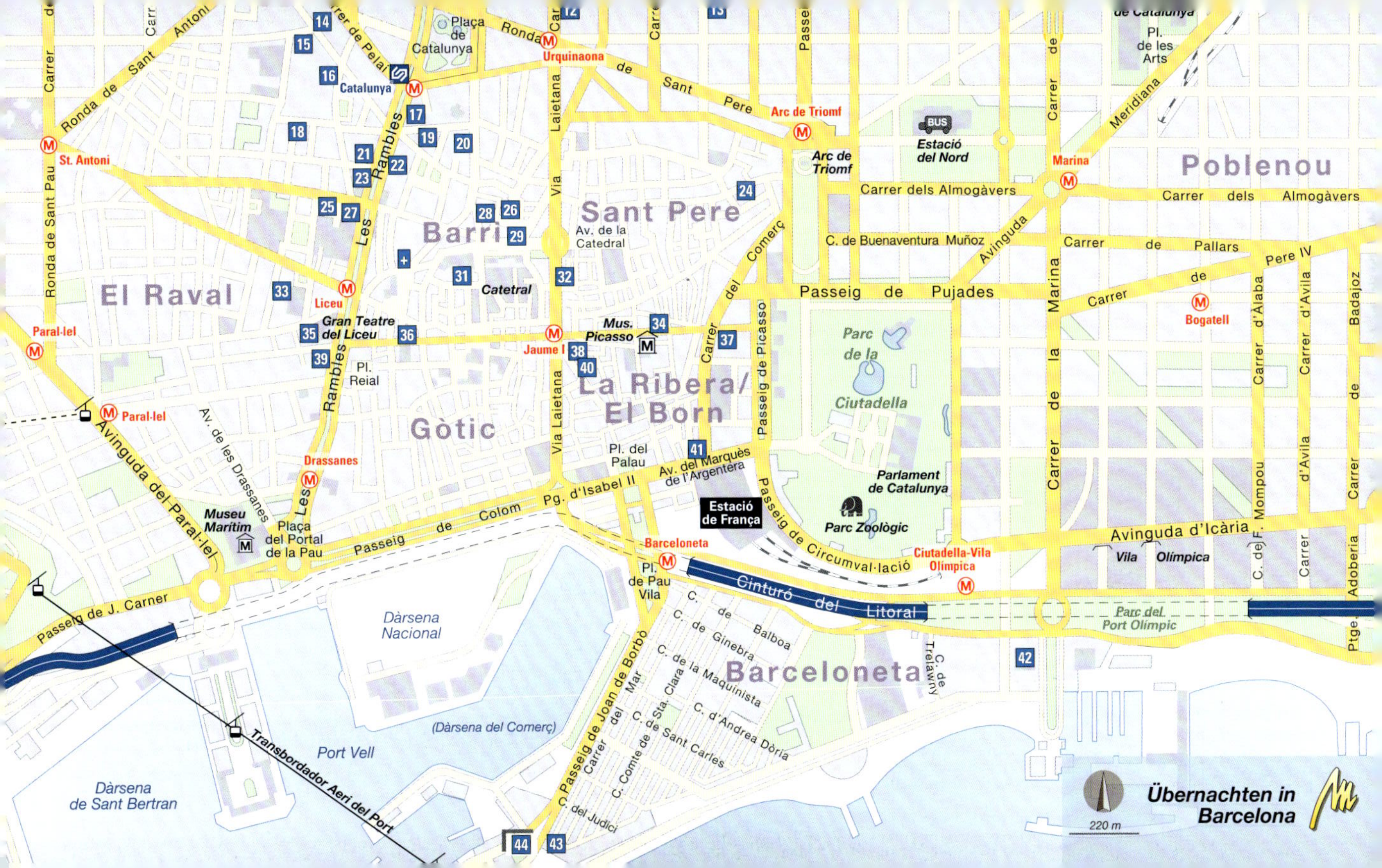
Übernachten in Barcelona
220 m
El Raval
Barri Gòtic
Sant Pere
La Ribera/El Born
Barceloneta
Poblenou
Plaça de Catalunya
Catalunya
Urquinaona
St. Antoni
Liceu
Paral·lel
Drassanes
Jaume I
Arc de Triomf
Marina
Bogatell
Barceloneta
Ciutadella-Vila Olímpica
Ronda de Sant Antoni
Ronda de Sant Pau
Carrer de Pelai
Ronda de Sant Pere
Les Rambles
Via Laietana
Av. de la Catedral
Catetral
Gran Teatre del Liceu
Pl. Reial
Mus. Picasso
Pl. del Palau
Av. del Marquès de l'Argentera
Pg. d'Isabel II
Passeig de Colom
Plaça del Portal de la Pau
Museu Marítim
Av. de les Drassanes
Avinguda del Paral·lel
Passeig de J. Carner
Estació de França
Passeig de Picasso
Carrer del Comerç
Passeig de Circumval·lació
Parc de la Ciutadella
Parlament de Catalunya
Parc Zoològic
Arc de Triomf
Estació del Nord
Carrer dels Almogàvers
C. de Buenaventura Muñoz
Passeig de Pujades
Avinguda Meridiana
Pl. de les Arts
Carrer de Pallars
Pere IV
Carrer de la Marina
Avinguda d'Icària
Vila Olímpica
Carrer d'Àlaba
Carrer d'Àvila
Carrer de Badajoz
C. de F. Mompou
Ptge. Adoberia
Cinturó del Litoral
Parc del Port Olímpic
Pl. de Pau Vila
Passeig de Joan de Borbó
C. de Balboa
C. de Ginebra
C. de la Maquinista
C. d'Andrea Dòria
C. de Sant Carles
C. Comte de Sta. Clara
Carrer del Mar
C. del Judici
C. de Trelawny
Dàrsena Nacional
(Dàrsena del Comerç)
Port Vell
Dàrsena de Sant Bertran
Transbordador Aeri del Port
14 15 16 17 18 19 20 21 22 23 24 25 26 27 28 29 31 32 33 34 35 36 37 38 39 40 41 42 43 44

***** **W Hotel** **44**, im äußersten Süden des Gebiets, vorbei am Club Natació Barcelona. Im Oktober 2009 eröffnet, ist dieses avantgardistische, 473 Zimmer umfassende Hotel der Starwood-Kette, von Meisterarchitekt Ricardo Bofill in Form eines Segels konzipiert und in Barcelona deshalb auch „Vela“ genannt, längst eine Landmarke in der Stadt. Im Haus das Restaurant „Bravo 24“ von Kreativkoch Carles Abellán, das neben feiner Küche eine fantastische Aussicht auf die Küstenlinie bietet. Übertroffen wird dieses Panorama noch vom Ausblick der „Eclipse“-Bar im 26. Stock. Nicht von schlechten Eltern sind auch das Spa, der Infinity-Pool, das Fitnesscenter sowie die Ausstattung der Zimmer und Suiten. Die günstigste Zimmerkategorie kostet je nach Saison ab rund 200 € bis über 500 €, man kann aber auch erheblich mehr ausgeben. Plaça de la Rosa dels Vents 1, ganz am Ende des Passeig Joan de Borbó, ✆ 932 952800, www.whotels.com.

Eixample

Die Häuserblocks an den breiten Boulevards beherbergen neben noblen Geschäften auch die feudalsten Hotels der Stadt. Relativ schwach vertreten sind die preisgünstigen Kategorien; wo vorhanden, glänzen aber auch sie meist mit herrschaftlichen Eingängen, marmornen Treppenhäusern und Stuck.

***** **GL Hotel Palace** **10**, das ehemalige „Ritz“ und immer noch eine der ersten Adressen der Stadt. Mitglied der „Leading Hotels of the World“. Dies trotz aufkommender Konkurrenz, die die hiesige Grandezza jedoch wohl nie erreichen wird – immerhin besitzt das Hotel eine Tradition, die bis 1919 zurückreicht. 2009 komplett renoviert. DZ ab etwa 300–450 €, man kann aber natürlich (z. B. für die Suiten) auch noch weit mehr anlegen. Gran Via 668, ✆ 935 101130, www.hotelpalacebarcelona.com.

***** **GL Mandarin Oriental** **7**, 2009 eröffnetes Luxusquartier, das in einer ehemaligen Bank direkt am Passeig de Gràcia untergebracht ist und von der spanischen Stardesignerin Patricia Urquiola gestaltet wurde. Großes Spa, Dachterrasse, schöner Innenhof etc. Das zweifach michelinbesternte Restaurant „Moments“ steht unter Leitung von Carme Ruscalleda, die sich in ihrem Heimatrestaurant „Sant Pau“ in Sant Pol de Mar gar drei (!) Michelinsterne erkocht hat. Deluxe-Zimmer (die Standard-Kategorie) kosten ab etwa 350 €, nach oben ist die Skala nahezu offen. Passeig de Gràcia 38-40, ✆ 931 518888, www.mandarinoriental.com.

***** **GL Hotel Claris** **5**, ebenfalls eines der besten Hotels Barcelonas. Der Stadtpalast von 1882 glänzt mit ultramodernem Interieur und zahlreichen Kunstwerken. Neben stilvoller Atmosphäre bietet das Claris alle denkbaren Annehmlichkeiten inklusive Swimmingpool und Restaurant auf der Dachterrasse. Einzigartig ist die Privatsammlung ägyptischer Kunst. DZ ab etwa 200–350 €, „Executive“-Zimmer und Suiten deutlich mehr. Carrer Pau Claris 150, ✆ 934 876262, www.derbyhotels.es.

Mein Tipp **** **Hotel Omm** **4**, superbes Designhotel, 2003 eröffnet und ein Kind der Tragaluz-Gastronomiekette. Bereits die ungewöhnliche Fassade des katalanischen Architekten Juli Capella beeindruckt, innen setzt sich die Designorgie fort. Mit Cocktail- und Weinbar, der Nightbar „Omm Club“ und dem Restaurant „Roca Moo“ (ein Michelinstern, laut Hotel-Website „beraten vom Restaurant El Celler de Can Roca“ aus Girona, das mehrfach zum besten Restaurant der Welt gekürt wurde), hat sich das Omm zum innerstädtischen Treffpunkt entwickelt. Auch auf der Dachterrasse mit Blick und (kleinem) Pool gibt es eine Bar. Spa, Parkgarage. DZ im Schnitt ab etwa 250–350 €. Carrer Rosselló 265, ✆ 934 454000, www.hotelomm.es.

**** **Hotel Axel** **6**, ein Hotel, das sich explizit an die schwule Klientel wendet (dabei jedoch durchaus „heterofriendly“ ist) und folgerichtig im Herzen des „Gayxample“ liegt. 105 Zimmer, 500-Quadratmeter-Spa, Dachterrasse mit Pool. Sehr weite Preisspanne je nach Nachfrage; DZ etwa im Bereich 100–300 €, zu Spitzenzeiten noch weit darüber; es gibt auch Suiten. Carrer Aribau 33, ✆ 933 239393, www.axelhotels.com.

*** **Hotel Jazz** **11**, schickes Quartier, nur einen Katzensprung von der Plaça Catalunya und den Rambles entfernt. 108 hübsche, gut ausgestattete und für die Kategorie recht geräumige Zimmer, Dachterrasse mit kleinem Pool und weiter Sicht. Nichtraucher. Freundliche Rezeption. DZ im Schnitt etwa 150–250 €, zu großen Messen wie üblich Aufschlag. Auch Suiten. Carrer Pelai 3, ✆ 935 529696, www.hoteljazz.com.

Mein Tipp *** **Hotel Granvia** **9**, das „Palace für den kleinen Geldbeutel“. Im Ernst: Ebensoviel Charme hat das nostalgische kleine Hotel sicher, bei der Ausstattung der geschmackvollen Zimmer sind aber im Vergleich zur Fünfsternekategorie natürlich gewisse Abstriche zu machen. 2013 kompett renoviert und seitdem eine sehr gute

Eines der „Leading Hotels of the World": Hotel Palace, früher Ritz

Adresse. „Classic"-DZ im Schnitt etwa 120–220 €. Gran Via 642, ✆ 933 181900, www.nnhotels.es.

** **Hotel Praktik Garden** 8, 2007 eröffnetes Quartier mit 43 Zimmern. Freundliche Führung, hübsches Design, nach hinten eine Innenhofterrasse. Solide (wenn auch kleine) Zimmer mit schönen alten Fußböden, Klimaanlage und TV. Diejenigen zur Straße besitzen Balkone, sind aber relativ laut (je höher, desto ruhiger); lärmempfindliche Gäste sollten vielleicht besser die Räume nach hinten oder zum Lichthof wählen. Durchschnittspreis fürs DZ etwa 90–150 €. Carrer Diputació 325, ✆ 934 673115, www.hotelpraktikgarden.com.

** **Hostal Goya** 12, Hostal mit hotelähnlichem Charakter. Zentral gelegenes Quartier, das seit Generationen in Familienbesitz ist und sich über zwei Etagen erstreckt. Von außen eher wenig begeisternd, innen jedoch komplett modernisiert; wo es möglich war, wurden die schönen alten Fußböden erhalten. Freundliche, serviceorientierte Leitung. DZ nach Größe (die „kleinen" sind wirklich sehr klein) und Saison etwa 70–160 €. Carrer Pau Claris 74, ✆ 933 022565, www.hostalgoya.com.

** **Pensió Hostal Girona** 13, familiär geführte Pension einige Blocks nordöstlich des Passeig de Gràcia. Geräumige und zum Teil recht nett dekorierte Zimmer mit TV, manche mit Balkon. Von Lesern gelobt: „Schick, sauber, günstig". Etwas Kritik gab es aber auch: „Teilweise laufen die Abflussrohre (außenliegend) durch die Zimmer – die auch sehr hellhörig sind". DZ nach Saison, Lage (innen/außen) und Ausstattung (ohne/mit komplettem Bad) etwa 50–100 €. Carrer Girona 24, ✆ 932 650259, www.hostalgirona.com.

Gràcia

Traditionelle Arbeitergegend mit alternativem Einschlag. Sie liegt etwas vom Schuss, bietet dafür jedoch viel Lokalkolorit.

***** **GL Hotel Monument Casa Fuster** 3, das erste als „Hotel Monument" ausgezeichnete Quartier der Stadt. Untergebracht ist es in der Casa Fuster von Domènech i Montaner, aller Komfort inklusive Schwimmbad, Panoramaterrasse etc. selbstverständlich. 96 Zimmer und Suiten. Standard-DZ meist um die 250–300 €, natürlich gibt es auch höhere Kategorien und Suiten. Passeig de Gràcia 132, ✆ 932 553000, www.hotelescenter.es.

Aparthotel Silver 2, für Selbstversorger eine Überlegung wert. 49 solide ausgestattete Studios mit französischem Bett und Kochecke. Zwei Personen zahlen je nach Saison und

Ausstattung etwa 70–150 €. Eigene und relativ preisgünstige Parkgarage (16 €) mit 22 Stellplätzen, die man leider nicht reservieren kann. Carrer Bretón de los Herreros 26 (Metro: Fontana), ✆ 932 189100, www.hotelsilver.com.

Tibidabo

→ Karte S. 133

***** **Gran Hotel La Florida** **45**, in traumhafter Panoramalage -- die Aussicht auf die Stadt ist wahrhaft fulminant. Ein wiedererweckter Klassiker, schon von Ernest Hemingway und Rock Hudson besucht. 70 Zimmer und acht Designer-Suiten, großer Spa-Bereich mit beeindruckendem Innen-Außen-Pool, der satte 37 Meter misst. Ein wenig Sinn für „splendid isolation" braucht man (trotz Gratis-Shuttle ins Zentrum) hier oben allerdings schon. DZ im Schnitt etwa 200–300 €, die Suiten kommen natürlich teurer. Carretera Vallvidrera al Tibidabo 83–93, ✆ 932 593000, www.hotellaflorida.com.

Jugendherbergen und Hostels

In Barcelona existieren gleich mehrere Herbergen des Internationalen Jugendherbergs-Verbands IYHF. Der JH-Ausweis ist nicht überall nötig, Mitglieder zahlen jedoch weniger. Der Aufenthalt ist meist auf drei bis fünf Tage beschränkt, für Nichtmitglieder manchmal verkürzt. Die Rezeption ist oft nicht durchgehend geöffnet, Reservierung aber ohnehin ratsam. Neben diesen „offiziellen" Quartieren gibt es zahlreiche private Albergues, deren Preise allerdings manchmal etwas höher liegen.

Albergue Mare de Déu de Montserrat **1**, (IYHF), ein ganzes Stück außerhalb der City, noch oberhalb des Parc Güell. Andererseits in sehr schöner Lage, nah auch zum Park Creueta del Coll. Untergebracht in einer „neomaurischen" Villa – trotz der Abgeschiedenheit eine gute Wahl. Nur mit JH-Ausweis, maximale Aufenthaltsdauer drei Tage. Ü/F etwa 18–24 €. Passeig Mare de Déu dell Coll 41–51. Metro: L3, Vallcarca, ✆ 932 105151, www.xanascat.cat.

Albergue Equity Point Gothic **38**, in günstiger Lage im Viertel La Ribera nahe der Via Laietana. Komfortabel, mit freiem Internetzugang und generell gut konzipiert. Preis p. P. nach Saison und Größe des Schlafsaals etwa 12–30 €. Carrer Vigatans 5, ✆ 932 312045, www.gothicpoint.com.

Albergue Equity Point Sea **43**, praktisch direkt am Strand von Barceloneta gelegen, im Sommer sicher eine interessante Option. Preise etwa wie oben. Plaça del Mar 4, ✆ 932 312045, www.seapointhostel.com.

Albergue-Hostel Itaca **26**, direkt im Gotischen Viertel unweit der Kathedrale. Angenehmes Ambiente, gute Ausstattung. Eine sehr empfehlenswertes Quartier, die Preise liegen allerdings in der Regel höher als bei der Konkurrenz. Carrer Ripoll 21, ✆ 933 019751, www.itacahostel.com.

Camping

Die stadtnächsten Plätze liegen an der nordöstlichen Küste bei El Masnou und südwestlich von Barcelona am Meer bei Gavà, jeweils etwa 15 Kilometer vom Zentrum entfernt. Ergänzende Infos gibt es unter www.campingsbcn.com.

Im Norden

Masnou, 2. Kat., mit komfortabler Zuganbindung bei El Masnou nordöstlich von Barcelona. Hanggelände, Wiesenboden, die unteren Regionen wegen der nahen Küstenstraße laut. In der Hauptsaison Swimmingpool, Bar/Rest. Einkaufsmöglichkeit, in der NS alles geschlossen. Zu erreichen per Rodalies-Bahnlinie R1 Richtung Mataró-Maçanet, ab Bahnhof Sants oder Plaça Catalunya, Fahrzeit ca. 30 Minuten. Ab Bhf. El Masnou zu Fuß entlang der Küstenstraße zurück, ca. 500 Meter. Autofahrer nehmen die Küstenstraße oder die Ausfahrt Nr. 5 der Autobahn von Mataró. Ganzjährig geöffnet. Pro Pers., Auto, Zelt je etwa 8 €. Camil Fabra 33, ✆ 935 551503, www.campingmasnoubarcelona.com.

Im Süden

3 Estrellas, 1. Kat., großer, gut ausgestatteter Platz bei Gavà, am Sandstrand, mit Pool. Vermietung von Mobil-Homes. Starker Fluglärm. Anfahrt per Bus mit Linie L95 ab Ronda de la Universitat 29 (nahe Pl. Catalunya); mit dem Auto über die C-31 Richtung Castelldefels, Ausfahrt 13, dann wieder etwa 500 Meter zurück in Richtung Barcelona. Geöffnet etwa Mitte März bis Mitte Oktober. Parzelle inkl. zwei Pers., Zelt und Auto nach Größe und Lage ab 30 €, zur NS deutlich günstiger. Carretera C-31 (Autovía de Castelldefels), km. 186,2, ✆ 936 330637, www.camping3estrellas.com.

Immer im Trend: Barcelonas Boutiquen

Wissenswertes von A bis Z

Ärztliche Versorgung

Prinzipiell übernehmen die privaten und gesetzlichen Krankenkassen die Kosten ambulanter Behandlungen im EU-Ausland. Erkundigen Sie sich jedoch vorab bei Ihrer Kasse über die aktuelle Verfahrens- und Abrechnungsweise und führen Sie die *Europäische Krankenversicherungskarte EHIC* (in der Regel auf der Rückseite der normalen Versicherungskarte enthalten) mit. Um der Bürokratie aus dem Weg zu gehen und vor unangenehmen Überraschungen sicher zu sein, ist die *Reise-Krankenversicherung*, die z. B. im Gegensatz zu fast allen anderen Versicherungen auch medizinisch notwendige Krankenrücktransporte einschließt, in jedem Fall eine sinnvolle Ergänzung.

Bester Ansprechpartner im akuten Notfall ist die Notaufnahme *Urgències* eines Krankenhauses (Hospital); sie ist rund um die Uhr geöffnet und behandelt mit gesetzlichem Versicherungsnachweis kostenlos. Bei niedergelassenen Ärzten muss man in aller Regel bar bezahlen, lässt sich dann unbedingt eine genaue Rechnung mit Diagnose und Aufstellung der ärztlichen Leistungen geben und reicht diese beim Versicherer zur Rückerstattung ein. Gesetzliche Kassen erstatten in diesem Fall nur die heimischen Gebührensätze.

Notruf (Urgencia): ✆ *112.* Diese Notrufnummer für Polizei, Ambulanz und Feuerwehr funktioniert landesweit. Polizeinotruf ✆ *091* (Policia Nacional), Ambulanz ✆ *061.* Ärztlicher ADAC-Notuf in D: ✆ 0049 89 767676.

Apotheken *(farmàcies)* können bei kleineren Wehwechen oftmals den Arzt ersetzen. Die spanischen Apotheker dürfen auch manche Medikamente abgeben, die daheim rezeptpflichtig sind. Nacht- und Sonntagsdienste (farmàcies de guardia) sind an jeder Apotheke angeschlagen.

Krankenhäuser mit Notaufnahme **Hospital Clínic**, das Hauptkrankenhaus der Stadt, Carrer

Villaroel 170 (Eixample), ✆ 932 275400; Metro: Hospital Clinic. www.hospitalclinic.org.

Hospital del Mar, Passeig Marítim 23–31 (Barceloneta), ✆ 932 483000. Metro: Ciutadella-Vila Olímpica. www.parcdesalutmar.cat.

Urgències Perecamps, vor allem für minder schwere Fälle, Verletzungen etc. Avinguda Drassanes 13–15 (Raval, unweit Rambles), ✆ 934 410600. Metro: Drassanes oder Parallel.

Deutschsprachige Ärzte Eine umfangreiche Liste (z. B. auch zum Ausdrucken vor der Reise) von deutschsprachigen Allgemein- und Fachärzten findet sich auf den Seiten des Deutschen Generalkonsulats Barcelona unter www.barcelona.diplo.de, dort dann „Bürgerservice" und danach „Bürgerservice A–Z/Merkblätter" klicken.

Zahnklinik **Clinica Dental Barcelona**, Carrer Pau Clarís 194-196, Notfälle tägl. 9–24 Uhr, ✆ 934 878329, www.clinicadentalbarcelona.com.

„Barcelona, Stadt in Umgestaltung"

Infos über Nacht- und Sonntagsdienste von Apotheken ✆ 010 oder www.farmaguia.net, mit der Möglichkeit, aktuell geöffnete Apotheken zu suchen.

24-Stunden-Apotheken Beide liegen zentral und sind rund um die Uhr geöffnet.

Farmàcia Clapés, Rambles 98, ✆ 933 012843. Metro: Liceu.

Farmàcia Castells Soler, Passeig de Gràcia 90, Nähe Casa Milà, ✆ 934 876145, Metro: Passeig de Gràcia.

Drogen

Spanien zählt zu den europäischen Ländern mit relativ liberalen Drogengesetzen. Der Besitz kleiner Mengen für den eigenen Gebrauch gilt nicht als Straftat. Auf Handel stehen hingegen harte Freiheitsstrafen, und der Besitz oder Konsum von Drogen in der Öffentlichkeit können als Ordnungswidrigkeit mit einer Geldbuße belegt werden. Dennoch wird in Barcelona teilweise recht offen „Chocolate" (Haschisch) geraucht. Interessenten sei gesagt, dass die Polizei immer Mittel und Wege findet, den Ertappten Probleme zu bereiten, und dass die spanischen Gefängnisse nicht gerade zu den komfortableren Europas zählen. Bei der weichen Droge „Chocolate" mag das polizeiliche Interesse sich je nach Sachlage in Grenzen halten. Verlassen sollte man sich darauf vor allem als Fremder jedoch besser nicht. Wer als Ausländer mit harten Drogen erwischt wird, bekommt in jedem Fall gewaltigen Ärger.

Estancos

Die Tabakläden, kenntlich an dem braunen Schild mit der orangen Aufschrift „Tabacos", sind immer noch eine Institution in Spanien. Im Estanco, auf Katalanisch Estanc genannt, gibt es nicht nur Zigaretten, Zigarren und Tabak in breiter Auswahl, Feuerzeuge und anderes Raucherzubehör: Hier sind ebenso Briefmarken und Telefonkarten erhältlich, oft auch Zehnerkarten für die Metro etc.

Geld

Gleich das ganze Bargeld für die Reise mitzuschleppen ist nicht ohne Risiko. Es gibt sicherere Alternativen.

Sperrnummer für Bank- und Kreditkarten: 0049 116116. Diese einheitliche Sperrnummer gilt mittlerweile für die Mehrzahl der deutschen Bankkunden und ist auch für die Sperrung von Personalausweisen mit Online-Ausweisfunktion zuständig. Aus dem Ausland ist sie zusätzlich unter 0049 30 4050 4050 anwählbar. www.sperr-notruf.de.

Geldautomaten („Bancomat"): Wohl mit die beste und bequemste Lösung, bei einer Filiale der heimischen Bank sogar umsonst. Bei *Verlust* der Magnetkarte sofort das Konto sperren lassen, ebenso dann, wenn der Automat sie einbehalten hat, da Bancomaten gelegentlich von Betrügern manipuliert werden. Vorsicht beim nächtlichen Abheben im Freien; besser (ohne fremde Gesellschaft) den Vorraum einer Bank aufsuchen.

Kreditkarten: Die gängigen Karten werden von fast allen größeren Hotels, teureren Restaurants etc. akzeptiert. Beim Bezahlen wird häufig der Ausweis verlangt. Auch Geldabheben vom Automaten ist möglich, bei vielen (nicht allen) Karten aber nicht unbedingt preisgünstig.

Schnelles Geld: Bei finanziellen Nöten, die sofortige Überweisungen aus der Heimat nötig machen, ist die Geldüberweisung mit Western Union die flotteste Methode. Der zu überweisende Betrag wird auf dem heimischen Postamt eingezahlt und trifft wenig später auf der spanischen Post ein. Mit saftigen Gebühren ist allerdings zu rechnen.

Haustiere

Ein ernstgemeinter Rat: Lassen Sie Ihren Hund nach Möglichkeit zu Hause. Zum einen ist die Anreise per Flugzeug vor allem für größere Hunde traumatisch, da sie in einer Transportbox im lauten und dunklen Frachtraum untergebracht werden müssen. Zum anderen ist das Reisen mit den vierbeinigen Freunden immer noch großen Beschränkungen unterworfen. Die Mehrzahl der Hotels akzeptiert keine Hunde,

Hoch über der Stadt: Parc Güell

auch an vielen Türen von Restaurants ist das Schild „No Gossos" beziehungsweise „Perros No!" zu lesen. Strände sind für Hunde ebenso gesperrt wie die öffentlichen Verkehrsmittel.

EU-Pass: Die EU hat einen für Hunde, Katzen und Frettchen (ja!) obligatorischen „Reisepass" eingeführt, durch den die Identität des Tiers nachgewiesen und attestiert wird, dass es gegen Tollwut geimpft ist. Über Details informiert der Tierarzt.

Information

Spanisches Fremdenverkehrsamt: Informationsstellen der spanischen Tourismusbehörde gibt es in Deutschland, Österreich und der Schweiz.

Deutschland 10707 **Berlin**, Lietzenburger Str. 99, ✆ 030/8826543, berlin@tourspain.es.

60323 **Frankfurt/Main**, Myliusstraße 14; ✆ 069/725033, frankfurt@tourspain.es.

80051 **München**, Postfach 151940 (kein Publikumsverkehr); ✆ 089/5307460, munich@tourspain.es.

Österreich 1010 **Wien**, Walfischgasse 8, ✆ 0043 1 5120580. viena@tourspain.es.

Schweiz 8008 **Zürich**, Seefeldstraße 19; ✆ 0041 (0) 442536050. zurich@tourspain.es.

Fremdenverkehrsämter in Barcelona: Bei allen Auskunftsstellen sind Stadtpläne, Broschüren zu Sehenswürdigkeiten, Hotelverzeichnisse und Ähnliches erhältlich, oft auch nützliche allgemeine Publikationen, die mehrsprachig über zahllose Details informieren. Ein Besuch lohnt sich.

Fremdenverkehrsämter (Auswahl) Turisme de Barcelona, Plaça de Catalunya 17, im Tiefgeschoss, zentrale Telefonnummer ✆ 932 853834 (9–20 Uhr). Sehr zentrales und gut ausgestattetes Büro der Stadt. Neben Broschüren und Auskünften auch Geldwechsel und Souvenirverkauf, bei persönlichem Erscheinen ist Hotelreservierung möglich. Oft sehr voll. Geöffnet täglich 8.30–20.30 Uhr.

Zweigstelle an der zentralen Plaça Sant Jaume im Barri Gòtic. Weniger Andrang, freundliches Personal. Geöffnet Mo–Fr 8.30–20.30 Uhr, Sa 9–19 Uhr, So 9–14 Uhr. Wie auch in den folgenden Büros sind keine telefonischen Anfragen möglich.

Zweigstelle an der Plaça Nova bei der Kathedrale, im Gebäude des Col.legi d'Arquitectes. Geöffnet Mo–Sa 9–19 Uhr, So 9–15 Uhr.

Zweigstelle im Bahnhof Estaciò Sants, geöffnet täglich 8–20 Uhr.

Flughafen-Zweigstellen, Aeroport de Barcelona; Terminal 1 und Terminal 2; beide geöffnet 8.30–20.30 Uhr.

Cabines d'informació, Infokioske, die an strategischen oder touristisch interessanten Punkten im Stadtgebiet verteilt sind, z. B. an der Sagrada Família, der Plaça Espanya und dem Busbahnhof.

Centre d'Informació Turística de Catalunya, im Palau Robert, Passeig de Gràcia 107, an der Kreuzung mit der Avinguda Diagonal; Metro 3 und 5, Station Diagonal; ✆ 932 388091-93, Das Büro der Generalitat, zuständig für die Stadt und ganz Katalonien. Viele Broschüren und Pläne, Ausstellungen etc. Öffnungszeiten: Mo–Sa 10–20 Uhr, So 10–14.30 Uhr.

Internet

Immer mehr Hotels und Cafés offerieren ihren Gästen kostenfreies W-LAN (auch WiFi genannt), meist muss dazu der Code (Código oder Clave) beim Personal erfragt werden. Im Folgenden einige interessante Sites, weitere Adressen sind unter den jeweiligen Themenbereichen aufgeführt. Und dann gibt es – für aktuelle Infos nach Redaktionsschluss, aber auch für das schnelle Senden stets gern gesehener Lesertipps – natürlich noch die Seite unseres Verlags ...

Barcelona WiFi Barcelona besitzt mehr als 400 öffentliche WLAN-Spots, in Märkten, Museen, Kulturzentren, Parks... Zu erkennen am Schild mit dem weißen W auf blauem Grund, Betriebszeit 8–1 Uhr. Passwort: Barcelona WiFi. Verzeichnis der Spots und Details (auch auf Englisch) unter www.bcn.cat/barcelonawifi.

Internet-Cafés Sie werden mangels Nachfrage immer weniger. Ausnahmen sind die „Locutorios" genannten Telefon- und Internetbüros in den Einwandererviertein wie Raval.

Interessante Sites **www.bcn.cat**, die Seite der Stadtverwaltung. Eine wahre Fundgrube zu praktisch allen Themen rund um Barcelona, englischsprachig.

www.barcelonaturisme.cat, die ebenfalls recht umfangreiche Site des Fremdenverkehrsamts der Stadt. Englisch. Bei Reservierung im „Shop" der Seite erhält man für eine Reihe von Produkten (Barcelona Card, Bus Turístic etc.) Rabatte.

www.barcelonaesmoltmes.cat, Site für den Tourismus in der Provinz Barcelona.

www.gencat.cat: Site der katalanischen Landesregierung, vor allem allgemeine Infos zu ganz Katalonien. Englisch.

www.catalunya.com, die touristische Site der Landesregierung, auch auf Deutsch („Idiomes" klicken) abrufbar.

www.spain.info: Das offizielle Spanien-Portal von Turespaña, dem Spanischen Fremdenverkehrsamt, das von der Site als „Jahrhundertprojekt" schwärmt. Deutschsprachig.

www.barcelona-online.com, gigantische Linksammlung zu schier allen erdenklichen Themen rund um Barcelona. Englisch.

www.barcelonafuerdeutsche.de, ein umfangreiches Portal mit vielen Infos rund um das Thema „Arbeiten und Leben in Barcelona", Essays etc. Natürlich deutschsprachig.

www.barcelona.de, sehr vielfältige und serviceorientierte deutsche Seite mit zahlreichen

Informationen. Direktbuchungsmöglichkeit von Tickets für den FC Barcelona, Ausflügen etc.

www.mein-barcelona.com, eine weitere deutschsprachige Site zu Barcelona, ebenfalls sehr informativ, detailliert und mit viel Liebe gemacht.

www.barcelona-museum.de, sehr engagiertes deutsches Projekt, das mehr als 50 Museen in Barcelona vorstellt, darunter neben den Klassikern auch viele „Spezialfälle" wie das Motorradmuseum, das Hasch- und Hanfmuseum oder das Leichenwagenmuseum. Auch als App erhältlich.

www.barcelona-metropolitan.com, auf Englisch, mit guten Hintergrundartikeln zum Stadtleben, aber auch vielen nützlichen Alltagsinformationen und einem guten Veranstaltungskalender.

www.enciclopedia.cat, eine „Hiperenciclopèdia" zu Katalonien. Funktioniert prima mit Eigennamen, geografischen Begriffen etc. Bisher nur auf Katalanisch.

www.aena.es, die Site der spanischen Flughäfen, auch mit Details zur Anreise.

www.tmb.cat, die Site der städtischen Verkehrsbetriebe Barcelonas, mit Infos zu Metro, Bus, Sammeltickets etc. Auch in Englisch. Das Pendant der FGC findet sich unter **www.fgc.cat**.

www.renfe.es, die Site der spanischen Staatsbahn, teilweise englischsprachig. Infos zu Nahverkehrszügen gibt es unter www.renfe.es/cercanias.

www.enbarcelona.com, vielfältige Site zum Thema „Ausgehen in Barcelona": Clubs, Bars, Festivals, Theater etc. Nur in Spanisch.

www.michael-mueller-verlag.de: Unsere Site, auch mit Reiselinks, aktuellen Informationen zu Barcelona (siehe Reiseinfos), die sich erst nach Redaktionsschluss ergeben haben, und einem Spanienforum – schauen Sie doch mal rein!

Klima und Reisezeit

Eine mediterrane Stadt: „Ihr Klima ist gemäßigt und ausgeglichen: Der Himmel ist für gewöhnlich klar und hell und zeigt nur selten Wolken, und wenn, dann sind auch sie weiß; der Luftdruck ist konstant, und es regnet wenig, mitunter allerdings heimtückisch und wolkenbruchartig" (Eduardo Mendoza). In der Tat beschert die Lage am Mittelmeer Barcelona trockene Sommer und gemäßigte, aber feuchte Winter.

Seltener Anblick: Schnee nahe der Küste

Klimadaten von Barcelona

	Ø Lufttemperatur (Min./Max. in °C)		Ø Niederschlag (in mm)	Ø Wasser-temperatur (in °C)
Jan.	6,4	12,7	5	13
Febr.	7,1	13,6	4	12
März	9,0	15,7	5	13
April	11,0	18,2	5	14
Mai	14,0	21,3	5	16
Juni	18,0	25,1	4	19
Juli	20,7	27,9	2	22
Aug.	20,9	27,7	4	24
Sept.	18,8	25,0	5	22
Okt.	14,6	20,6	6	20
Nov.	10,6	16,4	5	16
Dez.	7,5	13,0	5	14
Jahr	**13,2**	**19,8**	**4,6**	**17,1**

Reisesaison für Barcelona ist prinzipiell das ganze Jahr. Im Winter ist der Andrang, von den Feiertagen abgesehen, naturgemäß ein wenig geringer. Dann fällt in manchen Jahren auch schon mal Schnee, ein seltenes, von der Lokalpresse gebührend gefeiertes Ereignis. Es gibt aber auch Wintertage, die so warm sind, dass man bei Sonnenschein mittags im Freien essen kann: Glückssache. Klimatisch meist angenehm und gleichzeitig reich an Festen und Veranstaltungen sind die Monate April bis Juni sowie September und Oktober. Im Juli und August kann es heiß werden. Der August ist zwar der Monat mit den höchsten Besucherzahlen, gleichzeitig aber auch der Monat, in dem die Einwohner ihre Metropole verlassen: Wer es sich leisten kann, macht Urlaub in den Bergen oder am Meer, viele Restaurants und Geschäfte sind geschlossen.

Kriminalität

Barcelonas Ruf in Sachen widerrechtlicher Eigentumsübertragung ist nicht der Beste; von der amerikanischen Reisecommunity Tripadvisor wurde die Metropole gar zur „Welthauptstadt des Taschendiebstahls" gewählt. Besonders beliebt ist der Diebstahl von Smartphones. Hauptursachen für die hohe Kriminalität sind Drogenabhängigkeit und die sich verbreiternde Kluft zwischen Arm und Reich. Etwas Umsicht scheint also durchaus angebracht. Dies gilt insbesondere für die Altstadtbezirke. Zu den neuralgischen Zonen dort gehören die (z. T. ehemaligen) Rotlichtviertel beiderseits der unteren Rambles, abgelegene Ecken im Barri Gòtic und im Raval, nicht zuletzt auch die Rambles selbst, an denen – nicht nur im Umfeld der „lebenden Statuen" – vornehmlich Taschen- und Trickdiebe ihrer Tätigkeit nachgehen: Sollte man hier angesprochen werden oder auch ganz „harmlos" nur eine Nelke ins Knopfloch gesteckt bekommen, darf man ruhig mal etwas misstrauischer sein als sonst. Beliebt bei Ganoven sind auch öffentliche Verkehrsmittel und die Bahnhöfe. Grundsätzlich gilt: Vorsicht vor allen Arten von Ablenkungsmanövern! Dazu zählen „versehentliches" Rempeln oder Bekleckern des Opfers, das Fallenlassen von Gegenständen (beliebt am Ende von Rolltreppen: der Vordermann greift scheinbar hektisch nach seinem verlorenen Handy, der von der Treppe vorwärtsgeschobene Tourist stolpert über ihn, ein Komplize greift ihm dabei von hinten in die Tasche), die Frage nach dem Weg mit einem Stadtplan, der dann als Camouflage während des schnellen Griffs nach den Wertsachen dient etc. Sehr häufig arbeiten die Ganoven in Gruppen. Die Polizei bemüht sich, durch verstärkte Anwesenheit Sicherheit zu gewährleisten. Der Ausgang dieses Rennens bleibt jedoch stets offen, also: Wertsachen unsichtbar am Körper tragen statt in der Handtasche (besser noch: im Hotelsafe lassen), Fotoapparate und andere teure Geräte dezent transportieren, Handtaschen nicht über der Schulter tragen, sondern über Kreuz, düstere Ecken in später Nacht und während der Siesta meiden. Autofahrern kann man nicht oft genug raten, ausschließlich auf bewachten Plätzen zu parken. Aber auch dort gilt: Grundsätzlich nichts im geparkten Wagen lassen, CD-Player und Navi raus, Handschuhfach öffnen.

Literatur

Barcelona ist Thema oder zumindest Schauplatz einer ganzen Reihe von Büchern. Hier eine kleine Auswahl, vom Klassiker bis zur Reportagen-Sammlung.

George Orwell: **Mein Katalonien**, die Schilderung von Orwells Erlebnissen im Spanischen Bürgerkrieg, insbesondere der selbstzerfleischenden Kämpfe innerhalb der Linken.

Max Aub: **Das magische Labyrinth**, sechsbändiger Romanzyklus des deutsch-französischen Autors über den Spanischen Bürgerkrieg, lange nahezu vergessen.

Manuel Vázquez Montalbán: Schöpfer der berühmten kulinarischen Kriminalromane um den Barceloneser Privatdektiv **Pepe Carvalho**. Montalbán, im Oktober 2003 verstorben, schrieb aber auch das aphrodisiakische Kochbuch „Unmoralische Rezepte" und „Die Lustigen Jungs von Atzavara", eine spöttische Bestandsaufnahme der persönlichen Problemchen katalanischer Bourgeoisie nach dem Tod Francos.

Eduardo Mendoza: **Die Stadt der Wunder**, der Aufstieg eines Machtmenschen im Barcelona der Jahre 1888 bis 1929, also zwischen den beiden Weltausstellungen. Unterhaltsam und spannend. Genauso lesenswert ist der ironische Krimi „Die Wahrheit über den Fall Savolta", der ebenfalls in Barcelona spielt.

Juan Marsé: **Stimmen in der Schlucht**, ein Roman aus dem Barcelona von 1945, erzählt von einem Embryo. Humorvolle und spannende Geschichtsbewältigung, mit dem Nationalen Literaturpreis ausgezeichnet. Den katalanisch-spanischen Identitätskonflikt behandelt humorvoll „Der zweisprachige Liebhaber".

Carlos Ruiz Zafón: **Der Schatten des Windes**, fantasievoller Roman um ein geheimnisvolles Buch und seinen mysteriösen Autor. Hintergrund ist das triste Barcelona der Franco-Zeit. Ein Bestseller, von Spaniens Buchhändlern zum „Buch des Jahres 2002" gewählt. Auf den Spuren dieser Geschichte wandelt der Suhrkamp-Reiseführer **Mit Carlos Ruiz Zafón durch Barcelona**.

Ildefonso Falcones: **Die Kathedrale des Meeres**, jüngeren Datums, aber ebenfalls bereits ein Megaseller ist diese Geschichte des Bauernsohns Arnau Estanyol, der vor der Leibeigenschaft nach Barcelona flieht und es beim Bau der Kirche Santa Maria del Mar zu Wohlstand bringt. Ein teilweise drastischer, farbig erzählter Mittelalterroman.

Francisco Casavella: **Verwegene Spiele**, über tausend Seiten stark und eigentlich drei Bücher in einem, nämlich die Trilogie „Der Tag des Watussi"; ein Roman aus der Unterwelt Barcelonas. Casavella, mehrfach ausgezeichnet, ist 2008 im Alter von nur 45 Jahren gestorben.

Pablo Tusset: **Das Beste was einem Croissant passieren kann**, kurioser Krimi, der vor allem von seiner frechen Hauptfigur lebt, dem dicklichen, den Tag mit Joints beginnenden, wodkatrinkenden Nuttenliebhaber und Internetphilosophen Pablo „Balu" Miralles. Rasant geschrieben.

Wolfhart Berg, **Barcelona. Eine Stadt in Biographien**, kein Reiseführer, aber eine sehr reizvolle Art, Barcelona anhand von Porträts berühmter Persönlichkeiten darzustellen.

Merten Worthmann: Gebrauchsanweisung für Barcelona, aus der bekannten Reihe.

Witziges und Wissenswertes zum Wesen und den Eigenheiten Kataloniens, Barcelonas und seiner Bewohner.

Nützliche Adressen

Notruf ✆ 112 (mehrsprachig)

Ambulanz Notfälle unter ✆ 061

Fundbüro **Oficina de Troballes**, Plaça Carles Pi i Sunyer 8–10, im Barri Gòtic nahe Portal de l'Àngel. Geöffnet Mo–Fr 9–14 Uhr, Info unter ✆ 010 rund um die Uhr.

Konsulate Sie sind Ansprechpartner im akuten Notfall, zuviel erwarten sollte man allerdings nicht.

Deutsches Konsulat: Torre Mapfre, C. Marina 16–18, 30a; eins der beiden Hochhäuser am Olympiahafen; ✆ 932 921000.

Österreichisches Konsulat: Carrer Marià Cubí 7, 1° 2a (Gràcia),✆ 933 686003.

Schweizer Konsulat Gran Via Carlos III. 94, 7° (Eixample), ✆ 934 090650.

Post **Hauptpost** an der Plaça Antoni López, in Hafennähe fast am Ende der Via Laietana. Öffnungszeiten: Mo–Fr 8.30–21.30 Uhr, Sa 8.30–14 Uhr. Hierhin kann man sich auch Briefe schicken lassen (Lista de Correos), zu adressieren nach folgendem Muster: Name, Vorname/Lista de Correos/08070 Barcelona/Spanien. Kein „Herr" oder „Frau" davor schreiben, da der Brief sonst falsch abgelegt wird.

Gepäckaufbewahrung Im Bahnhof Sants und in den zentral gelegenen Büros des Fahrradvermieters Budget Bikes (→ Unterwegs in Barcelona).

Locker Barcelona nahe der Plaça Catalunya und meerwärts vom Corte Inglés, gleich unterhalb des Büros von Budget Bikes. Täglich 8.30–22 Uhr (Winter 9–21 Uhr). Box je nach Größe 6,50–12 €. Carrer Estruc 36, ✆ 933 028796.

Waschsalons In der Regel gibt man seine Wäsche ab und erhält sie getrocknet und zusammengelegt zurück.

Bugadería, Carrer Consolat del Mar 43–45, im Viertel La Ribera.

Wash'n dry, Carrer Nou de la Rambla 19 (El Raval), in einer Seitenstraße der Rambles etwa auf Höhe der Plaça Reial.

Öffnungszeiten

Die spanische Nachmittagsruhe *Siesta*, die etwa von zwei Uhr bis fünf Uhr dauert, ist auch in Barcelona heilig. Abends bleibt dafür länger geöffnet, als in unseren Breiten üblich. Wenn Öffnungszeiten saisonal verschieden sind, wird nur nach Sommer und Winter ge-

Bunt: Werbung im Waschsalon

trennt; jenseits der Pyrenäen kennt man da nur zwei Jahreszeiten.

Läden: Kleinere Geschäfte öffnen in der Regel Mo–Sa 9/10–13/14 Uhr und 16.30/17–20/21 Uhr; Sa-Nachmittag ist teilweise geschlossen. Kaufhäuser, Boutiquen und Supermärkte sind oft durchgehend Mo–Sa bis 21 Uhr offen. Märkte öffnen meist schon um 8 Uhr oder noch früher, die Mehrzahl schließt aber bereits gegen 14 Uhr. Das Ladenschlussgesetz wurde liberalisiert, weshalb auch abweichende Öffnungszeiten möglich sind.

Museen: Die Regelungen sind hier verschieden. Jeweilige Öffnungszeiten werden im Text angegeben, können sich aber schnell ändern. Es gibt jedoch zwei Faustregeln: Fast überall ist am Montag geschlossen; wer dagegen dienstags bis freitags am Vormittag kommt, geht fast nie fehl.

Kirchen: Offen sind sie theoretisch meist von etwa 7 bis 12 Uhr, nachmittags von 17 bis 20 Uhr. Dies liegt allerdings völlig im Ermessen des Zuständigen, die besten Chancen bestehen vormittags.

Parks

Barcelona besitzt mehr als 60 Parks. Viele davon werden, wie der Stadtpark Parc de la Ciutadella oder Gaudís märchenhafter Parc Güell, in diesem Buch noch näher vorgestellt. Hier nur einige originelle, in den Stadttouren nicht gesondert aufgeführte Anlagen.

Parc de l'Espanya Industrial: Südlich des Bahnhofs Sants verwandelte der Architekt Luis Peña Ganchegui in den 80er-Jahren ein altes Fabrikgelände in einen modernistischen „Park" von extravagantem Design. Leuchtende Türme, ein See mit Wasserfall, Treppen und zahlreiche Skulpturen ließen ihn schnell zu einem Set für Modeaufnahmen werden. Leider wirkt der Park heute oft etwas vernachlässigt.

Parc de Joan Miró: Ein Stück weiter Richtung Montjuïc, schon nahe der Plaça d'Espanya, liegt diese Anlage, von deren berühmtem Namen man sich nicht allzuviel versprechen sollte. Zwar wird ein Platz tatsächlich von der riesigen

Beim Bahnhof Sants: Parc de l'Espanya Industrial

Miró-Skulptur „Donna i Ocell" (Frau und Vogel) geschmückt, der Rest besteht jedoch aus einem normalen Park aus Palmen und Pinien. Für eine Rast mag's angehen. Metro: Tarragona.

Parc La Creueta del Coll: Nordwestlich des Parc Güell und wie dieser planmäßig angelegt, wenngleich auch erst anlässlich von Olympia. Hauptattraktionen des regelrecht „gestylten" Parks sind ein künstlicher See mit Bademöglichkeit für Kinder sowie die Skulptur „Elogia del Agua", gestaltet von Eduardo Chillida und im üblichen Großformat des im August 2002 verstorbenen Meisters. Metro: Penitents oder Vallcarca.

Parc del Laberint: Ein ehemaliges Landgut im Viertel Horta, etwa nördlich des Parcs Creueta del Coll. In seinem großen, verwunschenen Park lockt ein im 18. Jh. aus Zypressen gestutztes Labyrinth zu vergnüglichem Verirren. Geöffnet ist je nach Jahreszeit täglich 10 bis 19 oder 20 Uhr, die Eintrittsgebühr beträgt rund 2,50 Euro, So und Mi gratis. Metro: Mundet.

Polizei

Katalonien besitzt vier verschiedene Polizeiorganisationen, was auf den ersten

Blick etwas verwirrend sein kann. Prinzipiell kann man sich im Notfall (dann am besten Tel. 112 wählen) natürlich an jede wenden, doch ist es sinnvoll, die Unterschiede zu kennen. Die *Guàrdia Urbana*, meist mit gelb fluoreszierenden (oder auch hellblauen) Hemden oder Jacken gekleidet, kümmert sich u. a. um die lokale Verkehrsüberwachung und ist Ansprechpartner bei kleineren Schwierigkeiten, z. B. dem abgeschleppten Fahrzeug, verlorenen Gegenständen etc. Als „Botschafter" ihrer Stadt reagieren diese Beamten meist auch am freundlichsten, wenn sie beispielsweise nach dem Weg gefragt werden. Die *Mossos d'Esquadra* (etwa: „Trupp junger Burschen") sind Kataloniens autonome Polizeitruppe, in deren Aufgabengebiet nach einer jahrelangen Phase der Umstrukturierung nun die meisten Delikte fallen; in jüngerer Zeit hat eine Reihe wenig erfreulicher Vorfälle dem Ruf der Mossos nicht gerade genützt. Die paramilitärische *Guardia Civil* und die ebenfalls spanienweit tätige *Policía Nacional* haben in Katalonien den Großteil ihrer Kompetenzen an die Mossos abtreten müssen.

Polizeiliche Unterstützung **Atenció al Turista**, ein Dienst der Guàrdia Urbana; Hilfe bei Unfällen, Überfällen, verlorenen Papieren etc; Rambles 43, ✆ 932 562477/78.

Guàrdia Urbana ✆ 092

Mossos d'Esquadra ✆ 088

Policia Nacional ✆ 091

Anzeige (Denuncia) per Telefon erstatten: ✆ 902 102 112. Auch deutschsprachig (tägl. 9–15 Uhr), nützlich beispielsweise bei Raub von Dokumenten etc. Mit der erhaltenen Bearbeitungsnummer geht man zur nächsten *Comisaría* (Polizeistation), kann dort die Anzeige unterschreiben und vermeidet so die üblichen Warteschlangen. Im Internet: www.policia.es.

Preise

Barcelona boomt – zumindest als Reiseziel. So manche Institution, sei sie staatlich, städtisch oder privat, versteht die stetig steigende Nachfrage als Aufforderung, ebenso stetig die Preise zu erhöhen. Die in diesem Buch angegebenen Eintrittspreise, Tarife für Tickets im Stadtverkehr etc. sind deshalb nur als Richtwert und als Anhaltspunkt zu verstehen.

Rauchverbote

Seit 2011 ist in Spanien eines der schärfsten Anti-Tabak-Gesetze der EU in Kraft. War der Konsum von Ziga-

Kataloniens autonome Polizei: Mossos d'Esquadra

rette, Zigarre oder Pfeife bereits vorher am Arbeitsplatz und in öffentlichen Gebäuden verboten, so gilt das Verbot nun – allen Protesten der Wirte zum Trotz – auch in der gesamten Gastronomie. Sogar unter freiem Himmel greift das Gesetz teilweise, auf Kinderspielplätzen etwa. Stadien sind vom Verbot ausgenommen. Hotelzimmer werden als vorübergehender Privatraum angesehen, Hotels dürfen deshalb einen bestimmten Prozentsatz ihrer Zimmer als Raucherzimmer ausweisen, wobei es sich natürlich immer um dieselben Zimmer handeln muss. Tabakwaren gibt es schon seit Jahren nur noch im Estanco oder am Zigarettenautomaten in der Kneipe, der aus Jugendschutzgründen per Fernbedienung kontrolliert wird, nicht mehr am Kiosk.

Reisedokumente

Trotz des Schengener Abkommens ist weiterhin ein gültiger Personalausweis oder Reisepass Pflicht; wer auf dem Landweg ein- und ausreist, muss ohnehin trotz Schengen weiterhin mit Kontrollen vor allem französischer Zöllner rechnen. Achtung, seit 2012 benötigen Kinder ein eigenes Reisedokument, der Eintrag im Ausweis der Eltern ist nicht mehr ausreichend. Anzuraten ist, von allen wichtigen Papieren *Fotokopien* anzufertigen. Dies beschleunigt bei Verlust die Ausstellung von Ersatz erheblich, Ansprechpartner ist dann die örtliche Polizei oder das heimische Konsulat. Bei Personenkontrollen akzeptiert die spanische Polizei Fotokopien der Dokumente meist ebenso wie das Original.

Schwule und Lesben

Barcelona ist eine offene, tolerante und kosmopolitische Metropole, hat auch als eine der ersten Gemeinden in Europa eine städtische Antidiskriminierungsstelle für die Verteidigung von LGBT-Rechten eingerichtet. Heute gilt Barcelona, wohl auch aufgrund der Nähe zu Sitges, als eine der LGBT-Hauptstädte weltweit, dürfte in Südeuropa sogar praktisch konkurrenzlos sein. Die Szene konzentriert sich im „Gayxample“ genannten Bereich des linken der beiden Eixample-Viertel (Esquerra de l´Eixample), eine der wichtigsten Zonen hier ist mit ganz unterschiedlichen Bars, Saunen und Clubs das Gebiet um den Carrer Casanova mit den Querstraßen Carrer Consell de Cent und Carrer de Diputació. Ende Juni oder Anfang Juli findet die jährliche Parade Pride Barcelona statt, in der ersten Augusthälfte das gigantische Circuit Festival, siehe jeweils im Abschnitt Festivals.

Viel Platz für Sport: Platja Bogatell im Winter

Sport und Wellness

Barcelona bietet zahlreiche Sportmöglichkeiten, für die man sich zum Teil aber weit hinaus in die Vororte bemühen muss. Ein großes Plus für Sportler sind natürlich die Strände und die sie begleitende Promenade.

Fahrrad Siehe den entsprechenden Abschnitt im Kapitel „Unterwegs in Barcelona“.

Golf **Club de Golf Sant Cugat**, beim Ort Sant Cugat (FGC-Verbindung ab Pl. Catalunya), Carrer Villa s/n, ✆ 936 743908. Voranmeldung sehr ratsam. www.golfsantcugat.com.

Jogging Beliebt bei Joggern sind das Hafengebiet und besonders die Uferpromenade nördlich von Barceloneta, auch wenn hier oft reichlich Betrieb herrscht; hinter dem Olympiahafen wird es ruhiger. An Wochenenden empfehlen sich trotzdem die frühen Morgenstunden. Vielfältige Möglichkeiten bieten sich auf dem Montjuïc, beispielsweise eine fast zwei Kilometer lange und fast ebene Runde um das Kastell.

Skating Auch die Fans des Inline-Skatings (patinaje en línea) zieht es natürlich auf die Hafenpromenade und den Passeig Marítim von Barceloneta bis weit über den Olympiahafen hinaus; Rollerblades verleiht die Rollervermietung „Cooltra" an Barcelonetas Passeig Joan de Borbó 80-84, ✆ 932 214070, www.cooltra.com. Beliebtester Treffpunkt für die artistische Zunft auf Rollen ist der Platz vor dem MACBA im Viertel Raval, auf dem sich oft Dutzende von Skatern tummeln.

Schwimmen Details zu den Stränden von Barceloneta und weiter nördlich siehe dort. Wer seine Runden lieber im Schwimmbad dreht: **Club de Natació Atlètic Barceloneta**, mit Hallen- und Freibecken direkt am Strand von Barceloneta. Plaça del Mar s/n, ✆ 932 214600; www.cnb.es.

Piscines Bernat Picornell, die Olympiaanlage mit Hallen- und Freibädern auf dem Montjuïc. Die Turmspringer vor der Kulisse der Stadt und der Sagrada Família sind ein beliebtes Motiv der Werbung. Avenida de l'Estadi 30–40, ✆ 934 234041, www.picornell.cat.

Tennis **Centre Municipal de Tennis**, im Vorort Vall d'Hebron, Passeig de la Vall d'Hebron 178 (Metro: Montbau); ✆ 934 276500. Über 20 Courts, auch für Nicht-Mitglieder.

Wassersport **Base Nàutica de la Mar Bella**, beim gleichnamigen Strand nördlich von Barceloneta. Verleih und Kurse auf Windsurfboards, Kajaks, Katamaren und Segelbooten. Täglich geöffnet. ✆ 932 210432, www.basenautica.org.

Wellness **Baños Árabes – Aire de Barcelona**, eine Badeanlage (Hammam) im arabischen Stil, wie sie in Spanien immer beliebter werden. Das Bad in den unterschiedlich temperierten Becken ist ein wirklich wunderbar entspannendes Erlebnis. Geöffnet ist täglich ab 10 Uhr, Einlass im Zweistunden-Turnus bis 22 Uhr, Mi–Sa bis 24 Uhr. Eineinhalb Stunden kosten mit Aromatherapie ca. 35 €, mit einer Viertelstunde Massage etwa 50 €. Badekleidung ist erforderlich (kann auch vor Ort erworben werden), Handtücher müssen nicht mitgebracht werden. Passeig Picasso 22, beim Ciutadella-Park am Rand des Viertels La Ribera. Reservierung ratsam: ✆ 932 955743; www.airedebarcelona.com.

Barcelona im Kasten

Circuit de Catalunya: Liebling der Formel 1

Barcelonas Rennstrecke, etwa 20 Kilometer nordöstlich der Stadt gelegen, ist nicht nur alljährlich Schauplatz für den „Großen Preis von Spanien" (April oder Mai) sowie weiterer Rennen; der 4,73 Kilometer lange Parcours dient außerhalb der Saison auch als beliebteste Teststrecke der Formel-1-Teams. Der Wechsel aus langsamen und schnellen Kurven sowie die auch mal heftiger wehenden Böen fordern Fahrer und Material, die gute Erreichbarkeit des Kurses ist ebenfalls ein Argument für die mitteleuropäischen Teams. „Was ein Auto taugt, zeigt sich hier meist nach dem ersten Herausfahren aus der Box", heißt es im Rennsportportal www.formel1.de. Der Circuit liegt bei Montmeló (zu erreichen mit Renfe-Nahverkehrszügen der Linie R2). Karten für den Großen Preis von Spanien lassen sich z. B. auf der Website www.circuitcat.com bestellen. An bestimmten Tagen finden Führungen statt, Details dazu ebenfalls auf der Website; auch die Fremdenverkehrsämter informieren gerne über Besuchsmöglichkeiten. Übrigens fand schon 1923 das erste Autorennen in Barcelona statt. Schauplatz war der Montjuïc, an dem auch das letzte Rennen im Stadtgebiet zu Ende ging: 1975 wurde der dortige Formel-1-Lauf nach einem schrecklichen Unfall, der fünf Zuschauer das Leben kostete, abgebrochen.

Zentrum der Telekommunikation: Torre de Collserola

Sprachkurse

Barcelona ist eine beliebte Stadt für Spanisch-Sprachkurse. Dies trotz der Tatsache, dass die Mischung aus Kastilisch („Spanisch") und Katalanisch gerade bei Anfängern natürlich für Verwirrung sorgen kann.

Sprachkurse der Uni **Estudios Hispánicos** der Universitat de Barcelona, mehr als „nur" diverse Sprachkurse in Spanisch und Katalanisch, können hier doch auch Geschichte, Kultur etc. des Landes studiert werden. Quartiervermittlung. Gran Via de les Corts Catalanes 585, ✆ 934 035519, www.eh.ub.es.

Private Schulen Breites Angebot, wobei die meisten Schulen auch für Unterkunft sorgen können.

http://eee.cervantes.es: Die Website des spanischen Sprach- und Kulturinstituts Cervantes verzeichnet zahlreiche Sprachschulen. Wer lieber in der Heimat lernen möchte, findet Kurse unter **www.cervantes.de**.

Telefonieren

Spanien hat die Vorwahlen de facto abgeschafft bzw. den jeweiligen, seitdem neunstelligen Teilnehmernummern zugeschlagen. Innerhalb der Provinz Barcelona beginnen alle Teilnehmernummern mit 93. Aus dem Ausland ist keine Vorwahl nötig, stattdessen wird nach der Landesvorwahl 0034 die komplette neunstellige Teilnehmernummer gewählt. Ab Spanien gilt die 00 als Einwahl ins internationale Netz.

Vorwahlen

Nach **Deutschland** 0049, nach **Österreich** 0043, in die **Schweiz** 0041.

Immer gilt: die Null der Ortsvorwahl weglassen.

Nach Spanien ab Deutschland, Österreich und der Schweiz: Vorwahl 0034, Teilnehmernummer (Beispiel: 0034/931 234567).

Telefonzellen werden immer seltener. Sie akzeptieren nicht nur Münzen, sondern meist auch Telefon- und sogar Kreditkarten.

Handys: Die große Abzocke namens „Roaming" ist vorbei. Telefonieren im EU-Ausland darf ab dem 15. Juni 2017 (bis dahin gilt noch ein Maximaltarif von netto 19 Cent pro Minute) nicht mehr kosten als daheim; dies gilt ebenso für das mobile Internet. Alle Schlupflöcher für Mobilfunkbetreiber (Stichwort „Fair use"-Richtlinien) waren bei Redaktionsschluss jedoch noch nicht geschlossen, erkundigen Sie sich deshalb vorsichtshalber bei ihrem Anbieter nach dessen genauen Tarifen.

www.teltarif.de/reise: Nützliche Seite mit aktuellen Infos und Tipps zum Thema „Telefonieren im Ausland".

Telefonieren ohne Geld: Das R-Gespräch ist ein Service der Telekom, nützlich z. B., um nach Verlust der Barschaft von zuhause Nachschub (siehe „Geld") anzufordern; die Gebühr zahlt der Angerufene.

Telefonnummer ab Spanien, ohne jede Vorwahl: **900 99 0049**

Eine Zentrale verbindet weiter. Die Tarife liegen in einem für Notfälle erträglichem Rahmen: pro Verbindung 3,99 €, zusätzlich pro Minute 0,50 €. Der Service funktioniert nur zu Festnetzanschlüssen der Telekom.

Zeit

Auch in Spanien gilt die Mitteleuropäische Zeit (MEZ), wie bei uns werden die Uhren auf Sommer- und Winterzeit umgestellt. Da Barcelona jedoch innerhalb unserer Zeitzone ein Stück weiter westlich liegt, geht die Sonne dort etwas später auf und unter.

Zeitungen

Deutsche, österreichische und Schweizer Zeitungen und Zeitschriften sind in breitem Angebot an den Kiosken der Rambles und des Passeig de Gràcia erhältlich. Für Spanisch- und/oder Kata-

Ein Platz an der Sonne: Mittagspause am Meer

lanischkundige gerade auch wegen ihrer Kultur- und Veranstaltungsteile interessant sind z. B. die Zeitungen *El País* (führende Zeitung Spaniens), *El Periódico* (regional, erhältlich in Spanisch und Katalanisch) und *La Vanguardia* (regional) letztere mit einem umfangreichen Kleinanzeigen- und Veranstaltungsteil am Sonntag sowie der Freitags-Beilage „Què fem?", die Freizeit- und Kulturhinweise für die kommende Woche beinhaltet.

Zoll

Waren zum privaten Verbrauch dürfen im Reiseverkehr innerhalb der EU, also auch zwischen Deutschland, Frankreich und Spanien, unbegrenzt mitgeführt werden. Beim Transit durch die Schweiz gelten geringere Freimengen.

Richtmengen: Zur Unterscheidung zwischen privater und gewerblicher Verwendung wurden folgende Richtmengen festgelegt: 800 Zigaretten, 400 Zigarillos, 200 Zigarren, 1 kg Rauchtabak.10 Liter Spirituosen, 20 Liter sogenannte Zwischenerzeugnisse, 90 Liter Wein, davon maximal 60 Liter Sekt, und 110 Liter Bier. Auch die Mitnahme höherer Mengen ist möglich, sofern sie dem eigenen Verbrauch dienen, was bei eventuellen Kontrollen dem Zoll allerdings glaubhaft zu machen wäre.

Kompakt

Restaurants

Gourmet-Restaurants

Dos Palillos (El Raval), asiatisch-mediterrane Küche vom Feinsten ▪ S. 38

Alkimia (El Raval), Küchen-„Alchemie“ mit Michelinstern ▪ S. 38

Montiel (La Ribera/El Born), klein, freundlich und mit delikaten Menüs ▪ S. 70

Enoteca (Port Olímpic), hohe Küchenkunst im Luxushotel ▪ S. 97

Casa Calvet (Eixample), moderne Küche im Gaudí-Gebäude ▪ S. 117

L'Olivé (Eixample), klassisch-katalanische Bergküche in elegantem Dekor ▪ S. 117

Tragaluz (Eixample), kreative mediterran-internationale Küche ▪ S. 117

Freixa tradició (Sant Gervasi bei Gràcia), katalanische Küche, hochklassig interpretiert ▪ S. 128

Àbac (Tibidabo), doppelt michelinbesterntes und sehr elegantes Feinschmeckerlokal ▪ S. 136

Tram-Tram (Sarrià), moderne katalanische Küche, hübsche Gartenterrasse ▪ S. 145

Tickets – La Vida Tapa (Sant Antoni nahe Montjuïc), Tapas mit Michelinstern ▪ S. 161

Bodega 1900 (Sant Antoni nahe Montjuïc), eine „Vermutería“ in nostalgischem Gewand ▪ S. 161

Mit Aussicht

Torre d'Alta Mar (Barceloneta), hohe Küche (und ebensolche Preise) im Wortsinn: 75 Meter über dem Meeresspiegel ▪ S. 96

Pez Vela (Barceloneta), Paella und Salate mit Aussicht auf die Küstenlinie ▪ S. 96

Sal Café (Barceloneta), internationale Gerichte mit Meerblick, fast mit den Füßen im Sand ▪ S. 96

Bestial (Port Olímpic), mediterrane Küche unter Palmen, nachts ein Beachclub ▪ S. 97

Restaurant im Corte Inglés (Eixample), nicht sehr stilvoll, aber mit weitem Blick ▪ S. 119

Martínez (Montjuïc), Paellas und Grillgerichte mit traumhaftem Panorama, hohe Preise ▪ S. 160

La Caseta del Migdia (Montjuïc), Szenelokal in superber Lage, nichts für Gourmets ▪ S. 160

Katalanisch & Spanisch

Elisabets (El Raval), nostalgisch, Mittagsmenü und Tapas ▪ S. 39

Can Culleretes (Barri Gòtic), das älteste Restaurant der Stadt ▪ S. 55

Agut (Barri Gòtic), traditionelle katalanische Küche ▪ S. 55

Pitarra (Barri Gòtic), noch ein Klassiker katalanischer Küche ▪ S. 55

La Dentellière (Barri Gòtic), katalanisch und mediterran, gute Weine ▪ S. 55

El Cercle (Barri Gòtic), Toplage bei der Kathedrale, katalanisch und japanisch (!) ▪ S. 55

Café de l'Acadèmia (Barri Gòtic), katalanisch-spanisch, beliebt zum Mittagsmenü ▪ S. 56

La Cassola (Barri Gòtic), katalanischer Familienbetrieb, nicht teuer ▪ S. 56

Cervantes (Barri Gòtic), gute Küche, gute Preise, nur Mo–Fr mittags ▪ S. 56

Café Els Quatre Gats (Barri Gòtic), auf den Spuren von Picasso ▪ S. 57

Senyor Parellada (La Ribera/El Born), katalanisch-kreativ und nicht zu teuer ▪ S. 70

La Llavor dels Orígens (La Ribera/El Born), katalanische Küche, auch feste Menüs ▪ S. 70

Pirineu en Boca (La Ribera/El Born), Fleischgerichte (und mehr) aus den Pyrenäen ▪ S. 70

Nou Celler, (La Ribera/El Born), solides katalanisches Restaurant auf mehreren Etagen ▪ S. 71

Txirimiri, (La Ribera/El Born), baskisch-navarresische Küche in der Nachbarschafts-Kneipe ▪ S. 71

Petra (La Ribera/El Born), klein, originell und preisgünstig, deshalb oft voll besetzt ▪ S. 72

Set Portes (Port Vell), klassische katalanische Küche seit dem Jahr 1836 ▪ S. 86

La Fonda del Port Olímpic (Port Olímpic), zum üppigen, preiswerten Mittagsmenü stets rappelvoll ▪ S. 97

Madrid-Barcelona (Eixample), katalanische und frittierte Gerichte zu recht zivilen Preisen ▪ S. 117

La Palmera (Eixample), feine Festpreismenüs auch am Abend, nicht überteuert ▪ S. 117

El Nou de Granados (Eixample), guter Wein, gutes Essen, nette Atmosphäre ▪ S. 118

El Mercader de l´Eixample (Eixample), katalanische Küche aus Öko-Produktion ▪ S. 118

Hoch auf dem Montjuïc: Restaurant Martínez

Pirineu en Boca (Eixample), vor allem Fleischgerichte aus den Pyrenäen, eigene Metzgerei ▪ S. 118

L´Oliana (Sant Gervasi bei Gràcia), gehobener, klassisch-katalanischer Familienbetrieb ▪ S. 129

L'Arrosseria Xàtiva (Gràcia), Paella & Co. nach Art ihrer valencianischen Heimat ▪ S. 129

La Llavor dels Orígens (Gràcia), katalanische Regionalküche, auch feste Menüs ▪ S. 129

La Pubilla (Gràcia), beim Hauptmarkt des Viertels, von den Einheimischen sehr geschätzt ▪ S. 129

Asador de Aranda (Tibidabo), kastilische Fleischküche im Modernisme-Bau ▪ S. 136

La Venta (Tibidabo), klassischer Katalane an der Talstation der Standseilbahn ▪ S. 136

Fisch und Meeresfrüchte

MariscCo (Barri Gòtic), zentral an der Plaça Reial, trotz der Lage nicht überteuert ▪ S. 56

Celta (Barri Gòtic), Spezialist für Krake (Pulpo) auf galicische Art ▪ S. 58

Cal Pep (La Ribera/El Born), eine Institution für maritime Tapas ▪ S. 70

La Paradeta (La Ribera/El Born), Fisch und Meeresfrüchte im Self-Service, preislich unschlagbar ▪ S. 71

Emperador (Port Vell), prominente Hafenlage im Gebäude des Palau de Mar ▪ S. 86

Can Solé (Barceloneta), marktfrischer Fisch und Reisgerichte ▪ S. 96

Can Ramonet (Barceloneta), noch ein Spezialist für Fisch und Reisgerichte ▪ S. 96

Cal Pinxo Platja (Barceloneta), bester Fisch in Strandnähe ▪ S. 96

Kaiku (Barceloneta), unauffällig, aber mit guter Küche ▪ S. 96

Jai-Ca (Barceloneta), lange Tradition in exzellenten Fisch-Tapas ▪ S. 97

Els Pescadors (Poblenou), Fischspezialitäten abseits der Rennstrecken ▪ S. 97

Muscleria La Muscle (Eixample), Muscheln, Muscheln, Muscheln... ▪ S. 118

La Paradeta (Eixample), Self-Service für Fisch und Meeresfrüchte nahe der Sagrada Família ▪ S. 120

Italienisch

Luzia (El Raval), Pizza, Pasta & mehr nahe der Rambles ▪ S. 38

Al Passatore (La Ribera/El Born), üppige Pizza, ausgesprochen günstig ▪ S. 72

Murivecchi, (La Ribera/El Born), gute italienische Küche am Rand des Born-Viertels ■ S. 72

Xemei (Poble Sec, nahe Montjuïc), venezianische Küche mit Anspruch, hohe Preise ■ S. 161

Französisch

Au Port de la Lune (Eixample), freundlicher Familienbetrieb, feste Menüs auch am Abend, nicht überteuert ■ S. 117

Asiatisch

Wok Dao (El Raval), Buffet zum günstigen Festpreis ■ S. 38

Satay Grill (El Raval), asiatische Spießchen vom Grill ■ S. 39

Schwerpunkt Wein

La Vinateria del Call (Barri Gòtic), urig-gemütlich, breite Weinauswahl, sehr gute Tapas ■ S. 57

Can Cisa/Bar Brutal (La Ribera/El Born), Weinhandlung mit angeschlossener Tapa-Bar ■ S. 71

La Vinya del Senyor (La Ribera/El Born), Weinbar vor der Kirche Santa María del Mar ■ S. 72

Bastaix (La Ribera/El Born), feine Weine und gute Tapas im alten Gemäuer ■ S. 72

Bodega Quimet (Gràcia), Nostalgie bei Wein, Wermut und Tapas ■ S. 129

Bar D.O. (Gràcia), leckere Häppchen und exquisite Tropfen ■ S. 129

Schwerpunkt Bier

Fàbrica Moritz (El Raval), Brauereigasthaus der Kultmarke, mehrere Lokale ■ S. 38

Black Lab Brewhouse & Kitchen (Port Vell), Craft-Beer-Brauerei an der Rückseite des Palau de Mar ■ S. 86

El Vaso de Oro (Barceloneta), der Name ist Programm: „Das Goldene Glas“. Dazu Tapas. ■ S. 97

Cerveseria Catalana (Eixample), Bierstube mit umfangreicher Tapaauswahl, sehr beliebt und belebt ■ S. 119

Cervecería Ciudad Condal (Eixample), feine, nicht ganz billige Tapas zum Bier ■ S. 120

International & kunterbunt

Cera 23 (El Raval), Fusionküche mit galicischem Touch ■ S. 38

Lobo (El Raval), leichte Küche, Sonnenterrasse ■ S. 38

Flax & Kale (El Raval), für gesundheitsbewusste „Flexitarier“ ■ S. 38

Iposa (El Raval), lässiges, junges Lokal mit guten Preisen ■ S. 39

Rita Rouge (El Raval), hübsch gestaltet, günstiges Mittagsmenü ■ S. 39

Bliss (Barri Gòtic), Bistro-Stil mit Terrasse, beliebt besonders am Mittag ■ S. 56

Les Quinze Nits (Barri Gòtic), Menüs für Preisbewusste an der Plaça Reial ■ S. 56

La Fonda (Barri Gòtic), ein Schwesterbetrieb des Quinze Nits mit gleichfalls günstigen Preisen ■ S. 56

Venus Delicatessen (Barri Gòtic), kleines Lokal mit Alternativtouch ■ S. 56

Cuines de Santa Caterina (La Ribera/El Born), Vielfalt im Marktgebäude ■ S. 70

Pork, boig per tu (La Ribera/El Born), alles rund ums Schwein ■ S. 70

Woki Playa & Rest. Barraca (Barceloneta), zwei Lokale in einem Gebäude, informell bis gehoben ■ S. 96

Agua (Port Olímpic), leichte Küche in schöner Lage ■ S. 97

El Nacional (Eixample), eine ganze (Theater-) Halle voller Lokale: unbedingt ansehen! ■ S. 117

El Nou de Granados (Eixample), mediterrane Küche, gutes Preis-Leistungs-Verhältnis ■ S. 118

Volta al Món (Eixample), multikulturelle „Weltküche“, freundlich serviert ■ S. 118

Woki Organic Market (Eixample), witzige Mischung aus Öko-Laden und Lokal ■ S. 119

Café Godot (Gràcia), Café-Restaurant mit leicht alternativem Einschlag ■ S. 129

Amélie (Gràcia), Klassiker auf dem Hauptplatz des Viertels ■ S. 129

Font del Gat (Montjuïc), sehr schön gelegenes Gartenlokal ■ S. 160

La Tomaquera (Poble Sec, nahe Montjuïc), urig und bekannt für Schnecken und Grillfleisch ■ S. 161

Vegetarisch und vegan

Sésamo (El Raval), kreative vegetarische Küche ■ S. 38

Teresa Carles (El Raval), gehobener, traditionsreicher Vegetarier ■ S. 38

Bio-Center (El Raval), Klassiker mit günstigem Mittagsmenü ■ S. 38

Veggie Garden (El Raval), indisch-nepalesischer Veganer ■ S. 39

Rasoterra (Barri Gòtic), feine Küche, vieles aus lokaler Produktion ■ S. 56

Vegetalia (Barri Gòtic), vegetarisch mit Terrasse am hübschen Platz ■ S. 57

Tapas & Imbiss

Quiosco Pinotxo (Rambles), berühmter Imbiss im Markt Boqueria ■ S. 30

El Quim de la Boqueria (Rambles), eine weitere gute Bar der Boqueria ■ S. 30

Carmelitas Tapas (El Raval), Tapas, Mittagsmenü und Bioweine ■ S. 39

Mam i Teca (El Raval), gehobene Tapas zu gehobenen Preisen ■ S. 39

Basca Irati (Barri Gòtic), „Pintxos" nach baskischer Art ■ S. 57

Bilbao Berria (Barri Gòtic), baskische „Pintxos" bei der Kathedrale ■ S. 57

Orio Euskal Taberna (Barri Gòtic), ein weiterer beliebter Baske ■ S. 57

Taberne Les Tapes, (Barri Gòtic), ordentliche Tapas, gute Preise ■ S. 57

La Plata (Barri Gòtic), wenig Auswahl, dafür Top-Qualität, ein Klassiker ■ S. 58

Tasca del Corral (Barri Gòtic), feurige Würste und mehr ■ S. 58

Cala del Vermut (Barri Gòtic), Tapas zum traditionellen Wermut ■ S. 58

Euskal Etxea (La Ribera/El Born), sehr authentischer Baske ■ S. 70

Golfo de Bizkaia (La Ribera/El Born), noch ein guter Baske im Born ■ S. 71

Mercat de la Princesa (La Ribera/El Born), ein ganzer Tapas-Markt mit vielen Ständen ■ S. 72

Sagardi (La Ribera/El Born), bodenständiger Baske mit angeschlossenem Restaurant ■ S. 72

Bilbao Berria (La Ribera/El Born), baskisches Lokal mit feinen „Pintxos"-Spießchen ■ S. 72

Xampanyet (La Ribera/El Born), Klassiker im Kacheldekor, abends voll bis auf die Straße ■ S. 72

Bormuth (La Ribera/El Born), Wermut im Born, junges Publikum und gute Tapas ■ S. 72

Can Paixano (Port Vell), beliebt vor allem wegen des spottbilligen Cava, gutes Essen gibt es auch ■ S. 86

Taverna L'Òstia (Barceloneta), Tapas und gute Weine am kleinen Hauptplatz von Barceloneta ■ S. 96

La Bombeta (Barceloneta), urig-schlichter Klassiker – man probiere die „Bomba" ■ S. 96

La Bodegueta Provença (Eixample), feine Tapas, hübsches Ambiente, stets gut besucht ■ S. 117

Bar Mut (Eixample), Tapas und mehr in stilvoller Umgebung, nicht billig ■ S. 119

Tapaç 24 (Eixample), Designertapas vom Starkoch, entsprechende Preise ■ S. 119

Bar La Bodegueta (Eixample), authentische spanische Tapas und Cava per Glas ■ S. 119

Aitor (Eixample), baskische „Pintxos"-Bar bei der Sagrada Família ■ S. 120

Tomás (Sarrià), die berühmtesten „Patatas bravas" der Stadt ■ S. 145

Quimet & Quimet (Poble Sec, nahe Montjuïc), prima Tapas, umfangreiche Alkoholika-Auswahl ■ S. 161

Lolita (Sant Antoni nahe Montjuïc), schicke Eckbar mit feinen, aber nicht billigen Tapas ■ S. 161

Cafés und Granjas (Milchbars)

Café de l'Òpera (Rambles), der Jugendstil-Klassiker der Rambles ■ S. 30

Café Zürich (Rambles), Dauerbrenner an der Plaça Catalunya ■ S. 30

Café El Bosc de les Fades (Rambles), Café im Märchen-Look ■ S. 30

Granja Viader (El Raval), traditionsreiche Milchbar ■ S. 39

Granja Dulcinea (Barri Gòtic), Mischung aus Milchbar und Café ■ S. 58

Granja La Pallaresa (Barri Gòtic), berühmt für Xurros mit heißer Schokolade ■ S. 58

Bubó (La Ribera/El Born), exquisite süße Häppchen bei der Kirche Santa María ■ S. 72

Laie Llibreria Café (Eixample), Café mit Buchhandlung, nett fürs Frühstück ■ S. 120

Gelateria Cafeteria Italiana (Gràcia), stadtbekanntes Eiscafé mit Top-Ware ■ S. 129

Kompakt

Museen

Kunst und Kunsthandwerk

Centre de Cultura Contemporània de Barcelona (El Raval), Wechselausstellungen ▪ S. 36

Museu d'Art Contemporani de Barcelona (El Raval), zeitgenössische Kunst in toller Architektur ▪ S. 36

Museu de la Catedral (Barri Gòtic), Ausstellung religiöser Kunst ▪ S. 52

Museu Frederic Marès (Barri Gòtic), umfangreiche Skulpturensammlung, ergänzt durch das nostalgische „Museu Sentimental" ▪ S. 53

Museu Europeo d´Art Modern (La Ribera/El Born), Privatmuseum zeitgenössischer Kunst ▪ S. 66

Museu Picasso (La Ribera/El Born), bedeutendstes Picasso-Museum Spaniens ▪ S. 66

Museu de Cultures del Món (La Ribera/El Born), historische Kunst fremder Kontinente ▪ S. 67

Fundació MAPFRE (Eixample), Wechselausstellungen im Modernisme-Bau ▪ S. 105

Museu del Modernisme Barcelona (Eixample), Möbel, Skulpturen, Gemälde und Gebrauchskunst des Modernisme ▪ S. 105

Fundació Antoni Tàpies (Eixample), das Museum des katalanischen Avantgardisten ▪ S. 107

CaixaFòrum (Montjuïc), zeitgenössische Kunst in der Modernisme-Fabrik ▪ S. 151

Museu Nacional d'Art de Catalunya (Montjuïc), tausend Jahre katalanischer Kunst ▪ S. 152

Fundació Joan Miró (Montjuïc), mit zahlreichen Werken des katalanischen Avantgardisten, aber auch architektonisch interessant ▪ S. 155

Naturwissenschaften

Museu Blau (Fòrum 2004), eine Reise durch die Geschichte der Erde und des Lebens ▪ S. 94

Museu de la Ciència CosmoCaixa (Tibidabo), mit vielen interaktiven Exponaten vergnüglich auch für Kinder ▪ S. 134

Architektur

Gaudí Exhibition Center (Barri Gòtic), Leben und Arbeit von Gaudí, im ehemaligen Diözesanmuseum ▪ S. 53

Espai Gaudí (Eixample), Pläne, Fotos, Filme und Modelle im Dachgeschoss der Casa Milà, des letzten von Gaudí geschaffenen Wohnhauses ▪ S. 109

Museu de la Sagrada Família (Eixample), im größten und spektakulärsten aller Gaudí-Bauten ▪ S. 114

Casa-Museu Gaudí (Gràcia), kleines Gaudí-Museum im berühmten Parc Güell ▪ S. 127

Pavelló Mies van der Rohe (Montjuïc), Bauhaus-Meilenstein von 1929 ▪ S. 151

Geschichte, Archäologie und Ethnologie

Museu d'Història de la Ciutat (Barri Gòtic), Stadtgeschichte anhand unterirdischer Relikte aus römischer und westgotischer Zeit. Fantastisch! ▪ S. 54

El Born Centre de Cultura i Memòria (La Ribera/El Born), brisante Ausgrabungen des 18. Jh., im ehemaligen Marktgebäude des Born ▪ S. 68

Museu d'Història de Catalunya (Port Vell), die Geschichte Kataloniens, interaktiv präsentiert ▪ S. 86

Museu Egipci de Barcelona – Fundació Arqueològica Clos (Eixample), Ägyptisches Museum mit umfangreicher Sammlung ▪ S. 108

Museu d'Arqueologia de Catalunya (Montjuïc), mit vielen Funden insbesondere der Römerzeit ▪ S. 154

Museu Etnològic (Montjuïc), volkstümliches Katalonien, Traditionen und Handwerk ▪ S. 155

Weitere Themen

Museu de l'Eròtica (Rambles), Geschichte der Erotik ▪ S. 29

Museu de Cera (Rambles), Wachsfigurenmuseum mit Prominenz und fiktiven Persönlichkeiten ▪ S. 30

Museu d´Idees i Invents de Barcelona (La Ribera/El Born), amüsante Ausstellung verrückter Erfindungen ▪ S. 46

Museu de la Xocolata (La Ribera/El Born), Museum der Schokolade ▪ S. 69

Museu Marítim (Port Vell), Schifffahrtsmuseum in mittelalterlichen Docks ▪ S. 82

Museu del Disseny (Eixample), superbes Designmuseum in topmodernem Umfeld ▪ S. 116

Museu FC Barcelona President Núñez (Les Corts), das vielbesuchte Museum des berühmten Fußballclubs ▪ S. 144

Museu Olímpic i de L'Esport (Montjuïc), alles rund um den Sport und die Spiele von 1992 ▪ S. 157

Kompakt

Shopping

Kulinarisches/ Lebensmittel

Mercat de la Boqueria (Rambles), Markt für Feinschmecker ■ S. 28 und 31

Carrefour Market (Rambles), gut sortierter, zentraler Supermarkt ■ S. 31

Mercat Sant Antoni (El Raval), traditionsreicher Altstadtmarkt ■ S. 39

Barcelona Reykjavik Qualitativ hochwertige Biobäckerei mit Filialen in El Raval und La Ribera/El Born ■ S. 39 und 73

Fiambres La Pineda (Barri Gòtic), Schinken- und Wurstwaren seit 1930 ■ S. 58

La Casa del Bacalao (Barri Gòtic), für Liebhaber von Stockfisch ■ S. 58

Caelum (Barri Gòtic), köstlichkeiten aus spanischen Klöstern ■ S. 58

Forn Artesa Sant Jordi (Barri Gòtic), traditionsreiche Bäckerei ■ S. 58

Superservis (Barri Gòtic), großer Supermarkt im Gotischen Viertel ■ S. 58

Can Gispert (La Ribera/El Born), 1851 gegründete Rösterei mit nostalgischem Flair ■ S. 73

La Botifarrería de Santa Maria (La Ribera/El Born), berühmte Metzgerei, sehr gute Würste & Co. ■ S. 73

Vila Viniteca (La Ribera/El Born), der vielleicht bestbestückte Weinladen Barcelonas ■ S. 73

Veritas (La Ribera/El Born), Bio-Produkte für den täglichen Bedarf ■ S. 73

De tot al Born (La Ribera/El Born), täglich bis 23 Uhr geöffneter Supermarkt ■ S. 73

Olimar (Sant Pere/El Born), ausgewählte Regionalprodukte aus Katalonien ■ S. 73

Cafés El Magnífico (La Ribera/El Born), Kaffeerösterei mit besten Bohnen aus aller Welt ■ S. 73

Pim Pam Plats (La Ribera/El Born), Takeaway mit feiner Auswahl ■ S. 73

Queviures Murrià (Eixample), nostalgisches Modernisme-Delikatessengeschäft ■ S. 121

Pastelleria Mauri (Eixample), edelste Schokoladen und Pralinés mit langer Tradition ■ S. 121

Cacao Sampaka (Eixample), feine Schokoladen und Konfekt in vielen Geschmacksrichtungen ■ S. 121

Shoppingcenter/ Kaufhäuser

El Triangle (Rambles), Einkaufszentrum mit bunt gemischten Shops ■ S. 31

El Corte Inglés Bekannte Kaufhauskette mit großen Filialen in Eixample und Pedralbes & Sarrià und einem kleineren Ableger im Barri Gòtic ■ S. 120, 145 und 59

Decathlon (Barri Gòtic), Kaufhaus für Sport- und Outdoorartikel ■ S. 59

Bulevard Rosa (Eixample), ältestes Shopping-Center mit über hundert Geschäften ■ S. 120

Les Glòries (Eixample), über 200 Läden, viele internationale Marken ■ S. 120

L'Illa (Pedralbes & Sarrià), edle Boutiquen, Lokale und ein Supermarkt ■ S. 145

Pedralbes Centre (Pedralbes & Sarrià), gute Auswahl an Kleidung, Schuhen und Geschenkartikeln ■ S. 145

Mode/Schuhe

Desigual Modeladen mit bunten, flippigen Designs und Filialen in ganz Europa. In Barcelona an den Rambles und in La Ribera/El Born, verbilligte Ware im Outletstore in Eixample ■ S. 31, 73 und 120

Lullaby (El Raval), Beispiel für die Vintage-Shops in der Gasse Riera Baixa ■ S. 39

El Mercadillo (Barri Gòtic), kleines Mode-Kaufhaus unabhängiger Trendshops für Jugendliche ■ S. 58

Custo Berühmte, aber nicht gerade billige Designerkette aus Barcelona, Filialen z. B. an den Rambles und im Barri Gòtic, allererstes Ladengeschäft in La Ribera/El Born ■ S. 31, 59 und 73

Jeanne Weis (Barri Gòtic), afrikanische Stoffe in vielen Farben und Mustern ■ S. 59

Vaho (Barri Gòtic), witzige PVC-Designertaschen aus Secondhand-Material ■ S. 59

Kokua (Barri Gòtic), Ballerinas, handmade in Barcelona ■ S. 59

Vialis (La Ribera/El Born), hochwertige Designer-Schuhmarke für Frauen ■ S. 73

Loisaida (La Ribera/El Born), Modeladen im Vintage-Look für Frauen und Männer ■ S. 73

Purificación Garcia (Eixample), Understatement-Mode zu akzeptablen Preisen ■ S. 120

Antonio Miró (Eixample), schlicht geschnittene, edle Ware des Stardesigners ■ S. 120

Camper (Eixample), preiswertes und qualitativ sehr gutes Schuhwerk ■ S. 120

Mango Outlet (Eixample), trendige und preisgünstige Frauenmode zu Outlet-Preisen ■ S. 120

Ribes & Casals (Eixample), Stoffladen im alten Stil mit unschlagbaren Preisen ■ S. 121

Lederwaren & Accessoires

Loewe (Eixample), klassisch-elegante Handtaschen, Schals und Krawatten ■ S. 121

Design

Jaime Beriestain Concept Store (Eixample), originelle Kombination aus Dekogeschäft und Café-Restaurant ■ S. 121

Dos i Una (Eixample), Geschenkartikel in herrlich schräger Gestaltung ■ S. 121

Muji (Eixample), Reiseaccessoires, Schreibwaren und Kleidung zu günstigen Preisen ■ S. 121

Antiquitäten & Kunsthandwerk

La Manual Alpargatera (Barri Gòtic), traditionelle Leinenschuhe mit Hanfsohle ■ S. 59

S'Avarca de Menorca (Barri Gòtic), schlicht-bequeme Menorca-Schuhe zum Hineinschlüpfen ■ S. 59

Cereria Subirà (Barri Gòtic), berühmtes Kerzengeschäft, gegründet 1760 ■ S. 59

L'Arca de l'Àvia (Barri Gòtic), textile Antiquitäten vom 18. bis ins 20. Jh. ■ S. 59

Bulevard dels Antiquaris (Eixample), spezialisierte, meist hochpreisige Antiquitätenläden ■ S. 120

Flohmarkt

Nous Encants (Eixample), Barcelonas größter Flohmarkt ■ S. 120

Bücher, Landkarten

Alibri (Eixample), gutes Angebot an deutschsprachigen Büchern ■ S. 120

Librería Alemana Fabre (Eixample), neben Büchern, darunter auch deutschsprachige, ein großes Angebot an Kinderspielzeug ■ S. 120

Altaïr (Eixample), die vielleicht größte Reisebuchhandlung Europas ■ S. 120

Musik

Casa Beethoven (Rambles), umfassende Notensammlungen im Klassik- und Pop-Bereich ■ S. 31

Revolver (El Raval), Musikgeschäft für Rock, Pop und Konzertkarten ■ S. 39

Discos Wah Wah (El Raval), Secondhandware in der „Vintage-Gasse" ■ S. 39

Foto

Casa Boada (El Raval), serviceorientiertes Fotogeschäft vom alten Schlag ■ S. 39

Zigarren

Tabacs Catedral (Barri Gòtic), sorgfältige Lagerung, breite Auswahl, günstige Lage ■ S. 59

Estanc Laietana (La Ribera/El Born), jahrzehntealtes Zigarrengeschäft mit hochwertiger Auswahl ■ S. 73

Diverses

Conesa (Barri Gòtic), originelles Papiergeschäft in der Altstadt ■ S. 59

FCBotiga (Eixample), Fanshop des FC Barcelona an der Plaça de Catalunya ■ S. 121

Gut gelaunt: Straßenkünstler an den Rambles

Verzeichnisse

Kartenverzeichnis & Zeichenerklärung

- Autobahn/Schnellstraße
- Hauptverkehrsstraße/Nebenstraße
- Eisenbahn
- Stadtrundgang/Anfang ... Ende
- Grünanlage
- Flughafen
- Metro/Bushaltestelle
- FGC
- Post
- Krankenhaus
- Information
- Museum
- Sehenswürdigkeit
- Kloster/Kirche
- Aussichtspunkt/Gipfel
- Turm
- Badestrand
- Seilbahn
- Parkplatz
- Pinie

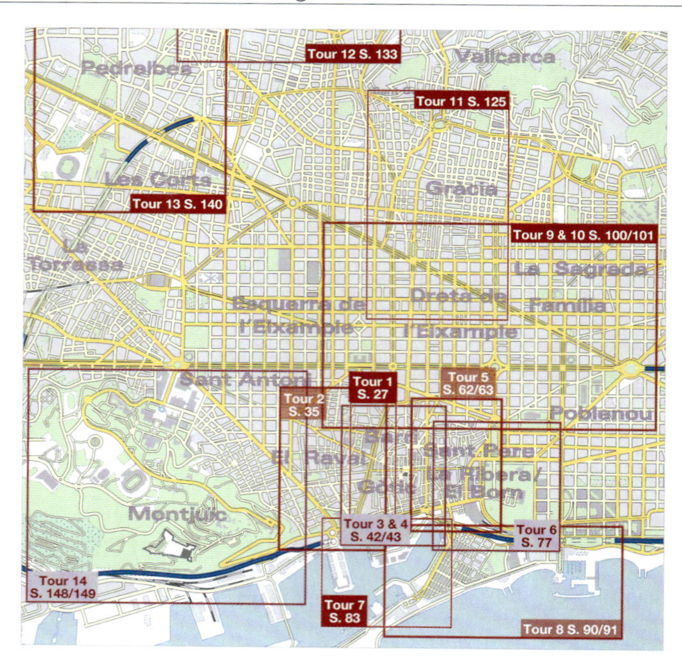

Barcelona im Kasten

Impressum

Text und Recherche: Thomas Schröder | **Lektorat:** Anja Keul | **Redaktion:** Annette Melber | **Layout:** Jana Dillner | **Karten:** Hans-Joachim-Bode, Carlos Borrell, Theresa Flenger, Judit Ladik, Gábor Sztrecska | **Fotos:** alle Thomas Schröder | **Covergestaltung:** Karl Serwotka | **Covermotive:** vorne: Parc Güell © Brian Kinney/ Fotolia.com, hinten: Montjuïc – Font Mágica

ISBN 978-3-95654-441-5

 Druck: Westermann Druck Zwickau GmbH.

Aktuelle Infos zu unseren Titeln, Hintergrundgeschichten zu unseren Reisezielen sowie brandneue Tipps erhalten Sie in unserem regelmäßig erscheinenden Newsletter, den Sie im Internet unter www.michael-mueller-verlag.de kostenlos abonnieren können.

Was haben Sie entdeckt?

Haben Sie *die* Bar mit wundervollen Tapas gefunden, *das* freundliche Hotel, eine günstige Pension? Und welcher Tipp war nicht mehr so toll?

Wenn Sie Ergänzungen, Verbesserungen oder neue Informationen zum Barcelonabuch haben, lassen Sie es mich bitte wissen!

Ich freue mich über jede Zuschrift!

Schreiben Sie an: Thomas Schröder, Stichwort „Barcelona“ | c/o Michael Müller Verlag GmbH | Gerberei 19, D – 91054 Erlangen | thomas.schroeder@michael-mueller-verlag.de

Etwas Katalanisch/Spanisch

Català, die traditionelle Sprache der Katalanen, bildet für die vielen Zuwanderer aus anderen Regionen Spaniens oft ein Problem. *Castellano* hingegen, seit dem 15. Jahrhundert Amtssprache des Königreichs Spanien und oft schlicht als Español (Spanisch) bezeichnet, wird von praktisch allen Bewohnern Kataloniens gesprochen. Katalanische Ausdrücke sind im Folgenden fett gedruckt.

Aussprache des Katalanischen Die Akzente, egal, in welche Richtung sie weisen, zeigen immer diejenige Silbe (oft nur ein einzelner Vokal) an, die betont wird. Die Vokale werden ungefähr wie im Deutschen ausgesprochen; Ausnahme: o = u (olímpic = ulimpic)

c vor a,o und u wie k, vor e und i wie s

ç immer wie ss; also plaça = plassa

g vor e und i wie sch, sonst wie das deutsche g

j immer weich, wie beim französischen „jean"

ny ersetzt das spanische ñ; Catalunya = Katalunja

tg, tj „dsch" (platja = pladscha)

x wie „sch" (això = aischo)

Aussprache des Spanischen Für die Akzente gilt dasselbe wie im Katalanischen.

c vor a, o, u wie k, vor e und i wie engl. „th" (cero = thero)

ch wie tsch (mucho = mutscho)

g vor a,o,u wie das deutsche g, vor e und i ählich dem deutschen ch, nur tief im Rachen etwa wie in „Ach du liebe Güte"

h ist stumm (helado = elado)

j wie ch (rojo = rocho)

ll wie j (calle = caje), manchmal auch wie lj

ñ wie nj (año = anjo)

qu wie k (queso = keso)

v wie leichtes b (vaso = baso), manchmal wie „w" (vino = wino)

y wie j (yo = jo)

z wie engl. „th" (zona = thona)

Großmäulig: Drachenskulpturen an der Cascada im Ciutadella-Park

Konversation

Minimal-Wortschatz

Ja	**sí**/sí
Nein	**no**/no
Bitte	**si us plau**/por favor
Vielen Dank	**moltes gràcies**/ muchas gracias
Entschuldigung	**perdó**/perdón
groß/klein	**gran**/**petit**/ grande/pequeño
gut/schlecht	**bo**/**dolent**/ bueno/mal(o)
billig/teuer	**barat**/**car**/barato/caro
mehr/weniger	**mes**/**menys**/ mas/menos
mit/ohne	**amb**/**sense**/con/sin
offen/geschlossen abierto/cerrado	**obert**/**tancat**/
Frau	**senyora**/señora
junge Frau	**senyoreta**/señorita
Herr	**senyor**/señor
Sprechen Sie Deutsch (Englisch)?	**Parleu alemany(anglès)?**/ Habla usted alemán (inglés)?
Ich verstehe nicht	**No entenc**/ no entiendo

Grüße & Small Talk

Guten Morgen (bis Mittag)	**bon dia**/ buenos días
Guten Tag (bis zum Abend)	**bona tarda**/ buenas tardes
Guten Abend/ gute Nacht	**bona nit**/ buenas noches
Hallo	**hola**/hola
Auf Wiedersehen	**adéu**/adiós
Wie geht´s?	**Com va?**/ Cómo está?
Sehr gut, danke	**Molt bé, gràcies**/ muy bien, gracias

Fragen & Antworten

Gibt es ...?	**hi ha ...?**/hay ...?
Was kostet das?	**Cuant costa això?**/ Cuánto cuesta esto?
Wissen Sie ...?	**Vostès saben ...?**/ Sabe usted ...?
Ich weiß nicht	**Yo no sé**/Yo no sé
Haben Sie ...?	**Té ...?**/Tiene ...?
Ich möchte ...	**Voldria ...**/Quisiera ...
Kann/darf man ...?	**Es pot ...?**/ Se puede ...?
wo?/wann?	**on?**/**quan?**/ dónde?/cuando?
links/rechts	**esquerra**/**dreta**/ izquierda/derecha
geradeaus	**tot dret**/ todo derecho
hier/dort	**aquí**/**allí**/aquí/allí

Zeiten & Tage

Morgen (bis Mittag)	**matí**/mañana
Nachmittag/Abend	**tarda**/tarde
Nacht	**nit**/noche
Montag	**dilluns**/lunes
Dienstag	**dimarts**/martes
Mittwoch	**dimecres**/miércoles
Donnerstag	**dijous**/jueves
Freitag	**divendres**/viernes
Samstag	**dissabte**/sábado
Sonntag	**diumenge**/domingo

Im Viertel Sant Pere: Palau de la Música Catalana

Werktage (Mo–Sa)	**feiners**/laborables
Feiertage	**festius**/festivos
heute	**avui**/hoy
morgen	**demà**/mañana
gestern	**ahir**/ayer

Unterwegs

Ich möchte mieten ...	**voldria llogar ...**/ quisiera alquilar
ein Auto	**un cotxe**/un coche
ein Motorrad	**una moto**/una moto
Tankstelle	**gasolinera**/ gasolinera
bleifreies Benzin	**gasolina sense plom**/ gasolina sin plomo
Diesel	**gas-oil**/gasoleo
volltanken	**ple**/lleno
parken	**aparcar**/aparcar
Autobus	**autobús**/autobús
Bahnhof	**estació**/estación
Haltestelle	**parada**/parada
Fahrkarte	**bitllet**/billete
hin und zurück	**anada i tornada**/ ida y vuelta
Abfahrt	**sortida**/salida
Ankunft	**arribada**/llegada
Ich möchte aussteigen	**voldria baixar**/ quisiero salir

Geographie

Avenue	**avinguda**/avenida
Boulevard	**passeig**/paseo
Straße	**carrer**/calle
Platz	**plaça**/plaza
Landstraße	**carretera**/carretera
(Feld-)Weg	**camí**/camino

Bucht	**cala**/cala	*Berg*	**puig**/montaña
Hafen	**port**/puerto	*Höhle*	**cova**/cueva
Strand	**platja**/playa	*Brücke*	**pont**/puente
Kap	**cap**/cabo	*Kirche*	**església**/iglesia
Insel	**illa**/isla		

Im Hotel & Restaurant

Haben Sie ...?	**té ...?**/tiene ...?
ein Doppel- (Einzel-) Zimmer	**una habitació doble (individual)**/ una habitación doble (individual)
... für eine Nacht ... (Woche)	**per una nit (una setmana)**/para una noche (semana)
mit Dusche/Bad	**amb dutxa/bany**/ con ducha/baño
Frühstück	**l'esmorzar**/desayuno
Pension (Voll/Halb)	**pensió (completa/ mitja)**/pensión (com pleta/media)
Die Rechnung bitte	**el compte, si us plau**/ la cuenta por favor
Toiletten	**serveis**/servicios
Damen/Herren	**Dones**/**Hombres**/ Señoras/Hombres

Zur Speisekarte und den katalanischen Spezialitäten siehe im ausführlichen Kapitel "Die katalanische Küche" ab S. 214.

Umstritten: Skulpturen von Subirachs an der Westfassade der Sagrada Família

Krankheit & Hilfe

Arzt	**metge**/médico
Zahnarzt	**dentista**/dentista
Krankenhaus	**hospital**/hospital
Krankenwagen	**ambulància**/ambulancia
Unfall	**accident**/accidente
Ich habe Schmerzen (hier)	**em fa mal (aquí)**/ me duele (aquí)
Apotheke	**farmàcia**/farmacia

Zahlen

0	**zero**/cero
1	**un (una)**/un/una
2	**dos (dues)**/dos
3	**tres**/tres
4	**quatre**/cuatro
5	**cinc**/cinco
6	**sis**/seis
7	**set**/siete
8	**vuit**/ocho
9	**nou**/nueve
10	**deu**/diez
11	**onze**/once
12	**dotze**/doce
13	**tretze**/trece
14	**catorze**/catorce
15	**qinze**/quince
16	**setze**/dieciséis
17	**disset**/diecisiete
18	**divuit**/dieciocho
19	**dinou**/diecinueve
20	**vint**/veinte
21	**vint-i-un**/veintiuno
22	**vint-i-dos**/veintidós
23	**vint-i-tres**/veintitrés
30	**trenta**/treinta
31	**trenta-i-un**/treinta y uno
32	**trenta-i-dos**/treinta y dos
40	**quaranta**/cuarenta
50	**cinquanta**/cincuenta
60	**seixanta**/sesenta
70	**setanta**/setenta
80	**vuitanta**/ochenta
90	**novanta**/noventa
100	**cent**/cien
110	**cent deu**/ciento diez
200	**dos-cents**/doscientos
300	**tres-cents**/trescientos
500	**cinc-cents**/quinientos
1.000	**mil**/mil
2.000	**dos mil**/dos mil
5.000	**cinc mil**/cinco mil
10.000	**deu mil**/diez mil
100.000	**cento mil**/cien mil
1.000.000	**un milló**/un millón

Register

Die in Klammern gesetzten Koordinaten verweisen auf die beigefügte Barcelona-Karte.

Magnet für Kinder: der kleine Drache im Parc Güell

Modernisme-Straßenlaterne
an der Avinguda Gaudí

Die Apps aus dem Michael Müller Verlag

MMTravel-Web-App und MMTravel-App

Mit unseren beiden Apps ist das Unterwegssein einfacher.
Sie kommen schneller an Ihr Wunsch-Ziel.
Oder Sie suchen gezielt nach Ihren persönlichen Interessen.

Die MMTravel-Web-App ...

... erhalten Sie gratis auf www.mmtravel.com

... funktioniert online auf jedem Smartphone, Tablet oder PC mit Browserzugriff.

... zeigt Ihnen online sämtliche Sehenswürdigkeiten, Adressen und die Touren aus dem Buch (mit Seitenverweisen) auf einer Karte. Aktivieren Sie das GPS, sehen Sie auch Ihren Standort und alles Interessante in der Umgebung.

... ist ideal für das Setzen persönlicher Favoriten. Dazu legen Sie einfach ein Konto an, das Sie auch mit anderen Geräten synchronisieren können.

www.mmtravel.com

Die MMTravel-App ...

... verknüpft die MMTravel-Web-App mit einem intelligenten E-Book. Mit dieser Profi-Version sind Sie komplett unabhängig vom Internet.

... kaufen Sie für Apple und Android in einem App Store.

... verortet sämtliche Adressen und Sehenswürdigkeiten aus dem Buch auf Offline-Karten. Mit zugeschaltetem GPS finden Sie darauf Ihren Standort und alles Interessante rund herum.

... informiert über Hintergründe und Geschichte.

... liefert die kompletten Beschreibungen unserer Autoren.

... eignet sich sowohl zum Schmökern als auch zum intuitiven Wechseln zwischen Karte und Text.

... lässt sich nach Bestätigung eines individuellen Kontos auf bis zu drei Geräten verwenden – und das sogar gleichzeitig.

... wird durch eigene Kommentare und Lesezeichen zum persönlichen Notizbuch.